헤르메스의 자손들, 공자의 후손들

한국 언론의 현재와 미래

이 도서의 국립중앙도서관 출판예정도서목록(CIP)은 서지정보유통지원시스템 홈페이지
(http://seoji.nl.go.kr)와 국가자료공동목록시스템(http://www.nl.go.kr/kolisnet)에서
이용하실 수 있습니다. CIP제어번호: CIP2019024001(양장), CIP2019024000(무선)

헤르메스의 자손들, 공자의 후손들

한국언론의 현재와 미래

심훈 지음

일러두기

1 본문에 등장하는 도서, 신문 등의 표기에서 단행본 제목에는 『 』, 논문, 보고서 제목에는 「 」, 신문이나 잡지 제목에는 ≪ ≫, 프로그램이나 영화 제목에는 〈 〉을 사용했습니다.

2 맞춤법과 외래어 표기는 국립국어원 표준국어대사전과 외래어표기법을 따랐으나 언론 기사나 참고문헌에 등장하는 언론사와 잡지사, 통신사 등의 이름은 원문에 인용된 고유의 표기를 따랐습니다.

3 숫자는 아라비아 숫자만으로 이뤄진 경우에는 1,000 단위의 숫자에 쉼표를 넣었으며 '1만 9,000명'과 같이 만 단위로 끊어서 표기했습니다.

4 참고문헌의 배열은 한글, 일본어, 중국어, 영어 자료의 순서를 따랐습니다.

5 영문 참고문헌의 표기 방식은 APA(American Psychological Association) 스타일을 따랐습니다.

차례

들어가며

　그리스 신화에 등장하는 거인, '아르고스'는 온몸에 100개의 눈을 지닌 거인입니다. 잠들지 않는 능력을 지닌 그는 헤라의 충복으로, 제우스가 바람을 피우다가 암소로 변신시킨 이오를 감시하는 역할을 맡습니다. 하지만 불면(不眠)의 존재임에도 불구하고 제우스가 보낸 헤르메스의 피리 소리를 듣다가 잠이 드는 바람에 결국 목이 잘려 죽고 맙니다. 이에 헤라는 그의 죽음을 슬퍼해 자신의 새인 공작의 꼬리에 '아르고스'의 눈을 장식해 넣습니다. 펼쳐진 꼬리의 화려한 문양이 무수히 많은 눈동자와 같다고 해서 탄생한 그리스 신화 이야기입니다.

＊ ＊ ＊

　사회 곳곳에서 오늘도 숱한 뉴스들을 쏟아내는 현대 언론을 보면 그리스 신화 속의 '아르고스' 이야기가 생각납니다. 저마다 각자만의 시력과 시야를 지닌 채, 잠시도 멈추지 않고 사회를 감시하는 모습이 '아르고스'와 매우 닮은 까닭에서입니다.

　한국의 언론 매체들이 하늘의 별처럼 무수히 많다는 사실은 포털 사이트나 SNS 등을 통해 온갖 종류의 뉴스를 접할 경우, 더욱 현실감 있게 다가옵니다. 하지만 과유불급(過猶不及)이라고 하던가요? 무엇이든지 지나치면 모자람만 못하듯, 너무 많은 수의 언론은 자칫 천하의 명약이 되기보다 해당 공동체의 독으로 작용할 수 있습니다. 실제로 필자가 오랜 세월을 보낸 한국과 미국,

일본 3국 가운데 체감상 언론사 간의 경쟁 지수가 가장 높은 곳은 한국입니다. 시장경제 만능주의적인 입장에서 볼 때, 시장 진입 업체들 간의 경쟁이 치열해지면 상품의 종류는 더욱 다양해지고 상품 가격은 훨씬 낮아지며 서비스는 한층 향상되는 것으로 알려져 있습니다. 반면 경쟁 상황이 적정선을 넘어 과열로 흐를 경우, 오히려 서비스의 질적 하락, 편법적인 가격 인상, 경쟁 업체 담합 또는 상호 비방 등 각양각색의 시장 교란 행위가 등장하는 것 또한 부정할 수 없는 사실입니다.

작금의 한국 언론 시장에서 벌어지고 있는 경쟁 상황을 들여다보면 그 양상이 과열을 넘어서고 있다는 인상을 받습니다. 일례로 2019년 현재, 전국에 뉴스를 내보내는 TV 채널은 열 개(KBS, MBC, SBS, EBS, MBN, TV조선, 채널A, JTBC, YTN, 연합뉴스)에 달합니다. 이웃 나라 일본은 우리보다 경제 규모나 인구수가 두세 배 이상 크고 많은데도 전국에 뉴스를 내보내는 방송사는 다섯 개(NHK, 니혼 TV, TV아사히, TBS, 후지TV)에 불과합니다. 세계 최고의 언론 강국인 미국은 네 개(ABC, CBS, NBC, Fox TV)밖에 되지 않지요. 전국지의 현황은 또 어떤가요? 경제지를 제외하면 전국적으로 발행되는 신문은 무려 열 개(≪조선일보≫, ≪동아일보≫, ≪중앙일보≫, ≪한국일보≫, ≪서울신문≫, ≪한겨레≫, ≪경향신문≫, ≪국민일보≫, ≪세계일보≫, ≪문화일보≫)에 달합니다. 참고로 일본은 전국적으로 발행되는 신문이 네 개(≪요미우리 신문≫, ≪산케이 신문≫, ≪아사히 신문≫, ≪마이니치 신문≫)이며 미국은 두 개(≪뉴욕타임스≫, ≪USA 투데이≫)입니다. 그런 의미에서 100개의 눈을 지녔음에도 불구하고 목숨을 부지하지 못한 '아르고스'의 운명은 한국 언론에 시사하는 바가 큽니다.

* * *

이 책의 출발점은 필자가 2002년 가을 한림대학교에 부임한 이래, 매년 봄 학기마다 개설해온 '언론과 사회'라는 과목의 강의 교재였습니다. 당시 사회

속의 언론, 언론 속의 사회를 입체적이고 유기적인 시각에서 소개하고자 필자는 이론 중심의 수업보다 주제 중심의 강의를 택했습니다. 그리하여 십수 년이 흐르는 동안 교과목에 대한 강의 노트가 조금씩 두꺼워지자 이를 책으로 펴내보고 싶다는 욕심을 갖게 되었습니다.

강의 노트를 책으로 바꾸려는 과정은 생각 이상으로 많은 시간과 노력을 요구했습니다. 무엇보다도 활자를 통해 여러 주제를 다루려고 하다 보니 수업 때 쉽게 전달했던 내용들을 구체적인 자료에 근거해 제시해야만 했습니다. 더군다나 대부분의 주제에 대해서는 일반적인 학술 지식만 지니고 있었던 까닭에 해당 주제를 둘러싼 역사적 배경에서부터 이야기를 풀어나가려면 귀로만 접했던 명저들과 학술 논문들을 직접 눈에 넣어야 하는 상황에 자주 처하고 말았습니다. 그리하여 수업용 교재를 발판으로 삼았음에도 불구하고 2013년에 『헤르메스의 자손들, 공자의 후손들: 한국 언론의 현재와 미래』을 위한 키보드를 처음으로 두드린 이래, 원고의 마침표를 찍기까지는 6년이란 시간이 걸렸습니다. 특히, 이 책의 마지막 세 개 장(章)은 지난 몇 년간 학회 발표 및 학술지 발간을 통해 마련된 원고를 재차, 삼차 가다듬었지만 책을 집필하는 과정에서 더욱 많은 내용이 기획되고 추가되는 바람에 두 차례의 전면적인 개정 작업 속에 1년 반 이상의 기간을 별도로 요구했습니다.

덧붙이자면 10~12장에서 선보이고 있는 '유가 저널리즘'은 이 책이 발간되기 이전의 교과목에서는 선보인 적이 없는, 제 마음속에만 존재했던 강의 내용입니다. 새 학기를 맞아 수업 준비에 들어가게 되면 한동안의 망설임 끝에 '아직은 준비가 덜 됐다'며 매년 강의계획서에서 반복적으로 삭제했던 비운의 내용이었습니다.

* * *

언론을 이해한다는 것은 언론이 전달하는 뉴스의 속성을 이해한다는 것을 뜻합니다. 비록 정보의 형태가 다양해지고 또 정보의 경로 또한 무수히 늘어났음에도 불구하고 현대사회의 수많은 정보 가운데 상당수는 여전히 언론 매체를 통해 매개되고 있습니다. 따라서 언론을 이해할 수 있다는 것은 뉴스의 제작 및 유통을 둘러싼 한 사회의 정치적·경제적·문화적인 메커니즘을 통찰력 있게 바라볼 수 있다는 것을 의미합니다.

우리 앞에 전달되는 뉴스는 한 개 한 개가 다 고유의 탄생 기원과 제작 의도를 지니고 있습니다. 순식간에 소모되는 단편 기사일지라도 이 사회를 떠받치고 운용하는 자본주의 시스템하에서 만들어진 생산품인 셈이죠. 그런 의미에서 이 책은 우리 사회의 제4부로 역할하며 의제 설정과 여론 형성, 그리고 정치력 발휘에서 무시 못 할 영향력을 행사하고 있는 언론의 공(功)과 과(過)를 주제별로 소개함으로써 독자들이 한국 사회의 언론을 이해하는 데 개괄적인 수준의 도움을 줄 수 있기를 기대합니다.

이 책은 열 개의 주제를 중심으로 한 언론의 자화상과 함께 정치·경제·철학·사회·국제·언론 등 여러 부문의 학자들이 해당 주제 내에서 일군 연구 성과들을 소개합니다. 더불어 열 번째 주제가 분량이 많은 관계로 세 개 장으로 나누어 12개 장 모두 비슷한 분량을 유지하고 있습니다.

이 책이 지니고 있는 또 다른 특징은 내용의 기술(記述) 방식에 있습니다. 강의를 통해 선보인 것과 같은 형식의 이야기 전달 방식을 택함으로써 독자들의 흥미를 최대한 유지시킬 수 있는 서사를 동원한 것입니다. 이를 위해 필자는 장면의 전환에 해당하는 소문단을 적절히 동원함으로써 소설이나 시나리오 같은 느낌이 들도록 책을 구성해 보았습니다. 매년 수업 진행 형태를 조금씩 바꾸면서 여러 종류의 이야기 전달 방식을 시도하다 보니 이 같은 형식이 나름 효과적이었다고 자평하기 때문입니다. 물론, 서문에서 적용하고 있는 기술 방식 역시, 그러한 서사체의 연장선상에 있습니다. 아니, 그 출발점에 놓여 있다고 해야 더욱 정확하겠지요.

이 책의 1장에는 인터넷을 둘러싼 언론 주제가 배치되어 있습니다. 21세기의 언론 현상을 대표하는 가장 의례적이고 상징적인 특징이 인터넷에 있으니까요. 2장은 1장의 바통을 이어받는 측면에서 인터넷의 등장 직전까지 세상의 정보를 지배했던 인쇄술에 대해 알아봅니다. 여기에서는 과거를 비춰봄으로써 인터넷 시대가 무엇을 의미하는지 다시 한 번 되새겨 보고 있습니다. 환경을 주제로 다루고 있는 3장에서는 미국과 일본, 한국의 환경 재앙과 이에 대한 언론들의 보도를 소개하고 있습니다. 또, 신문 제작을 둘러싼 환경문제도 거론함으로써 독자들이 더욱 입체적인 시각에서 환경문제를 이해할 수 있도록 돕고 있습니다.

4장은 성(性)에 관한 이야기입니다. 자고로 성이란 남성과 여성 모두를 포함하는 통합적 개념입니다. 하지만, 언론에서 문제를 내포하고 있는 보도는 오로지 여성에 국한되어 있기에 4장의 부제 역시, '언론과 여성'으로 정했습니다. 5장은 지구촌을 둘러싼 주제입니다. 여기에서는 국제 뉴스의 제작과 유통을 둘러싼 메커니즘을 통시적으로 안내함과 동시에 국제 뉴스를 지배하고 있는 보이지 않는 손과 여기에 도전하는 새로운 움직임도 소개합니다. 6장에서는 스포츠 저널리즘을 안내하고 있습니다. 국수주의, 민족주의와 함께 남성 우월주의, 장애인 차별 등 온갖 종류의 편견이 때로는 적나라하게 때로는 암암리에 투영되는 스포츠 이데올로기가 저널리즘에 어떻게 내재되어 있는지 다양한 분야에서 설명합니다.

이데올로기에 관한 글을 7장에 놓은 이유는 이 책의 마지막 부분에 배치할 경우, 책의 무게중심이 뒤로 쏠릴 것을 우려했기 때문입니다. 그렇지 않아도 유가 저널리즘을 소개하는 세 개의 장이 책의 말미에 놓여 있는 까닭에 이데올로기까지 9장에 배치하면 평형추는 급격히 뒤쪽으로 기울어버릴 것입니다. 묵직한 주제가 책의 끝부분에 놓여야 한다는 고정관념에서 탈피하려 했다는 심정도 솔직히 밝히고자 합니다. 여기에서는 '헤게모니'와 '담론'이라는 개념을 중심으로 언론의 이데올로기에 대해 논했습니다.

　언론의 캠페인을 다루는 8장에서는 캠페인의 기원과 함께 언론을 둘러싼 캠페인의 역사적 좌표를 소개하고 있습니다. 특히 1990년대 이후, 한국 언론들이 개진한 캠페인을 사례별로 거론함으로써 한국 사회에서 언론 캠페인이 차지하는 사회적 영향력과 의미를 곱씹을 수 있도록 시도하고 있습니다. 9장에서는 과학을 둘러싼 언론의 보도 역사에 대해 전달합니다. 이와 관련해 국내 과학 저널리즘에 씻을 수 없는 오명을 남긴 황우석 전 서울대학교 교수의 줄기세포 이야기도 노벨상 및 퓰리처상과 연계해 소개합니다.

　마지막으로 10~12장에는 '유가 저널리즘'이라는 새로운 저널리즘 실천 운동의 관념과 내용이 기술되고 있습니다. 더불어, 이 책의 제목이 왜 『헤르메스의 자손들, 공자의 후손들: 한국 언론의 현재와 미래』인지에 대한 이유도 함께 개진되어 있습니다. 이 과정에서 독일의 관념론자인 이마누엘 칸트(Immanuel Kant)와 미국의 법철학자 존 롤스(John Rawls)가 '유가 저널리즘'에 대한 이론적 논의를 좀 더 풍성하게 가미해주었습니다. 유가 저널리즘을 다루고 있는 글은 앞의 장들에 비해 다소 무겁고 딱딱합니다. 공맹 사상과 함께 칸트 및 롤스의 사상이 윤리 형이상학이라는 상당히 어려운 주제를 다루고 있으니까요.

* * *

　'아르고스'를 둘러싼 그리스 신화의 이야기는 그 뒤가 더 재미있습니다. '아르고스'가 목 잘려 죽은 뒤, 더 큰 분노와 질투에 빠진 헤라는 이오를 괴롭히기 위해 등에를 보내기에 이릅니다. 이에 이오는 등에를 피해 산과 바다를 건너 당시 세상의 끝으로 여겨졌던 이집트의 나일강까지 도망칩니다. 결국, 제우스는 더 이상 이오를 만나지 않겠다는 맹세를 헤라에게 건네고 헤라가 이오를 용서함으로써 이오는 마침내 자신의 모습을 되찾을 수 있게 됩니다.

앞서 100개의 눈을 지닌 '아르고스'가 한국의 언론과도 같다는 언급을 건넨 바 있습니다만 '아르고스'의 역할과 처신에 대한 실망이 크다고 해서 제우스의 뜻처럼 그 목을 자를 수는 없습니다. 설령 '아르고스'의 목숨을 빼앗는다 해도 더 귀찮고 더 무서운 존재가 '아르고스'의 빈자리를 메울 테니까요. 그렇다면 최선의 방법은 100개의 눈들이 불륜녀(불륜 암소가 맞는 표현인지 모르겠지만) 감시라는 지엽적이고 사적인 임무에 매달리기보다 더욱 건설적인 역할을 할 수 있는 환경을 조성하는 일일 것입니다. 이 책의 말미에서 '유가 저널리즘'이라는 언론 철학을 제시하는 이유는 그러한 환경을 만드는 것이 '아르고스'나 헤라, 또는 제우스가 아니라 궁극적으로는 100개의 눈들, 스스로라는 것을 분명히 하기 위해서입니다.

* * *

언론은 한 사회의 필요악과 같은 존재입니다. 아프리카 초원의 청소부인 하이에나나 독수리 떼와 같다고 할까요? 실제로 광활한 사바나에서 짐승 한 마리가 죽더라도 이를 멀리에서도 금방 알아차릴 수 있도록 알려주는 이들이 하이에나와 독수리 떼입니다. 비록, 한국 언론의 개체 수가 대단히 많다고는 하지만 그들 덕분에 한국이라는 사회에서 벌어지고 있는 각종 부정과 불법, 비효율과 무관심은 좀처럼 숨을 자리를 찾지 못하는 것 또한 부정할 수 없습니다.

한국 언론에 대한 대중적·학술적, 심지어는 언론사 상호에 의한 언론적 비난마저 넘쳐나지만 한국 언론을 애정의 시선으로 바라본 채 어떤 잘잘못을 행해왔는지, 또 어떤 자세로 어디로 향해야 할지에 대한 거대 서사는 매우 드물게 제시되었던 것이 사실입니다. 그런 면에서 볼 때, 이 책이 독자들에게 언론을 둘러싼 다양한 논의를 고르게 이해하고 언론의 성과와 한계는 물론,

그 속성을 명백히 인식하는 데 도움을 줄 수 있기를 희망합니다. 이와 함께, 궁극적으로는 우리 언론이 여성을 배려하는 언론, 장애인을 대우하는 언론, 환경을 아끼는 언론, 과학을 소중히 여기는 언론, 지구촌에 대한 인류애와 감시 활동을 게을리하지 않는 언론, 캠페인을 신중하게 전개하는 언론이 되기를 기원하는 바입니다.

마지막으로 필자는 신인 동시에 신의 전령사이기도 한 헤르메스를 통해 서구 중심적인 언론 모델의 한계를 조명해 보고, 한국의 근·현대사에 깊은 영향을 미쳤던 공자와 맹자의 사상을 통해 새로운 세기의 한국에 맞는 언론상을 제시해 보고자 합니다. 눈 하나하나가 감시의 눈보다는 사랑과 애정, 배려와 관심으로 사회의 구석구석을 훑으며 이를 헤라와 제우스에게 알릴 경우, 그 사회는 공자와 맹자가 바라마지않던 '도(道)'가 넘쳐나는 사회가 될 터이니까요.

언제나 그렇듯이 시도는 저자의 몫이요, 판단은 독자의 몫입니다. 필자 나름대로의 노력을 기울였음에도 여전히 미진하고 부끄럽기만 한 『헤르메스의 자손들, 공자의 후손들: 한국 언론의 현재와 미래』에 대한 독자 여러분의 따끔한 질정(叱正)을 바라는 바입니다.

마지막으로 패기만 넘치던 거친 졸고를 꼼꼼히 완독하며 감동스러울 정도로 세심한 조언을 아끼지 않은 (주)한울엠플러스의 윤순현 차장님, 조인순 팀장님에게 이 자리를 빌려 진심으로 감사의 말씀을 전하고자 합니다.

심 훈

01

대한민국 특산품 ≪오마이뉴스≫

/

언론과 인터넷

몸집은 겁나게 커서 태산만하고, 거죽은 천 살 먹은 산신령처럼 짜글짜글 주름살 투성이고 눈은 보름달처럼 둥그렇고 다리는 다섯 개나 달렸는데 코는 발바닥에 붙어 있다네(박희정·이우창, 2009: 5).

무슨 짐승일까요? 과연 이런 생물이 지구상에 존재할까요?

태종 12년인 1412년 일본 국왕 아시카가 요시모치(源義持)는 조선에 희귀한 동물을 선사합니다. 코끼리였습니다. 당시, 고려의 팔만대장경을 얻고자 했던 일본 국왕은 조선의 환심을 사기 위해 동남아시아에서 어렵사리 들여온 코끼리를 조선에 보냅니다.

지금도 희귀 동물은 국교를 수립하거나 소원한 양국 간의 외교 관계를 복원하는 촉매 역할을 합니다. 역사는 흘러도 인간의 생각은 같으니까요. 중국에서는 김영삼 대통령 당시, 백두산 호랑이의 조상인 시베리아 호랑이를 한국에 선물한 적이 있습니다. 중국은 또한 일본 및 미국과 국교를 정상화할 때 자국의 상징인 판다를 선물합니다. 마찬가지로 일본은 조선 건국 초기, 한반

도에 코끼리를 보냄으로써 동아시아 불교문화의 정수인 팔만대장경을 얻고
자 합니다.

　결론부터 말씀드리자면, 일본의 시도는 실패로 끝나고 맙니다. 환심을 사
기 위해 공물로 보낸 코끼리가 말썽만 일으키며 조선에 되레 화(禍)를 불러일
으켰기 때문입니다. 하루에 콩 30~40kg을 먹어 치우며 귀하디귀한 곡식만
축내던 코끼리는 급기야 자신을 비웃던 벼슬아치 한 명을 밟아 죽이기까지
합니다. 이른바, '코끼리 살인사건'으로 잘 알려진 역사적 사실이지요.

　그렇다면, 글머리부터 난데없이 조선시대의 '코끼리 살인사건'을 꺼낸 이유
는 무엇일까요? 당시 코끼리를 처음 보았던 한양 사람들의 '발 다섯 달린 괴
물' 이야기는 산 넘고 물 건너 조선 반도의 남쪽 땅끝 마을에 살고 있던 전 공
조판서 이우(李玗)의 귀에까지 흘러 들어가게 됩니다. 이우는 다름 아닌 코끼
리에게 밟혀 죽은 비운의 주인공이죠. 재미있는 것은 괴물 코끼리의 소문이
한양에서 전라남도 땅끝 마을까지 도달하는 데 걸린 시간이 1년 하고도 여섯
달이었다는 사실입니다. 인편(人便) 이외에는 마땅한 통신수단이 없었던 600
년 전 당시, 한양에서 퍼진 소문이 한반도의 구석까지 전파되는 데는 자그마
치 480여 일이 걸렸던 것입니다. 소문을 듣고 해괴망측한 동물을 직접 보기
위해 상경했던 이우는 코끼리 앞에서 삿대질을 해가며 욕을 하다가 기분이
언짢아진 코끼리의 발에 밟혀 죽고 맙니다.

　그로부터 600년이 지난 2005년, 한국의 대표적인 포털 사이트 '네이버'에
는 '실시간 인기 검색어'라는 새로운 용어가 등장합니다. 2년 뒤인 2007년 6
월에 그 명칭이 '실시간 급상승 검색어'로 바뀌었다가 2019년 현재, '급상승
검색어'로 다시 변경되었지만 기본적인 기능은 변하지 않았습니다. '급상승
검색어'는 말 그대로 인터넷상에서 주목받고 있는 검색어의 순위를 실시간으
로 펼쳐 보이는 것입니다. 인터넷상에서의 실시간 관심사를 순위별로 알려주
는 것이지요. 2019년 현재에는 이러한 급상승 검색어가 다시 10대, 20대, 30
대, 40대 등 연령별로 세분화돼 게재되고 있습니다.

실시간으로 급상승 검색어를 알려주는 현상은 전 세계 어디에도 없습니다. 이웃 나라 일본만 하더라도 자국의 가장 대표적인 포털 사이트, '야후저팬'에는 실시간 검색어를 지속적으로 알려주는 기능이 없습니다. 미국의 '구글', 중국의 '바이두' 역시, 마찬가지입니다.

사실, 실시간이라는 말 자체는 굉장히 허망합니다. 수시로 변하는 까닭에 매 순간순간이 다를 수밖에 없는 현재를 분초 단위로 쪼개 보여주고 있는 셈이니까요. 그런 면에서 볼 때, 찰나의 시간에 집착하고 매달리는 한국의 현상은 대단히 이례적입니다. 어쨌거나 '급상승 검색어'라는 신용어의 등장은 600년 전 1년 6개월 걸리던 부정확한 소문이 이제는 실시간으로 전파될 수 있다는 것을 뜻합니다. 언제 어디서나 동시에 존재한다는 의미의 유비쿼터스 시대가 진정 도래한 것이지요.

* * *

영화 〈터미네이터〉는 다들 잘 알고 계실 겁니다. 지난 1984년 처음 상영된 이래, 〈터미네이터 V: 제니시스〉에 이르기까지 무려 네 개의 속편이 제작될 정도로 인기가 대단했으니까요.

간단히 줄거리를 설명하자면 미래에 인공지능을 지닌 컴퓨터가 핵전쟁을 유발시켜 30억 명의 인류가 사망하고 인간들은 컴퓨터의 지배를 받게 됩니다. 배경은 2029년이고요. 반란군 대장인 존 코너가 살아남은 인류를 모아 컴퓨터의 지배에 완강히 저항하자, 인공지능 컴퓨터는 타임머신에 불멸의 인조인간, 터미네이터를 태워 1984년의 미국 로스앤젤레스로 보냅니다. 미래의 반란군 대장, 존 코너의 탄생을 막으려는 의도에서입니다. 물론, 반란군 측에서도 이를 눈치채고 존 코너의 어머니인 사라 코너를 보호하기 위해 정예 대원을 보냅니다.

혹시, 영화 〈터미네이터〉에 나오는 인공지능 컴퓨터의 이름이 무엇인지 아세요? '스카이넷(Skynet)'입니다. 그렇다면, '스카이넷'이라는 이름은 어디에서 유래했을까요? 인터넷 최초의 원형 모델로 미 국방부에서 개발했던 알파넷(Alphanet)이 그 모체입니다.

망과 망 사이를 잇는다는 의미의 '인터넷(internet)'은 망(net)을 통해 정보를 주고받는 통신 기술입니다. 이러한 인터넷의 탄생이 궁극적으로는 '급상승 검색어'라는 신조어를 한국에 탄생시켰으며 초고속 통신망이 깔려 있는 곳이라면 1~2초 이내에 수많은 정보를 간편하게 주고받을 수 있도록 했습니다. 그럼, 인터넷과 언론에 대한 이야기를 본격적으로 전개하기에 앞서 한 가지 경우를 더 소개하고자 합니다. 인터넷과 언론을 다루는 데 매우 의미심장한 사례이기 때문이죠.

여러분은 혹시 세계 최대의 영토를 지녔던 국가가 어디인지 알고 계신가요? 정답은 몽골입니다. 무려 3,775만 km²로 아시아 대륙의 동쪽 끝에서부터 중앙아시아를 거쳐 동유럽에 이르는 사상 최대의 제국이 몽골이었습니다. 참고로 미국의 면적은 962만 km²이며 중국은 959만 km²입니다. 몽골제국은 미국이나 중국 면적의 네 배에 이르는 초거대 국가였지요. 그렇다면, 두 번째로 큰 영토를 지녔던 국가는 어디일까요? 대영제국입니다. 해가 지지 않는 대영제국 역시 한때는 호주, 미국, 캐나다, 인도 등 5대양 6대주의 3,300만 km²를 다스렸던 제국 중의 제국이었습니다. 하지만 몽골제국이 더욱 인상적인 것은 1200년대 세계를 제패했던 당시의 인구가 200만 명에 불과했다는 사실입니다. 약 200년에 걸쳐 2,000만 명의 인구로 세계를 다스린 영국과 비교해 볼 때 1/10에 불과한 인구로 영국보다 넓은 제국을 무려 130여 년간 다스렸지요.

도대체 어떻게 이런 일이 가능했을까요? 비결은 역참 제도에 있었습니다. 주요 길목에 약 10km마다 촘촘하게 배치됐던 역참에는 튼튼한 말들이 항상 대기함으로써 다른 곳에서 파견된 파발마의 소식을 믿을 수 없이 빠른 속도로 다른 역참으로 전달했지요. 중앙정부의 명령을 포함해 지방의 반란 소식은 파발마의 속도로 몽골제국 전역에 전파되었습니다. 어느 자료에 따르면 몽골제국의 동쪽 끝 영토인 고려에서 서쪽 끝에 놓여 있는 동유럽까지 정보가 전달되는 속도는 3개월에 불과했다고 합니다. 13세기 초에 그와 같은 정보망을 구축한 몽골제국은 점과 점을 그물처럼 연결하는 인터넷의 진정한 창시자였던 셈이지요. 그럼, 이제부터 본격적으로 인터넷과 언론에 대한 이야기로 들어가보도록 하겠습니다.

* * *

래리 로버츠(Larry Roberts)라는 사람이 있습니다. 21세기의 현대인들은 이 사람에게 커다란 빚을 지고 있지요. 누구인고 하니 지금으로부터 반세기 전인 1969년에 인터넷의 원형인 '알파넷'을 개발한 사람입니다.

미국과 소련 간의 냉전이 한창이던 당시, 미 국방부에서는 핵전쟁에 대비한 시나리오를 준비합니다. 소련의 핵폭탄이 워싱턴에 떨어져 미 국방성의 군 통신망이 붕괴되면 미국 전역이 워싱턴으로부터 단절될 수 있다는 것이었지요. 미 국방성은 전국의 주요 군사 시설을 포함해 핵심 연구기관 및 주요 대학 간의 컴퓨터를 연결해 핵심 자료를 공유하게 하는 작업에 착수합니다. 말하자면, 다리 하나가 끊어져도 생명에는 아무 지장이 없는 오징어나 문어처럼 워싱턴이 파괴되어도 여타 지역은 전혀 지장 받지 않도록 연락망을 얼기설기 연결한 겁니다.

혹시 FTP라는 프로그램을 알고 계세요? FTP란 File Transfer Protocol의 약자로 '파일 전송 규약'이라는 뜻입니다. 컴퓨터 파일들 간의 전송을 위해 공통적으로 마련한 약속이라는 의미죠. 쉽게 말씀드리자면, 기차 왕래를 가능하게 하기 위해 철로 규격을 별도로 정하는 것입니다. 참고로 말씀드리면, 현재 북한과 한국의 철로 규격은 서로 다르기에 한국의 기차가 북한의 철로 위를 달릴 수 없는 실정입니다. 컴퓨터로 이야기하자면 서로 간의 데이터 송수신이 불가능하다는 말이죠.

　서로가 원활하게 파일을 주고받을 수 있도록 FTP에 따라 데이터를 송수신함으로써 수많은 지역에서 컴퓨터들 간의 데이터 공유가 사상 처음으로 실행됩니다. 1200년대에 몽골제국에서 창안된 역참 제도가 700여 년 뒤, 래리 로버츠에 의해 다시 부활한 것이죠. 그로부터 약 14년 뒤인 1983년, 미 국방부에서는 커다란 용단을 내리기에 이릅니다. 인터넷을 군사 부분과 민간 부분으로 나눠, 민간 부분에서 사용할 수 있는 규약(規約) 시스템을 민간에 넘겨준 것입니다. 하지만 오늘날과 마찬가지로 웹상에서 정보를 얻을 수 있는 진정한 의미에서의 인터넷 시대는 '브라우저'라는 도구가 민간에 첫선을 보인 1993년부터 시작됩니다.

　이전까지는 컴퓨터 모니터에 글자들만 잔뜩 나열되어 있는 가운데, 화살키를 이용해 해당 카테고리에 있는 정보를 엔터 키로 작동시켜야 했습니다. 물론, 그렇게 엔터 키를 작동시켜 얻을 수 있는 자료는 텍스트밖에 없었습니다. 굳이 설명하자면, 스마트폰 이전의 피처폰 화면과 피처폰 작동 방식을 떠올리면 될 겁니다. 이 역시도 피처폰을 기억하는 세대들에게만 이해되는 이야기지만. 어쨌거나 브라우저가 지구상에 첫선을 보인 1993년은 인터넷의 원년이 됩니다. 당시에는 '모자이크'와 '네비게이터'라는 브라우저가 있었습니다.

* * *

　브라우저 '모자이크'는 1987년에 태어나 1997년 열 살의 나이로 사망했습니다. 마찬가지로 '네비게이터'라는 브라우저 역시, 1994년에 태어나서 2007년에 사라졌습니다. '모자이크'와 '네비게이터'는 왜 단명(短命)했을까요? 마이크로소프트사(MS)사 때문입니다. 마이크로소프트사에서는 윈도우 운영체계를 팔면서 자신들이 개발한 브라우저, '익스플로러'를 끼워 팔기 시작합니다.

고객들이 윈도우 95, 98 등의 버전을 구입하면서 프로그램에 포함된 '익스플로러'를 바로 실행할 수 있게 되니 '모자이크'나 '네비게이터'를 수십 분 또는 몇 시간에 걸쳐 웹에서 다운받을 필요가 없게 된 것이죠.

'모자이크'나 '네비게이터'가 지닌 약점들도 자신들의 단명(短命)에 한몫했습니다. 초창기의 브라우저들은 외국어 지원도 잘 되지 않았고 신기술을 적용한 이미지와 동영상에 대한 구현이 제대로 이뤄지지 않았습니다. 당시 최첨단 기술이었던 플래시의 작동도 원활하지 않았고요. 그런 가운데 엄청난 돈을 투자한 마이크로소프트사가 수많은 엔지니어를 동원해 온갖 기술적 난제들을 재빨리 극복하는 데다 그러한 브라우저를 윈도우에 끼워 팔기 시작하니 '모자이크'와 '네비게이터'로서는 배겨날 재간이 없었습니다. 바야흐로 '천상천하 익스플로러독존'의 시대가 도래한 것이지요.

각설하고 1994년 4월, 1,000개에 불과했던 인터넷상의 웹사이트는 그해 11월에 1만 개로 불어납니다. 1년 뒤에는 11만 개가 되고요. 당시, 네티즌들이 브라우저를 매개로 방문하는 웹사이트는 완전히 새로운 형태의 출판물이었습니다.

한국에서는 1995년에 ≪중앙일보≫가 ≪조인스닷컴≫이라는 인터넷 뉴스를 처음으로 선보입니다. 제가 미국으로 유학 갔을 당시인 1996년, ≪조선일보≫가 인터넷판으로 뉴스를 제공하기 시작합니다. 저보다 2년 앞서 1994년에 유학을 갔던 사람들만 해도 본국으로부터 약 일주일 정도 늦게 배달된 한국 신문들을 뉴욕과 시카고, LA 등에서 읽었습니다. 하지만, 저는 실시간으로 업데이트된 뉴스를 빛의 속도로 제공받았습니다. 디지털 인쇄 혁명의 첫 번째 수혜자였던 셈이죠.

당시 제가 공부했던 미 아이오와 주립대학교의 컴퓨터실에 가면, 많은 한국인이 모국의 인터넷 신문 읽는 재미에 푹 빠져 있었던 것을 쉽게 볼 수 있었습니다. 정말이지 당시만 하더라도 인터넷 신문을 제공하는 나라는 한 손으로 꼽을 정도였습니다. 그렇게 IT 기술에 대한 앞선 투자와 선견지명이 지금의 인터넷 강국, 아니 IT 강국인 한국을 만드는 데 일조했다고 봅니다. 비록 ≪중앙일보≫와 ≪조선일보≫에 대한 평가는 입장에 따라 다르지만 적어도 IT 분야에서 이들 두 언론사가 한국에 불러일으킨 혁신은 충분히 인정받아 마땅합니다.

그럼, 이제부터 본격적으로 인터넷 언론에 대한 이야기를 펼쳐볼까 합니다. 먼저, 인터넷 언론은 크게 두 가지로 구분합니다. 첫 번째는 '연장지'라고 하는 것인데요, 소위 오프라인을 통해 신문을 만들고 있는 업체가 인터넷을 통해 또 다른 종류의 신문을 연장적인 의미에서 만든다는 뜻을 지니고 있습니다. 그리고 '연장지'의 대척점에는 '대안지'라는 온라인 신문이 있습니다. '대안지'는 온라인으로만 신문을 제공한다는 의미지요.

한국에서 처음으로 선보인 '대안지'는 여러분도 한 번쯤 들어본 적이 있는 ≪딴지일보≫입니다. 1998년생입니다. 그로부터 2년 뒤, 세계적인 명물 ≪오마이뉴스≫가 탄생합니다. 그리고 1년 뒤, 다시 ≪프레시안≫이라고 불리는 대안지가 탄생합니다. 세 신문 모두, 겨냥하는 독자층은 뚜렷이 달랐습니다. ≪딴지일보≫는 ≪조선일보≫를 '좃선일보'라고 부르며 ≪조선일보≫를 패러디하는 것으로 서비스를 시작했습니다. ≪오마이뉴스≫는 기성 엘리트 뉴스와 180도 다른 시각에서 새로운 형태, 새로운 내용의 인터넷 신문을 제공하고자 했습니다. ≪오마이뉴스≫에서는 이른바, 시민 기자들이 그러한 역할을 담당했지요. 마지막으로 ≪프레시안≫은 기성 언론사의 전통적인 신문 제작 시스템에 반감을 품은 기자들이 기존 언론과 차별되는 신문을 웹상에 만든 것입니다. 언론을 의미하는 '프레스(press)'와 인터넷 대안뉴스(internet alternative news)의 약자인 '이안(ian)'이 합쳐진 이름이지요.

2019년 현재에는 그 수를 헤아릴 수조차 없이 많은 '연장지'와 '대안지'가 인터넷을 통해 한국과 전 세계에 이 순간에도 무수한 정보를 실시간으로 전송하고 있습니다.

* * *

"신문사의 신문 독점 시대는 끝났다."

2002년 2월, ≪신문협회보≫는 바야흐로 '연장지'의 전성시대가 막을 내렸다고 공식적으로 선언합니다. 인터넷 대안 언론의 눈부신 약진을 거역할 수 없는 대세로 받아들이기 시작한 것이지요. ≪신문협회보≫의 이 같은 선언과 맥을 같이 했던 매체로는 단연 ≪오마이뉴스≫를 꼽아볼 수 있습니다. 물론, ≪딴지일보≫의 파괴력도 상당했지만 ≪딴지일보≫의 주된 목적이 ≪조선일보≫를 비난하는 것이었기에 사회적인 영향력 면에서는 한계가 있을 수밖에 없었습니다. 반면, 시민 기자들이 뉴스를 생산하고 제공하는 ≪오마이뉴스≫는 지구상에 처음으로 시도된 언론 민란(民亂)이었기에 주류 언론의 콘텐츠에 익숙해 있던 독자들에게는 커다란 충격으로 다가왔습니다. 어찌 보면 한국에서 태어난 것을 자랑스러워해야 할 정도로 ≪오마이뉴스≫는 지난 수백 년간 전 세계 어느 곳에서나 주류 언론이 장악하고 있던 뉴스 시장에 비주류가 성공적으로 입성한 첫 번째 사례였습니다.

≪오마이뉴스≫가 한국 사회에 미친 영향을 비유적으로 언급하자면 로마제국에 반기를 든, 검투사 출신의 스파르타쿠스(Spartacus)를 꼽아볼 수 있습니다. 기원전 1세기, 로마 공화정에 대항해 노예 항쟁을 이끌었던 노예 검투사 스파르타쿠스는 한때 군세가 12만 명에 달할 정도로 엄청난 규모를 자랑하며 로마제국을 파국 직전까지 몰아넣었습니다. 그런 스파르타쿠스나 다름없는 ≪오마이뉴스≫를 필자가 처음 만난 날이 지금도 생생하게 기억납니다. 미국 유학을 청산하기 시작한 2002년의 어느 날, 한국에서 막 건너온 후배 한 명이 새로운 뉴스를 전달해줍니다. "혹시, ≪오마이뉴스≫라고 들어보셨어요? 한국에서 상당한 돌풍을 일으키고 있는 인터넷 매체인데요."

당시 저는 속으로 '이름도 진짜 특이하네. "오 마이 갓(oh my god)"이란 감탄사에서 신문명을 따왔나?'하고 의아하게 생각하며 그날 집에 돌아가 인터넷을 찾아보았습니다.

"내 아버지의 누렁소."

≪오마이뉴스≫의 메인 화면에 큼지막하게 제공되어 있던 그날의 기사는 주류 언론의 뉴스 가치에 익숙해 있던 필자에게 충격으로 다가왔습니다. 중앙 일간지에서 익힌 뉴스 취재 및 기사 작성 방식이 곧 뉴스 제작 법칙이라 굳게 믿었던 필자에게 ≪오마이뉴스≫에서 선보인 기사는 엄청난 쓰나미로 작용하며 구시대적 뉴스관을 일거에 휩쓸어버렸습니다. 기존 언론에서 전혀 다루지 않던 분야의 기사들을 뉴스로 발굴하기 시작한 ≪오마이뉴스≫는 그렇게 한국의 언론 역사를 새롭게 고쳐 씁니다.

그럼, ≪오마이뉴스≫는 어떻게 해서 이 땅에 탄생하게 된 것일까요? 지난 2009년에 폐간된 ≪말≫이라는 잡지가 있습니다. 대단히 진보적인 월간지였습니다. ≪오마이뉴스≫를 창간한 오연호 대표는 이 ≪말≫지의 기자였습니다. 오연호 기자는 10년 정도 기자생활을 하며 늘 회의를 품어왔다고 합니다. '왜 일반인들은 기사를 쓸 수 없고 또 설령 쓸 수 있다 한들 1면에 자신의 기사를 장식할 수는 없을까?' 고민 끝에 오연호 기자는 1999년에 회사를 관두고 2000년 밀레니엄을 맞이해 새로운 형태의 인터넷 신문을 창간합니다.

2000년 창간 당시, ≪오마이뉴스≫는 자본금 1억 원에 상근 기자 네 명, 뉴스 게릴라 727명으로 출항의 닻을 올렸습니다. 그로부터 19년이 지난 지금, ≪오마이뉴스≫는 메이저까지는 아니더라도 대한민국에서 결코 무시할 수 없는 언론적 위상을 차지하게 됐습니다. 개인적으로는 ≪조선일보≫, ≪중앙일보≫, ≪동아일보≫를 제외하면 어떤 전국지보다 영향력이 강하다는 생각입니다. 그런 ≪오마이뉴스≫는 2019년 현재 취재 기자만 50여 명에 달하며 지난 19년간 8만여 명의 시민 기자들이 90만 개 이상의 기사를 작성한 대형 언론사로 탈바꿈했습니다.

다소 오래된 자료이긴 하지만, 지난 2003년에 주간지 ≪시사저널≫이 조사한 바에 따르면 ≪오마이뉴스≫는 가장 영향력 있는 매체 가운데 6위에 올라서는 기염을 토했습니다. 당시 1위가 KBS였고 2, 3, 4, 5위와 7위가 각각 ≪조선일보≫, MBC, ≪동아일보≫, ≪중앙일보≫와 ≪한겨레≫라는 것을 감안하면 믿기지 않을 정도입니다. 생각해 보세요. 지난 1988년 국민 사주를 통해 탄생한, 16년 경력의 진보 일간지 ≪한겨레≫를 출범 4년에 불과한 인터넷 신문이 영향력 면에서 앞선다니 이 얼마나 대단한 일입니까?

사실, 요하네스 구텐베르크(Johannes Gutenberg)의 49줄 성경이 서양의 근대사를 찍은 것처럼, 한국의 인터넷 언론, 그중에서도 ≪오마이뉴스≫는 21세기 한국 언론사에 굵은 획을 긋습니다. 그런 ≪오마이뉴스≫의 탄생과 돌풍에는 한국의 굴곡진 언론 지형이 원인을 제공했다는 생각입니다.[1] 분단국가라는 특수 상황 속에서 기존의 언론 권력들은 편향적이고 수직적이며 자의적인 보도로 한국의 여론을 좌지우지해왔습니다. 그리하여 기존의 언론 보도에 불만을 지닌 이들은 대안 언론이 인터넷에 등장하자 이를 전폭적으로 받아들인 것입니다.

빛이 강하면 그림자가 짙고, 봉우리가 높으면 골짜기가 깊은 것처럼 인터넷 대안 언론의 비약적인 성장엔 이러한 작용·반작용의 물리 법칙이 내재해 있었습니다.

* * *

인터넷 언론의 행보가 항상 화려하기만 했던 것은 아닙니다. 기술 발달로

---

1   오연호 대표의 ≪오마이뉴스≫ 창간 배경에는 미군의 노근리 양민 학살 사건을 1994년 ≪말≫에서 특종 보도했지만, 주류 언론이 이를 철저히 외면했기에 일간지에는 단 한 줄도 소개되지 못했던 가슴 아픈 기억이 자리하고 있습니다. 문제는 AP통신에서 1999년에 "Kill'em all"(모두 죽어버려)이라는 제목으로 충북 노근리 양민 학살 사건을 아홉 차례에 걸쳐 시리즈로 보도했다는 것입니다. 이 보도가 전 세계로 전송 된 지 3일 후, 한국의 주류 언론들은 1면에 관련 기사를 내보내기 시작했습니다. AP통신은 이 기사로 2000년에 탐사 보도 부문에서 풀리처상을 수상했습니다.

탄생한 신종 언론 매체이다 보니 법적·제도적인 면에서는 차별적인 대우를 받을 수밖에 없었습니다.

노무현 전 대통령이 제16대 대통령으로 당선되기 전의 일입니다. 당시 노무현 민주당 대통령 후보자는 신생 매체인 ≪오마이뉴스≫와 인터뷰를 갖고자 했습니다. 하지만 중앙선거관리위원회는 ≪오마이뉴스≫가 '정기간행물 등록법'에 따른 언론 매체가 아니기에 ≪오마이뉴스≫가 대통령 후보자를 인터뷰하는 것이 '선거관리법' 위반이라고 보았습니다. '정기간행물 등록법'에 따라 언론 매체로 인정받으려면 정기적으로 오프라인에서 간행물을 발간해야 하는데 인터넷 언론들은 오프라인에서 정기적으로 발간을 하지 않기에 언론으로 볼 수 없다는 것이었죠. 결국, 노무현 민주당 대통령 후보자는 ≪오마이뉴스≫와의 인터뷰를 성사시키지 못한 채, 인터뷰 예정 장소에서 발길을 돌려야 했습니다.

이후, 수차례의 관련 법 개정을 통해 2005년 이후부터 인터넷 언론도 언론 매체로 인정받게 되었습니다. 중앙선거관리위원회 역시 2008년 초, 인터넷 언론사가 국회의원 선거 후보자와 대담 또는 토론을 실시할 수 있으며 이를 보도해도 된다고 허락했습니다. 하지만, 2019년 현재까지 인터넷 언론사의 대통령 후보자 인터뷰는 허락되지 않고 있는 실정입니다. 그럼에도 불구하고 '신문 등의 자유와 기능보장에 관한 법률(신문법)'에 따라 언론사로 인정받게 되었기에 인터넷 매체는 이제 정치 광고를 게재할 수 있으며, 신문발전 기금의 수혜 대상이 되었습니다. 선거철에는 중앙선관위의 선거 관련 안내 공고를 포함해 여당 및 야당의 선거 후보자 광고를 실을 수 있게 된 것입니다. 또, 정부에서 건전한 신문 발전을 위해 지방지에 지원하고 있는 신문 발전 기금을 받을 수 있는 대상에 포함됨으로써 재정적인 측면에서 예전보다 유리한 고지에 오르게 되었습니다.

인터넷 신문이 언론 매체로 인정받게 됐다고 해서 모든 것이 다 해결된 것은 아닙니다. 인터넷 신문 역시, 권리에 따른 의무를 성실히 이행해야 하기 때문입니다. 인터넷상에서 타인의 명예를 훼손하거나 권리를 침해하게 되면 인터넷 언론도 '신문법'에 의해 처벌받게 됩니다. 그래도 이전과 다른 점은 허위·과장 보도 등과 관련된 피해자가 언론중재위원회의 중재를 거치지 않고서는 법원에 반론 보도에 관한 청구를 제기할 수 없다는 것입니다. 그렇게 볼 때, '정기간행물 등록법' 및 '신문법'에 따른 언론사로서의 지위 인정은 인터넷 매체에 실(失)보다 득(得)이 훨씬 많은 사안입니다.

* * *

이번에는 ≪오마이뉴스≫를 필두로 한 인터넷 대안 언론의 특징을 꼽아보도록 하겠습니다. 먼저, 뉴스 가치의 차별화를 들 수 있습니다. 전국지 또는 지방지에서는 결코 만나볼 수 없었던 기사들이 이들 언론사의 인터넷 홈페이지에 게시되고 있으니까요. 더불어 인터넷 언론의 다양한 뉴스 보도는 기성 언론의 뉴스 의제 설정에도 영향을 미쳤습니다. 믿으실지 모르겠지만 1990년대까지만 하더라도 ≪조선일보≫, ≪중앙일보≫, ≪동아일보≫는 1면에 게재된 기사들의 종류와 크기가 믿을 수 없을 정도로 유사했습니다. 다른 것이라고는 제호와 기자 이름 정도라는 우스갯소리까지 있었으니까요. 그런 일간지 신문들의 1면을 바꾸는 데 혁혁한 공을 세운 것이 인터넷 대안 언론들이었습니다.

두 번째로는 기사 작성 양식의 파괴를 꼽아볼 수 있습니다. 액정 화면에 기사를 게재하는 까닭에 지면이라는 물리적인 제약에서 벗어날 수 있었던 인터넷 언론들은 기사의 분량 조절에서 매우 자유로웠습니다. 사진도 많이 실을 수 있고요. 그래도 가장 중요한 사실은 기성 언론의 정형화된 포맷, 이른바 역삼각형 형식으로 불리는 사건 기사 작성 방식에서 탈피해 뉴스의 전개 양식을 대단히 자유롭게 펼칠 수 있게 되었다는 점입니다. 시민 기자들이 자신의 기사를 편지나 시 또는 대화체 형식으로 작성해도 충분히 게재될 수 있는 것이 인터넷 대안 언론사의 특징이니까요.

마지막으로 뉴스 보도의 심층화를 들 수 있습니다. 비록 연관 출입처가 없거나 해당 주제를 정식으로 공부한 적이 없어도 평소부터 깊은 관심을 지니고 있는 이라면 누구나 관련 기사를 작성해 대안 매체에 게재할 수 있습니다. 2019년 현재에도 포털 사이트 '네이버'의 뉴스 스탠드가 제공하는 여러 인터넷 신문사들의 뉴스에서는 심층적이고 분석적인 기사들이 자주 발견됩니다. 물론, 치열한 속보 경쟁으로 인해 얄팍하고 선정적인 기사들도 다수 존재하지만, 시간의 제약 없이 오랜 기간 충실하게 작성된 기사들도 꾸준히 독자들의 눈길을 끌고 있습니다.

하지만 인터넷 대안 언론의 가장 중요한 고민은 다른 곳에 있습니다. 낮은 수익성에 따른 생존 위협이 그것입니다. 이 현안은 대안 언론뿐 아니라 전 세계의 모든 인터넷 언론이 공통적으로 안고 있고 있는 문제입니다. 유료화에 성공한 인터넷 언론 매체가 세계적으로도 거의 없다는 사실에서 미뤄 짐작할 수 있듯이 인터넷 언론은 오로지 인터넷 광고에만 의존해야 합니다. 그렇다고 인터넷 광고의 단가가 센 것도 아니기에 시장에서의 생존 여부는 인터넷 언론들에게 언제나 가장 큰 화두입니다.

이와 관련해 ≪오마이뉴스≫에서는 지난 2009년부터 '10만 인 클럽'이라는 캠페인을 전개하고 있습니다. 독자 10만 명으로부터 구독료 월 1만 원을 받을 경우, 광고에 의존하지 않는 떳떳한 언론사로 독립할 수 있다는 것이 캠페인의 발족 취지입니다. 아이디어는 상당히 신선합니다만, '10만 인 클럽' 가입자 수가 2019년 4월 현재, 1만여 명에 불과하다는 사실은 온라인 언론사의 앞길이 얼마나 험난한지 잘 보여주고 있다 하겠습니다. ≪프레시안≫ 역시, 거대 자본의 눈치를 보지 않는 가운데 광고 압력으로부터 독립하기 위해 2013년 주식회사에서 협동조합으로 지위를 탈바꿈했습니다. '생명', '평화', '평등', '협동'을 새로운 가치로 내세운 ≪프레시안≫은 조합원이 1만 명을 넘으면 모든 상업 광고를 없애겠다는 목표 아래, 조합원 배가(倍加) 운동을 펼치고 있습니다. 하지만 2019년 4월 현재, 출자금 3만 원과 함께 월 1만 원의 회비를 내는 조합원을 포함해 정기적으로 후원만 하는 회원들까지 합쳐도 ≪프레시안≫을 지원하는 이들은 4,000여 명 안팎에 머무르고 있습니다.

그래도 상황이 마냥 나쁘기만 한 것은 아닙니다. 한국 탐사저널리즘 센터에서 제작하는 탐사 보도 프로그램, 〈뉴스타파〉는 척박한 인터넷 언론 시장에 한 줄기 빛을 제공하고 있으니까요. 기자실에 배포된 보도 자료 베끼기에서 탈피해 유튜브와 시민 방송을 통해 방영되고 있는 〈뉴스타파〉는 단기간 내에 가장 성공적인 행보를 보인 모범 사례입니다.

지난 2011년 11월에 발족한 〈뉴스타파〉는 독지가들의 후원 속에 MBC와 YTN의 해직 언론인 등 전·현직 기자들이 10.26 재·보궐 선거 투표소 변경 의혹, 제주 해군기지 건설을 둘러싼 강정 마을 이야기, 4대강의 진실 등을 인터넷 방송으로 보도하며 많은 네티즌의 호응을 이끌어냈습니다. 주 2회씩 매주 화요일과 금요일 오후 6시에 방송되는 〈뉴스타파〉는 2019년 2월 현재, 유튜브 누적 시청 건수 1억 2,937만 건, 고정 독자 수가 30만여 명에 이르고 있으며 후원자도 3만 4,000여 명에 달합니다. 이 때문에 〈뉴스타파〉의 성공적인 스토리는 인터넷 언론을 포함해 언론 전반에 분명한 메시지를 전해주고 있습니다. 21세기의 디지털 환경하에서는 전문성으로 무장된 프리미엄 콘텐츠로 승부를 해야 한다는 것이지요.

부연하자면 2013년 5월부터 '국제탐사 보도언론인협회'와 공조해 250만 개 파일에 담긴 170개국, 13만 명의 자료를 분석한 〈뉴스타파〉는 전두환 전 대통령의 장남, 전재국 씨가 버진 아일랜드라는 조세피난처에 유령회사를 세운 사실을 적발해냈습니다. 국가정보원이 658개 계정에서 3,744건의 글을 5만 5,639번 리트윗한 정황도 집요하게 추적해 보도한 바 있지요.

사실, 탐사 보도는 품과 비용이 많이 드는 상품입니다. 여러 언론사들이 섣불리 달려들지 못하는 높은 진입장벽을 지니고 있는 것이죠. 시쳇말로 '블루오션'이라고나 할까요? 지금까지의 성적을 놓고 보았을 때, 그런 '블루오션'에 연착륙한 뉴스타파의 성공은 의심의 여지가 없어 보입니다.

인터넷 언론이 본격적인 위세를 떨치던 2000년대 초반, 한국의 주류 오프라인 언론사들도 탐사 보도를 기획 상품이자 특화 상품으로 선보인 바 있습니다. 2005년 ≪세계일보≫를 필두로 ≪중앙일보≫와 KBS, ≪국민일보≫와 ≪동아일보≫, ≪서울신문≫, ≪경향신문≫ 등은 탐사 보도팀을 만들어 굵직한 특종들을 연달아 내놓았습니다. 하지만 경기 침체 속에 기자 충원이 어려워지자 언론사들은 시나브로 탐사 보도팀을 해체해 탐사 보도 기자들을 일손이 부족한 여타 부서로 전출시켰습니다. 그런 의미에서 인터넷 대안 방송인 〈뉴스타파〉의 등장과 정착은 인터넷 언론이 지닌 빛과 그림자 중 빛에 해당한다 하겠습니다.

* * *

낮은 수익성과 함께, 인터넷 언론이 극복해야 할 또 다른 과제로는 선정 보도의 지양을 꼽을 수 있습니다. 2009년의 '≪쿠키뉴스≫ 퇴출 사건'은 인터넷에서의 선정 보도가 대안 언론에만 국한된 것이 아니라 연장지에 이르기까지 언론 전반에 걸친 문제라는 것을 여실히 보여주고 있습니다.

종교지로서의 ≪국민일보≫는 이전까지 누구보다 인터넷 언론의 선정성을 강도 높게 비판했던 매체였습니다. 하지만 ≪쿠키뉴스≫란 이름으로 발족시킨 인터넷 언론이 별다른 반향을 불러일으키지 못하자 선정적인 뉴스와 자극적인 제목, 저속한 사진들로 네티즌들의 이목을 끌기 시작합니다. 그리하여 2008년 11월엔 150만에 불과하던 방문자 수가 불과 석 달 만에 1,100만으로 껑충 뜁니다. "이럴 수가", "백주 대낮에…", "충격", "경악" 등과 같은 낚시성 편집이 대성공을 거둔 결과였죠. '네이버'에서는 그 선정성이 도를 넘어섰다고 판단하고 2009년 5월 1일, ≪쿠키뉴스≫를 자사(自社)의 뉴스 서비스에서 퇴출시키고 맙니다. ≪쿠키뉴스≫와 ≪국민일보≫는 거세게 반발했지만, 곧

백기를 들고 선정적인 편집, 낚시성 편집을 자제하겠다는 약속과 함께 다시 '네이버'의 뉴스 서비스로 돌아옵니다.

언론사들 간의 인터넷 속보 경쟁과 트래픽 경쟁이 갈수록 치열해지다 보니 최근엔 '어뷰징(abusing)'이란 개념의 새로운 현상마저 등장했습니다. '어뷰징'이란 오용이나 남용 또는 폐해를 뜻하는 영어 단어로, 언론사가 온라인 조회 수를 높이기 위해 제목을 바꿔가며 똑같거나 비슷한 내용을 반복해서 송고하는 행위를 가리킵니다. 예를 들어, '김정은 사망설'에 관한 기사를 송고할 경우, 같은 내용의 기사를 "김정은 사망 증언", "김정은 사망 소문 파다", "김정은 급사는 기정사실?" 등과 같은 제목 변경을 통해 해당 기사의 조회 수를 올리는 것입니다. 물론, 기사를 안내하는 해당 사이트의 주소에는 변동이 없지요.

그렇다면 '어뷰징'이 왜 극성을 부리는 것일까요? 이유는 광고에 있습니다. 클릭 수가 많을수록 해당 기사에 노출되어 있는 광고가 조회 수만큼의 수입을 언론사에게 건네주게 되니까요. 기사 1회 방문에 1원을 받는다고 가정하면 10만 명이 방문할 경우에는 10만 원의 광고 수입을 올릴 수 있으며 어뷰징을 통해 20만 명에서 30만 명까지 방문자 수를 늘릴 경우, 광고 수입은 20만~30만 원으로 두 배, 세 배 오르게 되는 것이지요.

문제는 이러한 '어뷰징'이 주로 메이저 언론사에 의해 자행되고 있다는 것입니다. 조영신·유수정·한영주(2015)에 따르면 검색을 통해 포털 사이트에 기사를 제공하는 검색 제휴 업체들은 포털 사이트의 뉴스 공급 규정을 비교적 잘 준수하고 있었지만 콘텐츠 사용 대가를 포털 사이트 측으로부터 지불받는 계약 체결 업체들은 적극적으로 어뷰징을 실행하는 것으로 나타났습니다. 포털 사이트('네이버') 검색 제휴 매체들이 조영신·유수정·한영주(2015)의 분석 기간에 생산한 어뷰징 기사는 전체 어뷰징 기사 가운데 7.9%에 그친 반면, 포털 사이트 계약 매체들은 전체 어뷰징 기사의 92.1%를 생산하는 것으로 밝혀졌습니다. 문제는 포털 사이트 계약 업체들이 대한민국 여론을 주도하는 유력 일간지들이라는 것입니다. 순위별로는 《매일경제》가 가장 많은 양의 어뷰징 기사를 제공하고 있었으며 《조선일보》, 《머니투데이》, 《중앙일보》, 《동아일보》 등의 순으로 나타났습니다. 이들 다섯 개 매체는 전체 어뷰징 기사의 72.8%를 제작함으로써 사실상 어뷰징 기사를 양산하는 주범인 것으로 분석됐습니다.

'어뷰징' 기사는 다른 '어뷰징' 기사에 의해 끊임없이 검색 순위에서 밀려나게 됩니다. 해당 매체는 다시 '어뷰징' 기사를 생산해 검색 순위 상위에 배치시키지만 이내 밀려나는 악순환을 겪게 됩니다. '어뷰징'을 도입했던 언론사들은 초기에만 짭짤한 재미를 즐겼을 뿐, 지금은 모두 공도동망(共倒同亡, 같이 쓰러지고 함께 망함)하는 지경에 이르고 말았습니다. 관련 기사가 선정적으로 흐를 수밖에 없고 제목 역시 낚시성이다 보니 이를 알아챈 네티즌들이 '어뷰징' 기사에 대한 소비를 줄이며 자극적인 언론 기사는 점차 외면하고 있으니까요.

'어뷰징' 기사의 출현은 포털 사이트에서 제공하는 급상승 검색어와 관련이 있습니다. 인터넷 언론사들의 '어뷰징' 행위가 급상승 검색어를 중심으로 행해지고 있기 때문입니다. 이에 따라 포털 사이트들은 다시 '어뷰징' 기사의 색출과 삭제에 머리를 싸매며 대응하고 있습니다. 자업자득(自業自得)의 전형인 셈이죠. 시민단체와 언론학계에서는 포털 사이트들이 '어뷰징'의 부작용을 최소화할 수 있는 검색 알고리즘을 개발해야 한다고 목소리를 높이고 있습니다. 하지만 어느 누구도 급상승 검색어 자체의 폐지에 대해서는 거론조차 하지 않고 있는 실정입니다.

이 밖에도 사실성과 객관성, 공정성을 충분히 담보할 수 없다는 사실이 인터넷 언론의 커다란 약점으로 작용합니다. 오프라인 언론사들처럼 경찰서 출입을 시키며 수개월간 수습기자에게 엄격한 기사 작성 훈련을 제공할 만한 시간적·경제적 여유가 없는 인터넷 언론사들은 속보 경쟁의 압박감까지 가미되는 까닭에 신뢰성을 둘러싸고 항상 의심받을 수밖에 없습니다. 오프라인 언론사 출신의 기자들이 ≪오마이뉴스≫를 비롯해, 인터넷 대안지에서 임원진 등으로 다수 근무하고 있는 사실은 인터넷 언론사의 약점을 역설적으로 보여준다 하겠습니다.

* * *

현재 인터넷상에서는 무수한 종류의 언론이 다양한 형태의 실험과 모험을 감행하며 치열한 생존 게임을 펼치고 있습니다. 이러한 움직임에 대해 기존의 온·오프라인 언론사들은 물론, 포털 사이트들도 그 가능성과 파고(波高)를 예의주시하고 있습니다. 위협적인 동시에 자신들의 롤 모델로 활용될 수도 있으니까요.

디지털 생태계에서 현재까지 가장 성공적으로 번성하고 있는 온라인 저널리즘으로는 ≪허프포스트(Huffpost)≫를 꼽아볼 수 있습니다. 칼럼니스트인 아리아나 허핑턴(Arianna Huffington)이 2005년에 설립한 ≪허프포스트≫에서는 정치, 경제, 오락, 기술, 생활 건강 등의 부문에서 약 700명의 기자와 10만 명의 블로거들이 기사를 작성해 선보이고 있습니다. 지금은 영어 이외에 한국어, 독일어, 프랑스어, 이탈리아어, 스페인어, 포르투갈어, 일본어 등을 서비스하고 있으며 2019년 현재, 하루 평균 방문자 수가 500만 명에 달하는 것으로 알려져 있습니다. 국내에서는 2014년 2월부터 ≪한겨레≫와 함께 합작 법인인 ≪허프포스트코리아≫를 운영하고 있습니다.

≪허프포스트≫는 페이스북 페이지를 운영함으로써 독자들이 뉴스 기사를 네트워크상에서 지인들과 쉽사리 공유할 수 있도록 유도하고 있습니다. 하지만 ≪허프포스트≫의 기사가 대부분 ≪뉴욕타임스(The New York Times)≫나 ≪워싱턴포스트(The Washington Post)≫ 같은 엘리트 언론의 기사를 바탕으로 작성되는 까닭에 '소매치기 언론'으로 불리기도 합니다.

한국에서는 앞서 소개해드린 대로 ≪오마이뉴스≫와 함께 〈뉴스타파〉 등이 성공적인 디지털 저널리즘으로 평가받고 있습니다. 더불어서 진보적 온라인 매체인 ≪미디어오늘≫도 색깔 있는 양질의 콘텐츠를 지속적으로 생산해 자신들만의 영역을 독자적으로 구축해 성공한 경우에 해당합니다. 참, 포털 사이트 '다음'에서 잠시 선보인 스토리 펀딩도 대단히 새로운 형태의 디지털 저널리즘이었습니다. '다음'이 2014년 9월, 국내에 처음으로 선보인 스토리 펀딩은 독자가 마음에 드는 기사를 골라 해당 기사의 작성을 후원하는 뉴스 서비스였습니다. 그럼에도 불구하고 '다음'의 스토리 펀딩은 '다음' 운영사인 '카카오'가 유사 서비스의 중복으로 효율성이 떨어진다는 판단 아래, 2019년 4월 서비스 종료를 결정했습니다.

그동안 '다음'의 스토리 펀딩 서비스에서는 '명문대 보내려면 중2병부터 고쳐라', '한국은 왜 피케티에 열광하는가', '야구로 먹고사는 꿈', '당신 소송의 주인공이 될 수 있다' 등과 같은 이색 주제들이 선정됐으며 모두 성공적인 펀딩을 달성했습니다. 스토리 펀딩을 시작한 지 4년여 만에 42만 명이 펀딩에 참가해 무려 165억여 원을 후원했지요. 기성 언론에서 찾아보기 힘든 주제들과 함께 공익을 위한 모금 활동이 기사를 통해 이뤄지다 보니 기대 이상의 효과를 낸 것입니다.

그럼에도 불구하고 뉴스 유통의 갑인 포털 사이트가 콘텐츠 생산까지 입김을 발휘하는 데에 대한 우려도 존재해 왔습니다. 뉴스 기사 선정을 둘러싼 포털 사이트의 역할과 영향력을 무시할 수 없으니까요. 그럼, 다음 절에서는 디지털 시대에 포털 사이트의 문제점이 무엇인지에 대해 알아보도록 하겠습니다.

＊　＊　＊

이제껏 인터넷 언론에 관한 여러 이야기들을 소개해드렸습니다만 아직 제대로 언급하지 못한 인터넷 언론, 아니 더욱 정확하게 말하자면 인터넷 포털 사이트가 있습니다. '네이버' 이야기입니다.

'네이버'는 언론사가 아님에도 대한민국에서 가장 막강한 영향력을 행사하는 매체입니다. 비록, 포털 사이트이긴 하지만 뉴스 중개를 통해 언론적인 기능을 수행한다는 의미에서 21세기형 언론 매체라고 할 수 있죠. 그런 '네이버'의 힘과 지위를 굳이 유통업에 비유하자면 국내 1, 2위 유통 업체를 합친 것과 비슷하다고 할 수 있습니다. 유통 시장에서는 독점적인 유통 공룡의 눈 밖에 나면 정상적인 물건 판매를 사실상 접어야 합니다. 지하철을 타다 보면 자칭 '질 좋은 물건을 싸게 파는' 보따리 상인들을 종종 만나게 됩니다. 회사가 망했기에 상품을 밑지는 가격으로 처리한다는 이들은 판로를 확보하지 못한 중소기업의 상품을 길거리에서 판매하고 있는 것입니다.

마찬가지로 '네이버'는 21세기의 한국에서 비단 언론뿐 아니라 거의 모든 디지털 콘텐츠의 독점적인 유통업체로서 독보적인 위치를 점유하고 있습니다. '에이스 카운터'라는 인터넷 트래픽 조사기관에 따르면 '네이버'의 2018년 4분기 검색 점유율은 77.9%에 이르며 '구글'은 10.8%, '다음'은 9.1%인 것으로 나타납니다. 시장 점유율이 30%가 넘으면 과점, 60%가 넘으면 독점적인 지위를 지니고 있다는 통상적인 시각에 따르면 '네이버'는 이미 독점적인 지위를 넘어서서 압도적인 시장 지배력을 누리고 있는 셈이지요.

사정이 이렇다 보니, '네이버'에서 제공하는 뉴스 서비스는 그 형태와 방식에서 언론계의 가장 큰 관심사가 될 수밖에 없습니다. 일례로 '네이버'에 뉴스를 제공하는 언론사들은 모두 제대로 된 정보 제공료를 받고 싶어 하지만 그렇다고 자신들이 원하는 가격을 마음대로 제시하거나 요구할 수도 없습니다. '네이버'에 밉보였다가는 ≪쿠키 뉴스≫의 사례처럼 아예 퇴출당할 수도 있으니까요. 물론, 퇴출까지는 아니더라도 메인 페이지 노출에서 상대적인 불이익을 당할 수도 있을 겁니다.

포털 사이트로서 '네이버'가 차지하는 압도적인 비중은 언론사들로 하여금 어떻게 해서든 자신들의 뉴스 콘텐츠를 '네이버'가 가장 중요하게 취급하도록 고군분투하게 합니다. 종이 신문이나 지상파 TV의 9시 뉴스를 보는 이들이 갈수록 줄어들고 있는 이 시대에 '네이버'의 뉴스 서비스를 통해서라도 자사에서 생산하는 뉴스를 소비하게 하고 싶은 것이지요. 물론, 그러한 뉴스 소비는 자신들의 영향력 확대 또는 유지를 의미합니다.

진보적인 인터넷 언론사, ≪미디어오늘≫에 따르면 '네이버'가 2001년에 뉴스 서비스를 시작한 이래, 첫 화면 편집을 바꿀 때마다 언론사들의 트래픽이 요동쳤다고 합니다. 더욱이 초창기에는 '네이버'에서 뉴스를 직접 선정해 편집까지 시도했었기에 광고 수입으로 직결되는 트래픽의 증감을 놓고 언론사들은 사생결단의 요구를 '네이버'에 쏟아 냈습니다. 결국, '네이버'는 여러 차례의 실험과 시도 끝에 기계적인 중립성을 바탕으로 독자 스스로가 신문을 고를 수 있도록 하는 '뉴스 스탠드'를 2013년에 선보이며 자사가 임의적으로 선정하고 편집한 뉴스는 홈페이지의 오른쪽 상단에 조그맣게 배치함으로써 이전보다는 덜 적극적으로 뉴스를 가공하고 있는 실정입니다.

* * *

'네이버'와 언론사들 간의 긴장 관계를 언급함에 있어 연합뉴스를 거론하지 않을 수 없습니다. 포털 사이트를 둘러싼 사회적 논란을 잠재우기 위해 '네이버'가 채택한 전략이 연합뉴스의 기용이었기 때문입니다. 뉴스의 편집과 기사의 배치 순서를 놓고 지상파 TV 및 연장지와 대안지 모두를 한꺼번에 만족시킬 수 없었던 '네이버'는 국가기간통신사인 연합뉴스와의 계약을 통해 연합뉴스로부터 제공받은 기사를 '네이버' 첫 화면의 좌측 상단에 배치하게 됩니다.

이러한 조치에 대해 뉴스 사업자에게 뉴스를 공급해야 하는 통신사가 '네이버'를 통해 일반인들에게 뉴스를 제공하는 행위는 거대 재벌의 소매 유통 행위에 해당한다며 주류 언론들이 심하게 반발하고 나섰습니다. 결국, ≪조선일보》, 《중앙일보》, 《동아일보》, 《매일경제》는 연합뉴스와의 전재 (轉載) 계약을 폐기한 후, 연합뉴스로부터 더 이상 뉴스를 공급받지 않고 있습니다. 여기에서 전재란 A 언론사의 기사를 B 언론사가 그대로 싣는 것을 의미하며 이 경우, B 언론사는 A 언론사에 전재료를 지불해야 합니다. 그동안 신문 발행 규모에서 가장 앞서는 《조선일보》는 연간 5억~6억 원에 이르는 전재료를 연합뉴스에 지불해온 것으로 알려져 있습니다.

'네이버'와의 뉴스 독점 공급 계약을 통해 상당 규모의 전재료를 받고 있는 연합뉴스는 《조선일보》, 《중앙일보》, 《동아일보》, 《매일경제》의 전재 계약 폐지가 그다지 아쉽지 않은 눈치입니다. 2003년에 국가기간 뉴스 통신사로 지위가 승격된 이후, 매년 300억~400억 원 규모의 예산을 국가로부터 지원받고 있기 때문에 네 개 언론사의 전재 계약 폐지가 자신들의 매출액 규모에 별다른 영향을 미치지 않는다는 것이지요. 더욱이, '네이버'에서 지급받는 전재료가 깜짝 놀랄 만한 수준의 거액이라고 알려져 있는 만큼 금전적인 면에서는 네 개 언론사의 전재 계약 해지가 하등 아쉬운 것이 없는 형국입니다.

참고로, 세계 각국의 통신사 가운데 포털 사이트에 기사를 공급하지 않는 곳은 일본의 《교도(共同)통신》이 유일합니다. 반면 일본의 《지지(時事)통신》은 일본 제1의 포털 사이트인 '야후저팬'에 기사를 공급합니다. 이에 대해 연합뉴스 측에서는 《교도통신》의 경우, 매출의 80%가 전재료이기에 그 같은 현실이 가능하다고 설명하고 있습니다. 연합뉴스의 매출에서 전재료가 차지하는 비중은 20% 안팎에 불과한 것으로 알려져 있습니다. 하지만 《교도통신》과 달리 《지지통신》의 기사는 일본의 여타 언론 기사들과 나란히 '야후저팬'에 실리고 있습니다. 그렇게 볼 때, '네이버'에서 연합뉴스의 기사를 첫 화면 상단에 독점적으로 제공하는 것은 대단히 이례적입니다.

개인적으로는 인터넷 광고 시장 선점을 둘러싼 유력 일간지와 온라인 매체들 간의 이합집산과 동상이몽 속에서 '네이버'가 나름대로의 '구조 방정식'을 완성했다는 느낌입니다. 선정성과 공정성 시비에서 어느 정도 자유로운 연합 뉴스 기사를 '네이버' 첫 화면의 최상단에 배치하는 가운데, 여타 언론사들의 기사 역시, '뉴스 스탠드'라는 형식을 통해 선보이고 있으니까요. 물론, 자체 적으로 편집한 뉴스도 제공하고 있기에 결국은 세 개의 유통 경로로 뉴스 중재에 나서고 있는 것이지요.

이런 와중에서 뉴스를 유통시키는 포털 사이트가 언론 매체인지 아닌지에 대한 논쟁도 매우 뜨겁습니다. 혹자는 모바일 포털 뉴스 편집자들이 시의성, 속보성, 흥미성, 공익성 등을 기준으로 뉴스 주제를 선정하고 있으며, 기사를 선택할 때에는 기사의 질과 매체의 다양성을 기준으로 삼고 있다며 포털 사이트의 언론적 기능을 강조하고 있습니다. 반면, 포털은 뉴스에 대한 내용적 편집 통제권을 행사하는 것이 아니라 뉴스를 전달하고 매개하는 것에 불과하며 취재와 보도를 통해 뉴스를 생산하는 것은 아니기에 언론으로 볼 수 없다는 입장도 설득력 있게 다가옵니다(김경희, 2015; 황성기, 2007).

여기에서 분명한 사실은 '네이버'가 2009년부터 법 개정을 통해 '언론중재법'의 적용을 받게 되었다는 것입니다. 개정된 '언론중재법'에서는 포털 등 인터넷 뉴스 서비스 사업자를 언론으로 규정하지는 않지만 언론 등의 카테고리에 포함시켜 '언론중재법'의 적용 대상으로 규정하고 있습니다. 이에 대해 박아란(2015)은 포털이 '신문법'상 언론은 아닌데도 '언론중재법'의 적용을 받고 있는 모순적인 상황에 처해 있다며 포털이 언론인지에 아닌지에 정부에서 조속히 결정을 내릴 필요가 있다고 주장합니다.

각설하고, '네이버'가 제공하는 언론 기사는 어느덧 이 시대 젊은이들이 가장 먼저, 그리고 가장 쉽게 접하는 뉴스 콘텐츠가 되고 말았습니다. 컴퓨터와 스마트폰, 그리고 태블릿 PC에서 제일 먼저 접하는 언론 기사는 '네이버'에서 제공하는 경우가 대다수이니까요. 앞서 ≪시사저널≫이 조사한 결과, '가장 영향력 있는 언론 매체'로 ≪오마이뉴스≫가 6위를 차지했던 사실을 언급한 적이 있습니다. 그런 ≪시사저널≫이 2017년에 '가장 영향력 있는 언론 매체'

를 다시 조사했습니다. 13년 뒤의 결과는 어땠을까요? 놀랍게도 2011년에 개
국한 종편채널 JTBC가 1위를 차지한 가운데 KBS와 ≪조선일보≫가 2, 3위
로 밀렸으며 '네이버'는 4위에 오르는 기염을 토했습니다. 반면, 조사가 시작
된 이래 항상 3위를 고수했던 MBC는 6위로 밀려났으며 ≪오마이뉴스≫는
10위 안에도 이름을 올리지 못했습니다.

* * *

'위르겐 하버마스(Jurgen Habermas)'라는 독일 철학자가 있습니다. 1929년 독
일 뒤셀도르프에서 출생해 하이델베르크와 프랑크푸르트 대학교에서 철학과
사회학 교수를 역임한 20세기 최고의 석학입니다. 막스 호르크하이머(Max
Horkheimer)와 테오도어 아도르노(Theodor Adorno)의 제자이기에 프랑크푸르
트학파의 마지막 계승자로 불리기도 합니다. 그런 그는 『공론장의 구조 변
동(Strukturwandel der Öffentlichkeit)』(2001)이라는 저서를 통해 인간의 합리적인
의사소통만이 자본과 권력으로부터 '인간적인 삶'을 지켜낼 수 있다고 주장
합니다.

이야기가 다소 어렵게 흘렀습니다만 간단히 말하자면 사회 구성원들 간의
대화가 제도적으로 보장되고 활성화될수록 자본과 권력에 대한 견제가 가능
해져 우리의 삶이 훨씬 인간다워진다는 것입니다. 정책 및 법안 마련과 관련
해 공청회와 간담회를 열고 시민들과 이해 당사자들의 의사를 충분히 수용할
수록 쌍방향적이고 인권적이며 합리적이고 규범적인 사회가 될 수 있다는 것
입니다. 반면, 주민들의 의견은 수렴하지 않은 채, 한두 번의 형식적인 공개
토론회를 통하거나 이러한 절차조차 없이 정치인과 공무원들이 일방적으로
법안과 제도를 마련하는 사회는 시민들에게 바람직한 사회 환경을 제공할 수
없다는 것입니다.

하버마스는 민주적인 의사소통이 활발하게 전개된 물리적 공간의 시발(始

發)로 17~18세기 유럽의 커피하우스와 카페, 그리고 살롱을 지목합니다. 서구의 합리적인 사고방식과 계몽주의가 이곳에서의 자유로운 토론을 통해 탄생하고 가다듬어졌다는 것이지요. 아, 민주적인 의사소통이 활발하게 전개된 공간을 하버마스는 '공론장(public sphere)'이라고 부릅니다. 물론, 공론장에서 이뤄진 대화와 토론은 계급과 성별, 인종 등을 초월하지는 못했기에 진정한 의미에서의 공론과는 거리가 있었습니다. 하버마스는 그래도 국가적 영역이 아닌 사적 영역에서 정치 여론이 형성되고, 토론을 통해 의사가 결정되기 시작했다는 의미에서 '공론장'의 탄생을 참여 민주주의, 숙의 민주주의의 모태로 인식합니다. 참고로, 참여 민주주의와 숙의 민주주의는 시민들이 자유롭게 참여해 다양한 의제를 충분히 토론하는 데 방점을 두는 정치 제도입니다.

하버마스가 현대의 자본주의 사회를 위태롭게 보는 이유는 정치권력과 자본이 사적 영역으로서의 공론장을 급속도로 잠식하고 있다고 보기 때문입니다. 예를 들어, 1960년대까지만 하더라도 미국을 비롯한 선진국에서는 지역 라디오와 지역 TV, 그리고 지역 신문사가 다수 존재했습니다. 하지만 미 정부가 규모의 경제를 통한 시장 확대를 위해 방송사와 언론사 간의 교차 소유[2] 등을 허용함으로써 지역 방송국과 지역 언론사들은 시나브로 거대 언론사에 합병되거나 사라지게 되었습니다. 물론, 그렇게 등장한 거대 미디어 기업은 공적인 관심사와 사회적인 논쟁에 관심을 기울이기보다 시청률을 올리고 소비를 더욱 가속화시킬 수 있는 시장 개척에 몰두하고 있습니다. 이에 따라 어린이 방송, 장애인 방송, 다문화 방송, 지역 방송 등은 갈수록 위축되고 있으며 공공 의제가 다뤄지고 소수자의 의견이 펼쳐지는 공간은 점차 사라지고

---

2   미국의 경우, 방송사(또는 신문사)의 신문사(방송사) 소유는 해당 지역을 제외한 곳에서 허용됩니다. 다시 말해, 뉴욕주의 방송사가 뉴욕주의 신문사를 소유할 수는 없어도 여타 주의 신문사는 소유할 수 있다는 것입니다. 반면, 우리나라에서는 지역과 상관없이 전파 매체 및 인쇄 매체 간의 교차 소유가 허용되고 있습니다. 이에 대해 좀 더 자세한 사항은 미국의 경우, 1996년의 '통신법'을, 우리나라는 2009년의 '미디어법'을 참고하기 바랍니다.

있지요.

그렇다면, 하버마스의 공론장 이론은 인터넷과 무슨 상관이 있을까요? 구텐베르크의 활판 인쇄술과 유선 통신의 발명 이후, 인류에게 제3의 인쇄 혁명을 가져다준 공론장으로서의 인터넷이 권력과 자본에 의해 급속도로 위축되고 있다는 데 상관이 있습니다. 2000년대 초만 하더라도 인터넷상에서는 수많은 이들이 자신의 웹사이트를 만들어가며 여러 종류의 목소리를 냈더랬습니다. 하지만 권력과 자본이 조직적이고 체계적으로 인터넷에 진출하면서 어느덧 정부와 기업의 사이트들이 도메인 주소를 차지하게 되었습니다.

똑같은 현상이 블로그에서도 발생했습니다. 인터넷 초창기에는 홈페이지 제작 프로그램을 다룰 줄 아는 이들이 자신만의 개성적인 블로그를 만들어 운영하곤 했습니다. 하지만 포털 사이트에서 블로그의 상업성에 주목하며 자신들이 제작한 포맷으로 블로그를 제공한 후부터 개인이 개발하고 운영하는 블로그가 사실상 사라졌습니다. 이 와중에 언론사 역시, 자사 독자들에게 무료로 자사 고유의 블로그 포맷을 제공했습니다. 결국, 어느 도메인에 속하는가의 차이만 있을 뿐, 한국의 블로거들은 대부분 획일적인 형태의 포맷으로 블로그를 운영하고 있습니다. 그렇게 자본 권력은 인터넷 홈페이지에서 블로그로, 다시 앱과 트위터, 페이스북으로 옮겨 다니며 사적 영역으로서의 공론장을 상업적인 공간으로 바꿔놓고 있습니다.

포털 사이트의 경우도 마찬가지입니다. 갑 중의 갑인 포털 사이트, '네이버'가 검색부터 뉴스, 쇼핑, 오락에 이르기까지 인터넷상의 모든 이슈를 선점한 채, 자신만의 기준에 따라 상품을 선택하도록 허락하고 있으니까요. 사실, 인터넷이라는 기술 혁명이 우리 삶에 깊숙이 들어온 다음부터 주변에서 신문을 구독하고 TV 뉴스를 시청하는 이들은 급속도로 줄어들었습니다. 더불어 어제저녁의 TV 뉴스나 오늘 아침의 신문을 화제 삼아 토론을 벌이는 모습도 이젠 낯설기만 합니다.

반면, 많은 이들은 컴퓨터와 스마트폰을 통해 '네이버'가 제공하는 뉴스를 선택적으로 소비할 뿐입니다. 예전에는 9시 TV 뉴스를 접하게 되면 좋든 싫든 처음부터 끝까지 모든 장르의 뉴스를 섭렵해야만 했습니다. 신문 역시 한장 한 장 넘기다 보면 여러 기사들을 고르게 읽을 수 있었고요. 마치, 슈퍼마켓이나 대형 마트 또는 백화점에 가서 다양한 상품을 접하며 쇼핑을 하듯 뉴스를 폭넓게 소비했습니다. 하지만 지금은 인터넷을 통해 눈길을 끌 만한 뉴스들만 협소하게 선택적으로 소비하고 있습니다. 그렇게 입맛에 맞는 볼거리, 읽을거리들을 찾다 보니 요즘 젊은이들의 시사 상식 수준은 매우 낮은 것이 사실입니다. 사회 전반적인 흐름을 파악하는 데 취약할 뿐만 아니라 대형 사건이나 중요 기사에 관한 전후 맥락도 제대로 파악하지 못하는 경우가 늘고 있습니다.

믿어질지 모르겠지만 10년 전만 하더라도 대학 내의 학생 식당은 지성과 열정이 쉬이 머무르며 학업과 휴식, 그리고 식사를 병행할 수 있는 복합 공간이었습니다. 언제나 누구든 식당에서 자신의 일을 볼 수 있었죠. 커다란 테이블들이 나란히 놓여 있었기에 학과나 단과대학의 대규모 행사 진행도 가능했습니다. 그리하여 식당의 영업시간이 끝난 저녁 이후엔 개강 파티나 종강 총회가 행해지기도 했습니다. 물론, 테이블 위엔 맥주와 피자, 소주와 치킨이 잔뜩 쌓인 채 말이죠.

지금은 어떻습니까? 맥도날드 햄버거 매장처럼 학생 식당의 책상과 의자들은 모두 2인 또는 4인용으로 대체되었습니다. 한꺼번에 한자리에 모일 수도 없지만 대기업 단체급식 업체가 들어와 영업을 하는 통에 이젠 마음 놓고 오랫동안 앉아 있을 수도 없습니다. 학교 식당에서 학과 행사를 진행한다는 것은 꿈조차 꿀 수 없고요. 공부방이나 토론방도 마찬가지입니다. 예전에는 여럿이 함께 모여 자유롭게 대화를 주고받을 수 있는 공간들이 대학 내에 넉넉했습니다. 하지만 지금은 모두 사라지거나 상업적인 공간들로 대체됐습니다. 수많은 커피 매장과 편의점, 외식업체와 용역업체들이 계속해서 양질의 상품과 서비스를 제공한다는 명목으로 학교 안의 공공 영역을 점거해나가고 있습니다.

하버마스가 주창한 대로 이러한 상업 자본을 몰아내기는 결코 쉽지 않아 보입니다. 공론장 자체가 급속도로 줄어들다 보니 상업 자본을 견제하기 위한 공론의 형성이 갈수록 요원해지고 있기 때문입니다. 그렇다면 이제 21세기의 한국 사회에서 인터넷 언론과 '네이버'를 둘러싼 현실이 좀 더 분명히 보일 겁니다.

* * *

이제 더 이상 오래된 편견이나 적의가 존재할 수는 없다. 새로운 도구가 완성되어서 모든 국가 사이에 생각과 사상의 교환을 가능하게 해줄 것이기 때문이다 (Briggs and Maverick, 1858; Carey, 1988에서 재인용).

구텐베르크의 활판 인쇄술 이후, 1843년에 또 하나의 커뮤니케이션 혁명이 일어납니다. 사상 최초로 유선 통신이 발명된 것입니다. 새뮤얼 모스(Samuel Morse)가 선보인 유선 통신은 구리선을 타고 빛의 속도로 전 세계에 새로운 소식들을 전합니다. 당시, 유선 통신의 탄생은 과학기술 낙관론자들에게 희망적인 미래를 꿈꾸게 합니다. 첨단 기술의 개발로 인류의 복지가 향상되며 문명 또한 한층 발전할 것이라는 생각이었죠.

이와 관련해, 미국의 자유주의 사상가 헨리 데이비드 소로(Henry David Thoreau)는 약 150여 년 전에 쓰인 그의 명저, 『월든(walden)』(1854)에서 대서양에 가설된 해저전신을 타고 미국인들에게 전달되는 첫 소식은 영국 왕실의 어느 공주가 백일해를 앓고 있는 소식 정도일 것이라며 가장 빨리 달려오는 사람이 가장 중요한 소식을 가지고 오는 것은 아니라고 강조하고 있습니다.

이 순간, 인터넷과 스마트폰을 통해 정보를 얻고 있는 여러분은 어느 쪽 의견에 손을 들어주고 있습니까? 신기술의 발명으로 정보 접근이 폭넓고 빠르게 이뤄지며 지구촌의 갈등과 오해가 불식되고 있나요? 또는 신기술의 발명에도 불구하고 우리에게 전달되는 뉴스들은 속도만 빨라졌을 뿐 그 내용들은 여전히 빈약하기 짝이 없나요?

2010년 튀니지를 시작으로 촉발된 '아랍의 봄'에서 보듯, 스마트폰과 페이스북을 매개로 한 디지털 혁명은 중동 지역에 민주화의 바람을 불러일으키며 독재 정권을 타도하는 데 혁혁한 공을 세웠습니다. 하지만 한국을 포함한 선진국에서의 디지털 혁명은 자본 권력이 기존의 공론장을 잠식하는 데 엄청난 위력을 발휘하며 우리들의 지각을 합리적이고 이성적이기보다 감각적이고 자극적인 방향으로 유도하고 있습니다. 그렇게 볼 때, 한 가지 분명한 사실은 컴퓨터가 됐든 스마트폰이 됐든, 액정 화면을 통해 전달되는 뉴스는 양날의 검을 가진 약이요, 독이라는 겁니다.

그럼, 다음 장에서는 디지털 매체가 등장하기 이전의 시대에 대해 알아보도록 하겠습니다. 그래야만 오늘날 디지털 환경 아래에서 벌어지는 언론 현상을 더욱 잘 이해할 수 있을 테니까요.

어뷰징 낚시기사 써봤더니 15분 만에 10만 원*

하루 8시간이면 160만 원, 비뇨기과, 성형외과, 임플란트 광고와 맞바꾼 저널리즘… 불나방이 된 언론

2009년 네이버가 뉴스 트래픽을 해당 언론사에게 돌려주겠다며(혹은 '언론'으로서의 책임을 회피하기 위해) 뉴스캐스트의 링크를 '아웃링크'로 바꿨을 때였다. 전에는 네이버에서 뉴스를 클릭해도 네이버 화면에서 기사를 보게(인링크) 돼 있었지만 '아웃링크'로 바뀌면서 기사를 클릭하면 해당 언론사 기사 화면으로 이동하게 됐다. 회사에 비상이 걸렸다. 방문자가 폭증하며 서버가 마비된 것이다. 황급히 서버를 증설해야 했다. 서버 사는 데 적지 않은 비용이 들어갔지만 경영팀은 즐거웠다. 트래픽이 적게는 10배, 많을 때는 100배 이상 올랐기 때문이다. 광고 수입이 뛰었다. 호황이었다. 사실 처음에는 기자된 입장에서도 기분 나쁘지 않은 변화였다. 이전에 1만 정도 되던 기사 조회 수가 뉴스캐스트 이후 10만, 많게는 100만까지 뛰었다. '내 기사를 100만 명이 보다니.' 묘한 흥분과 함께 기사를 보다 잘, 신중하게 써야 한다는 사명감까지 들었다. 하지만 이런 기분 좋은 변화는 이후 독이 되고 말았다.

트래픽이 치솟자 광고 영업도 잘됐다. 화면 곳곳, 구석구석에 광고가 늘어나기 시작했다. 당시 광고의 변화 양상에는 몇 가지 특징이 있다.

첫째, 성형외과, 비뇨기과 등의 광고가 엄청나게 늘어났다. 병원은 법률적 제약에 의해 지상파 등의 언론매체 광고를 할 수 없다. 인터넷 광고는 가능하다. 하지만 포털 사이트는 선정적인 광고를 규제했다. 반면 언론사들은 그렇지 않았다. 광고가 인터넷 미디어에 몰려들었다. 독자들은 선정적인 광고에 눈살을 찌푸리지만 사실 선정적일수록 광고 조회 수는 올라갔다. 선정성 수위는 점점 높아졌다.

둘째, 트래픽 폭탄을 맞기 전 인터넷 미디어의 광고는 잡지로 치면 표지라고 할 수 있는 메인 페이지에 집중돼 있었다. 하지만 트래픽 폭탄 투하 이후 대부분의 광

---

*   '어뷰징'을 둘러싸고 지난 2012년 11월 21에 작성된 《미디어오늘》의 기사는 포털 사이트와 온라인 언론사들의 관계와 인터넷 언론 시장의 현황을 잘 보여줍니다. 이 글은 《미디어오늘》과 기사 작성자의 허락을 받아 게재하는 기사입니다.

고는 메인 페이지가 아닌 기사 본문 화면에 집중됐다. 네이버 뉴스캐스트에서 기사 제목을 클릭하면 메인 페이지로 넘어가지 않고 해당 기사로 넘어가기 때문에 메인 페이지는 광고 효과가 없던 것이다.

셋째, 기사 화면에 들어간 광고들이 처음에는 기사 외곽에 배치됐지만 이에 머물지 않고 점점 기사 본문 영역을 파고들기 시작했다. 기사 본문을 침범할수록 (오클릭 또는 오터치 때문이든 아니든) 독자들이 광고를 클릭할 확률이 높았다. 이런 광고는 단가도 비싸고 조회 수도 더 많이 나왔다. 처음 '배너' 수준에 그치던 광고들은 점점 진화의 진화를 거듭했다. 갑자기 확 커져 기사 본문을 덮는 광고도 생기고 배너를 지우기 위해 X자를 누르면 광고로 넘어가는 트릭 배너도 등장했다. 안타깝게도 선정적일수록, 지저분할수록 광고 효과는 좋았다.

독자들의 불만이 높아지기 시작했다. 선정성과 가독성 침해에 대한 항의가 빗발쳤다. 더불어 기자들의 불만도 높아지기 시작했다. "차라리 대기업 광고 영업에 더 집중을 하자"는 의견도 나왔다. 선정적인 비뇨기과나 성형외과, 임플란트 광고에 비해 대기업 광고는 품위도 있고 깔끔하다. 배너 형태여서 기사를 가리지도 않고, 조회 수에 상관없이 광고 가격이 정해져 있어 편집국에서 기사 조회 수에 목을 매지 않아도 된다는 이유였다. 나아가 경영팀과 편집국의 광고를 둘러싼 감정싸움도 늘어갔다.

논쟁은 싱거웠다. 대기업들이 인터넷 광고에 인색했기 때문이다. 그 대신 중소규모 대행사의 인터넷 광고 시장이 급속 팽창하기 시작했고, 언론사들은 스스로 엄청난 트래픽 경쟁의 나락으로 빠져들어 갔다. 언론들은 어두운 밤 가로등 주변을 어지러이 맴도는 불나방이 됐다. 첫 번째 부작용은 '낚시질'이었다. 기사 내용과 상관없는 제목, '충격', '경악' 등 선정적인 문구의 제목들이 판을 치기 시작했다. 점잖다는 언론사들도 제목에 '?(물음표)'를 남발했다. 두 번째 부작용은 '어뷰징'이었다. 시시각각 변하는 네이버의 '실시간 검색어'에 따라 키워드만 바꿔 수십 개의 기사를 쏟아냈다. 이를 '어뷰징'이라고 한다.

한 번은 '어뷰징 테스트'를 해봤다. 모 대형 마트에서 '통 큰 자전거' 마케팅에 나섰다. 네이버 실시간 검색어 5위에 올랐다. "통 큰 자전거"를 키워드로 5분 만에 기사를 만들어 전송했다. 네이버 검색창에 "통 큰 자전거"를 입력하니 내가 작성한 기사가 검색 목록 가장 위에 떴다. 관리자 시스템에서 조회 수를 체크했다. 2분 만에 조회 수 5,000을 찍었다. 하지만 다른 언론사들이 경쟁적으로 전송한 '통 큰 자전거' 어뷰징 기사로 인해 내 기사는 불과 5분 만에 검색 결과 목록에서 사라졌다. 목록에서 사라진 뒤 조회 수는 5분 동안 200을 넘지 못했다. 처음 작성한 '통 큰 자전거' 기사를 조금 손을 본 뒤 다시 전송했다. 내가 전송한 기사가 포털 검색 목록 상단에 노출됐고, 조회 수는 다시 치솟아 5분 동안 3,000을 기록했다. 실시간 검색어 확인부터 기사 작성, 전송, 재수정, 전송 등의 작업을 하는 데 걸린 시간은 15분가량. 조회 수는 약 1만 회 정도를 기록했다. "조회 수 1"에 광고 수익이 10원이라고 가정해보자. 15분 동안의 수고에 10만 원의 수익이 발생하는 셈이다. 1시간 동안 이 '짓'을 2번만 해도 20만 원. 하루 8시간 근무하면 160만 원의 수익이 발생한다. 누가 마다하겠는가. 트래픽 장사 노리고 급조된 인터넷 언론사는 물론이고, 대형 종이 신문 언론사들도 자회사를 차려놓고 비정규직 인턴들을 고용해 어뷰징 장사에 나섰다. 바이라인(기자 이름) 걸고 기사 내보내기 창피한지 회사는 '디지털뉴스팀'이라는 바이라인을 걸기도 한다.

이렇게 인터넷 언론 불나방들이 네이버라는 이름의 가로등 아래에서 어지럽게 아귀다툼하고 있던 중, 가로등이 갑자기 꺼져버렸다. 네이버가 뉴스캐스트를 폐지해버린 것이다(요즘은 가로등 운영권을 아예 나방들에게 넘길 모양이다). 트래픽은 반토막, 아니 4분의 1, 심한 곳은 10분의 1까지 줄어들었다. 하지만 트래픽의 단맛을 본 언론사들은 중독에서 쉽게 빠져나오지 못했다. 그럴 수도 없다. 법인을 만들어 조직을 꾸리고 사람까지 뽑아놨는데 하루아침에 '없던 일'로 만들 수 없었다. 오히려 그동안 쌓아 온 어뷰징 기법을 더욱 가다듬었다. 인기검색어 10개를 조합해 기사를 만들기까지. 닷컴사를 만들어 트래픽 장사로 재미를 보던 언론사들은 "쟤들은 우리랑 법인이 달라요" 운운하며 나 몰라라 했다. 언론사들은 스스로 괴물이 돼갔다.

2000년대 한국 언론판은 "악화가 양화를 구축한다"는 그레셤 법칙의 완벽한 모델이다. 어뷰징을 하지 않는 매체는 상대적으로 손해를 봤다. 광고 시장의 특성상 광고는 트래픽이 높은 언론사에 몰릴 수밖에 없다. 무엇보다 소수인 양질의 콘텐츠들이 다수의 어뷰징 쓰레기들에 묻혀 존재감이 사라지고 말았다. 세간의 사람들은 이 나방들을 '기레기'라 부르게 됐다.

참고문헌

김경희. (2015). 「모바일 포털의 뉴스 편집과 이용자의 뉴스 이용」. 한국언론학회 가을철 정기
    학술 대회.

김하영. (2015.7.5). "어뷰징 낚시기사 써봤더니 15분 만에 10만원". ≪미디어오늘≫. http://
    www.mediatoday.co.kr/news/articleView.html?idxno=123912

박아란. (2015). 뉴미디어 시대 언론 개념의 특성 및 한계. ≪언론과 법≫, 15호, 49~79쪽.

박희정·이우창. (2009). 『조선을 놀라게 한 요상한 동물들』. 푸른숲.

소로, 헨리 데이비드(Henry David Thoreau). (2011). 『월든』. 강승영 옮김. 은행나무.

안성모. (2017.9.26). "[2017 누가 한국을 움직이는가 - 언론매체] JTBC 영향력·신뢰도·열독률 '3
    관왕'" http://sisapress.com/journal/article/171467

오연호. (2004). 『대한민국 특산품 오마이뉴스』. 휴머니스트.

조영신·유수정·한영주. (2015). 「포털 기사 공급 형태 및 매체 지위와 어뷰징과의 관계에 대한
    탐색적 연구: '네이버'를 중심으로」. ≪한국언론학보≫, 59권 6호, 314~338쪽.

하버마스, 위르겐. (1990/2013). 『공론장의 구조 변동』. 한승완 옮김. 나남.

황성기. (2007). 뉴스매개자로서의 포털 뉴스 서비스의 언론성 및 법적 책임 범위에 관한 연구.
    ≪사이버커뮤니케이션학보≫, 21호, 197~232쪽.

Briggs, C. F. & Maverick, A. (1858). *Thr story of the telegraph and a history of the great
    Atlantic cable*. New York, NY: Rudd & Carleton.

Carey, J. (1989). *Communication as culture: essays on media and society*. Boston: Unwin
    Hyman.

02

구텐베르크 혁명

/

언론과 인쇄술

세상 모든 것들 가운데 커뮤니케이션이 가장 놀랍다네(Dewey, 1939: 385; Carey, 1989에서 재인용).[1]

그리스 신화에서 날개 달린 모자를 쓰고 있는 신의 이름이 무엇인지 혹시 아세요? 맞습니다. '헤르메스'입니다. 21세기의 한국인들에게는 가방 상표로 더 널리 알려진 인물이지요. 앞서 서문에서도 간단히 소개해드렸습니다만 헤르메스는 원래 제우스의 심부름을 하는 신입니다. 물론, 평범한 심부름은 아니죠. 제우스의 메시지를 전달하는 중대한 임무니까요. 그런 까닭에 '전령의 신'이라 불리기도 합니다. 헤르메스는 그리스 신화에 나오는 12신 가운데 한 명으로 제우스의 아들이기도 합니다. 어머니는 대지의 여신 '마이아'입니다.

그럼, 헤르메스가 나오는 유명한 서양화로는 무엇이 있을까요? 개인적으로는 바로크의 거장, 페테르 루벤스(Peter Rubens)가 남긴 〈파리스의 심판〉이

---

1   all of things communication is the most wonderful.

아닐까 합니다. 이 그림에서는 불화의 여신 에리스가 '가장 아름다운 여인에게'란 글귀와 함께 연회장에 집어 던진 황금 사과를 갖기 위해 헤라와 아테네, 아프로디테가 트로이의 왕자 파리스 앞에 나타나 가장 아름다운 여인이 누구인지 판별해줄 것을 요청합니다. 파리스 왕자는 세상에서 가장 아름다운 여인을 주겠다는 아프로디테 여신과의 밀약에 따라 아프로디테의 손을 들어줍니다. 그 이후로 어떤 일이 일어났는지는 영화, 〈트로이(Troy)〉를 보면 잘 아실 겁니다. 참, 루벤스의 명화, 〈파리스의 심판〉에는 파리스와 세 여신 사이에서 그동안의 소식들을 전달해온 헤르메스가 사과를 든 중재자로 그려져 있습니다.

같은 맥락에서 필자는 헤르메스를 이 책의 제목에도 동원했습니다. 이유는 간단합니다. 현세의 언론인들이 헤르메스의 후손들이라고 보는 까닭에서입니다. 그리스 신화에서 인간들에게 신의 메시지를 전달하는 매개자가 헤르메스였다면 지금은 지구촌 곳곳에서 벌어지는 뉴스를 대중에게 전달하는 매개자가 언론인이기 때문입니다.

헤르메스에 관한 그리스 신화를 자세히 들여다보면 좀 더 재미있는 사실을 발견하게 됩니다. 자신의 아내인 헤라 몰래 제우스가 대지의 여신인 '마이아'와 사랑을 나눈 결과로 태어난 헤르메스는 세상에 나오자마자 형 아폴론의 소 떼를 훔치는 대담함을 보입니다. 소들이 없어진 것을 알아챈 아폴론은 추적 끝에 헤르메스를 붙잡아 제우스 앞에 끌고 가죠. 하지만 불륜으로 태어난 아들이 세상에 나오자마자 형의 소를 훔친 데 대해 제우스는 속으로 대견해합니다. 다행히 거북이 등껍질과 양의 창자를 이용한 발명품, 하프가 아폴론의 마음에 드는 바람에 하프를 아폴론에게 바치는 조건으로 헤르메스는 도둑질을 용서받습니다. 확인되지도 않은 기사들을 먼저 게재한 후 피해자와의 분규가 발생하면 언론중재위원회를 통해 사과 기사를 내보내는 황색 언론을 떠올리게 한다면 지나친 비약일까요? 그래서 그런지 헤르메스의 탄생 비화는 언론 전공자인 필자의 입맛을 씁쓸하게 합니다.

어쨌거나 헤르메스는 신과 신, 또는 신과 인간 사이의 중재에 나서며 제우스의 메시지를 전달하는 전령사가 됩니다. 르네상스 이후의 서양 화가들은 헤르메스를 소재로 할 때, 전령의 신임을 나타내는 날개 달린 신발과 뱀이 감겨 있는 지팡이, 그리고 날개 달린 모자를 상징물로 함께 그려 넣었습니다. 참, 그러고 보니 앞 장에서 소개해드렸던 '네이버' 역시, 상징물로 날개 달린 모자를 사용하고 있습니다. 네티즌에게 모든 종류의 정보를 중개해준다는 의미에서 21세기의 헤르메스를 자처하고 있는 것이지요.

중세 이후, 서양의 헤르메스 후손들은 헤르메스가 그랬던 것처럼 군주와 지배 계층의 메시지를 피지배층에 수직적으로 전달해왔습니다. 현대적 의미에서의 언론은 아예 그 싹조차 보이지 않았고요. 자유롭고 합리적인 의사소통이 이뤄지지 않던 시대의 당연한 모습이었습니다. 하지만 헤르메스 후예들의 운명을 바꾼 사람이 있었으니, 1300년대 말에 태어났다고 추정되는 독일 출신의 구텐베르크가 그 주인공입니다.

* * *

세계 언론사를 간단히 훑어보자면, 최초의 언론은 전제 군주 통치 시대에 등장했던 관보(官報)였습니다. 글자 그대로 정부[官]에서 공지(公知)와 고지(告知)를 목적으로 발행하던 공문서였습니다. 로마 시대의 악타 푸블리카(Acta Publica)나 중국 한나라의 저보(邸報)가 대표적인 관보들입니다. 우리에게 익숙한 조선시대의 방(榜) 역시, 전형적인 관보입니다.

유럽에서는 중세 이후 상업이 발달하기 시작하면서 글을 읽을 줄 아는 이들을 대상으로 '가제트'란 필사(筆寫) 신문이 등장하게 됩니다. 상업적인 목적 때문이었죠. 필사란 연필로 베꼈다는 뜻입니다. 당시 필사 신문은 이슬람 세계를 통해 이탈리아 항구로 들어온 중국과 인도 등 동방의 교역 상품 목록을 알려주었습니다. 『세계 신문의 역사(The newspaper: an international history)』

채색 필사··· 13년 걸려 완성된 성경

세인트존스대학-수도원 협력
깃펜과 잉크 중세 방식 제작

인쇄술 발명 이전에 성경책을 보급하던 방식을 그대로 이용해 13년에 걸쳐 제작한 성경이 공개됐다.

미국 미네소타 주 세인트존스대와 세인트존스 수도원이 협력해 가로 60cm, 세로 90cm 크기의 성경을 완성했다고 AP통신이 16일 전했다. 1998년 계획이 세워진 성경 필사 프로젝트는 2000년 재의 수요일에 첫 구절이 쓰인 뒤 올해 5월 9일 요한계시록의 마지막 구절인 '아멘'이 쓰이면서 완성됐다. 구텐베르크 금속활자가 발명되기도 전인 500년 전 방식을 따라 거위와 백조 깃털로 만든 깃펜과 잉크를 이용해 오랜 시간이 걸렸다. 7권을 합쳐 총 1150쪽인 이 성경을 제작하는 데 수도사 145명이 참여했고 약 800만 달러(약 90억 원)가 들었다.

성경에는 천연색 삽화도 실렸는데 9·11테러로 무너진 뉴욕 세계무역센터 등 최근의 이미지가 담긴 삽화도 포함됐다. 에제키엘서의 '마른 뼈의 계곡' 구절 아래에는 크메르 루주 희생자의 해골과 홀로코스트 희생자의 안경 등의 삽화도 그려졌다.

세인트존스 수도원은 풀 사이즈 복제품인 헤리티지 에디션을 한정 제작해 한 세트에 14만 달러(약 1억5500만 원)에 판매할 계획이다.

신나리 기자 journari@donga.com

자료: "채색 필사 ··· 13년 걸려 완성된 세인트존스 성경", 《동아일보》, 2011년 9월19일 자, A31면.

(2005)라는 책에 따르면, 16세기 중엽, 베네치아에서 발행되는 관보, 《노티치에 스크리테(Notizei Scritte)》를 구입하는 데 쓰인 동전 한 닢이 가제트였다고 합니다. 사료에 따르면 《가제트》는 내용과 형식면에서 근대적 신문에 매우 가까웠습니다. 이른바, 공개적인 보급 판매를 목적으로 한 필사 신문이었다는 것이죠.

필사 신문은 손으로 베껴 만든 전단지라 하루에 생산할 수 있는 양이 한정되어 있었습니다. 아직 대량 인쇄 기술이 발달하기 전의 일이었습니다. 그에 반해, 동양에서는 목판 인쇄술과 활판 인쇄술이 탄생해 상당수의 서적을 찍어내고 있었습니다. 고려 시대에 몽골군의 침입을 부처님의 법력(法力)에 의지해 막아보고자 팔만대장경을 목판으로 만든 것은 누구나 잘 아는 사실입니다. 더불어 팔만대장경을 얻으려 일본 국왕이 코끼리를 조선에 보낸 사실도 앞서 설명한 바 있습니다.

한편, 인쇄 기술이 아직 발달하지 못했던 서양에서 손으로 일일이 베껴 작업해야 하는 또 다른 중요 기록물이 있었습니다. 다름 아닌 성경입니다. 잘 아시다시피, 서구는 기독교 문명에 바탕을 두고 있습니다. 이에 따라 서양 문명에서 성경이 지니는 의미는 상상 이상으로 큽니다. 수도원의 성직자들이 기도 및 수양과 함께 날마다 성실히 임했던 작업 가운데 하나가 성경을 필사하는 것이었습니다. 성경을 베껴 씀으로써 성경의 말씀도 가슴에 새기고 또, 귀하디귀한 성경도 만들 수 있었으니까요. 당시, 필사 성경을 몇 권 지니고 있는가는 해당 수도원의 신앙심을 재단하는 척도였습니다. 성경을 많이 지니고 있는 수도원의 권위 역시, 대단했고요.

그렇게 일일이 수작업으로 만들어진 하나님의 말씀은 아무 종이에나 옮겨 적을 수 없었기에 고급 양피지를 재료로 사용했고 깃펜과 잉크 역시, 품질이 가장 우수한 것을 사용했습니다. 자연히 생산 기간과 생산 단가는 상상을 초월할 정도로 길고 비쌌습니다. 지난 2011년 9월 ≪동아일보≫에 실린 기사는 중세의 필사 성경에 대한 제작 과정, 제작 기간 그리고 제작 가격이 어느 정도였는지 짐작하게 해줍니다.

* * *

2004년에 개봉된 미국 영화 〈투모로우〉의 한 장면. 지구에 갑자기 빙하기가 닥쳐오면서 뉴욕 시립도서관에 갇힌 주인공들이 영하 수백 도의 추위 속에 살아남기 위해 닥치는 대로 책들을 난로에 불태우기 시작합니다. 그러자, 그들 틈에 있던 도서관 사서가 책 한 권을 끌어안으며 의자에 앉아 조용히 책장을 넘기기 시작합니다.

"무슨 책이에요?" 여주인공이 묻습니다.
"구텐베르크 성경입니다. 도서관 고서 소장실에 있던 책이지요."
"신께서 구해주실 것 같아요?"
"난 신을 믿지 않습니다."
"책을 꼭 붙들고 계신데요?"
"이 책을 잘 간수하는 겁니다. 이 성경은 세계 최초로 인쇄된 책입니다. 이 책이 '이성의 시대'를 열었지요. 저를 비웃어도 좋아요. 서양 문명이 끝나더라도 이 책이 한 페이지라도 남아 있다면 그것을 지키겠어요."

세상에서 가장 비싼 책. 더불어 이성으로 대표되는 서양 근대문명의 새벽을 연 금속활자 인쇄 서적. 바로 '42행 성경'이라는 별칭으로 불리는 '구텐베르크 성경'입니다. 서기 476년 서로마가 멸망한 이후, 1455년까지 약 1,000년간의 중세 암흑기를 거쳐 서양 세계가 문명의 중심으로 나아가게 된 계기를 마련한 구텐베르크 성경은 현재 48권만 남아 있는 희귀 서적입니다.

지금은 폐간된 ≪라이프(Life)≫라는 유명 잡지가 있었습니다. 유구한 역사를 자랑하는 고품격 사진 잡지였지요. 경영난을 견디지 못하고 문을 닫았지만 ≪라이프≫가 1998년에 선정했던, 지난 1,000년 동안 가장 영향력이 컸던 인물 1위가 누구였는지 아십니까? 칭기즈칸(Chingiz Khan)도 아니요, 그렇다고 엘리자베스 여왕(Elizabeth I)도 아니며, 나폴레옹(Napoléon I)이나 아돌프 히틀러(Adolf Hitler) 같은 이도 아닌 평범한 인쇄공, 구텐베르크였습니다. 영국 BBC 방송에서도 지난 밀레니엄 동안 가장 영향력이 컸던 사람으로 구텐베르크를 선정한 바 있습니다.

중세시대 문명의 변두리에 불과했던 독일에서, 그것도 일개 활자 기능공에 불과했던 구텐베르크가 지난 1,000년간 가장 영향력 있는 인물로 꼽힌 이유는 무엇일까요? 구텐베르크는 금속활자를 발명함으로써 문자와 사상을 대량으로 보급하기 위한 기틀을 마련한 인물입니다. 현대로 따지자면, '알파넷'이라는 인터넷을 창시한 래리 로버츠를 정보 혁명의 선구자로 꼽을 수 있는 것과 마찬가지입니다. 그렇게 탄생한 최초의 금속 활판 인쇄본이 이름하여 '구텐베르크 성경'입니다.

그럼, 왜 하필 성경이었을까요? 잘 알려지지 않은 사실이지만 구텐베르크는 당초, 성경 출판을 통해 벼락부자를 꿈꾼 15세기의 벤처 기업인이었습니다. 수도사들이 수십 년씩 성경을 베껴 쓰던 기존의 필사 방식에서 벗어나 성경을 대량으로 생산해 일확천금을 얻고자 했던 사람이었죠. 비유적으로 표현하자면, 호주 출신의 미국인으로 미디어 황제라 불리는 루퍼트 머독(Rupert Murdoch)을 꿈꾸었던 이라고나 할까요? 결국, 말년에는 빚만 잔뜩 진 채 평생에 걸쳐 개발한 활자와 인쇄기가 압류당하고 팔려가는 것을 눈앞에서 목격하게 됩니다. 그래도 한 가닥 위안이라면 성경을 금속 활판으로 인쇄하는 데 성공함으로써 자신의 이름을 서양사에 영원히 아로새기게 된 것입니다.

구텐베르크 성경은 세계 최초로 활판 인쇄술을 이용해 제작된 성경이었지만 경제적인 측면에서 또 다른 의미를 지니고 있습니다. 무엇인고 하니 세계에서 가장 비싼 책이라는 것이죠. 구텐베르크가 처음으로 성경을 찍어낼 당시, 출간된 책은 전부 180권. 하지만 완전한 형태로 지구상에 남아 있는 구텐베르크 성경은 현재 네 권뿐입니다. 필자가 수학했던 미국 텍사스 주립대학교에서도 이 책을 소장하고 있습니다. 그럼, 가격은 도대체 얼마 정도나 할까요? 마지막으로 확인된 가격은 200억 원입니다. 그것도 2000년대 초반의 가격이죠. 참고로, 이 책은 경매에도 나오지 않습니다. 가지고 있으면 가치는 계속 오르니까요.

왕도 아니고, 철학자도 아니며, 과학자도 아니고, 예술가도 아닌 일개 활판 인쇄술 제조공에게 서양인들이 그토록 거창한 의미를 부여하는 것이 과연 합당한 일일까요? 아무리 새로운 이성의 시대를 서양에 열었다지만 금속 활판 인쇄술이 대체 어떤 역할을 했기에 구텐베르크의 성경에 그토록 크나큰 의미를 부여하고 있는 것일까요?

* * *

엄마는 시집을 때 필사한 책을 한 궤짝을 가져왔대요. … 우리 할아버지는 … 그 책들을 자랑스러워하셨다고 해요. 동네 사람들이나 친구분들한테 "새 애기는 자기가 베낀 책을 한 궤짝 가져왔는데 그 필체가 구슬 같더라"고 자랑하셨다나 봐요(박완서, 2011: 21~22).

경제적인 성공을 위해 구텐베르크가 도전한 활판 인쇄술은 결코 녹록한 사업 대상이 아니었습니다. 당시, 성경을 찍기 위해 구텐베르크가 개발한 활자의 형태는 무려 290여 가지에 달했는데, 성경 한 권을 찍어내기 위해서는 10만여 개의 금속활자가 필요했다고 합니다. 26개에 불과한 알파벳 철자를 10만 개나 만들어야 성경 한 권을 인쇄할 수 있었다는 말입니다.

그래도 알파벳은 대문자 26개와 소문자 26개로 이뤄져 있었기에 금속 활판의 제조가 가능했습니다. 하지만 표의문자인 한자의 경우 글자만 6만여 개에 달하기에 한자 문화권에서는 금속활자를 통해 책을 인쇄하는 경우가 대단히 드물었습니다. 6만여 개에 달하는 활자들을 수천만 개, 수억 개 복제할 수 있는 대량생산 기술도 없었지만 그러한 한자 인쇄물이 대량으로 소비될 시장도 없었으니까요. 참고로 20세기 중반까지 중국의 문맹률은 90%에 달했습니다. 더불어 한자 문화권이었던 한국의 사정도 비슷했고요. 이 같은 이유로 중국을 비롯한 동아시아에서는 나무 판에 해당 페이지의 내용을 통째로 새겨 넣어서 그 위에 먹을 바르고 종이를 대는 목판본을 찍어내게 됩니다. 하지만 10번, 20번 인쇄를 하다 보면 나무에 가해지는 강한 압력 때문에 목판본의 표면이 금세 마모되어 활판으로서의 기능은 오래갈 수 없었습니다.

서양의 경우는 사정이 달랐습니다. 대부분 알파벳 문명에 기초하고 있다 보니, 26개의 표음문자를 근간으로 개발된 금속 활판 인쇄술은 순식간에 전 유럽으로 퍼져나갔습니다. 미국과 일본의 경제 침략에 대항해 지난 1994년, 단일 시장으로서의 유럽 연합(EU)이 발족했지만 구텐베르크가 금속 활판 인쇄술을 개발했을 당시에도 유럽은 이미 단일한 출판 시장을 형성한 것입니다.

중국과 한국, 일본 모두 한자 문화에 기반하고 있음에도 한자의 태생적인 한계로 인해 동아시아 3국에서는 공통된 출판 시장이 등장할 수 없었습니다. 알파벳과 유사한 한글이 중국과 일본에서도 통용됐더라면 세계 최초로 한글용 금속 활판 인쇄술이 개발됐을 텐데, 한글이 언문으로 멸시받으며 아녀자와 중인들 사이에서만 사용됐으니 시장도 이렇게 협소한 시장이 없었죠. 한글은 아이러니하게도 일제 식민 치하에서 국어를 사랑하자는 운동이 전 국민적으로 확산되면서 빛을 보기 시작합니다. 고(故) 박완서 선생님이 1931년 생이시니까 선생님의 어머님께서 1920년대 말에 시집오셨다고 가정한다면 이때까지만 해도 한글 필사본이 주로 아녀자 사이에서 유통되고 있었던 것이죠.

반면, 1450년대에 서양을 통틀어 겨우 수레 한 대분에 불과했던 인쇄 서적은 50년 만에 1,000만 권이 발행되면서 사상의 대량 생산과 사상의 대량 유통을 불러옵니다. 제1차 인쇄 혁명이 발발한 것이죠. 그럼, 제2차 인쇄 혁명은? 말할 것도 없이, 종이와 잉크는 물론 금속활자까지 일거에 몰아낸 컴퓨터와 스크린의 등장입니다.

'구텐베르크 성경'이 발간된 이후, 40년 만에 유럽 도시 110곳에 인쇄소가 설치됩니다. 무엇보다 구텐베르크의 인쇄술은 왕과 승려, 귀족들의 전유물이었던 지식을 일반 대중에게 급속도로 확산시키며 중세의 봉건체제를 붕괴시키는 기폭제 역할을 합니다. 1517년에 비텐베르크 교회 문 앞에 붙여 높은 마르틴 루터(Martin Luther)의 '95개 조 반박문'이 인쇄술을 통해 불과 2주 만에 전 유럽에 퍼졌으니까요. 그런 가운데 성직자의 설교에만 의지하다 인쇄된 성경책을 구해 직접 읽기 시작하면서 유럽인들은 성당에서 들은 이야기가 하나님의 말씀에 온건히 기초한 것은 아니라는 사실을 깨닫게 됩니다. 이후, 성경을 새롭게 해석하는 이들부터 또 다른 사상을 가진 혁명가에 이르기까지 수많은 사람이 자신의 생각을 금속활자에 담아 널리 퍼뜨리면서 서양에는 바야흐로 '이성의 시대'가 도래합니다.

* * *

구텐베르크가 개발에 성공한 이래 컴퓨터와 인터넷이 금속활자를 우리 주변에서 몰아내기까지 약 540여 년간, 금속활자를 주조하고 책을 찍어내던 기본적인 방법에는 변화가 거의 없었습니다. 그럼, 이번에는 금속활자가 어떻게 만들어지고 또 금속활자를 이용한 서적 출판은 어떻게 이뤄지는지 알아보도록 합시다. 그래야만 구텐베르크가 왜 지난 1,000년간의 서양사에서 가장 영향력 있는 인물로 꼽혔는지를 짐작할 수 있을 테니까요.

먼저 알파벳 B의 금속활자를 만든다고 가정해 봅시다. 활자 B를 만들기 위해서는 활자를 새겨 넣을 수 있도록 해주는 정의 일종인 '카운터펀치'가 필요합니다. 다음에는 완성된 카운터펀치를 이용해 부드러운 쇠막대의 한쪽 끝면에 대고 망치를 두드리면서 좌우가 뒤바뀐 알파벳 B를 양각으로 새깁니다. 물론, 좀 더 섬세하게 가다듬기 위해서는 뾰족한 끌과 송곳 등으로 B를 둘러싼 요철(凹凸)의 구석구석을 깨끗이 손질해야 합니다. 그렇게 '카운터펀치'로 만들어낸 한 개의 활자가 이른바 '부형(父型)'이라 불리는 '펀치'입니다. 알파벳 B의 '부형'을 좌우를 바꿔 만드는 이유는 이 '부형'을 다시 표면이 무른 금속판

〈그림 2.1〉 금속활자 제작 과정

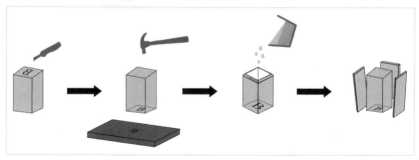

에 대고 망치로 두드려서 새겨 넣어야 하기 때문입니다. 그렇게 되면 비로소 제대로 모양을 갖춘 음각의 B가 생성됩니다. '모형(母型)'이지요. 하지만 여기서 끝이 아닙니다. 사실, 금속활자를 만드는 것은 지금부터 시작이니까요.

알파벳 B의 음각 금속판(모형)은 거푸집에 둘러싸이게 됩니다. 말하자면 여러분이 도장을 세게 찍어 자국을 낸 찰흙 위에 양쪽 끝이 뻥 뚫린 채 속은 텅 비어 있는 사각 기둥을 세운다고 보시면 됩니다. 그리고 그 사각형 기둥 안에 석고를 부어 넣은 다음, 석고가 완전히 굳으면 사각형 기둥을 제거하는 것이죠. 그렇게 되면 양각으로 새겨진 여러분의 도장이 사각형 기둥 안에서 탄생하게 됩니다. 물론 이번에는 도장이 뒤집혀서 나오겠지만요. 여기에서 속이 텅 빈 사각 기둥에 해당하는 것이 이른바, 거푸집이랍니다.

마찬가지로 금속활자에서도 거푸집에 쇳물을 부은 다음, 쇳물이 완전히 식으면 거푸집을 제거합니다. 거푸집 안에서 양각으로 새겨진 채 좌우가 바뀐 알파벳 B가 탄생하는 순간입니다. 이제부터는 거푸집을 이용해 계속해서 쇳물을 붓고 식히기만 하면 알파벳 B를 대량으로 생산할 수 있습니다. 더욱이, 목판본과 달리 내구성은 반영구적이기에 만드는 과정은 길고 힘들어도 한 번 만들어놓으면 어떤 책이든 대량으로 출판할 수 있게 되지요.

금속활자 B 하나를 만들기 위해서는 ① 카운터펀치 제작, ② 좌우가 바뀐 양각의 B 활자(부형) 제조, ③ 부드러운 금속 안에 음각의 제대로 된 B 활자(모형) 새겨 넣기, ④ 거푸집 제작, ⑤ 쇳물 붓고 식히기 ⑥ 거푸집 제거 등 모두 6단계의 작업이 필요합니다. 하지만, 카운터펀치와 부형, 모형, 그리고 거푸집을 완성하기만 하면 이후부터는 이들을 활용해 쇳물을 붓고 식혀서 활자를 양산할 수 있습니다. 그렇게 양산된 글자들을 모아 커다란 쇠틀(갤리) 안에 빡빡하게 나란히 배열한 후 — 사실은 이것도 상당한 노하우가 필요합니다 — 그 위에 잉크를 알맞게 고루 바르고 종이를 얹은 다음, '프레스'라 불리는 압착기로 종이를 눌러줍니다.

금속활자들을 찾아서 일일이 쇠판에 고정시키는 작업 역시, 많은 시간을 필요로 합니다. 이러한 과정은 글자를 심는다고 해서 '식자(植字)'라 부르며 이를 담당하는 직공은 '식자공'이라고 칭하죠. 참, 금속활자에 잘 달라붙는 특수 잉크 및 잉크가 번지지 않고 잘 스며드는 종이, 더불어 종이를 고르게 누르는 프레스에 대한 설명은 따로 하지 않겠습니다. 이처럼 금속 활판 인쇄술은 작업 한 단계 한 단계가 결코 만만치 않은 과제들로 구성되어 있습니다. 구텐베르크는 이 모든 과정을 성공적으로 통과하며 마침내 세계 최초의 인쇄 성경을 선보였던 것이지요. 당시로선 가장 선진적인 최첨단 복사기를 발명했던 셈입니다. 어떻습니까? 간단해 보였던 금속 활판 인쇄술이 생각보다 복잡하기도 하지만 그래도 이와 같은 방식을 만들어낸 구텐베르크가 대단하지 않은가요?

* * *

세계 최초의 필사 신문은 상업이 발달한 이탈리아에서 선을 보였지만 세계 최초의 부정기 인쇄 신문은 구텐베르크의 나라, 독일에서 등장했습니다. '속보'라는 의미의 ≪플루크블라트(Flugblatt)≫였죠. 16세기 초에 등장한 ≪플루크블라트≫는 서한 신문이나 필사 신문, 그리고 공동체에 떠도는 이야기들을 모은 것으로 길거나 시장에서 판매되었습니다. 당시, ≪플루크블라트≫는 그림이 삽입된 한 장짜리 전단지였습니다.

정기 인쇄 신문이 등장한 것은 구텐베르크의 활판 인쇄술이 발명된 지 150
여 년 후인 17세기 초였습니다. 1609년 독일에서 나온 주간지 ≪렐라치온
(Relation)≫이었습니다. ≪렐라치온≫은 독일, 프랑스, 이탈리아, 스코틀랜드,
잉글랜드, 스페인, 헝가리, 폴란드, 터키 등에서 입수한 소식을 게재했으며
이러한 신문 활동에 자극받아 1600년대 중반까지 스위스, 영국, 스페인, 오스
트리아, 벨기에, 네덜란드, 스웨덴 등 유럽 각국에서 정기적인 인쇄 주간지가
속속 등장하게 됩니다.

이 시기에 나타난 대표적인 주간 인쇄 신문으로는 네덜란드의 ≪코란토
(Coranto)≫(1620), 프랑스의 ≪라 가제트(La Gazette)≫(1631), 이탈리아의 ≪가제
트(Gazette)≫(1636) 등이 있습니다. 이 가운데 근대적인 의미의 편집을 도입했
던 ≪코란토≫는 네덜란드어 이외에 영어, 프랑스어로 발행되어 당시의 인쇄
신문 시장에 파란을 불러일으켰습니다.

한편, 최초의 일간 인쇄 신문은 이번에도 독일에서 나왔습니다. 1660년
라이프치히에서 나온 ≪라이프찌거 짜이퉁(Leipziger Zeitung)≫이 그것으로,
두 번째 일간 인쇄 신문인 영국의 ≪데일리 쿠란트(Daily Courant)≫(1702)와는
무려 52년의 격차를 보여주었습니다. 하지만 ≪라이프찌거 짜이퉁≫이 재
정상의 어려움으로 몇 년 뒤 주간지로 바뀐 데 반해 ≪데일리 쿠란트≫는
오랫동안 일간지의 지위를 고수하며 여타 일간지의 등장에 많은 영향을 미
쳤습니다.

미디어 학자들에 따르면 당시 주간지가 대부분이었던 인쇄 신문 시장이 일
간지로 바뀌는 데는 약 1세기가 걸린 것으로 추정됩니다. 이는 매일 신문을
사서 읽을 정도의 구독 시장이 18세기 중반의 도시화 진행 이후에 비로소 형
성됐기 때문입니다. 이와 관련해 일간 신문의 등장이 민족주의 형성으로 연
결되었으며 이는 곧 국민국가의 등장을 의미한다는 베네딕트 앤더슨(Benedict
Anderson)의 주장이 무척 설득력 있게 다가옵니다(Anderson, 2004). 미국의 저명

한 국제학자인 베네딕트 앤더슨은 서구에서 국민국가가 등장하게 된 결정적인 요인 가운데 하나로 인쇄 자본주의를 꼽고 있는데, 일간 신문을 출현시킨 인쇄 자본주의가 독자들로 하여금 동시대에 같은 정보를 공유한다는 의식을 갖게 함으로써 궁극적으로는 '상상의 공동체'인 민족의 탄생을 가능하게 했다는 것이지요. 그렇다면 앤더슨의 주장대로 '상상의 공동체' 출현에 결정적인 역할을 한 인쇄 자본주의는 어떻게 전국의 가독 인구에게 매일 수십 만 부의 신문을 발행해 전달할 수 있게 되었을까요?

* * *

19세기 초의 유럽은 나폴레옹의 등장과 그의 황제 등극 및 폐위, 그리고 엘바섬 유배를 둘러싸고 숨 막히는 정치적 격변이 이어지고 있었습니다. 자연히 유럽 정세에 관한 정부와 기업, 시민들의 관심은 나날이 높아져 갔습니다. 하지만 기존의 인쇄 방식으로는 뉴스와 정보에 대한 수요를 도저히 감당할 수가 없었습니다. 이에 독일인 프리드리히 쾨니히(Friedrich G. Koenig)는 증기 동력을 이용한 원압 인쇄기를 처음으로 선보입니다. 영국의 제임스 와트(James Watt)가 1769년에 증기기관을 발명한 지 45년 만이었습니다.

쾨니히는 증기 동력을 이용한 원통형 압통(壓筒)을 개발함으로써 인쇄 시간을 획기적으로 줄이는 데 성공합니다. 이전까지는 구텐베르크가 고안한 방식처럼 종이 위에 평평한 압반(壓盤)을 내리누르는 형태로 인쇄 방식이 행해졌지만, 쾨니히는 원통형 방식의 압동(壓胴)을 개발함으로써 원통을 활판의 종이 위에 굴려 잉크를 묻히는 방식을 채택합니다.

쾨니히의 증기동력 원압 인쇄기에 대한 첫 번째 고객은 영국의 저명 일간지인 ≪더 타임스(The Times)≫였습니다. 당시 수많은 경쟁사가 난립해 있던 런던의 일간 신문 시장에서 ≪더 타임스≫는 쾨니히의 인쇄기로 결정적인 우위를 점하는 데 성공합니다. ≪더 타임스≫의 경쟁사들이 시간당 250부를 발간하는 데 그쳤던 데 반해, ≪더 타임스≫는 시간당 1,100부의 신문을 찍어낼 수 있었으니까요. ≪더 타임스≫의 시간당 발행 부수 능력은 이후에도 계속 증가해 18년 뒤인 1832년에는 시간당 인쇄 부수가 2,000부까지 늘어나 두 배가 됩니다.

이러한 가운데 마침내 금속 활판을 원통에 직접 고정시킨 윤전기가 탄생합니다. 1846년, 미국의 리처드 호(Richard Hoe)에 의해서였습니다. 이전까지의 원압 인쇄기는 활판에 잉크를 묻히고 종이를 덮은 다음, 그 위에 원통을 굴렸습니다. 그리고 인쇄가 다 되면 원통을 들어 올리고 종이를 빼낸 다음, 똑같은 작업을 반복했습니다. 인쇄 과정은 연속적으로 이어지지 못해 시간 낭비가 발생할 수밖에 없었죠. 이에 리처드 호는 아예 원통에 활판을 고정시키고 활판 위에 잉크를 묻혀가며 종이 위로 원통을 굴립니다. 물론, 원통은 제자리에서 돌 뿐, 종이가 원통 밑으로 지나가며 인쇄되는 획기적인 방식이었습니다. 현대적인 신문 인쇄의 모태인 윤전기의 원형이 등장하는 순간이었습니다.

리처드 호의 윤전식 인쇄기는 시간당 8,000장까지 인쇄할 수 있는 능력을 선보입니다. 1초당 3장가량 인쇄할 수 있는 혁신을 이룬 것이죠. 더불어, 이번에도 ≪더 타임스≫가 리처드 호의 인쇄기를 가장 먼저 사용합니다. 떠오르는 대영제국의 소식을 영국 국민과 유럽 전역에 전달한 ≪더 타임스≫는 독립성과 정확성을 신문 제작의 기치로 내건 당대 최고의 엘리트지였습니다. 이후, 리처드 호의 원압 인쇄기는 좀 더 발전적인 형태로 진화합니다. 원통형 판반에서 활자가 떨어져나가는 단점을 개선하기 위해 '지형(紙型)'과 '연판'이 발명된 것이었죠. 마침내, 진정한 의미에서의 현대적 윤전기가 탄생한 것입니다.

'연판'이란 납이나 아연으로 만든 복제 활판을 의미합니다. '연판'을 만들기 위해서는 먼저, 표면에 고무를 입힌 특수 종이를 금속 활판〔父型〕위에 씌우고 꾹 누릅니다. 그러면 특수 종이가 올록볼록한 표면을 지닌 모형(母型)이 됩니다. 다음으로는 특수 종이 위에 녹인 납이나 아연 등을 얇게 붓습니다. 부은 금속이 식은 다음, 얇은 금속판을 떼어내면 한 장짜리 훌륭한 복제 활판이 탄생하죠. 그렇게 탄생한 활판을 '연판'이라고 하는데 이 연판이 원통에 둥글게 부착됩니다. 지형을 통해 제작된 연판은 수십 장, 수백 장이 복제되어야 합니다. 빠른 속도로 회전하는 원통 속에서 수만 장의 신문을 인쇄하다 보면 얇은 연판들이 금방 마모되기 때문이죠.

≪더 타임스≫는 이후, 현재의 윤전 인쇄기와 구조가 기본적으로 같은 월터 윤전기를 1868년에 직접 제작하기에 이릅니다. 월터 윤전기는 롤 용지를 종이로 사용한 가운데 양면 인쇄를 구현합니다.

당시 일간 신문에서 촉발된 인쇄 혁명은 인쇄물의 대량 확산을 가능하게 하며 국민 교과서의 등장과 함께 공립 교육 시스템의 정착, 그리고 문맹률 저하라는 시너지 효과를 낳습니다. 그러한 결과는 다시 대규모의 신문 소비로 이어졌고요. 더불어 공업화에 따른 도시화로 가독 인구가 기하급수적으로 늘어나면서 언론 사업은 최고의 황금 산업으로 부상합니다.

1838년만 하더라도 1만 1,660부에 불과했던 ≪더 타임스≫의 발행 부수는 14년 뒤인 1852년에 4만 2,384부로 네 배가량 뛰었다가 다시 1921년에는 11만 3,000부로, 또 1947년엔 26만 8,000부로 껑충 뜁니다. 마찬가지로 1896년에 9,000부를 발행하던 ≪뉴욕타임스≫는 1899년엔 7만 6,000부, 1920년대엔 78만 부로 발행 부수가 수직 상승합니다. 엘리트지들의 발행 부수가 이 정도로 늘어났으니 황색지들의 성과가 어느 정도였는지는 말할 필요도 없겠지요. 이 때문에 기하급수적으로 늘어나는 발행 부수에 발맞춰 언론사들의 수입도 천문학적으로 늘어납니다. 퓰리처상으로 유명한 ≪뉴욕 월드(New York World)≫의 조지프 퓰리처(Joseph Pulitzer)나 영화 〈시민 케인(Citizen Kane)〉의 모델이었던 ≪뉴욕 저널(New York Journal)≫의 윌리엄 허스트(William Randolph Hearst)는 모두 19세기 말에 등장해 20세기 초를 호령했던 신문 왕들로서 당시, 미국 최고의 부자들이었습니다.

한편, 월터 윤전기에 뒤이어 이번엔 마리노니 윤전기가 네 페이지짜리 신문을 시간당 1만 4,000부까지 생산하며 19세기 말의 인쇄 시장을 제패합니다. 마리노니 윤전기의 가장 큰 장점은 롤로 된 신문 용지를 빠른 속도로 양면 인쇄한 다음, 절단하고 접어서 하나의 완성된 신문으로 만들어낼 수 있다는 것이었습니다. 1910년대에 이르면 미국과 독일에서는 시간당 7만~8만 부의 인쇄가 가능한 고속 인쇄기가 제작되기에 이릅니다. 1960년대에는 시간당 15만 부의 인쇄 능력을 지닌 윤전기마저 등장하고요.

* * *

1883년, 우리나라 최초의 활판인쇄 신문인 ≪한성순보≫가 등장합니다. 1882년에 수신사로 일본에 건너간 박영효가 신문 발간의 중요성을 깨닫고 고종의 허락을 얻어 창간한 것입니다. 당시 박영효는 일본의 교육가이며 정치사상가인 후쿠자와 유기치(福澤諭吉)의 도움으로 일본인 기자 및 인쇄공 등을 데리고 귀국해 박문국에서 순 한문으로 ≪한성순보≫를 발간합니다. 하지만 ≪한성순보≫는 이듬해에 발발한 갑신정변으로 인쇄 시설이 파괴당하며 폐간되고 맙니다.

한국 신문사를 논할 때 그 의의와 창발(創發)에서 빼놓을 수 없는 ≪독립신문≫은 ≪한성순보≫가 발간된 지 16년 뒤인 1896년에 첫선을 보입니다. 갑신정변 때 미국으로 도피했다가 미국인 신분으로 귀국한 서재필은 최초의 민간신문인 동시에 한글 신문이며 격일간지인 ≪독립신문≫을 발간합니다. 안타까운 사실은 ≪독립신문≫이 발간 3년 반 만인 1899년 12월에 발행을 중단했다는 것입니다. 그럼에도 서재필에 의해 지펴진 민간신문 발간 불길은 계속 번져나가 이후 ≪매일신문≫, ≪제국신문≫, ≪황성신문≫ 등 대한제국 시대의 대표적인 일간지들이 속속 창간됩니다.

총독부 기관지였던 매일신보사에는 1913년, 마리노니 윤전기가 설치됩니다. 국내 최초의 신문 윤전기였죠. 하지만 일제 강점기 이후 일제의 우리말 말살 정책으로 한글 신문의 인쇄는 침체됩니다. 그러다 3·1운동 이후, 일제의 조선 통치 방침에 변화가 일면서 제한적이나마 일간 신문의 발행이 허용됩니다. 그리하여 1920년에 ≪조선일보≫와 ≪동아일보≫, ≪시사일보≫의 세 민간지가 창간됨으로써 ≪매일신보≫까지 합쳐 모두 네 개의 한국어 일간지가 발행됩니다.

≪동아일보≫는 창간 당시, 국내 민간 신문사로는 처음으로 윤전기를 도입합니다. 역시 마리노니 윤전기였죠. 시간당 2만 부를 찍을 수 있었던 이 기계의 도입은 당시 평판 인쇄기가 시간당 2,000부씩을 찍어내던 추세에서 획기적인 사건이었습니다. 이 기계를 들여오기 전까지 ≪동아일보≫는 평판 인쇄기를 이용해 낮에는 신문의 겉면을, 밤에는 신문의 속면을 찍는 방식으로 신문을 발행했습니다. ≪조선일보≫ 역시 일본인이 운영하는 대화인쇄소에 평판 인쇄를 위탁하다 다음 해, 윤전기를 들여옵니다. ≪조선일보≫는 1924년에 마리노니 인쇄기를 들여온 뒤, 1925년에는 윤전기에 다색인쇄 장치를 설치해 기사나 광고에 색을 입히기 시작합니다. 이후, 1936년에는 일본 도쿄제작사에서 제작한 윤전기를 구입합니다. ≪조선일보≫는 훗날 천안 독립기념관에 이 윤전기를 기증해 전시하지만 일왕 찬양, 내선(內鮮)일체,[2] 일본 육군 지원병 찬양 등의 친일 기사를 대량으로 찍어냈다는 이유로 2003년에 철거당하고 맙니다.

한편, 일제의 조선어 말살 정책으로 ≪조선일보≫와 ≪동아일보≫가 1940년에 인쇄 시설을 강제로 매각당하며 폐간된 후, 조선 전역의 활판 인쇄소와 신문사 공무국[3]에는 1945년 8·15 광복 때까지 단 한 개의 국문 활자도 남아

---

2   일제가 전쟁 협력을 강요하기 위해 1937년에 취한 조선 통치 정책. 내(內)는 일본을, 선(鮮)은 조선을 가리키는 말로 일본과 조선은 하나라는 뜻입니다.
3   공무국이란 활자의 주조에서부터 신문의 인쇄에 이르기까지 일련의 물리적인 신문 제작 과정을 모두 담당했던 부서입니다.

있지 않게 됩니다. 조선 반도에서 한글 활자는 깡그리 씨가 말라버린 것이지요. 한글 인쇄본은 사라진 채, 필사본만 존재함으로써 구텐베르크 혁명 이전의 암흑시대로 회귀하고 만 것입니다.

* * *

1945년의 광복(光復) 이후, ≪조선일보≫와 ≪동아일보≫는 활자 주조에 착수하며 복간(復刊)을 진행합니다. 미 군정의 도움으로 조선 총독부 기관지였던 일본 신문, ≪경성일보≫의 인쇄 시설을 이용할 수 있게 된 겁니다. 당시, ≪경성일보≫는 좌익 세력에 의해 장악당해 있었기에 미 군정의 도움 없이는 ≪경성일보≫의 인쇄 시설을 이용할 수 없었습니다. 결국, 우여곡절 끝에 ≪조선일보≫와 ≪동아일보≫는 1945년 12월에 해방 이후의 첫 신문을 펴냅니다. 아이러니한 사실은 ≪경성일보≫의 초고속 윤전기가 ≪조선일보≫의 재산이었다는 것입니다. 조선 총독부가 강제로 ≪경성일보≫에 매각했던 윤전기였죠. ≪조선일보≫는 미 군정과의 교섭을 통해 이 윤전기를 되찾는 데 성공합니다.

≪동아일보≫는 한국전쟁 이후, 1954년에 시간당 5만 부를 찍을 수 있는 일본의 하마다 윤전기를, 1956년엔 흥사단으로부터 시간당 2만 5,000부를 발행할 수 있는 중고 마리노니 윤전기를, 1958년엔 독일의 알버트사로부터는 시간당 10만 부를 인쇄할 수 있는 윤전기를 차례대로 도입합니다. 그 후, 알버트 인쇄기는 몇 차례의 증설을 거쳐 1980년대까지 ≪동아일보≫의 주력 윤전기로 사용됩니다. 이 시기에 ≪동아일보≫가 지속적으로 윤전기 증설에 나선 이유는 한국전쟁 이후, 국내외 정세에 관한 국민의 뉴스 갈증이 신문의 인쇄 능력보다 앞섰기 때문입니다. 1960년대에 베트남전쟁까지 발발해 국군이 베트남에 파병되자 국민들의 뉴스 소비는 더욱 급증합니다.

≪동아일보≫와 달리 ≪조선일보≫는 해방 이후부터 1950년대까지 인쇄

기와 관련된 투자를 제대로 이행하지 못했습니다. 이와 관련해 김영필은 석사논문 「한국 신문의 윤전인쇄기 도입 변천에 관한 연구」(2004)에서 사주(社主)인 방응모가 북한군에 피랍되는 바람에 회사 형편이 어려워졌기 때문이라며 ≪동아일보≫는 창업주이자 ≪동아일보≫ 고문이었던 김성수가 1951년에 부통령으로 취임하면서 ≪동아일보≫의 사세 확장에 큰 도움을 주었다고 설명합니다.

≪조선일보≫는 1965년과 1966년에 이르러서야 초고속 윤전기와 고속도 다색 윤전기를 구입한 데 이어 1967년에 시간당 15만 부를 인쇄할 수 있는 일본 이케가이의 윤전기를 들여옴으로써 나름대로의 경쟁력을 확보하기 시작합니다. 참고로, 이 시기에 발표된 ≪조선일보≫의 기사를 보면, 1965년 11월 당시 ≪조선일보≫의 유가 발행 부수는 20만 3,033부였다고 기록되어 있습니다. 이후, ≪조선일보≫는 1968년에 또 한 대의 이케가이 고속 윤전기를 도입해 시간당 40만 부까지 자사(自社)의 인쇄 능력을 끌어올립니다. 당시, 중앙일간지들은 폭발하는 독자 수요에 발맞추어 꾸준히 윤전기를 도입한 결과, 1970년대 중반까지 ≪조선일보≫, ≪동아일보≫, ≪한국일보≫, ≪중앙일보≫는 각각 8대에서 11대까지의 고속 윤전기를 보유하게 됩니다.

한편, 전두환 군부 정권이 들어선 1980년대에는 당근과 채찍을 동시에 구사한 5공화국의 언론 정책에 따라 정부에 순응적인 언론사들이 감세 혜택과 함께 저금리로 은행에서 돈을 빌려, 고가의 최첨단 윤전기를 대거 도입할 수 있게 됩니다. 더불어 1988년의 서울 올림픽 개최 역시, 언론사들이 최신형 윤전기를 도입하게 유도하는 계기를 마련합니다. 이에 따라 1981년의 경우 69대였던 6대 중앙일간지의 윤전기 수는 5년 뒤인 1986년에 111대로 60% 이상 급증합니다.

세계 인쇄사는 물론, 국내 언론의 인쇄기 도입 역사와 관련해 빼놓을 수 없는 또 하나의 제품으로 '오프셋 윤전기'를 들 수 있습니다. 간단히 말해, 오프셋 윤전기는 금속 평판으로 인쇄를 하는 윤전기입니다. 사진술을 이용해 평평한 금속 위에 인쇄판을 만들기에 튀어나온 활자로 인쇄하는 볼록 인쇄나 주변부보다 활자가 들어가 있는 오목 인쇄와 구별 짓는 차원에서 '평판 인쇄'라 부르지요.

오프셋 인쇄가 지닌 또 하나의 특징은 금속 평판에 묻힌 잉크를 종이에 바로 인쇄하는 것이 아니라 '블랭킷'이라고 하는 고무 원통에 먼저 묻힌 후, '블랭킷'에 인쇄된 잉크를 다시 종이로 옮기는 방식을 사용한다는 것입니다. 여기에서 블랭킷에 먼저 인쇄하는 방식을 '전사(轉寫)'라고 합니다. 오프셋 인쇄는 판면의 잉크가 고무 블랭킷을 거쳐 종이에 인쇄되기 때문에 '간접 인쇄'라고도 불립니다. 물론, 인쇄판에서 종이에 직접 인쇄하는 방식은 '직접 인쇄'라고 하지요.

오프셋 윤전기의 역사는 상당히 오래됐습니다. 이미 1875년에 영국의 로버트 바클레이(Robert Barclay)가 석판에 잉크를 전사(轉寫)했다가 양철판에 인쇄하는 양철 인쇄기를 발명한 이후, 1904년에는 고무 블랭킷에 잉크를 전사(轉寫)하는 오프셋 인쇄기가 만들어졌습니다. 당시 고무 블랭킷에 잉크를 전사하는 방식은 미국의 아이라 루벨(Ira Rubel)에 의해 우연히 발명됐습니다. 그가 경영하는 석판 인쇄 공장에서 직공이 종이를 잘못 집어넣어 고무 블랭킷에 잉크가 묻었는데, 다음에 넣은 종이의 뒷면에 고무 블랭킷에서 묻은 잉크가 선명하게 인쇄됐기 때문입니다. 이후, 오프셋 인쇄기는 몇 차례의 개량을 거쳐 윤전 인쇄기로 발전하게 됩니다.

그렇다면, 오프셋 인쇄의 강점은 무엇일까요? 오프셋 인쇄의 가장 큰 장점은 연판 인쇄에 비해 매우 선명한 인쇄물을 얻을 수 있다는 것입니다. 이는 오프셋 인쇄가 물에 대한 기름의 반발 성질을 이용하기 때문입니다. 특수 감광액을 묻힌 연판이나 알루미늄판 위에 사진 식자기로 촬영한 활자판을 현상하면 빛에 노출된 부분인 화선부(畵線部)에만 잉크가 달라붙는 금속 평판이 탄생합니다. 그러면 금속 평판에 물을 묻혀도 물은 활자나 그림이 없는 비화선부(非畵線部)에만 묻을 뿐, 화선부에는 묻지 않게 되죠. 이때 금속 평판에 다시 잉크를 입히면 잉크는 화선부에 묻으면서 주변으로 번져나가지 않게 됩니다. 주변에 이미 묻어있는 물이 기름으로 이뤄진 잉크의 번짐 현상을 막기 때문이죠. 따라서 잉크가 조금이라도 옆으로 번지는 현상이 전혀 일어나지 않기에 인쇄는 더욱 정교하게 행해질 수밖에 없습니다. 물론, 이를 구현하기 위해 오프셋 윤전기에서는 금속 평판의 비화선부에 얇은 수막이 형성되도록 물을 묻혀야 합니다. 참고로 블랭킷에 묻히는 축임물의 부착량 및 블랭킷의 회전 속도 등은 오프셋 인쇄의 품질을 결정적으로 좌우하는 핵심 중의 핵심입니다.

오프셋 윤전기는 기술적인 난제가 대부분 극복된 1970년대부터 본격적으로 사용되기 시작합니다. 이전까지는 블랭킷의 팽창, 롤 용지의 끊어짐 문제 등으로 오작동이 많았습니다. 하지만 고속·고품질의 오프셋 윤전 인쇄가 가능해지자 이제 컬러 인쇄물에 대한 수요는 폭발적으로 증가하게 됩니다.

한국에서도 세계적인 추세에 발맞춰 오프셋 인쇄기를 설치하는 언론사들이 꾸준히 늘어납니다. ≪조선일보≫는 1970년에 활판과 오프셋을 겸용할 수 있는 공동 압통형 인쇄기를 들여온 이래, 지속적으로 오프셋 윤전기를 도입합니다. ≪동아일보≫ 역시, 1985년에 오프셋 윤전기 6대를 도입한 이후, 미쓰비시 중공업과 동경기계제작소로부터 오프셋 윤전기를 꾸준히 수입합니다. 특히, ≪동아일보≫가 1992년에 들여온 오프셋 윤전기는 24면짜리 신문을 시간당 무려 24만 부나 찍어낼 수 있는 최첨단 인쇄기였습니다. 당시 ≪동아일보≫가 신문을 통해 밝힌 오프셋 윤전기의 성능은 신문 용지 공급에서 인쇄를 거쳐 지역별 발송 차량에 적재되는 데까지 불과 14분밖에 걸리지 않는 것이었습니다. 이제 국내 신문들은 연판 인쇄의 한계였던 시간당 15만 부의 인쇄 능력을 다시 뛰어넘을 수 있게 되었습니다.

하지만, 오프셋 윤전기의 등장은 동시에 전통적인 인쇄 방식의 종말을 의미했습니다. 오프셋 윤전기에 사용되는 금속 평판 제작 방식을 '콜드 타입(Cold type)'이라고 하는데, 이는 뜨거운 아연을 지형에 부어 연판을 만들던 '핫 타입(Hot type)'과 반대되는 제작 방식이기에 붙여진 이름이었습니다.

이제 신문사에서 지형(紙型)과 아연을 이용해 연판을 제조하던 방식은 역사의 뒤안길로 사라지게 된 것입니다. 더불어, 신문사와 출판사의 공무국에서는 지형 건조기와 연판 주조기, 그리고 납가마 또는 아연로라고 불렸던 소형 용광로도 영원히 작별을 고하게 됩니다. 이와 관련해 ≪동아일보≫는 사고(社告)를 통해 1989년 11월 11일, 자사의 연판 주조기에 대한 명예 퇴임식 관련 기사를 게재하기에 이릅니다.

* * *

오프셋 윤전기의 등장으로 신문사에서 지형과 연판, 그리고 납가마가 사라졌다고는 하나 납 활자와 함께 납 활자를 만들기 위한 활자 주조기까지 사라진 것은 아니었습니다. 비록 연판 제조와 관련된 공정이 생략됐지만 금속 평판을 만들기까지는 여전히 활판이 구비되어야 했기 때문입니다. 식자를 통해 완성된 활판을 사진으로 촬영해서 금속 평판을 만들어야 했으니까요. 하지만 납 활자마저 연판과 같은 운명의 길을 걷게 한 발명이 등장했으니 이른바, CTS(Computerized Typesetting System)라 불리는 '컴퓨터 조판 시스템'이 그것이었습니다.

CTS는 독일의 디지셋(Digiset), 미국의 라이노트론(Linotron), 비디오콤프(Video-comp) 등이 출현함으로써 1960년대부터 서구에서 실용화되기 시작했으며 일본에서는 1978년에 ≪니혼게이자이(日本經濟) 신문≫을 필두로 ≪아사히(朝日)

신문≫과 ≪요미우리(讀賣) 신문≫이 도입합니다. 한국에서는 1985년에 ≪서울신문≫이 CTS를 부분적으로 도입한 이후, 1990년대 후반까지 대부분의 언론사들이 CTS를 단계적으로 들여옵니다. 참고로, ≪조선일보≫와 ≪중앙일보≫는 1992년에, ≪동아일보≫는 1994년에 CTS로 신문을 전면 제작하기에 이릅니다. 그렇다면, CTS란 과연 무엇이고 CTS의 도입은 또한 무엇을 의미할까요?

CTS란 컴퓨터상으로 조판을 할 수 있는 시스템을 의미합니다. 지금의 PC에서 문서 작성 프로그램을 통해 다양한 글씨 크기와 글씨체로 원고의 형태를 바꿀 수 있는 것은 물론, 그림과 도형, 그리고 표 등을 삽입하며 상당한 수준의 편집을 할 수 있는 것처럼, 신문사의 편집부에서도 컴퓨터 화면상에 나타난 원고를 보며 편집을 할 수 있게 되었다는 것입니다. 더불어 화면상으로 편집을 마친 조판(組版)은 필름으로 출력된 후, 바로 금속 평판으로 제작되니 이제 납활자는 더 이상 존재할 필요가 없어진 것입니다.

CTS는 이전까지의 전통적인 신문 제작 방식을 근본부터 뒤흔든 혁명적인 신문 제작 시스템이었습니다. 무엇보다도 CTS는 납 활자, 납 활자 주조기 등 활판 제조와 관련된 모든 잔여 기자재의 퇴장을 불러왔습니다. 이전에는 신문사 안에 수백만 개, 수천만 개의 활자를 보관하는 문선대(文選臺)부터 활자 주조기는 물론, 사진 식자기 등에 이르기까지 온갖 종류의 기계와 공구, 선반들이 가득했습니다. 하지만 CTS의 도입 이후, 신문사 내부는 윤전기만 빼면 일반 회사와 다를 바가 전혀 없는 풍경으로 바뀌었습니다.

CTS의 등장은 또한, 취재 기자들의 원고 작성 역시, 컴퓨터로 이뤄져야 함을 의미했습니다. 이전에는 기자들이 원고지에 기사를 작성해서 팩스로 각 부서의 데스크에 보내거나 전화로 원고를 불러 회사의 내근자가 받아 적도록 했습니다. 그러면, 기사를 전달받은 각 부서의 데스크들은 원고를 가다듬은 후, 편집부의 담당자에게 다시 송고를 했고요. 하지만 CTS의 도입 이후, 기자들은 회사에서 지급한 노트북을 들고 다니며 취재 현장이나 기자실에서 컴퓨터로 원고를 작성해 각 부서의 부장 또는 에디터에게 송고할 수 있게 되었습니다. 한국 신문사에서 활자, 잉크, 인쇄용 종이, 그리고 펜과 함께 가장 중요한 기록 수단이었던 원고지가 사라져버린 것이죠. 그렇지만 원고지가 사라진 것 이상으로 더 큰 변화는 바로 마감 시간이 획기적으로 연장됐다는 것입니다.

참고로 CTS 이전까지는 조간신문의 경우, 기사 작성 마감 시간이 영·호남판 마감 시간인 5시 이전인 경우가 대부분이었습니다. 당시에는 원고지에 작성된 기사를 팩스로 송신하는 시간까지 고려해야 했기에 여러 변수들을 감안하면 기사 마감은 오후 5시를 전후해서 거의 다 이뤄졌습니다. 그래야만 부장이 원고를 가다듬어 편집부에 넘기면 편집부에서는 최종 원고를 바탕으로 제목을 뽑고 기사 크기와 위치를 정한 후, 교열부의 퇴고를 거쳐 공무국에서 조판(組版)을 했으니까요. 물론, 채자(採字)[4]에서 식자(植字)[5]를 거쳐 조판에 이르기까지도 30분 이상의 시간이 소모됐습니다.

하지만 통신망을 통한 디지털 기사의 전송은 순식간에 진행되었기에 마감 시간이 인쇄가 시작되는 저녁때까지 늦춰져도 큰 지장이 없었습니다. 부장의 교정을 거쳐 편집부의 컴퓨터 조판 화면에 이르기까지 기사가 송고되는 시간은 빠를 경우 5분도 걸리지 않았습니다. 물론, 조판 역시 이전과는 비교할 수도 없을 정도로 빨라졌습니다. 이와 관련해, ≪동아일보≫는 1984년 4월 1일자 신문에서 일본 아사히 신문사의 CTS를 소개하며 과거에는 두 명이 30분에 걸쳐 완성했던 경제면의 주가표(株價表) 편집이 CTS하에서는 단 2분 만에 완성됐다고 보도합니다.

---

4   문선대(文選臺)라 불리는 활자 보관함에서 기사 원고와 관련된 활자를 뽑아내는 작업.
5   활판에 채자(採字)된 활자들을 고정시키는 작업. 활판 제조를 위해서는 활자와 함께 '공목(空木)'이라 불리는 띄어쓰기용 나무도 삽입해야 하므로 상당한 시간이 걸립니다. 참고로 공목에도 단어 간 띄어쓰기, 글줄 끝 채우기, 판면상의 여백, 글줄과 글줄 사이의 공간 확보 등을 위해 다양한 제품이 필요합니다. 공목은 높이가 활자보다 4mm정도 낮으므로 인쇄되지 않습니다.

사실, 신문 역사에서 인쇄술과 관련된 중대 발명은 기사 작성의 마감 시한을 지속적으로 늦춰왔습니다. 지형과 연판의 발명에서도 그랬고, 오프셋 인쇄의 등장에서도 그러했습니다. 믿어지실지 모르겠지만, 1950년대까지만 하더라도 일반 신문의 마감은 점심시간 직전까지가 최선이었습니다. 전날 오후부터 당일 오전까지 일어난 일들만 다음 날 아침 신문에 실릴 수 있었던 것이죠. 이는 기사가 원고지에 작성되어 편집부의 편집을 거쳐도 전통적인 활판 제조부터 지형 및 연판 제작에 이르기까지 상당한 시간이 소요됐기 때문입니다. 더불어, 당시에는 통신 사정과 함께 교통 사정마저 열악해 오후에 인쇄되어 나온 신문들이 제주도와 경상도, 전라도까지 도달하는 데에는 장시간이 소요됐습니다. 오후에 발생한 주요 사건들은 이틀 뒤의 신문에 나올 수밖에 없었지요.

한편, CTS가 도입되면서 필름으로 현상한 컴퓨터 조판이 팩시밀리 망을 통해 지방까지 전송될 수 있게 되자, 지방에 인쇄 시설만 확보하면 실시간으로 현지에서 인쇄해 신문을 배달할 수 있는 시대가 열리게 되었습니다. 바야흐로, 서울과 수도권, 지방 간의 뉴스 격차가 극적으로 좁혀진 것입니다. 참고로 CTS 도입 이전에는 영·호남판 신문의 경우 기차에 실려 지방으로 배송됐던 까닭에 영·호남판 신문의 기사 송고 마감 시간은 오후 5시까지였으며 기차에 실린 신문들은 밤새 달려 자정이 넘어서야 현지에 도착했습니다. 그러면 현지에 도착한 신문들은 다시 소형 트럭 등을 통해 신문 배급소(지국)로 전달되어 광고지가 삽입되는 과정을 거쳐 새벽에 배달되었습니다. 사정이 이러했기에 밤늦게까지 진행되는 프로 야구 경기부터 밤낮이 뒤바뀐 해외의 주요 뉴스는 1990년대 초까지도 늘 하루 뒤에 인쇄되어 이틀 뒤에 배달되곤 했습니다.

그런 의미에서 CTS의 가장 큰 수확은 지방 독자들이 전날 밤에 일어난 소식들을 다음 날 아침에 전달받을 수 있게 됐다는 것이었습니다. 물론, 가장 큰 수혜자는 제주도를 비롯해 경상남도와 전라남도 등 서울에서 가장 멀리

떨어져 있는 곳의 독자들이었습니다.

* * *

CTS의 등장은 540여 년간 인류의 출판문화를 지배했던 구텐베르크 활판 인쇄술이 마침내 지구상에서 자취를 감추는 것을 의미했습니다. 그런 만큼, 언론계와 출판계에 불어닥친 변화는 거대했습니다. 앞에서는 CTS의 도입에 따른 많은 변화를 다 담아내지 못했기에 조금 더 언급해 보고자 합니다.

예전에는 언론사마다 조사부라는 곳이 있었습니다. 각 신문사나 방송사, 잡지사 등에서 발간하고 방영한 자료들을 색인별로 분류해 보관하는 곳이었죠. 예를 들어 신문사의 경우, 삼성 그룹에 관한 기사와 정보는 모두 '삼성 그룹'으로 명명된 스크랩북에 모아졌습니다. 더불어, 삼성 그룹의 주요 인물들이나 주요 계열사는 다른 이름으로 명명된 스크랩북에 철해졌고요. 스크랩을 하는 이유는 기사 작성을 위한 1차 자료로 활용하기 위해서였습니다. 삼성 그룹과 관련된 기사를 쓰는데 예전의 자료가 하나도 없다면 기사 작성에 어려움을 겪을 수밖에 없으니까요. 그리하여 매일 쏟아져 나오는 수많은 일간지와 주간지, 월간지 등의 뉴스 가운데 정보로서의 가치가 있는 삼성 그룹 관련 소식들은 스크랩북에 체계적으로 수집되었습니다. 필자 역시, 인물에 관한 동정이나 대기업 분석 기사를 쓸 때 조사부로 건너가 관련 스크랩북을 찾아가며 기사를 작성했던 기억이 생생합니다.

CTS의 혁명적인 변화는 아날로그 자료가 디지털 정보로 변환되어 데이터베이스화될 수 있다는 것을 의미했습니다. 바야흐로 지금과 같은 형태의 자료 검색이 컴퓨터를 통해 가능해진 것입니다. 비록 포털 사이트가 존재하지는 않았지만 각 신문사들이 도입한 CTS는 자료를 별도로 분리할 필요 없이 제목과 주요 키워드만 입력해도 관련 자료들이 순식간에 눈앞에 펼쳐질 수 있도록 도와주었습니다.

그리하여 CTS의 도입은 당시, 한국을 풍미했던 천리안, 하이텔, 나우누리 등의 컴퓨터 통신망 서비스와 맞물려 뉴스의 데이터베이스화 및 효율적인 활용으로 직결됩니다. 더불어 뉴스는 서울 세종로 사거리에 설치된 전광판을 통해 실시간으로 독자들에게 전달되기에 이릅니다. 당시, 전국 곳곳의 주요 사거리에 우후죽순으로 들어서기 시작한 전광판 뉴스는 한반도 내에서도 한나절 또는 하루 이상 걸리던 뉴스 지체를 더 이상 허용하지 않게 되었습니다.

CTS의 도입에 따른 데이터베이스의 등장과 활용은 또한 해외 취재의 풍경도 바꿔놓았습니다. 이전까지만 하더라도 낮에는 현지 취재를, 밤에는 국내 취재 활동을 벌여야 했던 미국과 유럽의 특파원들은 컴퓨터 통신과 회사의 전산망을 통해 실시간으로 국내의 최신 사정에 대한 감을 잡고 예전과는 비교할 수도 없을 정도의 발 빠른 현지 기사를 내보낼 수 있게 되었습니다.

독자들이 체감할 수 있게 된 또 하나의 변화로는 '레이아웃'의 다양화를 꼽아볼 수 있습니다. '레이아웃'이란 편집을 뜻하는 용어로 조판을 통해 지면에 기사와 사진, 그래픽을 배치하고 제목의 크기와 글씨체, 색깔 등을 정하는 총체적인 작업을 의미합니다. 상품으로 따지자면 포장 및 진열에 해당한다고나 할까요? 앞서 소개한 《아사히 신문》의 경우처럼 CTS의 도입으로 조판 작업 시간이 획기적으로 줄어들자 편집 기자들의 작업 시간도 상대적으로 여유로워지며 이전의 단순하고 천편일률적인 편집에 커다란 변화가 불어 닥칩니다. 사진과 제목은 더욱 커지고 기사 사이의 여백은 한층 넉넉해지면서 다양한 종류의 레이아웃들이 편집 기자들의 연구와 고민 속에 속속 탄생한 것이죠. 이제 시내 가판대에 놓인 신문들은 다채로운 사진들을 1면에 내보이는 가운데 각양각색의 레이아웃으로 시민들을 유혹하기에 이릅니다.

하지만 이렇듯 만능에 가까운 CTS에도 치명적인 단점이 있었습니다. CTS의 도입에 천문학적인 비용이 든다는 것이죠. 기자가 300명 규모인 언론사의 경우, 300명 모두에게 컴퓨터를 지급해야 하는데, 편집 기자들은 편집용 일반 컴퓨터가 아닌 컴퓨터 조판기를 지급해야 하니까요. 이와 함께 기자들이 부장 및 편집부와 기사를 주고받으며 송고할 수 있는 집배신(集配信) 시스템도 갖춰야 합니다. 물론, 이는 새로운 하드웨어 및 소프트웨어의 개발과 도입을 의미합니다. 더불어 여유가 조금이라도 있는 언론사라면 자사 고유의 서체를 지속적으로 개발하고자 할 것입니다.

놀라운 것은 이러한 CTS의 도입이 한국 언론사들 사이에서 1990년대 중반을 기점으로 단기간 내에 집중적으로 이뤄졌다는 것입니다. 그렇다면, 한국의 언론사들은 어떻게 해서 천문학적 비용이 요구되는 CTS로 일거에 전환할 수 있었을까요? 여기에는 CTS 도입으로 향할 수밖에 없는 당시의 정치적·경제적·사회적 상황이 자리하고 있었습니다.

* * *

신문 제작은 최신 뉴스를 전달하는 정보 산업으로서의 입지에 걸맞지 않게 대단히 노동 집약적인 산업이었습니다. 이는 신문 기자들 이외에 활판 제작 및 인쇄와 관련해 수많은 기술직 노동자가 필요했기 때문입니다.

1987년 6·29 선언 이후, 민주적인 언론 발달을 억제했던 '언론기본법'[6]이 폐지되면서 언론사들이 우후죽순 생겨납니다. 자료에 따르면, 일간지와 주간지의 수는 1987년에 각각 32개, 226개였지만 6년 뒤엔 각각 3.6배와 9.9배가 늘어난 116개와 2,236개로 급증합니다. 이와 함께, 그동안 억압되어 있던 노동자의 근로 환경 및 후생 복지, 임금 등에 대한 요구가 노동계를 중심으로 용암처럼 솟구쳐 나오면서 급기야는 전국 언론노동조합 연맹이 1988년에 발족됩니다. 이에 공무직·기술직 노동자들의 권익이 크게 신장되면서, 승급 시

---

6   전두환 군사정권이 통치 기반 구축을 위해 언론 규제 차원에서 1980년 12월 31일에 제정한 법률입니다. 허가 받지 않은 정기간행물의 발간은 금지되었으며 문화공보부 장관이 간행물의 발행 정지 명령권 및 등록 취소 권한을 지닐 수 있게 되었습니다.

험이 폐지되고 단일 호봉제가 적용되는 동시에 상여금이 기본급(본급+근무 수당)을 기준으로 지급되기에 이릅니다. 교통비와 점심값, 시간 외 근무 수당에 대한 임금 개선도 이뤄지며 공무직 직원들의 월평균 임금은 상당한 수준으로 상승합니다. 당시, 신문업은 전체 비용의 3분의 1이 인건비에 할애되고 있었으며 인건비 수준은 여타 직종에 비해 상당히 높았습니다.

이런 상황 속에서 CTS의 도입은 신문사별로 1,000명 선인 공무국 인력을 15% 정도 감축시킬 수 있는 것으로 추산됐습니다. 경영난의 돌파구로 CTS 도입을 제안한 남상석(1989)의 논문에서는 CTS 도입 후 5년 안에 언론사별로 100억 원 가량이 절약될 것이라고 추정하기도 했습니다.

그리하여 메이저 신문사를 중심으로 CTS만이 노동 집약적인 언론사 구조를 획기적으로 바꿀 수 있다는 인식 아래, 1980년대 말부터 본격적으로 CTS 도입을 강구하게 됩니다. 이후, 공무국의 인력은 매년 급격하게 줄어들어 신문사 전체 노동력 가운데 1967년에는 24.9%, 1987엔 23.5%를 유지하던 인력 비율이 12년 만인 1999년에는 14.9%로 떨어집니다.

안타까운 사실은 일본의 경우, 공무국 인력들을 무작정 내보내기보다 모두 끌어안는 방향으로 컴퓨터 조판 시스템(CTS)을 안착시키려고 노력했다는 것입니다. 이와 관련해, ≪동아일보≫는 1983년 4월 1일 자 신문에서 ≪아사히신문≫이 CTS 도입에 수반되는 "종전의 식자, 조판, 주조 등 인쇄 관계 사원들을 한 명도 감원하지 않고 방계 사업체 등에 전원 흡수했다는 점에서 신문계의 제작 혁명에 성공적인 모델을 남겼다"고 보도한 바 있습니다.

CTS의 도입으로 컴퓨터 환경하에서 자율성과 조직 장악력이 커진 편집국의 힘은 공무국의 힘이 약화된 만큼 더욱 강화됐습니다. 사실, 공무국 직원들의 비위를 맞춰가며 조판을 하고 다시 교열을 보는 일은 편집부 기자들로서 매우 힘든 일이었습니다. 1950년대에 나온 어느 신문 기사에서는 공무국 직원들에게 평소 술을 자주 사주어도 작업 도중 불평을 늘어놓으며 말썽 부리기 일쑤여서 무척 애를 먹었다는 푸념이 실려 있기도 했으니까요.

어쨌거나 부분적인 CTS 도입은 1985년 1월 ≪서울신문≫을 필두로 ≪한겨레≫와 ≪국민일보≫, ≪세계일보≫, ≪한국일보≫ 등 모든 중앙 일간지에 차례차례 도입됩니다. 언론계 사상 최초로 전면 CTS 제작은 1992년 3월의 ≪중앙일보≫, 1992년 9월의 ≪조선일보≫에 의해 이뤄지고요. ≪동아일보≫는 1994년 4월에 전면 CTS 제작이 시행됩니다.

* * *

현재는 0.04초에 48면의 신문 한 부를 인쇄할 수 있습니다. 어마어마한 속도죠. 한 시간이 3,600초이기에 단순히 수학적으로 계산한다면 한 시간에 무려 90만 부를 인쇄할 수 있습니다. 이렇듯 신문 제작 및 인쇄에 신기원을 이룩한 구텐베르크의 후손들 앞에 이제껏 듣지도 보지도 못한 최강의 적이 나타납니다. 디지털 콘텐츠로 무장한 인터넷의 출현이었죠.

PC와 스마트폰, 아이패드 등을 통해 우리에게 다가온 뉴미디어는 종이라는 매체를 뛰어넘어 액정 화면만으로 엄청난 분량의 다채로운 콘텐츠들을 공짜로 제공하고 있습니다. 더불어 팟캐스트와 뉴스 큐레이션,[7] 페이스북 뉴스 서비스와 뉴스 펀딩[8] 등 신개념 뉴스 서비스들이 전통적인 신문 제작업체들의 입지를 계속 좁히고 있습니다.

이와 관련해 영국의 진보 일간지인 ≪가디언≫에 올라온 사진은 디지털 시대를 맞아 해외 유명 언론사들이 처한 상황을 생생하게 증명하고 있습니다. 사진작가인 윌 스테이시(Will Steacy)가 자신의 아버지 직장이었던 ≪필라델피아 인콰이러(Philadelphia Inquirer)≫의 모습을 5년 동안 기록한 사진에는 퓰리처상을 20차례나 수상한 최고 엘리트 언론의 몰락 과정이 고스란히 담겨 있

---

7   이용자의 관심에 맞게 필요한 뉴스만 모아서 재배치해 제공하는 맞춤형 뉴스 제공 서비스.
8   독자가 읽고 마음에 드는 기사를 후원하는 형태의 뉴스 서비스.

습니다.

과학 섹션 에디터의 데스크에서 바라본 ≪필라델피아 인콰이러≫의 편집국 내부 사진은 먼저, 수많은 서류와 자료들이 한가득 쌓여 있는 컴퓨터 책상 수십 개를 보여줍니다. 다음 해에 찍힌 사진 속에는 컴퓨터 책상이 점차 사라지며 편집국 내부가 서서히 정리되더니 마지막 사진에서는 책상과 컴퓨터가 모두 치워진 채 수백 평의 텅 빈 공간 속에 수십 개의 기둥만 을씨년스럽게 서 있는 장면으로 끝이 납니다. 스테이시의 취재 기간에 파산까지 겪었던 ≪필라델피아 인콰이러≫는 5년간 사주(社主)도 다섯 차례나 바뀌었다가 결국, 카지노업체에 부동산이 매각됩니다.

사실, ≪뉴욕타임스≫를 비롯해 ≪가디언≫ 등이 종이 신문의 발행 중단을 검토하기 시작한 것은 어제오늘의 일이 아닙니다. 하지만 2010년대 이후부터 종이 신문의 운명은 스마트폰의 기세만큼이나 바람 앞에 흔들리는 촛불로 전락하고 말았습니다. 미 유력 일간지인 ≪크리스천 사이언스 모니터(The Christian Science Monitor)≫는 창간 100년이 되던 2008년에 종이 신문의 발행을 중단하고 말았습니다. 1986년에 발행된 영국의 진보적 유력 일간지 ≪인디펜던트(The Independent)≫도 2016년 3월에 종이 신문 발행을 중단하며 온라인 서비스만 운영하기에 이릅니다.

한국언론재단의 발표를 보면 2018년, 우리나라의 신문 구독률은 9.5%에 그쳤습니다. 1996년의 신문 구독률이 69.3%였으니 20년 만에 7분의 1로 떨어진 것이지요. 이러한 현상과 관련해 ≪워싱턴포스트≫의 전 편집국장이었던 로버트 카이저(Robert Kaiser)는 "뉴스에 관한 우울한 뉴스"라는 글을 통해 자신의 마지막 말을 남겼습니다.

뉴스와 언론은 분명히 미래가 있습니다. 하지만 그 미래가 어떤 것일지는 불분명합니다. 확실히 알 수 있는 것은 아무도 가보지 못했던 길을 향해 가고 있다는 겁니다(이승윤, 2015).

신문 구독자가 날로 급감하는 추세를 반영해 ≪동아일보≫는 2012년 서울 오금동의 인쇄공장을 폐쇄하면서 노동자 70여 명을 정리 해고합니다. ≪국민일보≫도 2015년에 자립 경영 대책의 일환으로 대구 인쇄공장을 약 50억 원에 매각했습니다. ≪국민일보≫가 300억 원을 들여 사들인 윤전기와 잉크 탱크 등은 5억 원이라는 헐값으로 팔렸다고 전해집니다. ≪한국일보≫ 역시, 2015년에 성남·창원 공장과의 임대차 계약을 해지했습니다. 더불어 많은 언론사는 이제 자사의 신문을 찍어내기보다 외부에서 발주한 군소 인쇄 물량을 수주해오는 식으로 유지하고 있는 실정입니다.

그럼, 구텐베르크의 후손들에게 언론사상 최고의 위기를 안겨주고 있는 인터넷 디지털 혁명은 언제 어디에서 어떻게 시작된 것일까요? 복습하는 의미에서 다시 1장으로 돌아가면 그 답이 보일 겁니다.

인쇄 발전 과정

1세대 인쇄 과정(연판 인쇄)

① 원고지에 펜으로 기사 작성 → ② 데스크 기사 수정 → ③ 1차 편집(제목, 활자 호수, 단수 정함) → ④ 문선 → ⑤ 식자(조판할 수 있도록 단수를 좇아 문장으로 늘어놓음) → ⑥ 가인쇄 → ⑦ 교정 → ⑧ 편집 기자와 조판공에 의해 신문 크기로 조판 → ⑨ 가인쇄 → ⑩ 국장과 주필 검열 → ⑪ 지형 뜨기 → ⑫ 연판부에서 아연판 제판〔납솥(鉛釜)에서 녹은 납을 지형에 부음〕 → ⑬ 인쇄판 등장 → ⑭ 인쇄 시작

2세대 인쇄 과정(평판 인쇄)

① 원고지에 펜으로 기사 작성 → ② 데스크 기사 수정 → ③ 1차 편집(제목, 활자 호수, 단수 정함) → ④ 문선 → ⑤ 식자(조판할 수 있도록 단수를 좇아 문장으로 늘어놓음) → ⑥ 가인쇄 → ⑦ 교정 → ⑧ 편집 기자와 조판공에 의해 신문 크기로 조판 → ⑨ 가인쇄 → ⑩ 국장과 주필 검열 → ⑪ 인쇄판 등장 → ⑫ 인쇄 시작

3세대 인쇄 과정(CTS 인쇄)

① 컴퓨터로 기사 작성 → ② 데스크 기사 수정 → ③ 1차 편집(제목, 활자 호수, 단수 정함) → ④ 가인쇄 → ⑤ 교정 → ⑥ 가인쇄 → ⑦ 국장과 주필 검열 → ⑧ 인쇄판 등장 → ⑨ 인쇄 시작

4세대 인쇄 과정(온라인 뉴스)

① 컴퓨터로 기사 작성 → ② 데스크 기사 수정 → ③ 편집(제목, 활자 호수, 분량 정함) → ④ 교정 → ⑤ 국장과 주필 검열 → ⑥ 기사 출고

참고문헌

강상현. (1996). 「신문기업의 신기술 도입과 노동과정의 변화」. ≪한국언론학보≫, 39호, 5~51쪽.

김대원. (2015.7.6). "언론사 구조 흔든 '컴퓨터 조판 시스템'". ≪블로터≫. http://www.bloter.net/archives/231478

김영필. (2004). 「한국 신문의 윤전인쇄기 도입 변천에 관한 연구: 동아일보와 조선일보를 중심으로」. 연세대학교 언론홍보대학원 석사 논문.

김재호. (1997.1.1). "동아일보 역대 윤전기 한국 신문산업 발전 이끌어". ≪동아일보≫ 38면.

김재호·전승훈. (1997.1.1). "차세대 윤전기 갖춘 첨단 무인 공장". ≪동아일보≫ 38면.

남상석. (1989). 「신문자료데이터베이스에 관한 고찰」. ≪정보관리학회지≫, 6권 1호, 57~70쪽.

맨, 존(John Man). (2003). 『구텐베르크 혁명』. 남경태 옮김. 예지.

박완서. (2011). 『박완서: 문학의 뿌리를 말하다』. 서울대학교.

스미스, 안소니(Anthony Smith). (2005). 『세계 신문의 역사』. 최정호 옮김. 나남.

신나리. (2011.9.19). "채색 필사… 13년 걸려 완성된 세인트 존스 성경". ≪동아일보≫, A31면.

신연숙·박선홍. (1994). 신문산업의 위기와 생존전략. ≪연세커뮤니케이션즈≫, 1권, 21~35쪽.

앤더슨, 베네딕트(Benedict Anderson). (2004). 『상상의 공동체』. 윤형숙 옮김. 나남.

오성상. (2013). 『인쇄 역사』. 커뮤니케이션북스.

윤재호. (2002). 「집중탐구 - 1 인쇄기 역사와 변천 과정 최초 철제 인쇄기 18세기 영국서 고안」. ≪프린팅 코리아≫, 11월호(통권5호), 102~105쪽.

이승윤. (2015.5.14). ⟨다음 스토리 펀딩⟩ 언론의 죽음. https://storyfunding.kakao.com/episode638

임영호. (2005). 『신문원론』. 한나래 출판사.

최정민. (1992). 「CTS 어디까지 왔나: 제1세대에서 4세대까지 여러 단계」. ≪신문과 방송≫, 254호, 7~10쪽.

≪프린팅코리아≫. (2002). 「평판 오프셋인쇄기 미국의 루벨, 오프셋윤전기는 독일 헤르만이 개발」, 12월호(통권6호), 184~191쪽.

Carey, J. W. 1989. *Communication as culture: essays on media and society*. New York, NY: Routledge.

Dewey, J. 1939. *Intelligence in the modern world*. New York, NY: Modern Library.

03

침묵의 봄

/

언론과 환경

349번의 실험 실패 끝에 스위스의 화학자, 파울 뮐러(Paul Muller)가 1939년에 기적의 살충제를 선보입니다. 파리, 모기, 이, 벼룩과 같은 해충들을 박멸하는 데 탁월한 효과를 보인 뮐러의 약은 이후, 약 수천만 명의 생명을 구하는 데 혁혁한 공을 세웁니다. 뮐러는 이 살충제를 발명한 공로로 1948년 노벨 생리·의학상을 수상합니다.

주지하다시피, 파리는 장티푸스와 이질을, 모기는 말라리아와 뇌염을, 이는 발진, 그리고 벼룩은 흑사병을 옮기는 해충으로 널리 알려져 있습니다. 비위생적인 환경에 처한 사람들은 파리와 모기, 이와 벼룩을 통해 병균에 쉽게 감염되며 적절한 치료를 제때에 받지 못할 경우, 고열과 설사 등에 시달리다 사망하게 됩니다.

1854년 발칸 반도에서 벌어진 크리미아전쟁 당시, 수많은 병사는 적군의 총탄에 의해서가 아니라 해충이 옮긴 이질, 콜레라, 발진티푸스 등에 의해 사망했습니다. 이탈리아 출신의 영국인 간호사, 플로렌스 나이팅게일(Florence Nightingale)은 이 전쟁에서의 헌신적인 간호 활동으로 세계적인 명성을 얻게 된 것이었죠.

그렇다면 파울 뮐러가 발명한 해충 박멸제의 이름은 무엇일까요? 바로 DDT입니다. DDT의 등장으로 인류 역사가 시작된 이래, 해충들의 공격에 속수무책으로 당하기만 했던 인간은 전염병과의 전쟁에서 우위를 점하게 됩니다. 이제, 장티푸스와 이질, 말라리아와 흑사병은 인간 사회에서 서서히 사라지기 시작합니다.

* * *

1962년 전 미국을 발칵 뒤집어놓은 책 한 권이 출판됩니다. 해양 생물학자로 16년간 야생 생물청에서 근무한 바 있는 레이첼 카슨(Rachel Carson)이 4년간의 조사 끝에 쓴 『침묵의 봄(Silent Spring)』(2011)이었습니다. 서문에서 카슨은 화학 물질의 남용에 따른 위험을 소설적인 기법으로 표현합니다. 새들이 떼죽음을 당했기에 새 울음소리가 사라진 봄의 암울한 풍경을 묘사한 것이지요. 아직 일어나지 않은 미래의 가상 상황이었습니다. 더불어, 본문에서는 수많은 통계 자료와 화학적 증거를 곁들여 DDT의 위해성을 고발합니다. 당시, DDT를 살충제뿐만 아니라 제초제로까지 활용하며 농작물에 마구 살포하던 1차 산업 종사자들에게 환경 파괴에 대한 경각심과 함께 환경의 중요성을 일깨워주기 위해서였습니다.

미 농화학협회에서는 『침묵의 봄』에 등장하는 화학적·환경적 내용들이 사실과 무관하다며 당시 돈으로 25만 달러를 들여 그녀의 주장을 반박하는 책자를 배포합니다. 하지만 이러한 대응은 오히려 『침묵의 봄』에 대한 서적 판매고를 부추깁니다. 미국뿐 아니라 세계 각국에 DDT 남용으로 인한 환경 파괴의 무서움을 예고한 레이첼 카슨은 결국, 미국 환경보호청의 설립(1970)을 이끌어내는 동시에 유엔이 '지구의 날(1970년 4월 22일)'을 제정하도록 유도합니다. 이에 시사 주간지 ≪타임(TIME)≫은 그녀를 20세기의 100인으로 선정하기에 이르죠.

사실, 『침묵의 봄』은 대단히 무겁고 전문적인 내용으로 가득 차 있습니다. 그럼에도 불구하고, 레이첼 카슨은 서문에서 허구적이지만 강렬한 메시지를 잘 펼침으로써 녹색혁명을 둘러싼 20세기의 발전 패러다임에 의미 있는 제동을 걸게 됩니다.

* * *

『침묵의 봄』으로 촉발된 환경 논쟁은 언론의 의제 설정에도 상당한 영향을 미쳤지만 생각만큼 긍정적인 방향으로 흐른 것은 아닙니다. 미국의 경우, 레이첼 카슨 이전까지는 랄프 왈도 에머슨(Ralph Waldo Emerson)이나 앞 장에서 소개된 바 있는 헨리 데이비드 소로 같은 자연주의 작가들이 자연과의 교감을 강조하는 선에서 대중과 소통했습니다. 하지만, 미 언론이 환경에 본격적인 관심을 기울이기 시작한 것은 레이첼 카슨의 저서가 출판된 이후부터였습니다. 이에 1963년에는 CBS 리포트가 레이첼 카슨과 『침묵의 봄』, 그리고 살충제에 대한 한 시간짜리 특별 방송을 편성해 내보냅니다. 그럼에도 불구하고 『침묵의 봄』 출간 초기, 미 언론은 레이첼 카슨의 주장이 과장됐으며 공연한 불안을 조장한다는 미 농무 협회와 농약업체의 주장을 그대로 개진합니다. 더불어 대부분의 주류 언론 매체들은 정부 및 업계의 주장에 편승해 그녀를 비난하고 조롱합니다. ≪뉴욕타임스≫는 카슨의 책이 매우 부정확하며 독자들에게 쓸데없는 공포심을 조장할 수 있다는 평가와 함께 살충제의 부작용이 거의 없다는 농약업체의 주장을 중계적으로 전달합니다.

카슨은 대중매체와 정부, 농약 업계를 상대로 힘겨운 싸움을 벌이며 객관적인 증거를 토대로 DDT의 유해성에 대해 끊임없이 이의를 제기합니다. 사실, 환경문제는 인과관계를 명백하게 증명하기가 어렵고 많은 경우, 정치적·경제적인 이해관계와 얽혀 있기에 언론의 긍정적인 주목을 받기가 쉽지 않습니다. 일례로 우리나라의 경우, 4대강 사업이나 시화호, 새만금 간척사업, 천정산 터널 공사 등과 같은 환경 파괴 의제들은 사업 초기에 주류 언론의 긍정적인 평가를 받으며 보도되어 왔습니다. 새만금 간척사업과 관련한 언론의 공정성 여부를 조사한 서현교(2007)는 10년간 주요 방송, 일간지가 보도한 2,474건의 기사를 분석한 결과, 대부분의 언론이 새만금 사업에 대한 지지 편향적 논조를 보여왔다고 밝혔습니다.

그래서일까요? 산업계의 로비가 막강하기 그지없는 미국에서는 1990년에 이르러서야 환경 언론인 연합(Society of Environmental Journalists)이 결성됩니다. 이와 관련해 필립 샤베코프(Philip Shabecoff)라는 언론인의 거취는 환경에 대한 미 주류 언론의 인식과 태도를 잘 보여주고 있습니다. 32년 동안 ≪뉴욕타임스≫ 기자로 일했던 샤베코프는 14년 동안 워싱턴에서 환경 기사를 써왔지만 진부하고 편향되어 있어 환경론자에 가깝다는 말을 편집자로부터 전해들은 후, 내무 재정국으로 전보됩니다. 결국, 그는 자신에 대한 인사 조치를 해고 권유로 받아들여 ≪뉴욕타임스≫ 기자를 그만두지요.

환경 기자들에 대한 주류 언론의 내부적인 태도도 우호적이지는 않지만, 미디어의 환경 보도 역시, 대중의 태도에 별다른 영향을 미치지 않는다고 합니다. 그렇다면 이 같은 사실을 부지불식간에 인지하고 있는 언론사들이 비우호적인 태도를 자사의 환경 담당 기자들에게 보이는 것은 당연할 수도 있겠다는 생각입니다.

반면 텔레비전의 경우는 다큐멘터리가 대중에게 상당한 영향을 미치고 있는 것으로 밝혀지고 있습니다. 이는 시각적인 영상과 내레이터의 음성, 그리고 음악과 음향 효과가 시너지 효과를 일으키며 시청자들에게 강렬한 인상을 주기 때문입니다. 영국에서 실시된 한 연구에 따르면 자연보호에 높은 관심을 지니고 있다고 대답한 응답자들의 73%가 주요 정보원으로 텔레비전을 꼽은 바 있습니다. 하지만 신문과 잡지, 라디오를 주요 정보원으로 꼽은 이들은 각각 33%와 10%, 그리고 6%에 불과했습니다.

시청자들이 텔레비전에서 자연보호 프로그램을 접하며 환경에 더욱 많은 관심을 갖게 되었다는 연구 결과도 있습니다. 하지만 이러한 관심이 시민들의 적극적으로 활동으로까지 쉽사리 연결되는 것 같지는 않습니다. 영국의 BBC 방송이 지난 1987년 조사한 바에 따르면 야생 동물 다큐멘터리를 시청한 응답자 가운데 2%만 환경단체에 참여했다고 밝히고 있으니까요. 그래도 긍정적인 측면을 꼽자면 텔레비전의 환경 다큐멘터리가 대중보다 정책 결정자들에게 더욱 많은 영향을 미치고 있다는 연구 결과일 것입니다. 실제로, 다수의 유관 연구는 정책 입안자들이 환경 다큐멘터리의 메시지로부터 상당한 영향을 받는 것으로 보고하고 있습니다. 그렇다면 텔레비전의 환경 다큐멘터리 제작이 지속적으로 행해져야 할 이유가 더욱 자명해집니다.

* * *

1955년 일본 구마모토현에서 고양이들이 이유 없이 죽는 경우가 자주 관찰됩니다. 고양이는 목숨이 아홉 개나 있다는 풍문처럼 질긴 생명력의 대명사로 불리는 동물입니다. 그럴 리는 없습니다만 좀처럼 사라지지 않는 길고양이들을 미워한 이들이 악의적으로 퍼뜨린 헛소문이겠죠. 어찌 됐건 이듬해부터는 구마모토현 주민들 사이에서도 까닭 모를 질병이 돌기 시작합니다. 재앙의 전개 양상이 앞서 소개한 바 있는 레이첼 카슨의 『침묵의 봄』과 놀랄 정도로 흡사했습니다.

5월 1일, 신일본질소비료 미나마타 공장 부속 병원의 병원장인 호소카와 하지메(細川一) 씨가 원인을 알 수 없는 중추신경 질환이 발생하고 있다고 미나마타 보건소에 첫 보고를 올립니다. 처음에는 많은 환자가 어부 가정에서 나왔기 때문에 정부와 기업, 지역 언론은 일종의 풍토병일 것으로 여론을 몰고 갔습니다. 그로부터 3년 뒤, 구마모토 대학교 의학부의 미나마타병 연구반은 이 증상이 메틸수은의 중독 때문이라고 발표합니다. 구마모토 대학교는 수은 배출이 신일본질소비료의 미나마타 공장에서 발생하고 있다는 사실도 지적했으나 회사 측에서는 이와 같은 사실들을 전면 부인합니다. 10년이 지난 1968년이 되어서야 미나마타병의 원인이 신일본질소비료의 폐수 때문이었다고 인정합니다.

신일본질소비료의 미나마타 공장은 '아세트알데하이드'라는 화합물을 생산하기 위해 수은 성분의 촉매를 사용해왔습니다. 이 과정에서 부산물로 나온 메틸수은이 충분히 정화 처리되지 않은 채 바다로 흘러 들어갔습니다. 메틸수은은 물고기들의 체내에 축적되었고 이를 장기간 섭취한 고양이와 어부들의 몸속에 다시 축적됐습니다. 그렇게 20여 년 이상 오염된 물고기를 섭취하면서 미나마타의 어부들과 그 가족들은 중추신경에 심각한 손상을 입으며 경련이나 정신착란 끝에 절반 이상이 사망하고 맙니다. 증상 발병일로부터 불과 3개월 만에 벌어진 비극이었습니다.

일본 사법부가 정부의 감독 관리 소홀을 묻는 데는 대단히 오랜 기간이 소요됐습니다. 첫 환자의 발생일로부터 48년이 지난 2004년에서야 일본 대법원은 일본 정부가 미나마타병에 대해 책임을 져야 한다고 판결했습니다. 미나마타병 50주년을 맞은 2006년 4월 30일에는 수은 중독으로 죽어간 314명의 위령비가 현지에 세워졌습니다. 그렇다고 이와 같은 일이 일본에서만 일어났는가 하면 그것도 아닙니다. 1970년대, 중국 길림성 및 흑룡강성의 송화강 유역과 1990년대 브라질의 아마존강 유역에서도 공장에서 흘러나온 수은으로 인근 주민들이 미나마타병에 걸렸습니다.

일본 미디어가 미나마타병을 둘러싸고 보인 보도 행태는 주류 언론이 환경오염에 얼마나 수동적이며 소극적으로 취재에 임하는지, 더불어 환경문제에 대한 원인 규명에는 얼마나 오랜 시일이 걸리는지를 잘 보여줍니다. 예를 들면, 지역 신문들을 중심으로 게재된 관련 기사들은 수은 중독의 첫 발병일로부터 일주일이 지난 1957년 5월 8일에서야 "사망자와 발광자 발생, 미나마타에서 전염되는 기이한 병"(≪니시닛본(西日本) 신문≫)이란 제목으로 독자들에

게 전달됩니다. 이후, 지역 언론을 비롯해 전국지인 ≪마이니치(每日) 신문≫
은 "중추 신경 중독? 미나마타 괴병, 바닷물과도 관계"(≪마이니치 신문≫,
1956.11.4), "미나마타 괴병, 전염성 없고, 바이러스는 아냐, 중독설에 연구 중
점도"(≪구마니치(熊本日日) 신문≫, 1956.11.26) 등의 유관 뉴스를 2~3단 정도의 크
기로 조그맣게 싣습니다. 하지만 일본의 양대 유력 일간지 중 하나인 ≪아사
히 신문≫은 이듬해인 1957년 1월 17일이 되어서야 "사망률 높은 괴병, 미나
마타시 후쿠로 지방에 빈발"이라는 기사를 게재합니다. 이후, 해산물이 매개
가 되었다는 연구 결과가 발표되자 지역 신문들은 2~3일에 한 번꼴로 수많은
기사를 쏟아냅니다. 이 대목에서 눈길을 끄는 사실은 일본 최대 일간지이자
보수지인 ≪요미우리 신문≫이 사건 발생으로부터 2년이 훨씬 지난 1958년
10월 11일에 이르러서야 "미나마타병에 또 한 명 감염, 느려터진 관청 업무에
현지는 분노"라는 기사를 내보냈다는 것입니다. 그나마 이 기사도 1958년도
에 단 한 개만 작성됐기에 같은 해에 15개의 관련 기사를 내보낸 ≪아사히 신
문≫과 상당한 대조를 보였습니다.

　미나마타병은 성장 제일주의의 발전 패러다임에 가려진 자본주의 사회의
민낯을 생생하게 드러낸 대표적인 사례입니다. 이러한 환경 재앙 이후, 일본
정부는 국가적 차원의 인식 제고를 통해 지금은 세계에서 가장 수준 높은 환
경보호 국가로 자리매김했습니다. 더불어, 일본 언론 역시 지속적인 환경 캠
페인의 전개를 통해, 사회적 목탁으로서의 공적 역할을 성실히 수행하고자
노력하고 있습니다.

　그렇다면, 우리의 모습은 일본의 부끄러운 과거 및 부러운 현재와 비교해
볼 때 어디쯤에 속해 있을까요? 더불어, 한국 언론의 환경 보도는 어떠한 역
사적 행보를 보여왔을까요?

* * *

    1991년 3월 14일 낙동강 상류에서 30톤의 페놀(phenol)이 낙동강에 흘러 들어갑니다. 페놀 원액을 저장한 두산전자의 탱크가 파열되면서 벌어진 일이 었습니다. 참고로 산성 물질인 페놀은 석탄을 가열하면서 생기는 콜타르(coal tar)에서 생성되기에 '석탄산'으로 불리기도 합니다. 이런 페놀은 수지, 합성섬유, 살충제, 방부제, 염료, 소독제의 원료로 사용되는 유독 물질입니다.

    사고 당일, 대구에 위치한 낙동강 상수원에서는 악취가 난다는 신고를 접수한 후, 염소를 다량 투입하지만 사태는 더욱 악화됩니다. 통상적으로 심한 악취는 상수도 소독제인 염소와 반응하면 없어집니다. 문제는 페놀이 염소와 결합하면서 클로로페놀(chlorophenol)로 화학 변화해 오히려 더욱 심한 악취를 유발하며 남해로 흘러가기 시작했다는 것입니다. 클로로페놀은 농도가 심할 경우, 중추신경장애나 각종 암을 유발하기도 합니다. 악취 발생에 따른 경찰의 수사 발표는 페놀 사태가 발생한 지 4일 만인 3월 18일에 이뤄졌으며 ≪조선일보≫는 14면, ≪동아일보≫와 ≪한국일보≫는 22면에 각각 해당 기사를 싣습니다. 당시, 두산전자의 페놀 사태는 지역 기자가 취재했으며 대구에는 민간환경단체가 아직 존재하지 않았습니다. 중앙 일간지들은 사건 발생 일주일이 지나서야 1면에 "4대강 물길에 이상이 있다"며 기사를 앞다투어 내놓습니다.

    같은 해 4월 22일, 두 번째 페놀 사건이 발생합니다. 과실에 불과했기에 20일간의 조업 정지를 당했던 두산전자에서 다시 저장 탱크가 파열되며 2톤의 페놀이 낙동강에 흘러 들어간 것이지요. 이에 두산그룹 회장이 물러나고 환경부 장·차관이 경질됐으며 환경 관련 공무원들과 두산전자 임직원 등 수십 명이 구속됩니다. 이 과정에서 언론들은 "낙동강이 죽어가고 있다", "임산부, 기형아 유사 공포", "영남 맑은 물 쟁탈전", "수돗물 오염은 간접 살인", "오염 피해 눈 뜨고 당한다" 등과 같이 자극적인 기사를 쏟아냄으로써 국민들의 불안을 고조시킵니다.

당시, 한국의 언론사는 어느 곳에서도 환경을 전담하는 부서나 환경 담당 전문 기자를 두고 있지 않았습니다. 사정이 이렇다 보니 사건을 보도하는 기자들은 전문 지식과 취재 경험이 부족해 폐놀 사태와 관련된 뉴스들은 단편적이며 부정확할 수밖에 없었습니다. 이후, 언론사들은 환경 담당 기자를 새로 임명하거나 환경 담당 부서를 설치하는 등의 변화를 보입니다. 그러나 이러한 변화도 잠시뿐, 1997년의 IMF와 2008년의 미국 부동산 사태 이후 언론사들의 경영난이 가중되면서 환경을 둘러싼 관심은 다시 시들고 맙니다.

2019년 현재, 지상파 방송사와 중앙 일간지 가운데 환경 부문을 특화해 별도의 이슈로 다루고 있는 주요 언론사는 단 한군데도 없습니다. 몇몇 곳에서는 군사, 의학, 과학 부문에서 전문 기자와 대기자를 두고 있지만, 환경 전문 기자는 ≪중앙일보≫와 ≪한겨레≫에서만 미약한 존재감을 보이고 있는 실정입니다. 반면, 선진국의 경우에는 환경 담당 부서와 환경 담당 기자가 특화되어 해당 주제를 놓고 전문가적인 식견으로 여론을 주도해나가고 있습니다. 예를 들어, 미국의 ≪뉴욕타임스≫는 '과학'이라는 주제 아래 '환경'을 '우주'와 동등한 비중으로 다루고 있으며, 일본의 ≪아사히 신문≫은 '환경과 에너지'란 주제를 별도로 책정해 사회, 정치, 경제, 국제, 교육 다음의 순으로 배치하고 있습니다. 그런 면에서 볼 때, 앞서 환경 기자를 전보 조치한 ≪뉴욕타임스≫의 사례를 예시했지만 역시, 선진국 언론의 환경에 대한 관심은 분명 우리보다 앞서가고 있다는 느낌을 받습니다.

방송도 마찬가지입니다. 영국의 BBC는 뉴스에서 국제, 아시아, 영국, 경제, 기술 다음으로 '과학과 환경'이라는 주제를 홈페이지의 툴바(tool bar)에 올려놓고 있으며, 미국의 NBC는 ≪뉴욕타임스≫와 마찬가지로 '과학' 아래 '우주'와 '환경'을 함께 다루고 있습니다. 선진국의 경우에서 보이는 환경 저널리즘의 특징은 이들 국가가 환경문제를 과학과 긴밀하게 연결 짓고 있다는 것입니다. 현대사회의 환경문제는 대부분 과학의 부작용이 초래하는 것이라 보고 과학의 양면성을 경고하며 과학과 환경을 동등하게 다루고 있는 것이지요. 하지만, 적어도 인터넷 홈페이지를 통해 들여다본 우리나라의 KBS와 MBC, 그리고 SBS는 그 어디에서도 환경과 관련된 별도의 구성이나 관심을 보이지 않고 있습니다.

환경 보도에서 가장 중요한 것은 환경 관련 의제를 꾸준히 생산함으로써 환경에 대한 국민의 관심을 지속적으로 유지시키는 것입니다. 더불어, 환경오염이 발생하게 되면 이에 대해 충실한 배경 설명과 함께 오염에 대한 정확한 정보를 제공하는 것이 중요합니다. 선진국의 비슷한 사례 소개를 통해 현 상황을 정확히 인식하고 앞으로 어떻게 대처해야 하는가에 대해 독자와 시청자들에게 알려줄 수 있다면 금상첨화겠지요.

현실은 아직까지 그렇지가 못합니다. 2011년 3월 11일의 동일본 대지진 이후, 후쿠시마 원자력 발전소가 붕괴되면서 한국 언론은 환경오염을 둘러싸고 각종 과장, 선정 보도를 내보내며 다시 한 번 국민을 불안 속에 몰아넣습니다. 당시의 언론 보도를 검색해 보면 SBS는 같은 날, "내일까지 전국 방사능비… 인체 영향 미미"라는 기사에서부터 "전국에 '방사능비'… 제주도 빗물서 세슘 검출"처럼 그 맥락이 상당히 다른 기사를 함께 내보냅니다. 세슘(cesium)은 동일본 대지진으로 유명해진 원소인데, 간단히 말해 방사능오염 물질의 주범입니다. 이렇듯 언론 스스로가 환경과 관련해 갈팡질팡하는 모습을 보이면서 정확하고 객관적인 정보를 국민에게 전달해주지 못하다 보니 국민들은 언론 보도를 맹신하거나 반대로 불신하게 되고 그러는 가운데 환경오염을 둘러싼 원인 분석 및 근본적인 사태 해결은 더욱 어려워지게 됩니다.

환경문제는 이데올로기, 국방, 과학, 스포츠, 성 등 여타 주제와 다른 특징을 지니고 있습니다. 재앙을 둘러싼 인과관계가 쉽사리 눈에 드러나지 않기에 해결책 역시, 간단하게 제시되지 않는다는 것입니다. 일단 피해가 발생하기 시작하면 불특정 다수에게 그 피해가 확산된다는 점에서도 사안이 남다릅니다.

환경오염에 대한 정부만의 대처에는 한계와 허점이 따르게 마련입니다. 수준 높은 환경 의식을 고취시키고 유지하는 데 언론의 역할이 중요할 수밖에 없는 이유가 여기에 있습니다. 언론이 환경문제를 어떻게 다루는가에 따라 정부 및 시민들의 반응과 인식, 대처와 해결 방안이 직간접적으로 영향을 받으니까요.

* * *

1990년대는 환경과 관련한 대형 사건, 사고들이 연달아 터지면서 환경문제가 언론사는 물론, 국민의 주요 관심사로 부각됩니다. 1988년의 수돗물 중금속 파동을 시작으로 1991년에는 낙동강 페놀 오염 사고, 1994년 낙동강 2차 오염, 그리고 1995년에는 유조선 시프린스호 좌초 등이 대표적인 환경 재난들이었죠. 녹색연합 사무총장을 지낸 장원(1997)에 따르면 1996년의 경우, 9개의 중앙 일간지는 하루 평균 2.5건씩의 환경 기사를 보도했습니다. 1991년의 보도량에 비해 7배나 늘어난 수치였습니다.

하지만 1996년 이후, 환경과 관련된 대형 사고 발생이 뜸해지고 환경을 둘러싼 이슈가 뚜렷이 부각되지 않자 언론사들의 관심은 시나브로 사라지게 됩니다. 시화호나 임진강 수질오염 문제, 여천공단 대기오염 등과 같은 환경 이슈들이 꾸준히 제기되기는 했지만 이들 사안은 이미 오래전부터 거론됐던 쟁점들이어서 신선한 뉴스거리로 취급되지는 못했습니다. 이에 따라 주요 일간지의 환경 캠페인은 외형적으로 크게 줄어들며 관련 기사의 게재는 크게 줄어듭니다.

당시 아홉 개의 중앙 일간지 가운데 환경 면을 따로 할애한 곳은 여섯 개 신문사였으며 대부분 월요일 자 신문에 환경 기사를 실었습니다. 더불어 환경 기사는 ≪동아일보≫의 '자동차 대기오염을 줄이자', ≪중앙일보≫의 '도시를 푸르게' 등과 같이 자사가 전개하는 캠페인에 연계되는 경우가 많았습니다. 이 같은 배경 속에 언론사들은 비슷한 주제의 기사들을 중첩적으로 내보냈으며 이는 다시 독자들의 관심 저하로 연결됐습니다. 언론사들의 환경 캠페인이 막을 내리면 환경과 관련된 보도는 곧 자취를 감췄습니다.

TV의 경우도 사정은 비슷했습니다. 1990년대까지만 하더라도 시사 프로그램에서 환경이 차지하는 비중은 20%에 이르렀습니다. 하지만 2000년대 들어 환경에 대한 관심이 급속도로 사그라지면서 환경 프로그램들은 큰 폭으로 축소되었습니다. 청문회나 특집 기획, 스포츠 중계와 맞물리면 방영되지 못하는 것이 환경 프로그램의 아픔이기도 했습니다. EBS의 〈하나뿐인 지구〉는 1991년에 첫 방송을 시작한 이후, 28년간 방영된 국내 최장수 생태 환경 다큐멘터리 프로그램이었습니다만, 이마저도 2017년 3월에 종료되면서 안타까움을 더했습니다.

* * *

앞서 소개한 장원(1997)의 연구에서는 환경부 출입 기자 30명을 대상으로 한 설문 조사가 실시됐습니다. 당시 설문 조사에서 일반 기자가 환경문제를 잘 보도할 수 있겠느냐는 질문에 대해 응답자의 53.4%는 부정적인 의견을 내놓았습니다. 환경문제에 관한 기사 작성에는 어느 정도의 전문 지식과 경험이 필요하다는 이유에서였습니다. 환경 담당 기자들의 72.0%는 해를 거듭할수록 환경문제가 점점 복잡·다양해지고 있기에 전문적인 환경문제를 기사화하기 위한 교육이나 지식이 스스로 부족하다고 답했습니다. 실제로 당시 설문 조사에서 정식으로 과학 교육을 받은 기자는 전무했습니다.

그렇다고 이러한 현실이 한국에만 국한되느냐 하면 꼭 그런 것만도 아닙니다. 『환경 저널리즘(Media culture and the environment)』(2001)의 저자, 앨리슨 앤더슨(Alison Anderson)은 미 학계의 연구 결과를 인용해 샌프란시스코 지역에 있는 대다수의 환경 기자들이 어떤 과학 교육도 받지 않았다고 밝히고 있습니다. 이와 함께 영국의 환경 기자들도 대부분, 과학 분야에 대한 배경 지식이 없다는 것이 그의 전언입니다. 사정이 이렇다 보니, 미국과 영국의 환경 기자들은 정부 및 과학자, 환경 단체들 간의 대립되는 주장을 해석하고 설명하는 데 적지 않은 어려움을 겪고 있다고 합니다.

이와 관련해 안종주(2002)가 ≪조선일보≫, ≪중앙일보≫, ≪동아일보≫ 등 아홉 개 중앙 일간지의 1991년 환경 관련 기사를 대상으로 그 정확성을 분석한 결과, 모두 83건의 조사 대상 기사 가운데 오류가 단 하나도 없는 기사는 전체의 45.8%에 그친 것으로 나타났습니다. 안종주는 환경부 각 과의 과장 또는 담당 계장에게 조사 대상 기사와 함께 부정확한 기사 분석표를 나눠줘 오류의 정도를 평가하도록 한 뒤 이를 회수했는데, 이러한 수치는 미국의 46.3~46.5%와 대단히 비슷한 것으로 밝혀졌습니다.

한편, 국내의 환경 담당 기자들을 대상으로 실시한 설문 조사(장원, 1997)에서는 응답자 가운데 53.3%가 우선순위에서 시간적으로나 공간적으로 환경 기사보다 다른 기사들이 우위를 차지한다고 답했습니다.

안타까운 사실은 한국의 환경 저널리즘 수준이 어느 정도인가를 평가하는 항목에서 응답자들은 5점 만점에 평균 2.8점을 주었다는 것입니다. 이와 함께, 환경 담당 기자들은 환경 저널리즘의 가장 큰 문제점으로 '심층 취재의 부족과 객관성의 결여'(33.3%) 및 '전문성 부족'(23.3%)을 꼽았습니다. 환경 보도의 수준을 더욱 향상시키기 위한 제안으로는 환경 기자를 위한 '교육 프로그램의 마련'(36.7%)과 함께 '해외 연수 등의 재교육', '시간 확보', '학술, 민간단체와의 밀접한 교류' 등이 언급됐습니다.

* * *

이제는 화두를 바꿔서 언론이 다루는 환경 뉴스가 아니라 언론사를 둘러싼 환경문제에 대해 알아보도록 하겠습니다. 이른바 '신문지 위의 환경학'이라고

나 할까요?

일반적으로, 신문은 크기에 따라 '대판', '베를리너판(Berliner format)', '타블로이드판(tabloid size)' 등 세 가지로 나뉩니다. 우리나라의 일간지는 대부분 가장 큰 종이에 인쇄하는 대판을 사용하고 있으며 ≪뉴욕타임스≫와 ≪월스트리트저널≫은 베를리너판에 뉴스를 인쇄하고 있습니다. 참, 국내 일간지 가운데 ≪중앙일보≫가 유일하게 베를리너판을 도입하고 있습니다. 타블로이드판은 베를리너판보다 조금 더 작은 판형으로 가판대에서 판매하고 있는 주간 신문이나 무가지(無價紙)의 판형이 이에 해당합니다.

대판의 크기는 가로 391mm, 세로 545mm로 무게는 약 46~48g 정도가 나갑니다. 한국의 중앙 일간지들은 필자가 언론사에 재직하던 당시만 해도 24~28면 정도를 발행하다 32면을 거쳐, 36면, 48면으로 지면 수를 꾸준히 늘려왔습니다. 이유는 간단합니다. 지면을 늘릴수록 광고를 더 많이 실을 수 있으니까요. 지금은 믿기 힘든 호경기 시절의 이야기입니다.

20여 년이 흐른 2008년 3월 20일에 제가 다시 조사해 본 바에 따르면, ≪한겨레≫는 이날 32면의 지면 구성에 16면의 특별판을 합쳐 총 48면을 펴냈습니다. ≪동아일보≫는 36면 + 12면(경제) + 8면(머니)으로 56면을, ≪중앙일보≫는 32면 + 12면(경제) + 8면(기업1) + 8면(기업2)으로 각각 60면을 인쇄했지요.

재미있는 것은 2009년 1,000억 원 이상을 들여 새로운 인쇄기를 도입한 ≪중앙일보≫가 베를리너판형을 통해 기존보다 약 28% 정도 종이 낭비를 줄일 수 있다고 광고한 사실입니다. 하지만 2011년 4월 7일에 필자가 다시 조사해 보니 ≪중앙일보≫는 이날 32면의 본 면에다가 12면의 '경제 1', 20면의 '경제 2'와 함께 8면의 '월드' 섹션 등 모두 72면을 발행했습니다. 이전 조사에 비해 페이지 수는 20%가 증가하면서 전체적인 종이 면적은 오히려 예전보다 늘어났지요. 그렇다고 이러한 현상이 당시에만 그랬냐 하면 그것도 아닙니다. 1년 뒤인 2012년 4월 12일에 다시 조사해 보니 ≪중앙일보≫는 1년 전에 비해 4면이 늘어난 76면을 펴내고 있었습니다.

지금은 경기 불황으로 모든 언론사가 예전보다 발행 면수를 줄이고 있습니다만, 여전히 많은 지면을 펴내고 있는 것은 사실입니다. 하지만, 정작 이보다 더한 종이 낭비가 국내 언론의 신문지 위에서 펼쳐지고 있습니다. 그렇다면 그것은 과연 무엇일까요?

* * *

오랜 진통 끝에 2005년, 발행부수공사(ABC) 제도가 출범합니다. 인쇄 매체가 발행부수공사 제도에 가입하게 되면 해당 인쇄 매체는 발행 부수와 함께 유가 판매 부수, 구독 수입 등을 공개해야 합니다. 만일, 여러분이 일간지를 소유하고 있으며 발행부수공사 제도에 가입하게 되면 하루에 얼마나 신문을 찍어내는지, 또 얼마의 부수에 대한 구독료를 받고 있는지, 그리고 구독 수입은 얼마나 되는지를 공개해야 한다는 것입니다.

발행부수공사 제도는 언론사가 불필요한 발행을 줄이고 광고업체는 합리적인 가격에 자신들의 광고를 인쇄 매체에 실을 수 있도록 고안됐습니다. 하지만 자사의 실질적인 구독 수입을 공개하지 않고 또 허수(虛數)로 발행되는 신문 부수를 외부에 알리지 않기 위해 대부분의 한국 언론사는 발행부수공사 제도의 실시를 반대해왔습니다. 우스갯소리입니다만 1990년대 중반, 제가 다니던 언론사의 실질적인 발행 부수 및 유료 구독 부수를 선배에게 물은 적이 있습니다. 그러자, 당시 선배가 돌려주었던 대답은 "회사 최고의 기밀을 물어보는 것이나 마찬가지"라는 것이었습니다.

각설하고, 2000년대 들어 경기가 침체되고 신문사 광고 시장이 어려움을 겪기 시작하면서 발행부수공사 제도는 조금씩 자리를 잡아가게 됩니다. 발생 부수를 공시하지 않는 언론사에는 광고비를 집행할 수 없다는 기업들의 단호한 태도 때문이었죠. 2017년 자료에 따르면 2016년도에는 《조선일보》가 일일 151만 3,730부, 《중앙일보》가 97만 8,798부, 《동아일보》가 94만 6,765부를 발행하고 있는 것으로 나타났습니다. 하지만, 유가 부수로는 《조선일보》, 《중앙일보》, 《동아일보》가 각각 125만 4,297, 71만 9,931부, 72만 9,414부에 불과해 돈을 받지 않고 찍어내는 무가지의 비율은 유가 부수 대비 《조선일보》가 20.6%, 《중앙일보》와 《동아일보》가 각각 36.0%, 29.8%에 달합니다. 다시 말해 우리나라 3대 일간지는 돈을 받지 못하는 데도 유가 부수 3~5부당 1부의 무가지를 더 찍어내고 있다는 것이지요. 그렇다면, "자신들의 돈으로 신문을 찍어서 공짜로 나눠주는데 무슨 문제가 있느냐?"라는 반박도 있을 겁니다.

이에 대해 약소 언론사들은 할 말이 많습니다. 시장에서의 우월적인 지위를 이용해 공짜로 신문을 넣어주며 때로는 경품까지 제공하는 유력 일간지들이 시장 질서를 교란하며 건전한 시장 경쟁을 힘들게 한다는 것이지요. 하지만, 이번 장에서 관심을 지니고 있는 주제는 그러한 시장 질서의 파괴 방지와 관련된 올바른 시장경제의 수립에 있다기보다 언론사들의 종이 낭비를 줄이려는 환경보호에 있으니 이 문제는 이쯤에서 덮어두도록 하겠습니다. 그렇다면, 다음 절을 한번 보시기 바랍니다.

* * *

아름다울 '가(佳)'에 문양 '문(紋)', 물고기 비늘 모양 '비(榧)' 자를 사용하는 가문비나무는 글자 그대로 나무껍질의 문양이 물고기 비늘 모양 같다고 해서 붙여진 이름입니다. 전나무는 줄기를 자르면 젖과 같이 하얀 액체가 흘러나와 젖나무라고 불리기도 하지요. 옆으로 뻗어 나가는 줄기 모습이 아름다워 최고의 성탄절 나무로 쓰이는 주인공입니다. 가문비나무와 전나무는 신문 용지를 위해 사용됩니다.

캐나다는 가문비나무와 전나무로 종이를 만들어 수출하는 세계 최대의 인쇄용지 생산 국가입니다. 경제성을 고려한다면 보통 150년 정도 된 가문비나무와 전나무가 종이 원료로 벌목되어야 합니다. 단순히 나무만 베어버린다면 환경오염에는 그다지 큰 문제가 없기에 괜찮습니다. 베어낸 만큼 새로운 나무를 심으면 되니까요. 물론 150년이라는 시차는 고려해야 합니다.

문제는 가문비나무와 전나무를 벌목하는 과정에서 심각한 환경오염이 발생한다는 것입니다. 우선, 벌목 과정에서는 필연적으로 토사가 생겨나며 이때 생겨난 토사는 산기슭을 흘러 내려와 시냇물을 오염시키게 됩니다. 벌목을 하다 보면 점차 산림 깊숙이 들어가야 하기에 벌목용 도로도 계속해서 닦아 나가야 합니다. 길을 내고 나무를 베고, 그 나무를 다시 커다란 트레일러에 옮겨 운송하는 과정에서 토사는 끊임없이 발생합니다.

베어낸 나무도 숱한 화학약품 처리를 거쳐야 비로소 인쇄 가능한 종이로 탄생하게 됩니다. 예를 들어, 벌목된 나무의 절반은 땔감과 건설용 자재로 팔려 나갑니다. 나무토막과 톱밥은 펄프 공장에서 섬유질 펄프로 재탄생합니다. 이 과정에서 펄프는 과산화수소를 통해 하얗게 표백됩니다. 물론, 화학물질의 생산 및 처리 역시, 환경오염에 한몫하게 됩니다. 사정이 이러하기에 신문 표백률이 높을수록 환경오염 지수는 높아질 수밖에 없습니다. 참고로 한국 신문지의 백색도는 78~79%로, 일본, 미국의 40~60%에 비해 월등히 높습니다. 이와 함께 폐지를 재생해 신문 펄프를 만드는 경우에도 물에 푼 폐지의 잉크를 빼기 위해 탈묵(脫墨) 과정을 여러 차례 거쳐야 합니다. 그 과정에서 다시 염소가 투입되고 형광 염료도 첨가됩니다. 한마디로 종이 생산 및 인쇄 작업 자체가 환경오염을 유발한다는 것입니다.

그렇게 볼 때, 비록 자기 돈을 들인다 하더라도 무가지를 대량으로 생산하는 것은 지구촌의 오염을 가중시키는 행위에 해당한다 하겠습니다. 전 지구적인 시점에 바라보면 그렇다는 얘기입니다. 비록 지금은 대부분 사라졌지만 한때 지하철을 뒤덮었던 무가지 신문들은 그런 의미에서 자본주의 경제체제가 낳은 비극의 결정체였습니다. 하지만 이마저도 자본주의의 총아(寵兒)로 일컬어지는 '스마트폰'에 의해 일거에 사라졌으니 자본주의가 양산하는 일련의 과정들은 무섭고도 무서울 따름입니다.

참, 스마트폰도 지구촌 환경에는 대단히 해로운 존재입니다. 만일, 스마트폰이 어떻게 환경오염을 유발하는지 알고 싶다면 『녹색 시민 구보 씨의 하루(Stuff)』(2002)나 『지구를 지키는 7가지 불가사의한 물건들(Seven Wonders)』(2002)과 같은 환경 서적들을 읽어보시기 바랍니다. 그러면 자본주의의 최첨단 기기들이 생산 과정에서 환경을 얼마나 많이 오염시키는지 자세히 알게 될 겁니다.

* * *

환경보호라는 이슈가 대중적인 공감을 쉽사리 획득하기 어려울 때는 경제적인 문제와 첨예하게 부딪혔을 때일 겁니다. 다음을 보시기 바랍니다.

> 1990년 AP통신은 헤드라인에서 "서베이: 올빼미 보호는 4만 8,000그루의 목재와 관련 직종 6만 3,000개를 빼앗아간다"라고 썼다. … 이 기사는 설문 조사가 목재 산업체의 요청으로 지역 회계 법인이 한 조사라고 명백히 밝혔다(프롬, 2007: 26).

> 『그린 잉크: 환경 저널리즘 입문(Green ink: an introduction to environmental journalism)』(2007)이라는 환경 저널리즘 입문서의 저자, 마이클 프롬(Michael Frome)은 환경운동가인 데니스 헤이스(Denis Hayes)의 말을 빌려 현대 언론이 정확한 인용에만 집착하고 있다며 실제로 올빼미 보호로 얼마나 많은 일자리가 사라졌는지 확인할 수 있는 방법은 전무하다고 주장합니다. 마이클 프롬은 따라서 미디어가 자명한 사실과 명백한 가정에 기초한 계산을 온당하게 산출해 보도해야 한다며 언론인은 사실에 관련된 기사를 작성할 때 단지 인용의 정확성을 주장하기보다 사실의 정확성을 담보해야 한다고 강조합니다.

이 같은 유형의 보도는 비단 미국에만 국한된 것이 아닙니다. 자본주의 경제체제를 적극적으로 지지하는 언론이라면 환경보호 이슈가 경제적 이익과 맞물리게 될 경우, 환경보호에 따른 경제적 피해 내용을 반드시 구체적인 비용 규모로 적시해가며 환경보호론자들이 기존의 시장 질서를 교란하거나 막대한 규모의 시장 창출을 방해한다고 보도합니다. 설악산 케이블카 설치, 천성산 도롱뇽 보호, 새만금 간척사업 등에 대한 국내 주류 언론의 보도는 모두 이 같은 맥락에서 이뤄져 왔고 또 이뤄지고 있습니다. 이 과정에서 환경주의자들은 순진하고 단견적인 시각을 지닌 반자본주의 극단주의자들로 비춰지지요.

반면, 환경오염이 불러오는 막대한 피해는 결코 언론을 통해 구체적인 수치로 나타나지 않거나 중요하게 다뤄지지 않습니다. 똑같은 논리를 적용시킬 경우, 피해액은 어느 정도이며 환경오염에 따라 향후 얼마나 많은 실업자가 발생할지, 또 이러한 피해 규모는 얼마 동안 지속될지, 환경을 예전 상태로 복원하는 데에는 얼마만큼의 비용이 소모되는지 등에 관한 예측 보도는 거의 이뤄지지 않는다는 것이지요. 이와 관련해 태안반도 기름 유출 사건,[1] 시프린스호 침몰 사고[2]와 같은 일련의 환경오염 사건들은 항상 비슷한 추세의 언론 보도 양상을 되풀이해 보여주고 있습니다. 안타까운 피해자는 존재하되 구체적인 피해 규모와 피해액, 그리고 향후 예상되는 복구 비용 등에 대한 수치는 거의 드러나지 않는 것이지요. 우리나라만 그런 것이 아닙니다.

1989년 3월 24일에 발생한 미 엑슨사의 석유 유출 사고는 환경 피해를 다루는 언론의 전형을 보여줍니다. 당시, 세계 1위의 석유 회사였던 미 엑슨사

---

1   2007년 12월 7일, 서해안 태안반도 해상에서 홍콩 선적의 유조선 허베이 스피릿호와 삼성중공업의 해상기중기 부선 삼성1호가 충돌해 1만 2,500여 톤의 원유가 유출됐던 국내 최대의 해양오염 사고입니다.

2   1995년 7월 23일, 전라남도 여천군 소리도 앞에서 호남정유(현 GS 칼텍스)사의 키프로스 선적 14만 톤급 유조선 시프린스호가 암초에 부딪혀 침몰하면서 5,000여 톤의 벙커 A/C유와 원유가 유출된 사고입니다.

는 알래스카 앞바다에서 자사의 10만 톤급 유조선이 좌초되는 불운을 당했습니다. 하지만 더 큰 불운은 이 사고로 알래스카 앞바다에 방출한 석유 규모가 3만 3,000톤에 달했다는 것입니다. 3만 3,000톤의 석유는 알래스카 앞바다를 시커멓게 뒤덮으며 해안가를 모조리 오염시켰습니다. 알래스카 해역을 오염시켰던 기름 면적은 한반도의 3분의 1에 달하는 엄청난 규모였지요.

엑슨사의 석유 유출 사고는 수많은 물고기와 어패류, 그리고 물새들을 떼죽음으로 몰아넣었습니다. 물론, 가장 큰 피해자는 하루아침에 횡액을 당한 어부들이었지요. 엑슨사의 유조선 좌초 사고는 또한 알래스카 연안을 중심으로 한 관광 산업에도 악영향을 미쳤습니다. 시커먼 기름이 뒤덮인 바다를 보러 올 사람들은 아무도 없었으니까요. 하지만 당시 미국 기자들은 정부의 연어 조업 관련 규제나 오염 제거 및 원상 복구에 대한 비용은 거의 다루지 않았습니다. 이와 관련해 당시 미국의 기자나 저널리스트들 역시, 기름 유출에 대해 아무런 사전 지식과 환경 인식이 없었으며 대중은 충분한 정보를 제공받지 못했습니다.

그런 의미에서 완전한 자료와 철저한 조사를 통해 명료하고 이해하기 쉽게 작성된 글이 바로 환경 저널리즘이라는 마이클 프롬의 주장은 상당한 공감을 불러일으킵니다. 이와 함께, 환경 저널리스트는 작가의 상상, 깊은 통찰, 더욱 좋은 세상을 꿈꾸는 희망을 개진할 수 있어야 한다는 것이 그의 또 다른 주장입니다. 프롬의 환경 저널리즘에 대한 설득적인 설명 가운데 또 하나는 환경 저널리즘이 삶의 방식 그 자체가 되어야 한다는 것입니다. 그래야만 비로소 자본주의 사회에서 주변의 온갖 압력에 굴하지 않고 자신의 길을 걸어갈 수 있는 원동력을 얻게 된다는 것이지요.

그래서일까요? 환경 저널리즘은 언론사 차원보다 언론인 개개인의 차원에서 실천되고 행해지는 경우가 많습니다. 이와 관련해 마이클 프롬은 『그린 잉크』에서 자신의 제자였던 게리 그레이라는 저널리스트의 예를 들고 있습니다. 게리 그레이는 대학 방송국에서 생태학적 관점이라는 주간 라디오 쇼를 제작하며 스스로 환경 교육/매스 커뮤니케이션이라는 자신의 전공을 설계했습니다. 대학 졸업 후에 환경과 사회문제를 매우 엄격하게 다루는 시청각 그룹을 조직한 그녀는 안타깝게 등반 사고로 유명을 달리했지만 환경 저널리즘을 그녀의 삶의 방식 자체로 승화시켰다고 합니다.

* * *

후지산은 일본의 영산(靈山)입니다. 단원 김홍도에 해당하는 일본의 민속화가 가츠시카 호쿠사이(葛飾北斎)가 〈후지산 36경〉이라는 명작을 남겼을 정도니까요. 그런 후지산이 1990년대 말까지 쓰레기 투기로 몸살을 앓았다면 여러분은 믿으실 수 있겠습니까?

산이 높고 험준하며 시즈오카현과 야마나시현에 걸쳐 광대하게 자리하고 있는 후지산은 20여 년 전만 하더라도 쓰레기 야적장이나 다름없었습니다. 등산객들이 온갖 음식 쓰레기와 오물을 버린 가운데, 건설업자들이 트럭까지 동원해 밤마다 건축 폐기물과 각종 산업 쓰레기들을 몰래 갖다 버렸기 때문입니다. 산이 워낙 넓다 보니 단속도 불가능에 가까워 후지산은 일본 전국에서 몰려든 양심 불량자들이 쓰레기를 투기하는 장소로 전락하고 말았지요.

그러다가 일본의 유력 일간지인 《마이니치 신문》이 일본의 영산을 살리자는 후지산 재생 캠페인을 벌이기 시작합니다. 새천년 밀레니엄을 앞둔 1999년 12월의 일입니다. 《마이니치 신문》의 사나다 가즈요시 지구환경본부 사무국장은 시민단체인 '후지산 클럽'과 함께 후지산 재생 캠페인을 발족시킵니다. 이후, 후지산 재생 캠페인은 일본 국민의 전폭적인 지지 속에 연간 약 10만 명이 참가하는 범일본적 행사로 자리매김합니다. 캠페인 주최 측은 정부 지원을 기대하기보다 '에코백'이라는 이름의 장바구니 등 환경 관련 상품 300여 가지를 개발해 편의점 등에서 판매하며 자체적으로 재원을 마련하고 있습니다. 현재, '후지산 클럽'은 일본 최대의 NGO로 등극했으며 자원봉사자들은 오늘도 열심히 후지산을 청소하고 있습니다.

'노블레스 오블리주(Noblesse Oblige)'라는 말을 들어보셨을 겁니다. 사회 지도층 인사에게 요구되는 높은 수준의 도덕적 의무를 뜻하는 프랑스어인데요, 노블레스 오블리주는 사람뿐만 아니라 조직, 기관, 회사는 물론, 국가에도 요구될 수 있습니다. 이제는 선진국 대열에 합류한 대한민국이 국제사회에서 일정 수준의 기여를 해야 하는 것도 '노블레스 오블리주'에 해당하겠지요. 마찬가지로 입법부, 사법부, 행정부에 이어 제4부라 일컬어지는 언론사도 해당 사회에 대한 노블레스 오블리주를 지녀야 할 겁니다. 그런 면에 비춰볼 때 ≪마이니치 신문≫의 환경보호를 위한 행보가 마냥 부럽기만 한 것은 부인할 수 없는 사실입니다. 이와 관련해 국내 언론사의 환경 캠페인도 거국적인 차원에서 성공적으로 치러진 예가 있기는 합니다. 이에 대해서는 이 책의 뒷부분에 나오는 8장 '대한국인 안중근: 언론과 캠페인' 부분에서 별도로 좀 더 자세히 소개하도록 하겠습니다.

* * *

앞서 소개했던 종자 저장소의 나라, 노르웨이에는 친환경 감옥인 '녹색 감옥(Green Jail)'이 있습니다. 오슬로 남쪽 80km, 바스토이라는 곳에 위치한 이 감옥은 태양열을 이용해 전력을 생산하며 석유 대신 목제 폐기물로 난방을 합니다. 재소자들은 자신들이 유기농으로 재배한 감자와 콩, 채소와 과일을 먹습니다. 잉여 농산물은 다른 교도소로 판매하기도 합니다. 재소자들은 또 단백질 섭취를 위해 닭 200마리, 양 40마리, 소 20마리를 키우고 있다고 합니다. 생선은 근처 바다에서 직접 잡아 올리고 있고요. 이 정도면 영화 속 한 장면 같지 않습니까? 더욱 건강해질 뿐만 아니라 노동의 즐거움도 깨닫는 가운데 연방 정부는 예산까지 절감하니 그야말로 일석삼조인 셈이죠.

환경은 좀 더 섬세한 손길과 많은 시간이 필요하긴 하지만 무공해 산업인 동시에 경제적인 효과도 매우 뛰어납니다. 그럼, 다음의 경우를 통해 환경이 어떻게 웬만한 굴뚝 산업보다 더 많은 부가가치를 창조하는지 살펴보기로 할까요?

* * *

우리나라 남해안 중서부에 위치한 순천시는 인구 약 27만 명의 중소도시입니다. 고속철도가 연계되어 있지 않아 교통편이 취약하죠. 순천시는 연간 10만 명 정도의 관광객이 찾던 곳이었습니다. 하루 관광객은 300명이 채 되지 않았습니다.

순천시 앞에는 여의도 면적의 세 배에 달하는 690만 평의 광활한 갯벌이 펼쳐져 있었습니다. 160만 평에 달하는 빽빽한 갈대밭도 놓여 있었죠. 8,000여 년 전에 조성된 것으로 추정되는 순천만입니다.

순천만은 현재 세계 5대 습지로 선정되어 있습니다만, 20세기 하반기의 개발 열풍 속에 한때는 모래 채취장으로 전락한 적이 있습니다. 순천만 하구를 파면서 채취한 모래는 건설 현장으로 팔려갔으며 남아 있는 모래는 강가의 야적장에 쌓여 있었습니다. 그렇게 순천만 하구를 개척, 간척지로 활용하던 기획재정부는 순천시의 요구에 따라 12억 원을 주고 순천시에 순천만 간척지를 넘겨줍니다. 2009년도의 일입니다.

순천시는 순천만이 지난 8,000여 년 동안 간직해온 본래의 모습으로 갯벌을 되돌리고자 노력합니다. 간척지 중간 지점에 초등학교 운동장 크기의 담수 습지를 조성하고 자연이 갈대 군락을 형성하도록 도와줍니다. 더불어 주변 음식점은 모두 철거해 예전의 자연 모습을 복원하는 가운데 계속해서 인접 농지와 식당, 준설토 야적장을 꾸준히 매입해 내륙 습지를 복원해나갔습니다.

순천만이 시나브로 입소문을 타면서 외지인들의 발길은 급격하게 늘어나기 시작합니다. 이에 순천시는 자연 훼손을 최소화하는 방향으로 방문객을 맞이합니다. 철새들과 갯벌 생물들을 가까이에서 관찰할 수 있는 보행 데크와 전망대를 습지에 갖춰 놓은 것이지요. 순천시는 또, 국제적으로도 적극 홍보에 나서 순천만이 람사르 습지로 지정되는 쾌거를 얻어냅니다. 람사르 습지는 람사르 협약을 통해 지정된 대상으로, 이 협약은 1971년 이란의 람사르에서 채택된 국제 조약입니다. 1975년부터 발효된 것으로 국경을 넘나드는 물새가 국제자원이라 보고 가입국의 습지를 보전하도록 유도하고 있습니다.

순천만은 환경 도시의 성공 모델로 평가받으며 순천 인구의 10배인 300만 명이 매년 찾는 대한민국 최고의 관광 명소가 됐습니다. 하루 관광객으로 따지면 무려 1만 명에 가까운 이들이 순천만을 방문한 것이죠. 필자 역시, 벼르고 별러서 '국제정원박람회'가 개최된다는 소식을 듣고 2013년, 순천만에 다녀왔습니다.

굳이 독자 여러분께 말씀드리자면 한국인으로서 죽기 전에 한 번은 꼭 다녀와야 할 곳이라는 생각입니다. 나름대로 관광객들을 피해서 간다고 했는데도 상당히 많은 사람이 순천만 갯벌 위의 보행 데크를 거닐며 가족 단위로 행복한 시간을 보내고 있었습니다. 저 역시, '짱뚱어'와 함께 엄지손가락만 한 칠게, 농게들이 습지 위 여기저기 돌아다니던 장면을 참으로 신기하게 바라보았습니다. 모두 태어나서 제 눈으로 처음 보는 생명체들이었습니다. 참, 바싹 마른 갈대를 베고 엮어서 싸리 울타리로 만드는 장면도 인상 깊게 보았습니다.

현재, 순천시에서 파악하고 있는 순천만의 경제적인 효과는 연간 1,000억 원이 넘는다고 합니다. 물론, 이도 매년 증가하고 있고요. 사실, 순천만의 가치를 가장 먼저 깨달은 이들은 철새들과 갯벌 생물들입니다. 무려 230여 종에 달하는 흑두루미, 재두루미, 노랑부리저어새, 큰고니, 검은머리물떼새 등은 지난 수천 년간 순천만에 둥지를 틀어왔습니다. 이와 함께 농게, 칠게, 짱뚱어 등과 같은 생물들도 갯벌과 갈대밭에 자연의 풍성함을 보태왔지요.

돌이켜 보면, 1970년대부터는 개발이라는 미명 아래 끊임없는 괴롭힘을 당해온 것이 갯벌이었습니다. 하지만 최근에는 굴뚝 없는 산업이라는 극찬 아래, 하천과 해수의 정화, 홍수 조절 등에서도 탁월한 역할을 수행한다는 사실이 밝혀지면서 경제적으론 그 가치를 측정조차 할 수 없는 효자 중의 효자로 대접받고 있지요.

특정 주제, 특정 이슈를 보도하며 언제나 경제 효과를 먼저 따지는 언론들이 있어 그들이 좋아하는 경제적 가치를 앞세워 환경 보존이 우리에게 가져다주는 장점을 읊어보았습니다. 어떻습니까? 그렇다면, 이제부터라도 기성 언론이 개발과 성장에 무게중심을 두는 접근 방식에서 벗어나 보존과 상생, 그리고 그 경제적 효과에 대해서도 관심을 기울여보는 것은 어떨까요?

* * *

인식과 관점을 바꾸면 전혀 다른 대상으로 다가오는 것이 환경이지만 이러한 환경의 잠재력을 대중에게 알려야 할 환경 보도는 넘어야 할 산이 높고 험하기만 합니다. 미국의 시 이노베이션(SEE Innovation)이 수행한 '환경개선보도 프로젝트'에 따르면 2011년 1월부터 2012년 5월까지 미국에서 가장 저명한 뉴스 기관 세 곳에서는 전체 뉴스 헤드라인 가운데 1.2%만이 환경에 관한 이슈를 다루고 있는 것으로 조사됐습니다. 반면, 몇몇 뉴스 기관에서는 오락과 범죄 보도가 환경에 비해 각각 20배와 6배나 많은 것으로 보도됐습니다.

이와 관련해 좀 더 자세히 데이터를 들여다보면, 범죄 대 환경의 기사 비율은 아침 지상파 뉴스의 경우 69:1, 케이블 뉴스는 9:1, 온라인 뉴스는 6:1, 저녁 지상파 뉴스는 5:1인 것으로 조사되고 있습니다. 재미있는 사실은 자극적이고 애국적인 보도로 유명한 FOX TV의 환경 보도 비율이 1.57%로 여타 케이블 및 지상파 뉴스를 웃도는 것은 물론, 우리나라의 EBS에 해당하는 PBS(1.43%)와 24시간 뉴스 방송사인 CNN(0.36%)조차 앞서고 있다는 것입니다. 물론, 그래 봐야 도토리 키 재기일 터입니다만.

인상적인 또 하나의 사실은 온라인 뉴스인 ≪허프포스트≫에서 환경 기사가 헤드라인을 차지하는 경우는 전국 평균의 세 배(3.0%)에 이르며 다른 온라인 뉴스 포털 사이트에 비해서는 12배 이상 많다는 것입니다. 순위별로는 ≪허프포스트≫가 1위, ≪LA 타임스≫가 2위(2.7%), 그리고 ≪뉴욕타임스≫가 3위(2.5%)를 기록했습니다. 반면, 시각적인 측면에서 환경 보도의 파급 효과 및 영향력이 훨씬 높은 방송사들은 되려 환경 보도에 인색했으며 ≪월스트리트 저널≫과 ≪USA 투데이(USA Today)≫, 그리고 ≪워싱턴포스트≫가 1%를 조금 넘어 신문사 가운데에서는 가장 낮은 수치를 기록한 것으로 나타났습니다.

안타까운 것은 우리나라의 경우, 이와 관련된 데이터나 연구 자료가 아직까지는 전무하다는 사실입니다. 그런 의미에서 한국 언론의 환경 보도 활성화를 위해 1차적인 자료를 끊임없이 가공하고 발굴해야 하는 환경 단체 및 연구자들의 노력은 아무리 강조해도 모자람이 없습니다.

* * *

『환경 저널리즘』의 저자, 앨리슨 앤더슨에 따르면, 환경 쟁점의 기사화에 영향을 미치는 요인으로는 크게 세 가지가 있다고 합니다. 첫 번째는 환경 보도가 사건 중심적이라는 것이고, 두 번째는 환경 보도가 시각 중심적이며 마지막으로 환경 보도가 빠른 변화 과정을 겪지 않기 때문에 신문과 방송의 마감 시간에 타이밍을 자연스럽게 맞추기가 쉽지 않다는 것입니다.

먼저, 사건 중심적이라는 것은 미디어가 주로 낙동강 페놀 오염이나 태안만 기름 유출과 같은 극적인 사건에만 몰두한다는 것입니다. 이는 언론 보도가 비일상적이고 충격적이며 상식에서 벗어난 사건에 높은 뉴스 가치를 부여하기에 환경문제처럼 장기간에 걸쳐 지속적으로 발생하는 경우에도 특정 시점에서 사고가 발생해야 언론이 비로소 주목하기 때문입니다. 문제는 그러한 사건 중심적 환경 보도가 환경오염의 원인보다는 결과에 치중하도록 기자들의 취재를 제한하는 결과를 가져온다는 것입니다. 더불어, 독자와 시청자들은 더욱 폭넓은 구조적 전후 사정에 눈을 돌리기보다 개인이나 특정한 개별 기업을 비난하도록 부추김을 받게 되지요. 이 같은 과정에서 환경 사고는 과장되게 보도될 가능성이 무척 높습니다.

두 번째로 대중매체는 환경 이슈를 다룸에 있어 시각 중심적인 장면들을 지면과 화면에 담아낸다는 것입니다. 특히 영상매체인 TV는 생생한 현장 화면을 항상 담아야 뉴스를 완성시킬 수 있는 까닭에 시청자들에게 전달할 수 있는 환경오염의 현장을 필요로 합니다. 이러한 언론 보도는 관할 행정 부처나 해당 기업들이 단기적인 사건 해결에만 급급하게 함으로써 환경오염에 대한 궁극적인 대책 마련은 미봉책에 그칠 가능성도 매우 높아지지요. 그런 연유로 미디어가 사건 중심적인 보도를 지향하기보다 문제의식을 가지고 평소에도 구조적인 환경 이슈를 지속적으로 전달하도록 언론 안팎에서 관련 의제를 개발하고 꾸준히 추적하는 것이 매우 중요합니다.

마지막으로 매일 무수한 사건과 사고, 이슈와 토픽들을 끊임없이 보도하는 언론은 극적인 내용을 포함하고 있지 않거나 뉴스 가치가 높은 영상을 적절하게 제공하기 어려운 환경 이슈로는 좀처럼 바람직한 주목을 받지 못한다는 것입니다. 특히, 온라인 저널리즘을 비롯해 트위터, 페이스북 등이 활성화된 21세기 현재에서는 뉴스의 취재 및 보도, 그리고 전파 속도가 갈수록 빨라지고 있어 환경 의제가 톱뉴스로 자리할 가능성은 점점 더 낮아지고 있습니다. 이에 따라, 긴 호흡을 가지고 장기적으로 관련 의제를 추적하고 보도해야 하는 환경 보도는 이전에 비해 더욱 비우호적인 상황에 처해지고 있는 것이 사실입니다. 그런 의미에서 앞서 언급했다시피 무가지의 퇴조를 일순간 불러일으켰던 스마트폰의 등장은 적어도 환경 저널리즘에서 병 주고 약 주는 형국이라 할 수 있겠습니다.

참고문헌

라이언, 존(Ryan, John C.)·앨런테인 더닝(Alan Thein Durning). (2002). 『녹색 시민 구보 씨의 하루』. 고문영 옮김. 그물코.

신문기사 색인에 따른 미나마타병에 관한 연표. (1956~1971). http://www.lib.kumamoto-u. ac.jp/suishin/minamata/5chronicle/index.html

안종주. (2002). 「국내 중앙 일간지 환경보도의 정확성에 관한 연구」. ≪한국환경보건학회지≫, 28권 1호, 31~40쪽.

앤더슨, 앨리슨(Alison Anderson). (2001). 『환경 저널리즘: 언론보도를 위한 환경운동의 이슈 메이킹 전략』. 김재범 옮김. 한울.

장원. (1997.6). 「환경과 언론」. ≪신문과 방송≫, 318호, 140~142쪽.

카슨, 레이첼(Rachel Carson). (2002). 『침묵의 봄』. 김은령 옮김. 에코리브르.

프롬, 마이클(Michael Frome). (2007). 『그린 잉크: 환경 저널리즘 입문』. 유승관 옮김. 한울.

한국 ABC. (2017). 「2017년도 일간신문 발행 유료부수」. http://www.kabc.or.kr/about/notices/ 100000002270

한국신문방송편집인협회. (1997). 「환경 저널리즘의 문제점과 대책」.

每日新聞創刊130年記念事業. "富士山再生キャンペーン". http://www.fujisan.or.jp/kyosan/mainichi.htm

Project for Improved Environmental Coverage. (2013). Environmental Coverage in the mainstream news: We need more, 2012 SEE Innovation. https://climateaccess.org /system/files/PIEC_Environmental%20Coverage.pdf

04

제2의 성

/

언론과 여성

영국의 더비 경마는 세계에서 가장 오래된 경주마 대회 가운데 하나입니다. 18세기 말, 더비(Derby) 백작에 의해 최초로 실시된 유서 깊은 대회이지요. 그런 더비 경마에서 대회 도중 중년의 한 여인이 경주 트랙 안으로 뛰어듭니다. 1913년에 벌어진 일입니다. 갑자기 뛰어 들어온 여인을 피하려다 말은 쓰러지고 여인은 말발굽에 차여 죽습니다. 여성의 이름은 에밀리 데이비슨(Emily Davison), 나이는 38세였습니다.

처음에는 말들이 다 지나간 것으로 착각한 여인이 경주 트랙으로 나섰다가 사고를 당한 것으로 전해졌습니다. 하지만 풍문을 뒤집은 것은 여성의 투표권을 인정해달라는 구호와 함께 데이비슨이 일부러 경주 트랙에 뛰어들었다는 목격자들의 진술이었습니다. 당시, 옥스퍼드 대학교에 재학 중이던 에밀리는 선거 운동가로 여성의 권리를 널리 알리기 위해 죽음을 각오하고 경주 트랙에 뛰어들었던 것입니다.

믿어질지 모르겠지만 민주주의의 나라, 영국은 100년 전만 하더라도 여성이 투표할 수 있는 나라가 아니었습니다. 그러다 1869년 존 스튜어트 밀(John

Stuart Mill)이 『여성의 종속(The Subjection of Women)』이라는 책을 펴낸 이후, 자신의 권리를 주장하는 여성들이 점차 늘어나게 됩니다. 여권 신장론자들은 처음에 비폭력 불복종 운동을 전개해나갔습니다. 하지만 정부가 가혹한 탄압으로 대응하자 시위 양상이 점차 과격해지면서 의회의 의사 진행을 방해하거나 거리에서 시위를 벌이고, 옥중에서는 단식 투쟁을 단행합니다. 에밀리 데이비슨의 거사는 그런 연장선상에서 이루어진 비극이었죠.

* * *

여러분은 여성의 권리가 가장 발달한 국가로 어디를 꼽겠습니까? 척도가 무엇이냐에 따라 달라지겠지만 참정권을 기준으로 놓고 보면 적어도 뉴질랜드를 따라올 나라는 없을 겁니다. 이미 1893년에 여성에게 투표권을 부여했으니까요.

역사라는 것은 아이러니합니다. 영국의 식민지였던 뉴질랜드는 호주와 함께 200여 년 전만 하더라도 죄수들을 유형(流刑)에 처하던 유배지였습니다. 지구 반 바퀴를 돌아 뉴질랜드에 정착한 영국인들은 정치범을 비롯한 범죄자들이 대부분이었고요. 사정이 이렇다 보니 뉴질랜드와 오스트레일리아에서는 여성의 비율이 턱없이 낮았습니다. 자연히 이들 오세아니아 국가에서 여성은 귀한 대접을 받을 수밖에 없었습니다. 그런 까닭에 이들 국가에서 여성 참정권은 세계사에 그 유래를 찾아볼 수 없을 정도로 빨리 인정되었습니다. 참, 호주는 뉴질랜드보다 9년 늦은 1902년에 여성의 참정권을 허용했습니다.

그렇다면, 미국과 유럽의 여타 선진국들은 어땠을까요? 미국은 1920년에 와이오밍을 시작으로 유타, 콜로라도, 아이다호 등 서부에서 먼저 여성의 투표권을 인정합니다. 역시, 여성이 귀한 주들이었죠. 산업혁명의 나라이자 민주주의의 발상지인 영국에서는 에밀리 데이비슨이 죽은 지 15년 뒤인 1928년, 자유와 평등의 나라인 프랑스는 1946년이 되어서야 여성들이 투표권을 행사할 수 있게 되었습니다.

유교적인 가부장제가 600여 년간 한반도를 지배해온 우리나라는 어떨까요? 광복 이후인 1948년부터 여성의 선거 참여가 인정됩니다. 한국을 식민지로 삼았던 일본은 제2차 세계대전에서 패망한 다음 해인 1946년에 여성의 투표를 허용하고요. 미국에 대해 친미(親美)와 반미(反美), 숭미(崇美)와 혐미(嫌美) 등 다양한 입장이 존재합니다만, 적어도 여성의 투표권만을 놓고 볼 때 한국의 여성들은 미국에 크나큰 혜택을 입은 셈입니다.

* * *

'성 격차 지수(global gender gap index)'라는 것이 있습니다. 스위스에 본부를 두고 있는 '세계경제포럼(World Economy Forum)'에서 2005년부터 발표하기 시작한 것으로 남녀 불평등이 국가 간에 얼마나 차이 나는지 비교한 지수입니다.

성 격차 지수는 네 개 분야의 성적 불평등 실태를 비교함으로써 종합적으로 작성되는데 교육, 보건, 고용, 정치가 그 대상 분야입니다. 교육에서는 중학교 등록에서 남녀 간의 차이가 있는지, 또 있다면 얼마나 있는지가 비교 대상입니다. 보건에서는 남녀 간의 비교 수명, 고용에서는 유사 업무의 임금 균등, 그리고 정치에서는 여성 정부 각료의 비율 및 재직 기간, 여성 국회의원 비율, 여성 고위공직자 비율 등이 조사됩니다. 성 격차 지수는 0부터 1까지 분포되어 있으며 0은 완전 불평등을, 1은 완전 평등을 의미합니다.

2005년에는 115개국이 조사됐으며 영예의 1위는 0.999의 스웨덴이 차지했습니다. 2위는 0.813의 노르웨이, 3위는 0.800의 핀란드였습니다. 모두 북유럽 국가들이죠. 놀라운 사실은 6위에 랭크된 국가가 필리핀이라는 것입니다. 참, 여성에게 투표권을 처음으로 허용했던 뉴질랜드는 2006년부터 조사에 참여해 7위를 기록했습니다. 그렇다면 한국은 몇 위에 위치해 있을까요?

스리랑카가 13위, 태국이 40위, 중국이 63위, 일본이 80위이지만 한국은 안타깝게도 92위에 그쳤습니다. 문제는 성 격차 지수에 관한 한국의 성적이 해를 거듭할수록 나빠지고 있다는 것입니다. 2007년에 97위로 5계단 내려가더니 2008년에는 108위로 추락했으니까요. 2009년에는 115위로 더 떨어지더니 2014년에는 117위를 기록하며 바닥을 향해 치닫고 있는 실정입니다. 다행히 2018년에는 115위로 2017년보다 두 단계 올라갔습니다.

한류 열풍의 진원지이며 IT 강국인 한국이 어찌하여 이렇듯 낮은 성적을 보이고 있는 것일까요? 물론 그 배경에는 경제적 참여 및 기회 124위, 유사 임금 평등 121위, 의회 및 고위 공무원 경영진 진출 분야 133위, 출생 성비 137위, 장관직 여성 비율 부문 119위 등과 같은 초라한 성적표가 결정적으로 작용하고 있습니다(이상 2018년 기준). 여성 국회의원의 비율을 보면 한국이 17.0%로 세계 102위에 불과한 반면, 2018년의 성 격차 지수가 1위인 아이슬란드는 38.1%, 2위인 노르웨이는 41.4%, 3위인 핀란드는 42.0%의 여성들이 국회에 진출해 있습니다. 덧붙이자면 UN의 권고 기준은 30%이며 세계 평균은 22.3%입니다.

정부 고위직에서 활약하고 있는 여성들의 행정부 진출 현황을 보면 한국의 성적은 더욱 초라해집니다. 2000년대 들어 남녀 동수 내각을 구성하는 국가들이 차츰 늘고 있기에 더욱 그렇습니다. 2006년에 칠레가 세계 최초로 남녀 동수 내각을 출범시킨 이후, 2008년에는 스페인이 17명의 각료 가운데 여성을 아홉 명 등용해 여성 장관 수가 남성 장관 수를 초과하는 내각을 선보였습니다. 2012년에는 프랑스에서, 2014년에는 이탈리아, 2015년에는 캐나다에서 남녀 동수 내각이 탄생했습니다. 반면, 한국은 박근혜 정부 당시인 2016년에 17명의 장관 가운데 여성부 장관이 유일한 여성 장관이었습니다. 다행히 문재인 정부가 들어서면서 여성 장관 수가 다섯 명으로 대폭 늘면서 비율도 박근혜 정부의 59%에서 29.4%로 껑충 뛰었습니다.

아, 좋은 성적을 받은 부문도 있습니다. 기대 수명에서는 한국의 여성이 단연 1위라는 것입니다. 온갖 악조건 속에서도 남성들을 먼저 떠나보내고 난 뒤, 끝까지 살아남는 이들이 바로 우리의 할머니이자 어머니, 그리고 아내와 딸들이라는 겁니다. 어떻습니까? 이런 강인한 생명력 때문에 스포츠에서도 한국 남성들이 결코 이뤄내지 못한 쾌거를 한국 여성들이 꾸준히 성취하고 있는 것 아닐까요?

안타까운 사실은 문맹률의 반대인 식자율에서도 세계 1위가 한국이라는 것입니다. 글을 읽고 쓸 수 있는 비율에서 100%에 가까운 수준을 자랑하는 것이 한국 여성들이라는 얘기입니다. 그렇게 볼 때, 한국 여성에 대한 한국 사회의 대접은 믿기 힘들 정도로 낮은 동시에 형편없는 것이 사실입니다.

* * *

게릴라 걸스(Guerrilla girls)는 페미니스트 행동주의자로, 차별에 맞서 싸우는 여성 예술가 집단입니다. 1985년의 뉴욕 현대미술관(MOMA) 전시회에 작가 200명이 참여한 적이 있습니다. 한데, 그중 여성은 13명에 불과했으며 모두 백인이었죠. 이에 분노한 여성 예술가들은 게릴라 걸스라는 단체를 결성했고 이후, 예술계와 문화 전반의 성차별 및 인종주의를 폭로하며 수많은 포스터와 인쇄물을 내놓고 있습니다.

게릴라 걸스가 만든 선전물 가운데 하나로 1989년에 제작된 포스터가 있습니다. 프랑스 화가 장 오귀스트 도미니크 앵그르(Jean-Auguste Dominique Ingres)의 〈그랑드 오달리스크(Grande Odalisque)〉를 패러디한 포스터에는 나체 여성의 얼굴에 고릴라 가면이 씌워져 있고 그림 하단에 "여성들은 (뉴욕의) 메트로폴리탄 미술관에 들어가기 위해 발가벗어야만 하는가?"라는 문구가 인쇄되어 있습니다. 이어 작은 글씨로 메트로폴리탄 미술관의 "현대 미술 구역엔 5%의 예술가만이 여성이지만, 전체 미술품 가운데 85%는 여성의 누드다"라고 덧붙이고 있습니다. 그렇다면 여성의 특정 이미지를 선호하는 차별적 인식이 비단 예술계에만 국한된 일일까요?

남태평양의 피지섬에는 1980년대 후반까지 TV가 보급되지 않았습니다. 하지만 TV가 보급되면서 불과 5년 만에 피지섬의 여성 중 80%가 자신을 비만으로 인식하며 다이어트의 필요성을 언급하게 됩니다. 과거 피지섬의 이상적인 여인상은 다산(多産)을 상징하는 풍만한 몸매의 여성이었습니다. 그런데 TV의 보급으로 날씬한 현대 도시 여성들이 TV에 자주 등장하자 이들의 자아상에도 변화가 생긴 것입니다.

현대 여성이라면 누구나 한 번쯤 경험해 봤을 다이어트는 대중매체가 만들어낸 신개념 고행(苦行)입니다. 먹는 것을 거부하는 거식증은 고행이 지나쳐 정신적 질환으로 발전한 히스테리이고요. 거식증이나 과식증은 1970년대 이전까지만 해도 거의 찾아보기 힘든 증상이었습니다. 하지만 이젠 어느 사회, 어느 국가를 막론하고 심각한 사회현상으로 대두되고 있습니다.

다이어트를 통해 체중 감량을 강요하는 대중매체의 압박은 뼈만 남은 여성의 신체상이 새로운 미의 기준이라는 비판을 불러일으키고 있습니다. 그럼에도 불구하고 이 순간 TV에서는 키 크고 날씬한 미녀들이 대중의 시선을 끌기 위해 고군분투하고 있을 겁니다. 그러한 미녀들을 바라보는 남성과 여성들은 비슷한 이상형을 가슴에 품을 테고요. 참정권을 지닌 현대의 여성들이 과연 100년, 200년 전의 여성들보다 더 행복한지는 잘 모르겠습니다. 예전보다 정치적으로 또 경제적으로 자유롭고 풍요로워졌을지언정 여신을 지향하며 살아야 하는 스트레스는 더욱 심해졌으니까요.

그런 면에서 이슬람권 여성들이 서구 여성들보다 신체를 둘러싼 스트레스 측면에서는 더욱 자유로울 수도 있습니다. 부르카(burka)와 차도르(chador)로 자신들의 신체를 감출 수 있기 때문이죠. 이와 관련해 『다영이의 이슬람 여행』(2003)이라는 책에서는 한국 여고생의 눈으로 본 이슬람 국가에 대한 반전적 감상이 잘 표현되어 있습니다. 서구적 시각에서 볼 때 여성에 대한 인권 탄압으로까지 비춰질 수 있는 이슬람 여성의 복식이 사실은 그녀들의 인권을 위한 것이라는 반론이죠. 저자는 이들 여성이 가정 내에서는 아주 자유롭게 행동한다고 전하고 있습니다. 그녀가 만난 어느 한국인 이슬람교도는 이렇게 말합니다.

차도르를 착용하면서부터 나는 내 몸이 완전히 내 것이 됨을 느꼈다. 이제야 나는 다른 남성들이 내 육체가 아닌, 내 내면을 진지하게 받아들이고, 그로 인해 나를 존중하고 함께 내 의견을 교환하고 있음을 느낄 수 있다(정다영, 2014: 84).

저자는 이슬람의 모든 국가에서 차도르를 착용하는 것은 아니라고 알려줍니다. 그럼에도, 외모에 민감할 사춘기 소녀의 시각으로 바라본 이슬람 여성상은 필자에게도 새로운 깨달음으로 다가온 것이 사실입니다. 같은 맥락에서 신체의 자극적인 노출을 제한하고 있는 북유럽의 TV 방송 정책은 의미하는 바가 큽니다. 여자아이들이 장난감 총을 들고 있거나 남자아이들도 소꿉놀이에 동참하는 광고 역시, 성에 대한 고정관념을 타파하고 있다는 측면에서 신선함을 안겨줍니다. 아무래도 이러한 문화는 국회에서 절반에 가까운 좌석을 차지한 여성들이 이뤄낸 쾌거이겠지요.

* * *

한국의 언론 보도에도 엄연히 성차별이 존재합니다. 그것도 공공연하고 광범위하게 말이죠. 먼저 한국의 언론은 여성 정치인의 의정 활동 보도에 지면과 화면을 별로 할애하지 않고 있습니다. 신문과 TV상에 나타나는 여성 정치인들의 존재감은 미미할 따름입니다.

여성 정치인뿐 아니라 여성 유권자에 대한 언론 보도 역시, 호의적이지 않습니다. 2000년부터 2006년까지 언론사 8곳의 정치 기사를 분석한 김세은과 김수아는 미디어가 여성 유권자를 '주부'나 '아줌마'로 호명하면서 이들을 정치에 무관심하고 부정직하며 감성적으로 그려내고 있다고 전합니다(김세은·김수아, 2007). 반면, 여성 단체는 의식 있고 이성적이며 정책 지향적으로 묘사함으로써 일반 여성 유권자들을 과소(寡少)적으로 재현하고 있다고 밝힙니다. 김세은과 김수아는 미디어가 보도 가이드라인을 제정함으로써 여성에 관한 부정적인 편견을 생산하지 않도록 신중해야 한다고 주장합니다.

남성 중심적인 시각에서 성차별적인 용어들을 지속적으로 확대·재생산하는 현상도 조속히 수정되어야 할 것으로 지적됩니다. 예를 들어, '미망인', '미혼모', '싱글맘'과 같이 결혼 및 배우자를 둘러싼 편향적 용어부터 '여교사', '여학생', '여대생', '여성 감독' 등과 같이 직업이 연관된 단어들, 그리고 '얼굴마담'과 같은 부정적인 용어들이 모두 차별을 불러일으키는 대표적인 단어들입니다. 지난 2011년 5월 4일 자의 《기자협회보》는 이러한 성차별적 언론 보도 표현들을 자제해줄 것을 각 언론사에 요청하기도 했습니다.

여성에 대한 성차별 보도가 가장 극명하게 드러나는 곳은 남성적 이데올로기가 넘쳐나는 곳입니다. 더불어 그 전형은 '세계경제포럼'이 성차별의 기준으로 삼는 교육, 보건, 고용, 정치 등 네 개 부문 가운데 정치입니다. 특히, 국회의원 선거 및 대통령 선거와 같은 대형 정치 이벤트에서는 성차별적 보도가 끊이지 않고 중계되고 있습니다. 이와 관련해 2016년에 치러진 제20대 총선은 역대 어느 선거보다 성차별적 보도가 심했다는 비판을 받았습니다.

총선보도감시연대가 2016년 1월에 발표한 주간 보고서에서는 'TV 조선'에서 여성 정치인이 '누구의 여자', '누구의 여인'으로 지칭되는 사례들과 함께 남성 정당 대표의 품으로 돌아왔다는 보도를 예로 들며 여성 정치인을 남성 정치인의 파트너나 부속품 정도로 여기고 있다고 비난합니다. 당적 변경과 관련해서는 '채널 A'가 특정 여성 의원이 애 셋은 낳고 변경할 것이라고 표현해 여성을 아이 낳는 도구로 묘사한 것도 지적됐습니다. 이와 함께 '채널 A'와 'JTBC' 모두 여성 국회의원 가운데 누가 더 예쁜지, 또 누구의 각선미는 어떤지 등을 언급함으로써 여성 정치인에 대한 외모 품평을 했다고 총선보도감시연대는 힐난합니다.

미국의 여성미디어센터가 2012년에 발표한 '미디어 가이드라인' 역시, 정도의 차이는 있지만 여성 정치인 및 후보자에 대한 미 언론의 성차별적 보도를 확인하고 있습니다. 여성미디어센터는 여성 후보를 다루는 미 언론이 정치적인 이슈보다 외모나 성격, 가족 관계에 대한 내용을 남성에 비해 훨씬 많이 다룬다고 지적합니다. 일례로, 2000년 대선을 앞두고 공화당 예비선거에 출마했다 중도에 포기한 엘리자베스 돌(Elizabeth Dole)의 경우, 그녀를 다룬 단독 기사 가운데 외모에 대한 언급은 16.7%로 당시 공화당 예비 선거에 나섰던 조지 부시의 3.3%를 다섯 배 이상 뛰어넘었습니다. 이와 함께, 남성 후보는 미스터(Mr.)라는 한 가지 명칭으로 통일하면서 여성은 미즈(Ms), 미스(Miss), 미세스(Mrs) 등 세 가지 존칭으로 구별하는 것도 성차별적 보도에 해당한다는 것이 여성미디어센터의 주장입니다.

* * *

2011년 3월 8일, ≪동아일보≫ 1면에 대단히 특이한 주제의 기사 하나가 게재됩니다. 중국 여성 한 명과 한국 외교관 3명이 부적절한 관계를 지니고 있다는 내용의 뉴스였습니다. 기사는 기밀을 유출한 혐의로 영사 두 명이 감사를 받고 있으며 한 명은 사표를 냈다는 소식을 특종으로 전했습니다. 이른바 '상하이 스캔들'로 알려진 중국 유부녀와 한국 영사들 간의 불륜 행각이 만천하에 드러나는 순간이었습니다.

당시 국내 언론들은 "총영사·부총영사 서로 헐뜯고 영사들은 유부녀 놓고 싸웠다"(≪조선일보≫), "상하이 스캔들 핵심 인물 덩신밍이 중 미녀 스파이?"(≪중앙일보≫), "'불륜'에 빠진 한국 외교… 상하이 영사들 中 여인과 '부적절 관계' 파장"(≪경향신문≫), "상하이 여인 '덩'은… 덩샤오핑 손녀뻘, 시진핑을 양아버지로 부른다는 소문도"(≪조선일보≫) 등 대단히 자극적이고 선정적인 제목들을 앞다퉈 내놓았습니다. 이 과정에서 한국 언론은 사건의 본질과 상관없는 흥미 위주의 겉치레식 기사들을 양산하며 사건 당사자들의 사생활을 집중적으로 파헤쳤습니다. 특히 ≪조선일보≫는 "1·2인자 전쟁에 불륜 폭로 벽보·투서까지…"라는 제목과 함께, "H에 덩氏 뺏긴 K, H 부인과 바람피웠다"라는 기사 사이 제목을 뽑음으로써 마치 삼류 주간지에서나 볼 법한 방식으로 상하이 스캔들을 보도했습니다.

≪조선일보≫의 선정적인 보도 행태는 비단 이 정도 선에서만 그친 것이 아니었습니다. 상하이 스캔들에 대한 특종을 ≪동아일보≫에 빼앗긴 탓에 낙종[1]의 굴욕을 만회하려는 듯 어느 언론사보다 수위 높은 선정 보도를 잇달아 내놓았기 때문입니다. ≪조선일보≫는 "영사관 남자들의 질투가 덩 씨를 '색계'의 여주인공으로?"라는 기사부터 "상하이 총영사관 스캔들 계기로 되돌아본 세기의 미녀 스파이들"과 같은 기사를 통해 급기야는 덩 씨를 스파이로 추정하기에 이릅니다. 참고로 영화 〈색계〉란 2007년에 개봉된 이안(李安) 감독, 탕웨이(湯唯) 주연의 스파이 영화로 지나친 성적 묘사가 세간의 화제를 불러일으켰던 작품입니다.

이 같은 언론 보도에 대해 중국 ≪인민일보(人民日報)≫의 자매지인 ≪환구시보(環球時報)≫는 "한국 미디어가 중국이 전 세계적으로 미인계를 써서 간첩 활동을 펼치고 있다"고 보도하는가 하면 "일부 네티즌은 '덩 씨가 북한 여간첩이다'는 설까지 제기했다"며 "아직 공식적으로 밝혀진 사실이 없음에도 불구하고 '간첩 사건' 쪽으로 여론이 쏠리고 있다"고 전합니다. 중국 관영 신화통신(新華通訊)도 "한국 외교부에서 '덩 모 씨는 중국 정부와 아무 관계가 없다'", "기밀문서가 들어 있긴 했으나 중요 기밀은 아니었다"며 덩 씨의 신분 논란에 대해 해명했음에도 스파이 논란이 가시질 않고 있다"고 타전합니다.

한국 언론의 도를 넘은 취재 경쟁은 마침내 덩 씨의 사진을 앞다투어 게재하는 지경에 이르러 심각한 인권 침해를 유발합니다. 이 점에서는 국가기간

---

1   특종의 반대말. 특종을 놓치는 것.

통신사인 연합뉴스도 예외는 아니었습니다. ≪서울신문≫의 경우는 덩 씨의 주민등록증까지 구해 그녀의 사진 및 실명은 물론, 거주지마저 공개하기에 이릅니다. 반면, 모든 언론은 상하이 스캔들에 연루된 영사들의 얼굴을 한결같이 모자이크로 처리하고 성만 밝힘으로써 덩 씨에 대한 보도와는 180도 다른 모습을 보여줍니다.

인상적인 사실은 이웃 나라 일본의 경우, 이 사건에 대해 한국 언론과는 무척 대조적인 모습을 보여주고 있다는 것입니다. 예를 들어 니혼TV는 사건 초기부터 덩 씨의 얼굴을 모자이크 처리했으며 덩 씨의 신상과 관련된 사생활에 대해서는 일절 언급하지 않았습니다. 이와 함께 조사가 진행 중인 사안들만 취급할 뿐, 불확실한 정보는 뉴스에서 철저히 배제하는 규범적 보도 행태를 보입니다.

그런 의미에서 2011년에 발생한 상하이 스캔들은 한국 언론의 치부를 고스란히 드러낸 성차별적 뉴스였습니다. 사건 발생지가 중국이었던 데다 핵심 인물이 중국 여성이었기에 한국 언론의 비윤리적인 보도 행태는 도를 넘어섰지요.

* * *

언론학자들의 수많은 연구 결과에 따르면 뉴스 보도에서 여성은 남성에 비해 월등히 적게 등장하며 주요 취재원으로 자리하기보다 주변적인 인물로 동원되곤 합니다. 또, 여성이 범죄에 연루되면 남성 중심적이고 가부장적인 시각에서 피해 여성들의 이미지가 일화적으로 형상화됩니다. 이 과정에서 선정적인 묘사와 흥미 위주의 보도는 공식처럼 따라오지요. 한편, 사건·사고에 연계되지 않는 대부분의 여성 관련 기사는 주로 생활면에 분포되어 있으며 연성 뉴스의 대상으로 한정되어 다뤄지곤 합니다. 연성 뉴스란 인간의 흥미를 불러일으키는 뉴스로 오락적 성향이 강한 기사를 일컫습니다.

하지만 언론의 여성 보도에서 가장 심각한 문제는 여성을 성적으로 상품화해 취급한다는 것입니다. 여성의 미모를 강조하거나 특정 부위를 집중적으로 부각하고 노출시킴으로써 독자와 시청자들의 이목을 끈다는 것이지요. 앞서, 게릴라 걸스가 지적했던 문제점이 비단 예술 분야뿐만 아니라 언론에서도 공공연하게 펼쳐지고 있는 것입니다. 특히, 연예와 스포츠는 여성을 상품화해 보도하는 대표적인 부문입니다. 아리따운 미모의 운동선수나 연예인이 세간의 집중적인 주목을 받으며, '얼짱', '꿀벅지', '베이글녀'라는 단어들과 함께 소개되는 현실은 그 전형을 보여준다 하겠습니다. 자본주의 사회에서 공적인 기능보다 상업적인 기능을 더 많이 선보이고 있는 언론이 성을 상품화하는 것은 신문의 판매 부수와 TV의 시청률을 올리는 가장 손쉬운 방법 가운데 하나일 것입니다. 그러한 성 상품화의 정상에는 지구촌의 미디어 대재벌, 루퍼트 머독이 있고요.

앞서 2장 '구텐베르크의 혁명'에서 간단히 소개한 대로 루퍼트 머독은 전세계 50개국에서 800여 개의 미디어 기업을 거느리고 있는 미디어 황제입니다. 그런 그가 운영하는 신문 가운데 영국의 대중 일간지 ≪더 선(The Sun)≫은 선정적인 사진을 싣는 것으로 유명합니다. 일례로, ≪더 선≫은 50여 년 전부터 3면에 여성의 가슴을 드러낸 대형 사진을 실어 여성 권익단체들로부터 끊임없는 항의를 받아왔습니다. 물론, 2015년 이후부터는 더 이상 가슴 노출 사진을 싣고 있지 않고 있습니다만, 이 같은 일화는 자본주의 언론이 여성의 신체를 성적으로 상품화하는 데 얼마나 혈안이 되어 있는지를 잘 보여줍니다(이수지, 2015).

* * *

여성의 몸을 상품화하는 선정 보도 이외에도 성차별적인 보도는 미디어 곳곳에서 넘실댑니다. 이를테면, 성폭력 범죄와 관련된 보도가 또 하나의 전형이지요. 이와 관련해 한국 언론의 성폭력 범죄에 대한 인식을 보여주는 안타까운 사건이 2012년 4월 4일 발생했습니다. 당시 《조선일보》에서는 사건 발생 다음 날인 4월 5일, A11면 오른쪽 아래에 조그마한 기사가 실렸습니다. "'성폭행… 도와주세요' 112 전화, 경찰 반경 500m서 13시간 헤맨 사이 토막 살해당해 가방 속 시신으로"라는 제목의 뉴스였습니다. 이날 신문의 1면에는 "대구, 부산시도 인천만큼 재정 위기"라는 기사가 톱으로 등장한 가운데 "총경 등 경찰 40여 명, 룸살롱 황제 검은돈 받아"가 두 번째 중요 기사로 올라옵니다. 그렇게 잊힐 법하던 성범죄 살인 기사는 이틀 뒤인 4월 7일 《조선일보》에 다시 등장합니다. 이번 역시 A10면에 "살인마 방엔 생리대, 음란물, 毒酒… 화장실은 차마 볼 수도 없었다"는 자극적인 제목과 함께 전달됐죠.

《조선일보》에서는 사건 발생 5일 후인 4월 9일이 되어서야 1면 톱으로 "'국민 생명선 112' 이제 누가 믿겠나"라는 뉴스를 올립니다. 더불어 A13면에는 "살인범, 시신 280조각 비닐봉지 14개에 나눠 담아", "65가구만 수색해도 됐을 첫 보고 무시" 등과 같은 관련 기사를 내보냅니다.

또 다른 유력 일간지인 《중앙일보》의 경우도 사정은 마찬가지여서 사건 발생 후 5일이 지나서야 1면에 관련 기사를 게재합니다. 그래도 《동아일보》는 사건 발생 이틀째인 4월 6일에 1면으로 "외면당한 '80초 신고… 경찰 거짓말 일관"이라는 기사를 올립니다. 안타까운 사실은 톱기사로서의 크기가 그다지 크지 않은 가운데 바로 오른편에는 미모의 금발 여성이 구글 스마트 안경을 착용한 사진 기사를 톱기사보다 더욱 크게 다루고 있다는 것입니다.

언론학자들에 따르면 성폭력 범죄 기사는 살인이나 폭력 기사보다 적게 묘사된다고 합니다. 미디어는 '사회를 비추는 거울'이라는 말을 많이 합니다. 세상을 있는 그대로 보여주고 가감 없이 투영한다는 것이지요. 만일 그것이 사실이라면 폭력, 살인과 함께 성범죄에 관한 사건도 동일한 비중으로 취급되어야 할 것입니다. 하지만 현실에서는 교통사고와 화재, 강도와 살인 사건에 대한 보도만 있을 뿐, 성폭력 범죄에 대한 기사는 거의 존재하지 않습니다.

앞서 《조선일보》와 《중앙일보》, 《동아일보》에서 보여주었던 수원 여대생 성폭행 살인 사건은 성폭행과 살인 사건이 겹쳐져 대단히 잔인하고 엽기적인 범죄였음에도 불구하고 사건 초기, 주류 언론의 별다른 주목을 끌지 못합니다. 주류 언론들은 국민의 공분이 급증하고 포털 사이트에서 이 사건에 대한 관심이 최고조에 이르자 비로소 관련 사건을 비중 있게 보도하기 시작합니다.

문제는 또 있습니다. 2009년에 발생한 연쇄 살인범 강호순의 성폭력 범죄 및 여성 피해자 살인 사건에 대해 KBS, MBC, SBS의 뉴스를 분석한 최현주(2010)는 방송 3사가 강호순을 사이코패스로 단정 지으며 개인의 병리적인 문제로 치부할 뿐, 사회문화적·사회 구조적인 차원에서의 접근을 시도하지 않았다고 밝히고 있습니다. 피해자인 여성을 비난하는 것이 예전의 보도 방식이었다면 강호순 사건에서는 젠더(성) 문제가 사라지고 정신병 환자만 남았다는 것이죠. 이에 따라 최현주는 성적 병리 현상에 대한 담론의 부재가 지상 3사의 보도를 통해 그대로 노정됐다고 지적합니다. 이 같은 현상은 2016년 5월의 서울 강남역 살인 사건에서도 고스란히 재현됩니다. 여성 혐오증을 지니고 있던 남성이 남녀 공용 화장실 앞에서 남자 여섯 명을 보낸 뒤, 일곱 번째로 들어오는 여성을 살해한 사건에 대해 언론에서는 '묻지마 살인'이라며 범인은 조울증을 앓고 있다고 대대적으로 보도했으니까요.

* * *

한국여성민우회라는 단체가 있습니다. 일상생활 속에서 여성에 대한 차별과 소외를 없애기 위해 결성된 여성권익 보호단체입니다. 여성민우회에서는 가부장적이고 남성 중심적인 성범죄 보도에 반발해 2007년에 여섯 개 일간지를 7개월간 모니터링한 결과, 언론이 성범죄자들을 희화화해 흥미 위주로 사건을 보도한다며 기사는 물론, 제목에까지 범인의 별명을 동원하고 있다고 지적합니다. 피해자 입장에서는 죽일 만큼 미운 범인들이 언론에서는 '발바리', '빨간 모자', '산 다람쥐', '원조 발바리' 등과 같은 별칭으로 보도된다는 것이죠. 학교 폭력으로 비유하자면 급우를 두들겨 패고 평생 동안 지워지지 않을 마음의 상처를 준 가해 학생에게 '빨간 모자', '다람쥐', '발바리'와 같은 별명을 지어 부른다는 것입니다. 여성민우회는 따라서 여성 피해자의 인권을 존중하고 또 성범죄에 대한 사회적 경각심을 높이기 위해서라도 단어 하나하나에 신중을 기해달라고 당부하고 있습니다.

실제로 언론의 이 같은 보도 방식은 성폭력 범죄 사건을 흥미 위주의 가십거리로 회화화하며 성폭력을 사회적 범죄가 아닌 일상적 사건으로 축소시킵니다. 더군다나 성적·규범적 일탈 정도가 심한 성폭력 범죄 사건의 경우에는 그 진행 과정을 생중계로 보도하고 가해자의 범행 수법을 지나치게 상세히 묘사하는 등의 방법으로 남성 중심적인 시각에서 시청률과 구독률을 올리는 데 열을 올립니다(최영애, 1999; 박장준, 2012).

그런 의미에서, 2010년 12월에 보도된 어느 기사는 성추행이나 성폭행을 경범죄로 인식하는 한국 언론의 남성 중심적 이데올로기를 잘 드러내고 있습니다. 당시 버스 운전사가 자고 있는 여승객을 추행한 것에 대해 해당 언론사에서는 "충동 못 이겨… 자고 있던 여학생 가슴 만진 버스 운전사"라는 제목을 인터넷에 걸었습니다. 마치 버스 운전자에게 면죄부를 주려는 듯한 기사 제목에서는 가해자에 대한 연민과 동정마저 느껴졌습니다.

이와 관련해 필자가 인터넷을 통해 접한 사진 한 장이 기억납니다. 사진 속의 여성은 피켓 시위를 하고 있었는데 여성이 들고 있던 피켓에는 "강간을 부르는 것들"이라는 문구 아래 '추파', '옷차림', '과음'이라는 선택지들과 함께 '강간범'이라는 선택지가 제시되어 있었습니다. 물론, 그 선택지에는 정답임을 의미하는 V 표시가 되어 있었고요. 강간이든 추행이든 가해자는 강간범이고 추행범이라는 사실이 가장 중요하다는 것입니다. 그럼에도 불구하고 언론은 피해자의 비윤리적이고 비규범적인 행실이 화를 자초했다는 식으로 여론을 몰고 갑니다. 이러한 보도 행태는 비판 커뮤니케이션 학자들이 '피해자 탓하기'로 지칭하는 언론의 남성 중심적 담론 전략 가운데 하나입니다.

여기에서 짚고 넘어가야 할 또 하나의 사실은 성범죄의 원인을 피해자의 옷차림과 음주 상태 등으로 전가하는 피해자 책임론이 통계적으로 볼 때 그다지 설득력이 없다는 사실입니다. 이는 낯선 사람이 아닌 가족, 친족, 이웃, 애인 등 지인에 의한 성범죄가 85%에 달한다는 한국성폭력상담소의 2013년 통계가 생생하게 증명하고 있습니다. 대부분의 성폭력 범죄는 남성이 순간적인 충동을 못 이겨 낯선 여성의 야한 옷차림과 행동에 자극받는다기보다 가까운 주변에서 벌어진다는 것이죠.

문제는 또 있습니다. 피해자의 인권을 침해하는 언론 보도에 대해 법적 제재와 규제가 아직까지 대단히 미약하다는 것입니다. 성폭력 범죄 보도에 관한 이론적 연구를 위해 행해진 인터뷰에서 어느 언론사의 사회부 기자는 취재원의 인권과 사생활을 등한시하는 취재 행태에 대해 "저희는 생존이 문제라서 이 시장에 안착하는 게 우선이기 때문에 일종의 영업정지를 맞는 게 아닌 이상 그냥 벌금을 내는 게 낫죠. 그렇게 해서 일단 자리를 잡으면 벌금을 광고 수익으로 충분히 메꿀 수 있으니까요"라고 밝히고 있습니다(문선아·김봉근·강진숙, 2015: 56). 이에 따라 종합편성채널과 같은 새로운 매체는 대중적 관심이 높은 성폭력 범죄 사건을 자극적이고 선정적으로 보도하는 방법으로 시청률을 올림으로써 광고료를 더 많이 챙길 수 있는 기회로 삼고 있습니다. 이들 방송은 방송통신위원회를 통해 가해지는 벌금형 및 벌점과 함께 선정적인 뉴스 보도가 가져오게 될 광고 수익 증대를 면밀히 계산해 이득을 취할 수 있는 선에서 마음껏 비윤리적이고 비인권적인 보도를 내보내는 것이지요.

* * *

여성민우회에서 밝힌 또 다른 비윤리적 보도 행태로서는 한국 언론이 성폭력 범죄를 사랑싸움으로 묘사함으로써 남성에게는 그다지 큰 잘못이 없다는 시각을 은연중에 내포한다는 것입니다. "연애, 짝사랑이 빚은 결과"라는 가치 판단적 문장이나 "결혼하려 했다"라는 가해자의 일방적인 주장이 그대로 기사에 실리게 된다는 것이지요. 하지만 남성 중심적 시각을 고스란히 드러내는 가장 큰 문제점으로는 피해자의 잘못을 부각시킴으로써 오히려 가해자는 은폐되고 피해자가 더욱 큰 고통을 받게 된다는 것입니다. 여성민우회가 그 전형으로 꼽는 대상은 "이혼 가정, 결손 가정에서 자라 가출했다가…"라는 식으로 제목을 뽑는 기사입니다. 이러한 보도는 앞서 거론했던 '피해자 탓하기'의 실례로서 소외 계층의 피해를 부각시키고 성 윤리 의식의 부재에 따른 피해자의 도덕적 문제를 거론함으로써 사건의 본질을 왜곡하게 됩니다.

현재 여성민우회에서는 바람직한 성폭력 범죄 보도를 위해 상세한 지침을 마련해 제시하고 있지만 한국 언론에는 간절하게 전달되지 않고 있는 실정입니다. 예를 들어, 공영방송인 KBS가 보여주는 보도 기준은 성폭력 범죄와 관련된 한국 언론의 수준을 잘 보여줍니다. 성폭력 범죄 보도를 '취재와 인권'이라는 장에서 다른 범죄와 함께 취급하고 있는 KBS는 '사건 희생자를 다룰 때는 더욱 신중해야 한다'라는 글귀만 제시하고 있습니다. 반면, 영국의 BBC는 '소아 성도착증 범죄자와 기타 성폭력 범죄자들'에 대한 네 가지 세부 지침을 마련하고 있으며, 미국의 공익언론재단은 매년 수많은 기자에게 성범죄와 관련된 교육을 제공하고 있습니다.

덧붙이자면, 한국의 경우에는 피해자와 가해자의 이름, 나이, 사는 곳, 출신 학교 등의 신상공개 기준을 정하지 않은 언론사가 많아 그 기준을 개인이 판단해야 합니다. 따라서 언론이 피해자의 나이와 직업만 내보내도 지역적 특성으로 인해 피해자에 대한 유추가 가능해져 신상 노출에 대한 문제가 사건의 피해자뿐 아니라 사건과 무관한 타인에게까지 미칠 수 있습니다.

언론뿐 아니라 공무원에게도 상당한 책임이 있습니다. '피의 사실 공표죄' 등의 법적인 문제가 있음에도 경찰들은 사건 당사자들의 정보 보호에 주의를 기울이지 않는다는 것입니다. 검찰이 피의자를 기소하기 이전에 검찰, 경찰이 피의자의 피의 사실을 발표하지 못하도록 금지시키고 있는 이 조항은 재판에 영향을 미칠 수도 있는 대중의 여론 형성을 막고 피의자의 인권을 보호하기 위한 것입니다. 그렇지만 '피의 사실 공표죄'에 대한 처벌도 대단히 미약할 뿐 아니라 피의자가 자신의 권리를 제대로 인지하지 못하는 경우가 대부분이어서 수사가 진행되는 와중에서도 피의 사실은 손쉽게 공표되곤 합니다. 다시 말해, 경찰서에서 조사가 이뤄지고 있으며 아직 검찰까지 사건이 넘어가지도 않았거나 검찰 내에서도 공소장을 작성하기 이전인데 사건의 전말이 언론에 보도된다는 것이지요. 문제는 그러한 과정에서 필연적으로 피해자의 피해 사실과 신상 정보가 노출되고 언론들은 피의자보다 피해자의 피해 상황에 주목하며 선정적으로 보도함으로써 여성 피해자가 대부분인 성폭력의 희생자를 두 번 울리는 결과가 초래된다는 것입니다.

이와 관련해 문선아·김봉근·강진숙(2015)은 경찰뿐 아니라 판사, 검사 등 사건과 관계된 중요 인물들이 성폭력 범죄에 관한 정보를 언론에 쉽사리 제공하고 있다며 비단 언론사의 기자만이 아니라 사회의 요직에 있는 정부 관리들이 남성주의적 시각에서 성폭력 범죄를 가볍게 인식하고 있기 때문이라고 지적합니다. 그런 의미에서 경찰과 검찰, 법원 출입 기자들이 성폭력과 관련된 정보를 쉽사리 얻지 못하도록 인식을 바꾸는 것은 물론, 정보 누설에 대한 엄격한 제재가 필요합니다.

그럼, 언론 차원에서 성범죄에 관한 규범 보도를 준수하기 위해서는 어떻게 하는 것이 바람직할까요? 이와 관련해서는 시민단체들의 가이드라인을 참조해 언론사 스스로 자사(自社)의 보도 준칙을 마련하는 것이 가장 중요합니다.

다음은 여성민우회로부터 가장 높은 평가를 받고 있는 ≪경향신문≫의 성범죄 보도 준칙입니다.

- 피해자의 얼굴, 이름, 주소지, 학교, 직장 등 신상 정보와 사적 기록물을

공개하지 않는다. 다만 피해자의 기록물 등이 공익적 가치가 크다고 판단될 때에는 보도할 수 있다.

- 피해자와 피해자 가족 등 주변 인물에게 2차 피해가 가지 않도록 한다.
- 취재 과정에서 피해자의 인권을 침해하지 않는다.
- 피해자의 삶을 가부장적 성문화의 시각으로 재단하지 않는다.
- 경찰 및 검찰 등 수사기관에서 제공하는 정보도 보도의 적절성을 판단한다.
- 가해 수법과 피해 사실 등에 대한 지나친 묘사와 자극적인 제목 등 선정적인 접근을 하지 않는다.
- 남성 중심적, 가해자 중심적인 용어나 표현을 사용하지 않는다.
- 성범죄 원인을 분석할 때 가해자 개인의 문제뿐만 아니라 사회 구조적 문제도 고려한다.
- 가해자의 얼굴, 이름 등 신상 정보를 원칙적으로 공개하지 않는다.
- 가해자의 가족 등 주변 인물의 인권을 침해하지 않는다.
- 아동 성범죄 사건에서 피해자의 부모나 대리인이 제공하는 정보라도 피해 아동에 미치는 영향을 고려한다.

성폭력 범죄를 둘러싼 차별적 보도를 지양하기 위해서는 언론사 외부의 미디어 모니터링 결과를 받아들이고 언론사 내부에서는 옴부즈맨제, 독자위원회 등을 통해 감시 및 평가 활동을 강화해야 합니다. 그렇다면 현재 한국의 유력 언론들은 성범죄와 관련해 어느 정도로 성차별적 보도를 지양하거나 지향하고 있는지 위의 기준들을 근거로 여러분이 직접 재단해 보기 바랍니다.

*　*　*

앞서 언론의 성차별적 보도와 관련해 성의 상품화 및 성폭력 범죄를 중심으로 한 여러 사례를 소개했습니다. 이번에는 성차별적 보도를 둘러싼 세 번째이자 마지막 주제인 가정폭력에 대해 이야기를 전개해 보도록 하겠습니다.

소설가이자 사회운동가인 에린 피지(Erin Pizzey)라는 영국 여성이 있습니다. 그런 그녀가 1974년에 출간한 책 한 권이 영국을 발칵 뒤집어놓습니다. 『소리 죽여, 안 그러면 옆집에서 듣잖아(Scream Quietly or the Neighbors Will Hear)』라는 제목의 책이었죠. 매 맞고 강간당하는 아내들의 실상을 적나라하게 폭로하며 영국의 치부를 고스란히 드러낸 이 도서는 영국 사회에 커다란 경종을 울리며 국가 차원에서 가정폭력에 대처하도록 요구합니다.

1971년 런던의 치스윅이라는 곳에 여성 쉼터를 처음으로 설립한 에린 피지는 나이, 인종, 계급 불문하고 시설로 끊임없이 몰려온 여성들로 쉼터가 가득 차자 이들의 실상을 공론화할 필요성을 깨닫습니다. 그녀는 결혼 생활의 유지에만 관심을 기울이는 제도권의 냉대 속에 매 맞는 여성들을 위한 쉼터, 'Refuge(피난처)'를 본격적으로 운영하게 됩니다. 에린 피지의 여성 쉼터인 'Refuge'는 자선기금을 바탕으로 연간 약 200억 원의 예산을 운용하고 있으며 현재 매일 3,000여 명의 여성과 아이들을 가정폭력으로부터 보호하고 있습니다.

에린 피지의 책이 1974년에 출간된 데에는 사회적인 분위기가 한몫했습니다. 주지하다시피 1968년 프랑스에서 전개되기 시작한 학생운동은 순식간에 유럽 전역과 미국으로 번져나가며 세계적인 운동으로 확산됩니다. 기성세대의 특권 의식을 비판하고 사회의 근본적인 변혁을 촉구한 시민운동은 언론에도 지대한 영향을 미칩니다. 편집국의 보도 문화가 백인 남성 중심적이라는 비난과 함께 사회적 소수자에 대한 차별적 보도를 지양하기 위해 많은 사회운동가가 언론사에 입사했기 때문입니다. 여기에서 말하는 사회적 소수자란 여성을 비롯해 유색인종, 장애인, 성적 소수자, 이민자, 아동 등을 폭넓게 아우릅니다.

여성의 권익 신장을 위한 운동은 '사적인 것이 정치적인 것'이라는 사실을 성공적으로 전파하며 섹스와 성, 피임과 가족 관계에 관심을 기울이도록 주문합니다. 에린 피지의 책은 그런 와중에 탄생한 필연적인 결과물이었고요. 결국, 학계는 물론 정부와 국제기구에서도 이 문제를 주요 의제로 인식하며 수많은 보고서와 자료, 논문과 저서들을 통해 여성에 대한 가정폭력 실태를 공개 고발합니다.

WHO(세계보건기구)에 따르면 일생에 걸쳐 1/3의 여성이 신체적·성적 폭행을 당하고 있습니다. 더불어 이러한 물리적·성적 폭행의 대부분은 주변의 잘 아는 이들로부터 발생하고 있습니다. 참고로, 여성 살해의 38%는 배우자 또는 데이트 상대자로부터 행해지며 여성 폭행은 피해자의 육체적·정신적 건강에 매우 부정적인 영향을 미치고 있습니다.

여성에 대한 성적 폭력은 사회적으로 상당한 비용을 요구하며 사회 전체에 연쇄적인 파급 효과를 미칩니다. 피해 여성들은 사회적으로 고립되어 일을 지속할 수가 없으며, 일상적인 활동도 정상적으로 수행하기가 어렵습니다. 자신은 물론, 자녀를 돌보는 능력도 크게 제한을 받습니다. 피해 여성이 양육한 아이들은 정서 및 행동 장애를 겪으며 나중에 폭행을 경험하거나 직접 폭행을 가하게 될 가능성도 매우 높습니다.

'세이프 호라이즌(Safe Horizon)'이라는 구호 단체에 따르면 미국의 경우, 가정폭력은 성, 인종, 소득수준과 상관없이 광범위하게 발생한다고 합니다. 한마디로 상류층에서 하층 계급에 이르기까지 어느 가정에서든 일어날 수 있는 일이 가정폭력이라는 것이죠. 다음은 '세이프 호라이즌'이 밝히는 미국 내 가정폭력의 실태입니다. 이들 중 상당수는 역시, 세계보건기구의 통계와 유사한 결과를 보여줍니다.

폭력에 관한 통계

- 여성 네 명 가운데 한 명은 평생 어느 순간이든 가정폭력을 경험하게 된다.
- 뉴욕시 쉼터에는 가정폭력을 피해 나온 피해자들이 세 번째로 많은 그룹

을 형성하고 있다.

- 여성에 대한 가정폭력은 주로 20세에서 24세 사이에 가장 많이 발생한다.
- 400만 명 이상의 여성들이 배우자 또는 연인으로부터 폭력과 강간을 당한다.
- 살해당한 여성들의 1/3은 이전 또는 현재 배우자나 연인으로부터 목숨을 잃는다.
- 매일 세 명의 여성들이 배우자나 연인에 의해 살해당한다.

폭력을 당한 여성들의 정신적인 외상

- 가정폭력에 노출된 여성들은 우울증, 불면증, 불안, 과거 회상 등 여러 종류의 정서 장애를 겪는다.
- 폭력을 당한 여성들은 많은 경우 만성적인 심장병, 소화 장애 등을 앓게 된다.

국가적 비용

- 가정폭력을 둘러싼 공권력 집행, 법무 행정, 의료비, 상담 치료, 그리고 인재 손실 등의 비용은 매년 370억 달러(40조 원)에 달한다.

사회가 방치할 경우

- 도움의 손길을 내밀지 않으면, 가정폭력을 목격한 소녀는 10대 때부터 성인이 될 때까지 학대에 취약해진다.
- 도움의 손길을 내밀지 않으면, 가정폭력을 경험한 소년은 성인이 되어서 배우자나 자식들을 학대할 가능성이 매우 높다.

가장 중요한 사실

- <u>대부분의 가정폭력 사고는 '결코' 보도되지 않는다.</u>

다소 오래된 자료이긴 합니다만, 미 법무성이 2005년에 펴낸 자료에서도 미국 가정폭력의 49%는 배우자에 의한 것이며 이러한 가정폭력의 가장 큰 희생자는 여성(73%)이라고 밝히고 있습니다(Durose et al., 2005). 이와 함께 가족 구성원을 살해한 사람들 가운데 8할은 남성이며 이 가운데 83%가 부인을 살해한 것으로 나타나고 있습니다. 그런 까닭에 1991년에 개봉된 미 영화 〈적과의 동침(sleeping with the enemy)〉에 나오는 여주인공 줄리아 로버츠는 실패할 경우에는 죽음에도 이를 수 있다는 각오로 자신의 흔적을 남편의 곁에서 완전히 지우고자 시체도 남지 않은 위장 자살을 꾀합니다.

* * *

영화 〈적과의 동침〉은 특이한 주제를 다룬 까닭에 세간에 상당한 화제를 불러일으켰던 스릴러물입니다. 의처증에 시달리는 폭력 남편으로부터 탈출하려는 여주인공의 이야기가 줄거리를 이룬 작품이었으니까요. 이웃에겐 다정하고 아내에겐 자상하기만 한 남편은 아내의 불륜이 의심될 때마다 베를리오즈의 환상 교향곡을 틀어놓고 아내에게 무자비한 폭력을 가하는 의처증 환자입니다. 아내는 그런 남편으로부터 도망치기 위해 익사(溺死)를 가장해서 제2의 삶을 살려고 계획하지요.

2008년 작 〈다크나이트〉 역시, 기존의 배트맨 시리즈와는 다른 스토리라인을 선보이며 커다란 반향을 일으킨 바 있습니다. 조커[히스 레저(Heath Ledger)]의 명연기가 인상적이었던 〈다크나이트〉에서는 악당인 조커가 파티장을 습격하며 불행했던 자신의 과거사를 잠깐 언급하는 장면이 나옵니다. 조커는 자신과 자신의 어머니 모두 "가정폭력의 희생자"라며 아버지가 자신과 자신의 어머니를 잔인하게 폭행했다고 밝힙니다. 자신의 비정상적인 행동은 아버지의 폭행으로부터 잉태됐다는 암시를 하고 있는 셈이죠.

이들 영화는 '포르투갈 희생자 지원 협의회(이하 APAV)'라는 비영리단체와 관계가 있습니다. APAV는 가정폭력으로 상처 입은 여성들을 위해 공익 광고 캠페인을 펼치고 있는 기관입니다. 그런 APAV의 수많은 광고 가운데 '그 아이는 엄마의 눈을 물려받았다'라는 작품이 있습니다. 아버지에게 구타당해 눈이 퍼렇게 멍든 어머니와 마찬가지로 아이 역시 퍼렇게 멍든 눈을 가지고 있다는 것이죠. 이 광고가 전달하는 메시지는 분명합니다. 가정폭력은 비단 여성에게만 가해지는 것이 아니라 자녀에게까지 행해진다는 것입니다. 그 아이는 훗날 〈다크나이트〉의 조커와 같은 가정폭력범이 될 수도 있을 겁니다.

델 마틴(Del Martin)이라는 학자는 여성들이 학대받는 관계를 지속하는 이유로 도망치다 잡혔을 경우의 보복이 두렵고 결혼 생활을 유지하라는 사회적 압력과 함께 현실적으로 자립하기가 힘들기 때문이라고 밝히고 있습니다(Martin, 1976). 밀드러드 패글로우(Mildred D. Pagelow)는 매 맞는 여성들에 대한 통념과 편견이 사회적으로 광범위하며 희생자들을 매도하거나 폭력에 그대로 노출되도록 방치함으로써 다시 희생을 유발시킨다고 봅니다(Pagelow, 1981). 반면, 아내를 구타, 또는 살해한 중산층의 백인 남성은 미디어 담론과 국가 담론을 통해 개인적 스트레스나 분노, 또는 정신질환의 희생자로 묘사된다고 합니다. 그리하여 가해 남성들의 스트레스나 분노는 비난과 통제보다 연민과 자비의 대상으로 보도됩니다(Finn, 1989~1990).

그렇다면 가정폭력과 관련해 미디어는 구체적으로 어떻게 해당 담론을 구축하고 있을까요? 여러 언론학자 및 사회학자가 밝히는 미디어의 담론 구축 전략은 먼저, 가정폭력의 가해자가 병리학적인 문제를 안고 있다는 사실을 집중적으로 부각시킨다는 것입니다. 피해 여성은 마조히스트이고 가해자는 환자라는 논리로 사안에 접근한다는 것이죠. 가정폭력이 일어나는 집의 가장은 정신적으로 문제가 있는 아픈 사람이며 여성은 맞는 것을 즐긴다는 공식이 보도에 적용됩니다. 이러한 담론 구축은 가해자의 폭력 행위를 개개인에 국한시킴으로써 국가나 사회적 차원에서 가정폭력에 접근하기보다 일시적이고 한정적이며 일탈적인 행위로 가정폭력을 치부해버립니다. 그 기저에는 구타가 사적이고 가정적인 문제라는 남성 중심적 시각이 자리하고 있고요.

여성이 두들겨 맞아도 같이 사는 이유가 있다는 사회적 편견도 언론의 이 같은 담론 구축에 힘을 실어주는 요소입니다. 언론은 또 가정폭력이 주로 저소득, 근로자 계층의 문제라며 구타는 특히 문제 가족에서 발생한다고 보도합니다.

어떻습니까? 여러분이 보시기에도 그렇습니까? 앞서 언급한 대로 미국에서는 가정폭력이 인종과 계급, 소득수준에 상관없이 광범위하게 발생한다는 사실을 알려 드린 바 있습니다. 한국의 경우에는 아직 그와 같은 통계조차 마련되어 있지 않지요.

그렇다면 가정폭력과 관련해 한국 언론은 어떠한 양상의 보도 행태를 보이고 있을까요?

* * *

2006년 12월, 연예 기사 한 개가 대한민국을 강타합니다. 선남선녀로 세간의 화제를 모으며 결혼했던 이찬, 이민영 부부 사이에서 폭행 사건이 발생한 것입니다. 당시, 이민영은 남편에게 얻어맞으며 아이를 유산했다고 폭로합니다. 언론은 물 만난 고기마냥 "이민영-이찬 '폭로전' 점입가경", "이민영-이찬 '진실게임' 결국 법정 갈듯", "이찬, '어쨌든 때린 건 잘못했다'", "이민영, '이찬 폭행으로 유산'" 등과 같은 제목으로 온라인과 오프라인을 도배합니다.

2004년에도 유사한 사건이 벌어졌습니다. 방송인 김미화 씨가 남편에게 폭행당한 사실을 밝히며 이혼을 결심한 사건이었죠. 당시 언론에서는 "김미화 남편 외도 구타 18년을 참았다", "김미화 '이혼' 파문 불씨는 타워팰리스"와 같은 기사들이 쏟아져 나왔습니다.

2003년의 개그우먼 이경실 씨 사건도 보도 양상이 동일합니다. 이경실 씨의 남편은 아내를 야구방망이로 폭행해 구속영장이 신청되었습니다. 당시,

≪굿데이≫라는 신문은 기자가 의사로 변장하고 이경실 씨 병실에 잠입해 그 상황을 게재하기도 했습니다. 이에 대해 온라인 진보 매체인 ≪미디어오늘≫에서는 "이경실 폭행 사건이 가십거리인가"라며 언론들의 비윤리적인 보도 태도를 강도 높게 비난했습니다.

그렇다면 선정적이고 비윤리적인 보도는 차치하고서라도 우리나라에서 가정폭력은 얼마나 자주 발생하고 있을까요? 경찰청과 여성가족부 그리고 검찰의 통계 자료에 따르면, 가정폭력 검거 건수는 2012년 8,762건, 2013년 1만 6,785건, 2014년 1만 7,557건, 2015년 4만 828건, 2016년 4만 5,619건으로 그 수치가 매년 크게 증가하고 있습니다. 특히 2015년의 4만 828건은 일일 평균 112건으로 지난 2014년의 48건에 비해 두 배 이상 증가한 수치입니다.[2]

하지만 가정폭력을 둘러싼 더 큰 문제는 폭력 사범의 대부분이 벌금 부과형을 받거나 '공소권 없음'으로 처리되어 아예 처벌도 받지 않았다는 사실입니다. 아내나 자녀를 폭행해도 경찰에 구속된 경우는 2018년 6월 현재 전체의 0.08%에 불과합니다. 남편이 아내를 폭행했지만 유치장에 갇힌 경우는 1,000명 가운데 여덟 명에 불과했다는 것입니다. 폭행 남편을 잘 타일러서 다시 아내에게 돌려보내는 나라가 우리나라인 셈이죠. 상황이 그와 같을진대, 가정폭력의 재범률이 2008년의 7.9%에서, 2009년 10.5%, 2010년 20.3%, 2011년 32.9%, 2012년 32.2%로 급증한 것은 결코 우연이 아닐 것입니다. 가정폭력의 심각성을 둘러싼 사회적 의식 수준이 높아져서 신고는 늘어나고 있는데 경찰이 계속해서 폭력 남편을 가정으로 돌려보내니 분노한 남편의 매질은 더욱 거세진 것입니다. 그런 까닭에 주먹은 가깝고 법은 먼 현실 속에서

---

2   2013년부터 가정폭력 검거 건수가 크게 늘어난 이유에 대해 검찰은 그동안 가정폭력 사범에 대한 수리 입력이 제대로 되지 않았다며 2013년 이후부터 가정폭력 사건에 대한 관리를 강화하면서 나타난 현상이라고 설명하고 있습니다. 하지만 가정폭력 사범에 대한 기소율은 2013년 15.0%, 2014년 13.3%, 2015년 8.5%, 2016년 8.5%로 오히려 떨어지고 있어 가정폭력 재범과 재발의 큰 원인으로 지적되고 있는 실정입니다(김민성, 2018.7.18).

학대로부터 도망칠 수도 없는 여성의 무력감은 자포자기한 삶과 아동 방임 또는 아동 학대로 귀결될 뿐입니다.

이와 관련해 경찰청이 2013년에 도입한 '삼진 아웃제'는 아직 갈 길이 먼 한국 여성의 인권 현황을 잘 보여줍니다. '삼진 아웃제'란 3년 이내에 두 차례 이상 가정폭력을 행사한 사람이 다시 같은 범죄를 저질렀을 경우, 원칙적으로 구속 수사하는 제도입니다. 아내를 폭행하고서도 즉시 구속이 되려면 3년 이내에 아내를 두 차례 이상 폭행한 전력이 있어야만 한다는 것이죠.

반면, 인터넷을 뒤져 발견한 2007년의 어느 미국 자료에 따르면 가정폭력 사범에 대한 미 경찰의 구속률은 1970년대의 7%에서 1980년대에는 15%, 그리고 2000년대에는 30% 이상으로 늘어났습니다. 이와 관련해 미국 플로리다의 어느 지역 신문은 1994년의 경우, 해당 지역에서 단순 폭행을 포함해 악질 폭행, 성폭행 등 가정폭력이 1,870건 발생했으며 당시 가해자에 대한 체포는 538건이 이루어져 구속률이 28.8%에 달했다고 보고하고 있습니다.

어떻습니까? 이만하면 한국에서 가정폭력을 둘러싼 문제가 무엇인지 아시겠지요? 상황이 이럴진대 본질은 외면한 채, 여자가 맞으면 남편의 체포 여부에 관심을 기울이기보다 오히려 좋은 기삿거리가 생겼다고 병실까지 숨어 들어가 피해 여성 앞에 마이크를 들이대는 언론을 보면 헤르메스의 현대판 후손들에 대한 짙은 회의가 느껴집니다.

* * *

앞서, 교육·보건·고용 및 정치 분야에서 남녀 간의 불평등 실태를 비교하는 성 격차 지수에 대해 소개한 바 있습니다. 이 가운데 정치는 여성에 대한 성 평등 실현에서 가장 중요한 분야입니다. 입법과 행정, 그리고 사법을 통해 교육과 보건, 고용 부문에서 남녀평등을 구현하기 위한 제도 마련에 중추적인 역할을 수행하기 때문입니다. 여성 각료 및 여성 국회의원, 여성 고위공직자 등의 비율은 성 격차 지수를 결정짓는 바로미터나 진배없습니다.

같은 맥락에서 언론의 가부장적이고 남성 중심적인 성차별적 보도를 지양하기 위해서는 언론사 조직 내에서 여성 기자 및 여성 고위 간부의 비율이 무척 중요합니다. 여성을 둘러싼 기사 작성은 물론, 기획과 편집 및 제작에 이르기까지 여성 기자들의 시각이 최대한 반영되어야 비로소 언론사 안팎에서 진정한 의미의 성 평등이 구현되기 때문입니다(한국언론재단, 2003). 그렇다면, 한국 언론사 조직 내에서 여성들이 차지하는 위상은 도대체 어느 정도일까요?

한국 여기자협회가 2013년 중앙일간지와 방송, 통신사 등 23개 언론사를 대상으로 조사한 바에 따르면 전체 여기자의 수는 1,232명으로 전체 인원의 23.2%를 차지하는 것으로 나타났습니다(김진경, 2013). 이는 2003년의 12.5%보다 10.7%포인트, 2009년에 조사한 수치인 17.2%보다는 6.0%포인트가 상승한 수치입니다. 여기자의 비율이 꾸준히 증가하는 이유로는 여성 기자가 많은 신생 언론사의 가입과 함께 ≪조선일보≫와 KBS, 연합뉴스의 여기자 비율이 10%대에서 20%대로 들어선 것을 꼽아볼 수 있습니다. 더불어서 한국 언론진흥재단이 2017년에 발간한 『한국언론연감』에 따르면 언론산업에 종사하는 전체 기자 가운데 여성은 28.4%인 것으로 조사되고 있습니다. 만족스럽지는 않지만 매우 고무적인 현상입니다.

하지만 데이터를 조금 더 면밀히 들여다보면 아직 갈 길은 멀고 험난해 보입니다. 전체 여기자 수의 증가 추세에 비해 간부로 진급하는 경향은 무척 더디게 늘고 있기 때문입니다. 한국 여기자협회가 조사한 바에 따르면 차장급은 6.1%에서 11.8%를 거쳐 12.4%로, 부장급은 4.2%에서 5.7%를 거쳐 7.7%로 그 비율이 완만하게 상승하고 있습니다. 언론사 편집국의 최고 사령관인 국장은 2.0%에서 7.9%로 늘어났다가 2013년도의 조사에서는 6.8%로 줄어들었습니다.

언론사 내에서 여기자가 차지하는 세계 평균 비율은 38%라고 합니다. 미국의 라디오 텔레비전 디지털 뉴스협회(RTDNA)가 2016년에 내놓은 보고서에 따르면 2015년 현재 미국 전체 텔레비전 방송국과 주요 방송국에서 여기자의 비율은 각각 44.2%와 42.5%에 달하는 것으로 밝혀졌습니다. 놀라운 사실은 미국 언론사의 여성 간부 비율이 34%에 달한다는 것입니다. 여성 기자의 비율이나 여성 간부의 비율이 별반 차이가 없는 것이죠. 프랑스는 국장급 이상의 최고위 간부 비율이 14%에 이르는 것으로 알려져 있습니다(강미은, 2003).

기자의 연령별 성비 분포를 보면, 미국은 30세 이하에서 50:50으로 비율이 동등하며 연령이 높아질수록 차이가 나기 시작합니다. 31세부터 40세까지는 63:37, 41세부터 50세까지는 66:34, 50세 이상부터는 78:22 정도의 비율을 형성하고 있다고 합니다. 비록 기자 경력이 길어질수록 여성의 비율이 줄어들긴 하지만, 미국 미디어 조직 내에서 여성들이 차지하는 위상은 그저 부러울 따름입니다. 그러고 보니 1999년에 개봉된 미국 영화, 〈런어웨이 브라이드(Runaway Bride)〉에서는 ≪USA 투데이≫라는 미 전국지의 편집국장으로 여성이 등장합니다. 이 여성은 주연배우인 리처드 기어(Richard Tiffany Gere)의 아내로서 ≪USA 투데이≫의 칼럼니스트인 남편에게 취재를 지시하지요. 실제로도 미국에서는 2011년 ≪뉴욕타임스≫에서 사상 처음으로 여성 편집국장〔질 에이브럼슨(Jill Abramson)〕을 임명한 바 있습니다. 2013년엔 프랑스의 ≪르몽드(Le Monde)≫ 사장이자 편집국장으로 나탈리 누게이레드(Natalie Nougayrede)란 여성이 취임했고요. 그렇다면, 한국에서 지상파 방송사나 유력 일간지의 여성 사장 또는 여성 편집·보도국장을 만날 수 있는 날은 언제쯤 올까요?

인권 침해와 관련된 체크리스트

다음은 기자 자신이 성폭력 범죄 기사 작성과 관련해 인권 침해 소지가 있는지 스스로 점검할 수 있는 체크리스트입니다.

〈공판 청구/기소〉

1. 본 사건은 검찰이 피의자를 재판에 기소함으로써 공판이 청구된 사건인가?

    예 □   아니오 □

    (언론에 아직 알려지지 않은 사건은 공판 청구 이전의 경우, 검찰이나 경찰이 언론에 해당 사건에 대한 취재를 허락해서는 안 됨)

〈인권〉

2. 피해자의 얼굴, 이름, 나이, 주소, 학교, 직장에 관한 신상 정보를 공개했는가?

    예 □   아니오 □

3. 가해자의 얼굴, 이름, 나이, 주소, 학교, 직장에 관한 신상 정보를 공개했는가?

    예 □   아니오 □

4. 피해자 가족을 포함해 가해자 주변 인물에 관한 신상 정보를 공개했는가?

    예 □   아니오 □

5. 가해자 가족을 포함해 피해자 주변 인물에 관한 신상 정보를 공개했는가?

    예 □   아니오 □

6. 취재 과정에서 피해자의 인권을 침해하지는 않았는가?

예 ☐   아니오 ☐

7. 취재 과정에서 가해자의 인권을 침해하지는 않았는가?
   예 ☐   아니오 ☐

8. 취재 과정에서 피해자의 가족 또는 피해자 주변 인물의 인권을 침해하지는
   않았는가?
   예 ☐   아니오 ☐

9. 취재 과정에서 가해자의 가족 또는 가해자 주변 인물의 인권을 침해하지는
   않았는가?
   예 ☐   아니오 ☐

〈정황 묘사〉

10. 가해 사실을 상세히 묘사했는가?
    예 ☐   아니오 ☐
    (상세히 묘사할수록 비윤리적인 보도임)

11. 피해 사실을 상세히 묘사했는가?
    예 ☐   아니오 ☐
    (상세히 묘사할수록 비윤리적인 보도임)

12. 피해자의 입장을 고려해 단어 선택에 신중을 기했는가?
    예 ☐   아니오 ☐

13. 가해자의 범죄 행위를 미화하거나 희화화하는 듯한 단어를 사용하지는 않
    았는가?
    예 ☐   아니오 ☐

<부연 설명>

14. 성폭력 범죄와는 상관없는 가해자의 일화를 소개하고 있는가?

     예 □   아니오 □

15. 성폭력 범죄와는 상관없는 피해자의 일화를 소개하고 있는가?

     예 □   아니오 □

<원인 분석>

16. 피해자에게 책임을 일정 부분이라도 전가하지는 않았는가?

     예 □   아니오 □

17. 가해자 개인의 문제뿐만 아니라 사회 구조적인 문제도 고려했는가?

     예 □   아니오 □

18. 피해자 개인의 문제뿐만 아니라 사회 구조적인 문제도 고려했는가?

     예 □   아니오 □

참고문헌

김민성. (2018.7.18). "가정폭력특별법은 남편보호법? 솜방망이 처벌에 우는 아내들". http://news1.kr/articles/?3375353

김진경. (2013). 「여기자 간부 실태 및 리더십 탐색」. ≪여기자≫, 22호, 36~44쪽.

강미은. (2003). 「신문사 여성전문인력의 현황과 과제」. 한국언론학회 심포지움 및 세미나, 15~27쪽.

금준경. (2016.1.26). "'문재인의 여자', '안철수 품으로' 성차별 보도 도 넘었다". ≪미디어오늘≫. http://www.mediatoday.co.kr/?mod=news&act=articleView&idxno=127584

김세은·김수아. (2007). 「저널리즘과 여성의 이중 재현」. ≪한국언론학보≫, 51권 2호, 226~255쪽.

문선아·김봉근·강진숙. (2015). 「성폭력 범죄 보도 태도에 대한 근거 이론적 연구: 언론사 사회부 기자들과의 질적 심층인터뷰를 중심으로」. ≪한국방송학보≫, 29권 6호, 37~66쪽.

박장준. (2012.10.20). "기자들, 성범죄 보도 부끄럽지 않습니까?" ≪미디어오늘≫. http://www.mediatoday.co.kr/news/articleView.html?idxno=105556

세계경제포럼. (2018). 「세계 성 격차 지수」. http://reports.weforum.org/global-gender-gap-report-2017/

국제의원연맹. (2018). 「세계 여성 의원 비율」. http://www.ipu.org/wmn-e/classif.htm

세계보건기구. (2017.11.29). 「여성폭력(WHO)」. http://www.who.int/mediacentre/factsheets/fs239/en/

유선영. (2003). 『미디어 조직과 성차별: 여성언론인 주류화 방안』. 한국언론재단.

유숙열. (2011). "미술계의 페미니스트 전사, 게릴라 걸". ≪오마이뉴스≫. http://blog.ohmynews.com/feminif/361829

이수지. (2015.1.20). "英 일간 더 선, 45년 만에 가슴 노출 여성 사진 싣지 않아". 뉴시스. http://news.naver.com/main/read.nhn?oid=003&sid1=104&aid=0006314293&mid=shm&mode=LSD&nh=20150120165330.

이지훈·김정훈. (2018.10.26). "가정폭력 구속률 고작 1%… 무기력한 法". ≪동아일보≫, A12면.

정다영. (2003). 『다영이의 이슬람 여행』. 창비.

정철운·이소현. (2018.7.22). "방송뉴스엔 남성기자가 가득하다: [언론계 유리천장 下] KBS·JTBC·SBS·MBC 메인뉴스 리포트 여성기자 비율 35.5%… 남성지배적 프레임, 시청자에 그대로 전달". ≪미디어 오늘≫. http://www.mediatoday.co.kr/?mod=news&act=articleView&idxno=143673

최영애. (1999.4). "언론에 나타난 성 담론: 일간지 성범죄·성 관련 보도를 중심으로". ≪관훈저널≫, 245~255쪽.

최현주. (2010). "사이코패스 범죄보도의 젠더 담론: 강호순 사건에 대한 방송3사(KBS, MBC, SBS)의 뉴스 분석을 중심으로". 충남대학교 사회과학연구소. ≪사회과학연구≫, 21권 1호, 169~190쪽.

통계로 보는 한국의 성 불평등. http://blog.naver.com/ses4ses4/220620747310

Durose, M. R., C. W. Harlow, P. A. Langan, M. M. Motivans, R. R. Rantala and E. L. Smith. (2005). "Family violence statistics." Bureau of Justice Statistics. U.S. Department of Justice.

Finn, G. (1989-1990). "Taking Gender into Account in the "treat of Terror": Violence, media and the maintenance of male dominance." *Canadian Journal of Women and the Law, 3* (2), pp.375~394.

Martin, D. (1976). *Battered Wives.* San Francisco, CA: Glide Publications.

Pagelow, M. D. (1981). *Women-battering: Victims and their experiences.* Beverly Hills, CA: Sage.

Papper, B. (2016.7.11). "RTDNA Research: Women and minorities in newsrooms." https://www.rtdna.org/article/rtdna_research_women_and_minorities_in_newsrooms

05

지도 밖으로 행군하라

/

언론과 국제

2007년 5월 3일의 일입니다. 나이지리아 남부의 니제르 델타 지역에서 대우건설의 한국인 임직원 세 명이 현지 무장 괴한들에 의해 납치됩니다. 같은 해 1월에 나이지리아의 다른 건설 현장에서 근로자 아홉 명이 납치된 후 4개월 만에 발생한 일입니다. 한국 언론에서는 대우건설 직원 세 명이 나이지리아에서 또다시 피랍되었다며 납치 당시의 정황과 함께 이들의 안전 여부를 대대적으로 보도합니다.

당시, 대부분의 국내 언론사들이 해외의 유명 통신사와 대우건설 현지 사무소를 통해 기사를 전달한 가운데 훗날, 현지에 직접 들어가 주민들을 인터뷰한 언론사가 있었습니다. 진보적 일간지, ≪한겨레≫였습니다. 그리하여 현지 취재를 통해 밝혀진 사실은 마을 앞 5m 거리에서 석유가 나오지만 먹을 물조차 없어 갈증에 시달리는 해당 지역 주민들의 비참한 처지였습니다. 결국, 나이지리아 정부와 다국적 거대 기업들의 철저한 외면 속에 현지 주민들이 자신들의 곤궁을 알리기 위해 납치라는 극단적인 수단을 선택했다는 것이 ≪한겨레≫의 해설이었습니다(서수민, 2007).

* * *

　불교 국가인 미얀마의 남부에 살며 이슬람교를 믿는 민족이 있습니다. 동남아시아의 집시로 불리는 로힝야족입니다. 혹독한 차별을 받는 데다 불교도와의 유혈사태까지 종종 일어나 하루하루를 힘겹게 보내고 있는 로힝야족은 그 규모가 100만 명 안팎인 것으로 추정되고 있습니다(허은선, 2012).

　로힝야족은 자신들이 9세기경 미얀마에 정착한 아랍 상인들의 후손이라고 말하고 있지만, 미얀마 군사정권은 이들이 19세기 중반, 영국 정부의 식민 정책에 의해 노동자로 끌려온 인도 이슬람교도들의 후예라고 주장합니다. 미얀마 군사정권은 이들에게 시민권조차 부여하지 않은 가운데 불교로의 개종을 강요하며 토지 몰수와 강제 노동 등의 탄압을 실시하고 있습니다. 이에 상당수의 로힝야족들은 인근 국가인 태국, 말레이시아, 인도네시아 등으로의 탈출을 감행하고 있습니다. 하지만 대부분 난민 수용을 거부당해 공해상을 떠도는 보트피플이 되면서 현재는 국제 문제로 대두되고 있는 상태입니다.

　혹시, 자유와 평등, 박애와 관용의 나라인 프랑스에서도 폭동이 자주 발생한다는 사실을 들어보신 적이 있는지요? 파리 북부에 위치한 아미앵시에서는 2012년 8월에 발생한 폭동으로 경찰관 16명이 부상당한 가운데 차량 일곱 대가 전소되고 유아원, 체육관 등 공공건물이 불탔습니다. 다행히 사상자는 없었지만 아미앵 지역이 전국 15개 우범 지역의 하나로 선정된 이후, 검문검색이 강화되면서 주민들의 불만이 쌓이고 쌓인 끝에 폭동이 발생한 겁니다(최현아, 2012).

　문제는 2010년과 2011년에도 아미앵에서 폭동이 발생했다는 것입니다. 12%에 이르는 만성적인 실업률 속에서 프랑스 사회의 보이지 않는 차별에 절망한 이민자 가정의 젊은이들이 분노를 지속적으로 표출한 것이지요. 이러한 폭동은 아미앵에만 국한된 것이 아니라 파리 외곽(2005)과 그르노블(2010)에서도 발생했습니다.

올림픽이 열렸던 영국에서도 2011년에 대규모 폭동이 일어났습니다. 경찰의 발포로 흑인이 사망하며 시작된 폭동은 런던 북쪽의 토트넘 지역에서 발발해 버밍엄, 맨체스터, 브리스틀 등 영국 전역으로 번졌습니다. 프랑스 아미앵시의 경우와 유사하게 세대, 계층, 인종 간의 누적된 갈등이 원인이었습니다. 당시의 폭동 여파로 런던에서만 보험금 청구액이 5,300억 원에 이르렀으며 3,000여 명이 법원에서 폭동과 관련해 재판을 받았습니다(이태희, 2012).

그렇다면 이러한 일들이 우리에겐 왜 생소한 것일까요? 더불어 언론에서 우리에게 보여주는 세계의 그림은 어떤 법칙에 따라 그려지는 것일까요? 언론이 전달하는 국제 뉴스의 메커니즘을 더욱 잘 이해하기 위해서는 먼저 시계 바늘을 500여 년 전의 과거로 되돌려야 합니다.

* * *

1492년, 크리스토퍼 콜럼버스(Christopher Columbus)가 바하마 제도에 도착해 아메리카 대륙을 발견합니다. 자신이 죽을 때까지 인도의 서쪽이라고 생각했던 곳이죠. 콜럼버스의 신대륙 발견은 곧, 포르투갈과 스페인 사이의 영토 분쟁을 불러옵니다. 아프리카 대륙을 돌아 인도로 가는 길을 개척했던 포르투갈은 유럽에서 서쪽으로 향하는 모든 바다가 자신들의 것이라고 주장한 반면, 스페인은 아메리카가 아프리카를 도는 기존의 항로와 전혀 다른 곳에 있다고 반박한 것입니다. 이에 로마 교황청이 중재에 나선 결과, 아프리카 최서단에서 500km 떨어진 해상에 가상의 선을 긋고 이 선의 동쪽인 아프리카 방면에서 발견되는 땅은 포르투갈의 식민지로, 서쪽에서 발견되는 땅은 스페인의 식민지로 삼기로 양국이 합의합니다. 이 선은 포르투갈 측의 강력한 항의로 다음 해에 1,000km가 늘어난 1,500km로 재조정됩니다.

재미있는 사실은 이후에 발견된 아메리카 대륙의 남쪽, 그 가운데에서도 브라질이 1,500km로 연장한 서쪽 경계선의 아프리카 방면에 놓여 있었다는 것입니다. 이에 따라 브라질은 아메리카 대륙에서 유일하게 포르투갈의 식민지가 됩니다. 남아메리카의 모든 이웃 국가가 스페인어를 모국어로 사용하는 반면, 브라질만이 포르투갈어를 모국어로 사용하는 역사적인 이유입니다.

토르데시아스 조약은 서구 열강이 영토 경계선을 임의로 그어가며 자신들의 입맛대로 소유권과 기득권을 결정한 첫 번째 사례였습니다. 해당 권역에 속해 있는 국가들의 존재는 깡그리 무시한 채, 제국주의적인 관점에서 세계를 재단했던 것이지요. 이후, 토르데시아스 조약은 강대국 간의 영토 분쟁이 불거질 때마다 자신들의 이권을 조정하는 사표(師表)로 작용합니다.

경계 확정 조약은 비단 정부 차원 사이에서만 체결된 것이 아니었습니다. 19세기 후반에 등장하기 시작한 거대 통신사들 역시, 토르데시아스 조약과 유사한 협정을 맺었습니다. 1870년, 프랑스의 아바스(Havas) 통신사[1]와 독일의 볼프(Wolff) 통신사, 그리고 영국의 로이터(Reuters) 통신사가 국제 커뮤니케이션사의 한 페이지를 장식하는 뉴스교환협정을 체결합니다. 이들은 지구본 위에 또 다른 가상선을 그으며 독일의 볼프 통신사는 동유럽과 러시아, 프랑스의 아바스 통신사는 아프리카와 중동, 영국의 로이터는 아시아와 호주에서 통신 사업을 독점하기로 합의합니다. 이른바 세계 최초의 뉴스 카르텔이었습니다.

아바스, 볼프, 로이터의 뉴스교환협정은 통신사 상호 간의 과당 경쟁을 억제하고 취재 경비를 절약하는 동시에 해당 지역에서의 정보 취급 독점권을 인정하기 위해 이뤄졌습니다. 하지만 1870년의 뉴스 카르텔은 60여 년 뒤에 백지화되고 맙니다. 제1차 세계대전 이후, 세계적인 통신사로 부상한 미국의 AP통신이 라틴아메리카에 뉴스를 독점적으로 공급하기 시작한 것은 물론, 유럽과 아시아, 아프리카 등에도 통신 사무소를 설치했기 때문입니다.

그렇다면 현재 영국, 프랑스, 독일의 통신사 영향력은 어느 정도일까요? 비

---

1   AFP의 전신.

록, 카르텔이 붕괴되었다고는 하나 영국의 로이터와 프랑스의 AFP[2], 독일의 DPA[3]가 뉴스 카르텔 협정 당시, 뉴스 중계의 독점권을 보장받았던 지역에 대한 영향력은 여전히 막강합니다. 예전만큼 절대적이지는 않지만 영국은 호주와 뉴질랜드, 캐나다 등 영연방 국가에서, 프랑스는 아프리카와 중동에서, 독일은 동유럽에서 전통적인 강세를 보이며 해당 지역 소식을 전 세계에 신속하게 타전하고 있습니다.

* * *

만약, 여러분이 오프라인 언론사를 하나 세운다고 가정해 봅시다. 자본금 100억 규모의 일간지를 만들고자 한다면, 먼저 기자를 뽑고 인쇄 기계를 구입해서 신문을 제작해야 할 겁니다. 또 국내 뉴스는 물론, 해외 뉴스도 취급하려 한다면 특파원까지 고용해야 합니다. 그렇지만 특파원에 대한 월급은 물론, 특파원의 현지 체류 비용까지 감당하기에는 재정적인 부담이 클 수밖에 없습니다. 설령, 특파원을 파견하기로 결정을 내렸다 한들 우리나라에 가장 중요한 미국과 중국, 일본 이외의 여타 국가에도 특파원을 보내기는 현실적으로 쉽지 않을 것입니다. 그렇다면 유럽이나 동남아시아, 중동과 남아메리카 지역의 해외 뉴스는 어떻게 얻을 수 있을까요?

신생 언론사가 특파원을 파견하지 않은 채 해외 뉴스를 얻기 위해서는 먼저 연합뉴스, 뉴시스 또는 뉴스1과 같은 통신사와 전재(轉載) 계약을 맺어야 합니다. 이는 해외 통신사발 외신(外信) 뉴스가 반드시 국내 통신사를 거쳐 들어와야 한다고 '뉴스통신진흥법'에서 못 박고 있기 때문입니다. 물론, 연합뉴스, 뉴시스, 뉴스1도 외신을 취급하기 위해 해외 통신사들과 기사 제휴 계약

---

2   아바스의 후신.
3   제2차 세계대전 후인 1949년에 184개 신문사, 방송국의 공동 출자로 설립된 민영 통신사.

을 맺어야 합니다. 따라서 통신사끼리는 기사 제휴 협약을, 통신사와 언론사는 전재 계약을 맺게 됩니다.

해외 통신사들이 전송하는 기사를 자사 신문에 싣고자 한다면, 국내 언론사는 먼저 연합뉴스와 계약을 맺어야 합니다. 연합뉴스 이외에도 뉴시스, 뉴스1과 같은 민영 통신사들이 있습니다만, 이들 통신사는 역사와 규모 면에서 연합뉴스에 비해 그 수준이 뒤떨어지는 것이 사실입니다. 더욱이 연합뉴스는 2003년에 국가기간통신사로 지정된 이후, 매년 300억 원 이상의 국고 지원을 받고 있기에 자타가 공인하는 국가대표 통신사입니다.

국내외 기사를 광범위하게 공급하는 연합뉴스 덕분에 연합뉴스와의 계약을 체결한 신문사들은 단 한 명의 특파원도 없이 다양한 종류의 국제 기사를 내보낼 수 있습니다. 이러한 현실은 특히 지방 언론사들의 경우 더욱 극명하게 나타납니다. 참고로, 연합뉴스는 2019년 현재 세계 25개국 33개 주요 지역에 60여 명의 취재진을 파견하고 있습니다. 국내 최대의 발생 부수를 자랑하는 ≪조선일보≫의 특파원 수가 여섯 명(5개국)에 불과하다는 사실에 미뤄보면 그야말로 대단한 숫자가 아닐 수 없습니다. 하지만 이러한 연합뉴스도 전 세계 300개 이상의 지국에서 직원 3,700여 명을 고용하고 있는 AP통신에 비하면 그 규모가 초라하기 짝이 없습니다.

한편, ≪조선일보≫를 비롯한 몇몇 언론사들은 연합뉴스가 포털 사이트인 '네이버'에 기사를 제공하는 데 반발해 국내외 기사 가운데 외신만 제공받겠다는 분리 계약 요구를 연합뉴스에 줄기차게 해왔습니다. 그럼에도 연합뉴스에서는 국내외 뉴스를 한꺼번에 묶는 일괄 계약을 모든 언론사에 고수했습니다. 이에 ≪조선일보≫와 ≪중앙일보≫, ≪동아일보≫는 2013년부터 연합뉴스와의 전재 계약을 해지하기에 이릅니다. 현재 이들 신문사는 자사의 특파원과 국제부 기자 및 AP통신, 신화통신, 기사 제휴 협정을 맺은 뉴시스를 통해 외신을 제공하고 있는 실정입니다(정철운·허완, 2013).

* * *

2013년 5월, 필자는 한국언론정보학회의 봄철 정기학술 대회에서 '국내외 통신사의 뉴스 콘텐츠 전략'이라는 주제로 연구 결과를 발표한 적이 있었습니다(심훈, 2013). 당시, 필자는 홈페이지를 기준으로 5월 한 주 동안 로이터 및 AFP의 전체 기사와 연합뉴스의 전체 기사를 비교해 보았습니다. 분석 결과, 연합뉴스의 국제 기사 비율이 9.8%에 그친 데 반해 로이터는 국제 기사의 비율이 88.6%, AFP는 91.4%에 달하는 것으로 나타났습니다. 물론, 로이터와 AFP는 세계 굴지의 통신사인 관계로 지구촌을 대상으로 뉴스를 수집해 송고하는 반면, 한국의 연합뉴스는 국가기간통신사인 까닭에 국내 뉴스에 대한 취재 및 배포를 주된 업무로 삼고 있는 것이 사실입니다. 그럼에도 불구하고 연합뉴스는 국가기간통신사라는 지위에 걸맞게 특파원 수가 60여 명에 이르고 있습니다. 그런 연유로 연합뉴스가 제공하는 국제 기사는 국내 언론사들에게 매우 중요한 정보원으로 작용합니다. 참고로 2015년 현재, 세계 곳곳에 각각 51명과 55명의 특파원을 파견하고 있는 일본 ≪요미우리 신문≫과 ≪아사히 신문≫의 국제 기사 비율은 11.0%와 12.0%로 국가기간통신사인 연합뉴스보다 높은 실정입니다(심훈, 2016).

연합뉴스의 국제 기사를 좀 더 자세히 들여다보면 또 다른 안타까움이 발견됩니다. 연합뉴스의 국제 기사에서 세계 유수의 통신사 또는 현지 언론을 인용한 뉴스가 전체 국제 기사의 3분의 2(64.2%)에 달한다는 것입니다. 비록 특파원들이 해외 현지에서 기사를 보낸다고는 하지만, 세계적 통신사들의 뉴스나 현지의 유력 일간지, 주요 TV 등을 바탕으로 기사를 작성해 송고한 것이지요. 반면, 특파원이 직접 취재를 통해 한국적인 시각으로 국제 기사를 제작해 보내온 경우는 3분의 1에 불과했습니다.

연합뉴스를 둘러싼 또 다른 아쉬움은 국제 기사의 지역적 편중이 두드러진다는 것입니다. 일례로 연합뉴스가 송고한 미국 기사는 전체 국제 기사의

32.9%에 달하는 것으로 나타났습니다. 이 정도면 미국에 대한 로이터의 보도 비중(34.8%)과 별반 차이가 없는 셈입니다. 하지만 프랑스 국영 통신사인 AFP 는 미국 기사가 6.6%에 그쳐 상당한 대조를 보였습니다.

아시아도 마찬가지였습니다. 일본과 중국의 경우, 로이터는 11.4%, AFP는 15.7%의 비중을 보인 반면, 연합뉴스의 경우는 22.9%로 상당히 높았습니다. 물론, 이웃에 위치한 강대국들의 존재가 그만큼 두드러지기에 나타난 현상입니다만 상대적으로 유럽에 대한 연합뉴스의 비중이 매우 낮기에 안타까울 따름입니다. 로이터가 20.3%, AFP가 40.0%의 지면을 유럽에 할애한 데 반해, 연합뉴스는 9.2%의 뉴스만 유럽에 관한 것들이었으니까요.

문제는 또 있습니다. 미국과 중국, 그리고 일본에 대한 지역적 편중(55.8%)이 대단히 강한 가운데 기사의 종류 또한 정치와 사회 분야에 국한되어 있다는 것입니다. 예를 들어, 연합뉴스는 정치(43.9%)와 사회(29.0%)가 기사 주제의 3분의 2(72.9%) 이상을 차지한 가운데 해외 토픽(10.3%)과 경제(9.3%), 국방·안보(7.5%)가 그 뒤를 이었습니다. 대조적으로 로이터와 AFP는 정치가 각각 36.6%, 11.8%, 사회는 12.3%, 26.5%로 연합뉴스보다 모두 낮았으며, 상대적으로 경제 부분에 많은 관심을 보여(로이터 41.1%, AFP 20.6%) 연합뉴스보다 적게는 두 배에서 많게는 네 배 이상 많은 비중을 할애하고 있었습니다.

마지막으로 사건 기사를 의미하는 스트레이트의 비중에서 연합뉴스의 수치가 대단히 높은 것으로 나타났습니다. 로이터의 경우는 스트레이트와 해설이 섞인 기사의 비중이 26.5%, AFP는 15.9%에 달한 데 반해 연합뉴스는 해설이 가미된 스트레이트 기사의 비중이 1.9%에 불과했습니다. 해설의 경우에도 사정은 마찬가지여서 연합뉴스가 순수 해설만을 보도한 경우가 2.8%에 그친 반면, AFP는 11.6%, 로이터는 무려 41.2%의 해설 기사를 같은 기간 인터넷을 통해 내보냈습니다. 말하자면 연합뉴스는 현재 벌어지고 있는 상황 전달에 주력한 반면, 로이터와 AFP는 복잡다단하게 전개되는 현지 정세를 배경 설명이나 해설과 함께 곁들였다는 것입니다.

종합적으로 볼 때, 국가기간통신사인 연합뉴스는 해외 통신사 및 해외 유수 언론의 기사를 직간접적으로 인용해 전달하고 있지만 해당 소식들은 미국과 중국, 일본에 관한 뉴스가 다수이며 또 대부분 정치나 사회에 국한되어 있었습니다. 물론, 심층적이기보다 시의적이고 즉시적인 뉴스들이 대부분이었고요. 그렇게 볼 때, 유럽의 경제 상황이나 라틴아메리카의 사회문제, 그리고 중동의 분쟁 추이에 대한 심층 보도는 연합뉴스에서 접하기 힘든 실정입니다.

그렇다면 우리나라와 직접적인 연관이 없어 보이는 국가 및 비인기 권역에 왜 적절한 관심을 가져야 되는 것일까요? 이유는 간단합니다. 이제는 이들 국가와 비인기 권역에 대해 관심을 가져야 할 필요가 있기 때문입니다.

21세기의 지구촌은 그 전경(scope)의 변화 양상이 20세기보다 더욱 역동적이며 유기적으로 이뤄지고 있습니다. 인도의 석학인 아르준 아파두라이(Arjun Appadurai)가 통찰력 있게 지적한 대로 작금의 세상은 민족, 미디어, 사상, 기술, 금융의 다섯 가지 요소들이 국경을 초월해 전 지구적으로 유통되고 있습니다. 이에 따라 지구 한쪽에서 발생한 대규모 재앙이 이웃 국가는 물론, 지구 반대편에 있는 국가들에게까지 심대한 영향을 미치고 있습니다. 그 대표적인 예가 이슬람 국가인 IS(Islamic State)의 등장일 것입니다.

중동의 정세가 불안한 와중에 등장한 IS는 시리아와 이라크에서 대규모의 난민을 야기하고 있으며, 그 난민들 중 상당수가 터키를 거쳐 유럽에 흘러듦으로써 유럽연합(EU)의 회원국인 영국에까지 영향을 미치고 있습니다. EU의 재정 위기 심화로 자국의 금융 지원 부담이 가중된 상황에서 시리아 난민들을 받아들여야 할 기미가 보이자 영국의 캐머런(David Cameron) 총리는 2013년 1월, EU 탈퇴(브렉시트)에 관한 국민투표를 실시하겠다고 선언하지요. 이후, 영국의 투표 결과가 어떠했는지는 여러분도 잘 아실 겁니다. 2016년 6월 23일, 영국 국민들은 예상 밖으로 EU 탈퇴에 찬성표를 던짐으로써 영국을 비롯한 세계 증시는 검은 목요일을 맞이하게 됩니다. 한국의 증시도 직격탄을 맞으며 종합주가지수는 폭락하고 달러화와 엔화 가치는 급등하지요. 그러고 보면, 아랍의 봄[4]으로 촉발된 예맨 내전 역시, 우리나라에 지대한 영향을 미치고 있습니다. 정부군과 반군의 치열한 교전 속에 수많은 예맨인이 조국을 떠나 망명길에 올랐고 그 가운데 일부가 말레이시아를 거쳐 2018년에 제주도로 입국하며 정치적 망명을 둘러싼 거센 논란을 야기했기 때문입니다.

불과 20여 년 전만 하더라도 유럽과 중동은 정치적·경제적·안보적인 차원에서 우리와 직접적인 연관이 없었던 것이 사실입니다. 하지만 글로벌화가 전 지구적으로 진행되고 있는 21세기에는 이러한 흐름에서 동떨어진 국가는 존재하지도 않고 또 존재할 수도 없는 상황입니다. 그러한 가운데 미국 주도의 신자유주의, 신자본주의에 대한 반발도 지구촌 전체에 시나브로 확산되고 있지요.

따라서 비단 경제적인 위기 대응을 위해서뿐만 아니라 사회보장제도가 잘 발달해 있으며 노동, 교육, 환경, 성 평등, 인권 등에서도 정면교사(正面敎師)로 삼을 수 있는 유럽에 대한 개괄적 안내와 깊이 있는 이해는 무척 중요합니다. 중동 역시, 마찬가지입니다. 석유를 제외하면 우리와는 별 상관이 없었을 것 같았던 중동도 이제는 글로벌화의 물결 속에서 과거 그 어느 때보다 우리에게 직간접적인 영향을 끼치고 있는 것이 사실입니다. 미국과 중국, 일본만 바라보는 협소한 시각에서 벗어나 전 지구적 관점에서 국제 정세를 입체적이고 심도 있게 살펴야 하는 이유가 여기에 있습니다.

* * *

오늘날 세계 구석구석에서 벌어진 수많은 뉴스, 아니 좀 더 정확히 말해서

---

4   2016년 말 튀니지에서 시작되어 아랍 중동 국가 및 북아프리카로 확산된 민주주의 반정부 시위.

우리가 신문과 방송, 컴퓨터와 핸드폰을 통해 전송받고 있는 국제 뉴스들은 십중팔구 세계 3대 통신사(AP통신, 로이터, AFP)를 통해 전달되고 있습니다. 반대로 말해, 이들 3대 통신사가 다루지 않는 사건은 뉴스로서 우리 앞에 송고되지 않습니다. TV는 '세상을 비추는 창'이라고 누가 그랬던가요? 하지만 TV는 세상의 모든 모습을 담을 수도 없으며, 또 담고 싶어 하지도 않습니다. 그리하여 이 장의 처음에 소개해드렸던 나이지리아와 미얀마, 프랑스와 영국에서 벌어진 사건들은 좀처럼 우리들에게 알려지지 않는 이야기로 사장(死藏)되고 맙니다.

국제 커뮤니케이션이라 불리는 세계의 정보 흐름을 놓고 지난 1세기 이상, 서구는 자신들의 입맛에 맞는 뉴스들로 신문과 방송을 장식해왔습니다. 특히 제3세계에 대한 국제 커뮤니케이션의 편향성은 제2차 세계대전 이후 더욱 강해졌습니다. 이러한 배경에는 제3세계 국가들이 제1세계로부터 독립한 이후, 서구 언론들이 제3세계의 정치, 경제, 사회, 문화 등에 관해 부정적이고 편향적인 뉴스들만 전달한 이유가 자리하고 있습니다. 이와 관련해 1976년 7월, 인도의 뉴델리에서 열린 비동맹국 회의에서 당시 인도 수상이었던 인디라 간디(Indira Gandhi) 여사는 식민지를 다스렸던 강대국들이 식민지 국가의 정부가 부조리하고 부패한 집단이라는 인식을 퍼뜨리고 있다며 인도인들이 마치 식민 지배를 동경하고 있는 것으로 보도하고 있다고 비난합니다. 더불어 자신이 1975년에 취한 비상조치에 대해서는 민주주의에 대한 공격 또는 인도 헌법의 철폐라고 해석하여 많은 이들의 오해를 불러일으키고 있다고 지적합니다.

1970년대부터 제3세계를 중심으로 한 비동맹국회의를 비롯해 공산권 기자 조직체인 IOJ(International Organization of Journalists, 국제기자기구), 유엔 교육과학 문화기구인 유네스코(UNESCO) 등에서는 미국, 영국, 프랑스, 독일이 장악한 세계 뉴스의 유통망을 개선하거나 타파하려는 움직임을 보이기 시작합니다. 이 같은 모임의 중추 역할은 유네스코가 담당합니다. 유네스코는 객관적 진리의 제약 없는 추구와 함께 아이디어 및 지식의 자유로운 교환을 진척시키고자 1945년에 설립된 국제기구입니다. 이에 유네스코는 제3세계 국가들의 커뮤니케이션 정책을 분석하며 균형적인 뉴스 유통을 꾸준히 시도하고자 노력합니다.

안타깝게도 1970년대는 미·소 간의 냉전이 정점에 달했던 시기였습니다. 미국을 위시한 서방 진영과 소련을 필두로 한 공산 진영은 정치, 경제, 군사, 문화, 과학 등 모든 분야에서 첨예하게 맞섰습니다. 서방측은 매스미디어에 대한 감시와 통제의 우려를 들어 국가가 매스미디어의 콘텐츠를 관리하고 감독하는 것에 강력히 반대했습니다. 반면, 제3세계와 사회주의 국가들은 서방이 자신들의 매스미디어를 적절히 규제하지 않는 한, 서방 진영의 자본주의적이고 상업적인 뉴스들이 제3세계 및 사회주의 국가를 오염시킬 것이라고 보았습니다. 제3세계는 또, AP통신, 로이터, AFP 등 거대 통신사를 포함해 ≪워싱턴포스트≫, ≪르몽드≫, ≪타임≫과 같은 서방 유수의 언론사들이 우호적인 시각으로 제3세계를 다룰 수 있도록 서방 정부가 적극 나서줄 것을 요구했습니다. 미국, 영국, 프랑스를 위시한 12개 서구 대표들은 공산 진영의 요구가 민주 국가의 근간을 흔드는 무리한 요구라고 보고 1975년 12월, 프랑스 파리에서 소집된 정부 간 전문가 모임에서 퇴장하기에 이릅니다. 이에 제3세계 및 사회주의 국가들로 구성된 여타 회의 참석자들은 이듬해 나이로비에서 열린 유네스코 회의 제출 선언문의 초안을 별도로 작성해 승인합니다.

돌이켜 보면, 1970년대는 제1세계에서 제3세계로의 일방적인 뉴스 유통을 둘러싸고 서구 진영과 공산권, 그리고 비동맹국 간의 논쟁과 대립이 어수선하게 펼쳐진 시기입니다. 그러한 와중에 라틴아메리카를 중심으로 인도네시아, 인도, 이집트, 유고슬라비아 등이 제3세계를 위한 통신사 설립을 시도하기에 이르죠. 그렇다면 결과는 어떻게 되었을까요? 유고슬라비아의 국영 통신사인 탄유그(Tanjug)가 장비와 인력을 지원하기는 했지만 결국, 제3세계의 통신사 설립 프로젝트는 흐지부지되고 맙니다. 회원국들이 정권 홍보에 열을 올리거나 거짓, 왜곡으로 점철된 기사를 제공하는 통에 제3세계 스스로가 뉴스의 신뢰성에 의문을 제기한 것이죠. 물론, 이면에는 유고슬라비아의 중심적인 역할에 반발해 소련이 재정, 인력, 기술 지원 등에서 시큰둥한 반응을 보인 것도 이유로 작용했습니다.

서방 세계의 일방적인 뉴스 유통에 반발해 그들만의 통신사를 설립하고자 했던 비동맹국가들은 서구 진영의 무관심과 소련의 냉대 속에 결국, 좌초하고 맙니다. 이후에도 말레이시아에 의해 비슷한 노력이 시도되었습니다만(김도형, 2005), 아직까지 제3세계의 통신사 설립이 성공했다는 소식은 들려오고 있지 않습니다.

* * *

1980년, 유네스코에서 보고서 하나가 발간됩니다. 영국의 숀 맥브라이드(Sean McBride) 경을 위원장으로 한 맥브라이드 위원회가 수년간의 조사 끝에 내놓은 결과물이었습니다. 맥브라이드 보고서는 국제사회에서 정보가 자유롭고 균형 있게 흘러가도록 국제 커뮤니케이션의 유통 과정이 바뀌어야 한다고 주장합니다. 국제 커뮤니케이션이 제1세계에서 제2세계 및 제3세계로 일방적인 흐름을 보이고 있기에 선진국은 후진국에 대해 좀 더 많은 관심을 기울이고 제3세계는 지역 간의 연대를 통해 뉴스 풀을 확대해야 한다는 내용이었습니다. 여기에서 뉴스 풀이란 사전 협약에 의해 특정 언론사가 단독으로 취재한 뉴스를 여러 언론사들이 공동으로 사용하는 것을 의미합니다. 예를 들어, 올림픽 개최국에 한 나라의 모든 언론사가 취재 기자와 카메라 기자를 보낼 수는 없기에 공동으로 몇몇 언론사의 취재 및 사진 기자들을 파견하여 그들이 보내오는 기사를 모든 언론사가 함께 사용하는 것이죠. 말하자면, 맥브라이드 보고서는 제3세계가 제1세계에서 생산된 국제 뉴스만 취급하지 말고 제3세계에서 생산한 뉴스들을 공동으로 사용할 것을 권고한 것입니다.

맥브라이드 보고서는 비단 제3세계만의 정보 공유가 아닌, 제1세계, 제2세계, 제3세계 상호 간의 정보 공유도 권고합니다. 더불어 국제언론중재위원회를 설치해 언론인을 보호해야 한다는 방안도 내놓습니다. 하지만, 이러한 맥브라이드 보고서에 반발해 미국과 영국 등이 유네스코에서 탈퇴하고 맙니다.

유네스코의 맥브라이드 보고서는 1970년대 초부터 라틴아메리카를 중심으로 거세게 불어 닥친 '신국제정보질서(NWIO: New World Information Order)' 운동에 자극받아 탄생했습니다. 당시, 유네스코 총회에서 라틴아메리카가 제기한 문제는 서방 세계가 라디오 주파수의 60%를 차지하고 있는 가운데 뉴스는 세계 4대 통신사가 독점적으로 유통시키고 있으며 통신사 뉴스의 80%는 선진국에 관한 기사인 반면, 세계 인구의 75%를 차지하는 제3세계에 관한 기사는 20%에 불과하다는 점이었습니다. 이에 유네스코는 일명 '매스미디어 선언'으로 불리는 '새로운 국제정보 유통 질서를 위한 유네스코 선언'을 1978년에 발표하기에 이르죠. 그리고 매스미디어 선언의 개정판에 해당하는 맥브라이드 보고서가 1980년에 탄생합니다.

'신국제정보질서' 운동의 탄생에는 미국의 대중문화가 제3세계에 무차별적으로 확산되는 현상에 대한 우려와 반발이 자리하고 있었습니다. 이에 톰린슨(Tomlinson)이라는 학자는 미디어 제국주의라는 개념을 통해 라틴아메리카의 경우는 사실상 미국이 제국으로 군림하며 자신들의 자본주의적 이념을 남미에 전파하고 있다고 비난합니다.

* * *

유네스코에서 맥브라이드 보고서를 발간한 1980년, 미국 애틀랜타에서 세계 최초로 1년 내내 뉴스만 전문적으로 방송하는 채널이 탄생합니다. 미디어 거물 테드 터너(Ted Turner)가 설립한 CNN(Cable News Network)이었습니다. 초기에는 빈약한 인력과 조직으로 숱한 어려움을 겪었지만 곧 우주왕복선 챌

런저호 폭발(1986), 베를린 장벽 붕괴(1989), 톈안먼 사태(1989) 등 격동의 현장을 쉬지 않고 생생하게 중계함으로써 뉴스 전문 채널로서의 입지를 다져나갑니다.

CNN의 위상을 단숨에 세계적인 반열에 올려놓은 계기는 1991년에 발발한 걸프전이었습니다. 당시 CNN은 미군과 다국적군이 이라크군을 쿠웨이트에서 몰아내는 과정을 여과 없이 보여줍니다. 특히 지상군을 투입하기 전 한 달 동안, 10만여 회에 걸쳐 이라크의 주요 시설을 파괴한 미군과 다국적군의 공중 폭격 장면은 전 세계 안방에 고스란히 전달됩니다. 필자 역시, 20여 년이 지난 오늘까지도 당시 CNN이 미군으로부터 입수해 방영한 동영상을 뚜렷하게 기억하고 있습니다. 어둠 속에서 적외선 카메라를 통해 적의 주요 건물을 확인한 전투기가 스크린상에서 표적이 표시되어 있는 곳을 향해 미사일을 발사하고, 곧이어 건물이 파괴되는 장면에서는 CNN의 아나운서가 "적외선 카메라로 목표 지점을 찾아 마치 외과 의사가 집도하듯이 정확하게 해당 건물만을 파괴합니다. 이러한 정밀폭격으로 민간 건물과 민간인에 대한 불필요한 희생은 최소화됩니다"라고 설명합니다.

미국을 위시해 중동 및 유럽 등의 여론을 우호적으로 만들기 위한 미군의 언론 정책은 24시간 뉴스를 방영해야 하는 CNN의 이해와 잘 맞아 떨어지며 바그다드의 비극을 생생히 전했습니다. 그리하여 걸프전은 미군 역사상 가장 성공적인 대(對)언론 캠페인을 수행한 전쟁 무대가 됩니다. 더불어 CNN은 걸프전을 통해 지구촌의 화약고인 중동을 포함해 세계 곳곳의 갈등과 위기, 분쟁과 재난들을 가장 빠르고 가장 현장감 있게 전달하는 뉴스 채널로의 입지를 확고히 다지게 됩니다.

한편, CNN에 대항해 1996년 11월에는 '알자지라'라고 하는 아랍 방송사가 출범합니다. 반미국적·범이슬람적 시각에서 아랍인의 목소리를 전 세계에 전파하기 위해 카타르에 설립된 위성 텔레비전 방송국이었습니다. 알자지라는 카타르 국왕인 알타니 일가가 1억 5,000만 달러를 투자해 설립한 민간 상업 방송사입니다. 이후, 아랍에서는 보기 드물게 완전한 언론 자유를 보장하는 카타르에서 알자지라는 팔레스타인의 눈물을 포함해, 중동 지역에서의 테러와의 전쟁 등 아랍 세계의 비극적인 장면들을 가감 없이 전송합니다. 알자지라는 특히 아랍 방송사 최초로 이스라엘의 최고 지도자와 인터뷰하는 등 아랍의 금기를 깨는 데 앞장서기도 합니다. 그런 알자지라가 세계적인 명성을 얻게 된 계기는 2001년의 뉴욕 9·11 테러를 기획한 오사마 빈라덴(Osama bin Laden)의 녹화 테이프를 최초로 공개하면서부터입니다. 당시, 미국은 아프가니스탄에서 탈레반 정권과 오사마 빈 라덴의 테러 조직인 알카에다를 상대로 테러와의 전쟁을 벌이고 있었으며 이러한 와중에 빈 라덴은 자신이 무사히 살아 있음을 전 세계에 알리는 비디오를 알카에다에 전달하지요. 비록 테러 조직에 편향된 보도를 했다는 비난을 받기도 했지만 이후, 알자지라는 아랍권의 이념과 이슬람 가치관을 대변하는 매개체로 우뚝 서게 됩니다(김남두, 2007).

제3세계 통신사의 설립 실패와 알자지라의 성공이 주는 교훈은 국제 커뮤니케이션의 유통 주체가 연합을 통해 형성되기보다 개별적으로 행해져야 하며 국제 커뮤니케이션의 콘텐츠는 차별적이어야 한다는 것입니다. 그런 까닭에 AP통신, AFP, 로이터가 장악하고 있는 국제 뉴스 시장에서 알자지라와 함께, 중국의 신화통신, 일본의 교도통신, 한국의 연합뉴스 등이 나름대로의 독자적인 목소리를 내기 위해 오늘도 고군분투하고 있습니다.

* * *

현재 국제 뉴스 연구에는 그 양을 가늠하기조차 어려울 정도로 많은 결과물이 축적되어 있습니다. 개인적인 견해로는 커뮤니케이션 분야에서 정치와 함께 가장 많이 다뤄진 부문이 국제 뉴스가 아닐까 생각해 봅니다. 그럼 이번에는 국제 뉴스에 관한 연구들을 통시적인 동시에 주제별로 간단히 살펴보도록 하겠습니다. 그래야만 국제 뉴스를 둘러싼 쟁점들을 좀 더 입체적으로 이해할 수 있을 테니까요.

먼저, 국제 뉴스의 특징 및 흐름과 관련해 선구적인 역할을 수행한 연구로는 윌버 슈람(Wilbur Schramm)의 저서, 『세계 언론의 하루(One Day in the World's Press)』(1959)를 들 수 있습니다. 여기에서 슈람은 소련의 헝가리 혁명 무력 진압 및 수에즈 운하의 국유화를 둘러싼 이집트와 이스라엘, 영국, 프랑스의 무력 충돌에 대해 미국, 영국, 프랑스, 중국, 일본 등 14개국의 14개 유력 일간지들을 분석함으로써 당시, 세계의 유수 일간지들이 헝가리의 민주혁명보다 제3차 세계대전으로 확대될 가능성이 있는 수에즈 분쟁에 더욱 많은 관심을 기울였음을 밝혀냅니다. 이와 함께 아미너 외스트가드(Einar Östgaard)는 세계적인 뉴스 미디어들이 서유럽 선진국 및 개발도상국의 보도 비중에 위계적인 차이를 두고 있다는 사실을 확인한 바 있으며, 요한 갈퉁(Johan Galtung)과 마리 홈보에 루지(Mari Homboe Ruge)는 보도 대상 국가의 정치적·경제적 영향력을 비롯해 지리적·문화적 근접성 등이 해당 국가에 대한 보도 빈도 및 보도 특성 등을 결정짓는다는 분석 결과를 내놓습니다(Schramm, 1959; Östgaard, 1965; Galtung and Ruge, 1965).

한편, 앞서 설명한 대로 1970년대에 들어서는 국제 커뮤니케이션의 편향적인 유통 및 정보 불평등의 구조적인 심화를 지적한 NWICO(신세계 정보 및 커뮤니케이션 질서) 논쟁이 불거집니다. 이와 관련해 유네스코의 맥브라이드 보고서는 서구 미디어가 국제 정보 채널을 통제함으로써 제3세계에 관한 왜곡된 시각을 양산하고 있다며 서구 글로벌 미디어의 과도한 집중 및 상업화의 억제와 함께 국제 커뮤니케이션의 민주적인 유통을 주창합니다. 이후 정치적·경제적·문화적·기술적인 측면에서 국제 커뮤니케이션의 불평등한 흐름을 더욱 심층적으로 규명하고 그 현상을 심도 있게 파헤치는 수많은 실증 연구가 쏟아졌습니다.

히로미 초(Hirom Cho)와 스티븐 레이시(Stephen Lacy)에 따르면, 국제 뉴스 보도에 관한 경험 연구들은 크게 세 가지 접근 — 내용 중심적, 맥락 중심적, 기구·조직 중심적 — 가운데 하나로 분류될 수 있습니다(Cho and Lacy, 2000). 먼저, '내용 중심적인 접근'으로 구분될 수 있는 경험 연구는 국제 뉴스로 다뤄지는 사건의 주제와 내용에서 언론사를 통틀어 공통적으로 발견되는 특징들을 분석하고자 노력하고 있으며 뉴스 가치적 측면에서 시의성, 근접성, 흥미성, 갈등 등과 같은 다양한 예측 변인을 검증하고 있습니다. 이들 연구는 국제 사건이 규범적인 측면에서 일탈적일수록 뉴스 가치가 높게 평가받고 있으며 이러한 경향은 미국, 영국, 노르웨이, 한국 등에서 공통적으로 발견되고 있다고 지적합니다.

두 번째로 '맥락 중심적인 접근'은 미디어 기구를 둘러싼 외부 요인에 주목하며 시장과 지리, 문화 같은 환경적 요소가 국제 뉴스의 보도 내용을 결정짓는다고 인식합니다. 예를 들어, 미디어 기구를 둘러싼 외부 요인 가운데 국가 간의 경제-문화적 연대에 무게를 두는 연구들은 보도국 및 보도 대상국 간의 무역량 및 수출입 규모, 투자 및 원조 규모 등에 주목합니다. 이에 따라 존 데이비드 듀프리(John David Dupree)와 알 헤스터(Al Hester), 안드레 버네일(André J. De Verneil) 같은 학자들은 국제 뉴스의 흐름에 영향을 미치는 독립 변인으로 여타 지표들과 함께 국가 간의 경제 관계 및 교역을 지목해 이에 대한 연구를 수행한 바 있습니다(Dupree, 1971; Hester, 1973; De Verneil, 1977). 파멜라 슈메이커(Pamela J. Shoemaker)와 루시그 다니엘리안(Lucig H. Danielian), 낸시 브렌들링거(Nancy Brendlinger) 역시, 정치적·경제적으로 미국에 중요한 나라들의 일탈 뉴스가 더욱 잘 보도된다는 사실을 밝혀낸 바 있지요(Shoemaker, Danielian and Brendlinger, 1991).

마지막으로 '기구·조직 중심적 접근'은 통신사 의존도, 특파원 유무, 신문사 규모 등에 관한 변수와 국제 뉴스의 다양성에 대한 상관관계를 측정하는 데 관심을 기울입니다. 먼저, AP통신과 UPI통신의 국제 뉴스를 분석하고 이들 통신사의 국제 뉴스가 미국의 지역 신문에 어떠한 영향을 미치는지 조사한 클리브랜드 윌호이트(G. Cleveland Wilhoit)와 데이비드 휴 위버(David Hugh Weaver)는 제1세계와 제3세계에 대한 이들 통신사의 보도 비율이 뉴스 가치가 있는 사건 자체의 발생 유무 등에 따라 좌우될 수 있다며, 지역 언론사는 통신사의 여러 뉴스 가운데 갈등과 분쟁 뉴스의 게재에 많은 관심을 기울인다고 결론지었습니다(Wilhoit and Weaver, 1981, 1983).

통신사를 둘러싼 또 다른 학문적 성과로는 주요 통신사의 특파원이 해당 지역에 존재하느냐 존재하지 않느냐에 따라 해당 지역에 대한 뉴스 보도의 횟수 역시 좌우된다는 데니스 우(Denis Wu)의 연구를 꼽아볼 수 있습니다(Wu, 2000). 마찬가지로 비벌리 호빗(Bererly Horvit)과 피터 게이드(Peter Gade), 엘리자베스 렌스(Elizabeth A. Lance)는 통신사 뉴스, 지리적 근접성, 지역 편집장의 게이트키핑(gate keeping), 미군의 주둔 여부, 국제적 사건 발생 등 여러 요소 가운데 해당 국가에 대한 통신사 뉴스의 보도 빈도가 미국 지역 신문 편집장의 국제 뉴스 선택에 가장 많은 영향을 미친다는 분석 결과를 내놓은 바 있습니다(Horvit, Gade and Lance, 2013). 이와 관련해 국내 연구로는 김경모(2000)가 언론사의 조직 구조를 변인으로 열 개 중앙일간지의 국제면 보도 기사를 분석한 결과, 국제 뉴스의 공유율은 특파원 배치의 유사성을 포함해 뉴스 통신사 의존도 및 국제부 규모의 차이와 통계적으로 유의미한 상관관계를 지니고 있다고 밝혀냈습니다.

* * *

대중매체는 우리가 세상에 대한 이미지를 형성시키는 데 가장 많은 정보를 제공하는 매개물입니다. 특히, 대중매체가 전달하는 국제 뉴스는 저명한 미 언론인 월터 리프만(Walter Lippmann, 1922)이 이미 1세기 전에 적시한 것처럼 '세상에 대한 상(像)'을 끊임없이 제공하는 기제라 할 수 있습니다.

앞서 언급한 것처럼 서방 언론의 제3세계에 관한 보도가 편향적이고 부정적이라면 한국 언론의 국제 보도는 어떨까요? 별도의 특파원들을 운영하고 있는 국내의 유력 일간지들은 과연 연합뉴스와 유사한 유형의 국제 보도 성향을 보이고 있을까요? 아니면, 각자 나름대로의 특징을 선보이고 있을까요? 더불어, 20세기 하반기와 비교해볼 때 21세기 현재 한국 언론의 국제 보도는 어떤 경향을 띠고 있을까요?

결론부터 말하자면, 지난 수십 년간 한국 언론학계에서 축적한 연구 성과들을 종합해볼 때 국내 언론사들 간의 국제 뉴스는 이념과 정파성을 떠나 차별성이 그리 크지 않으며, 선정적이고 일화적인 일탈성 보도가 많은 가운데 미국, 중국, 일본 중심적인 보도 속에서 중동과 남미, 아프리카 등 제3세계에 대한 관심은 매우 부족한 것으로 분석되고 있습니다. 그럼에도 불구하고, 국제 뉴스 분석에서 분석 대상 국가 및 분석 대상 언론사, 그리고 분석 내용은 점차 다양해지고 있습니다. 그럼, 이제부터 통시적인 동시에 공시적인 차원에서 한국 언론의 국제 뉴스 보도에 대한 연구 결과들을 살펴보도록 하겠습니다.

먼저, 국제 뉴스에 대한 국내 언론학계의 분석은 1970년부터 이뤄지기 시작했습니다. 예를 들어 남선우(Nam, 1970)는 1970년대 당시 최고의 발행 부수를 자랑하던 ≪동아일보≫의 일주일간 해외 뉴스를 분석한 결과, ≪동아일보≫의 국제 뉴스 비율이 전체 뉴스의 23%에 달한다는 내용과 함께 공산화가 진행되고 있는 동남아시아에 대한 보도 비율은 국제 기사 내에서 35%에 이른다고 분석한 바 있습니다. 이와 함께, 이상철(1982)은 '한국 신문에 나타난 미국의 이미지'라는 주제로 ≪조선일보≫, ≪중앙일보≫, ≪동아일보≫, ≪한국일보≫에 나타난 미국 보도를 분석하며 미국에 관한 기사가 국제 뉴스에서 48.7%에 이르는 압도적인 비중을 차지한다고 밝힌 바 있습니다. 하지만 한국 언론의 국제 뉴스에 대한 본격적인 분석은 1990년대부터 활발하게 행해지기 시작해 외신 기사, 지방 신문의 국제 뉴스, 해외 정론지와의 국제 뉴스 보도량 비교, KBS, SBS 및 CNN의 국제 뉴스 비교 등에 관한 연구가 수행됐습니다.

2000년대 들어서는 관심 주제 및 분석 대상에서 더욱 다양한 논문이 줄을 이었습니다. 이에 따라 중앙 일간지의 국제 뉴스 유사성에 관한 연구를 특파원 파견 현황에 따라 언론사 국제부의 조직적 차원에서 분석한 김경모(2000)를 비롯해 전국지와 지방지의 국제 뉴스를 비교한 논문들이 국제 뉴스와 관련된 새로운 논의에 힘을 보탰습니다. 최근에는 한국 신문의 아시아와 서구에 대한 보도 양상 차이와 함께 한국 시사 잡지의 국제 뉴스 다양성 연구가 선보이면서 국제 뉴스를 둘러싼 주제 및 분석 매체는 더욱 다양해지고 있습니다.

개괄적인 측면에서 조명해 보면, 국내 언론학계에서 행해진 국제 뉴스 분석은 크게 두 가지 흐름으로 정리될 수 있습니다. 첫 번째는 분석 대상이 국내 언론의 국제 뉴스에 집중된 경우입니다. 이들 연구는 국내 언론사의 국제 뉴스가 미국 중심의 보도 속에서 선정적이고 일화적인 흥미 위주의 일탈성 보도를 많이 내보내고 있으며 중동과 남미, 아프리카 등 제3세계에 대한 관심은 매우 부족한 것으로 지적하고 있습니다.

두 번째는 국제 뉴스의 분석 대상이 해외 언론에 적용되는 경우입니다. 이들 연구는 미국을 포함해 유럽 주요 국가들과 일본, 중국 등의 국제 뉴스를 분석 대상으로 다뤘지만 미국에 대한 연구가 가장 활발하게 이뤄져 왔으며 그 연구 주제와 분석 대상은 국제 뉴스 수집과 관련한 기자 개개인의 자율성에서부터 기사 종류 및 취재 영역, 정보원 비교는 물론, 국제통화질서의 구축과 관련된 강(強)달러 담론 전략 등에 이르기까지 매우 폭넓게 수행되고 있습니다.

한편, 미국 이외의 여타 국가에 대한 국제 뉴스 분석도 해를 거듭할수록 다채로워지고 있으며 특히, 동아시아의 역학 구도에서 중추적 역할을 담당하고 있는 일본과 중국에 대한 연구는 지속적으로 늘고 있는 추세입니다. 이와 관련해서는 한국과 일본의 주요 4대 일간지를 대상으로 도쿄 특파원과 서울 특파원의 독도 관련 기사가 분석된 이래, ≪조선일보≫의 도쿄 특파원 및 ≪요미우리 신문≫의 서울 특파원이 작성한 기사가 비교 분석된 바 있습니다. 더불어 동아시아 공동체라는 주제로 동아시아 지역과 금융 협력에 대한 한국, 중국, 일본의 언론 보도가 비교됐으며, 아시아와 서구라는 이분법적 구분으로 ≪조선일보≫와 ≪동아일보≫, ≪한겨레≫와 ≪경향신문≫의 국제 뉴스가 조사된 바도 있습니다. 최근에는 후쿠시마 원전 사고에 대한 한·중·미 3국 간의 뉴스가 도쿄 주재 한국, 미국, 중국 특파원들에 대한 심층 인터뷰와 함께 복합적으로 비교되기도 했습니다. 이들 연구 역시, 한국의 국제 뉴스가 자국 중심주의적인 입장에서 상대적으로 협소한 시각으로 동아시아의 역학 관계에 접근하고 있다고 지적합니다. 그럼, 다음에서는 한국과 일본의 국제 뉴스에 대한 차이를 좀 더 자세히 알아보도록 하겠습니다

* * *

국제 기사는 통신사가 제공하는 국제 뉴스를 비롯해, 해당 언론사의 특파원과 통신원, 그리고 국제부 내근 기자들이 복합적으로 생산하는 뉴스입니다. 그럼에도 불구하고 국제 기사 제작에서 특파원의 역할은 매우 중요합니다. 이는 국가 간의 이해관계가 갈수록 첨예해지고 국제적 사안들이 복잡다단하게 전개되는 21세기를 맞아 자국 중심적인 시각에서 국제 뉴스를 전달하는 특파원들의 역할이 그 어느 때보다 중요하다고 여겨지기 때문입니다. 강대국들의 이해관계로 재단된 통신사 뉴스들이 자국 중심적인 시각에서 작성되기에 한국인에게 최적화된 정보를 제공하는 것은 한국의 해외 특파원들이 송고하는 기사가 될 수밖에 없습니다.

돌이켜 보면 동아시아 근대사에서 한·중·일 3국 가운데 가장 먼저 세계 정세 — 좀 더 정확히 말하면 유럽 정세 — 에 눈뜨며 서양 문물을 받아들인 국가가 일본이었습니다. 이에 따라 일본은 쇄국 정책으로 일관하던 조선과 달리 일

찌감치 문호를 개방함으로써 근대화와 공업화에 성공했죠. 이후, 선진 기술 문명을 기반으로 열강 대열에 들어선 일본은 조선과 중국을 비롯한 동아시아 여러 국가를 식민지로 삼기에 이르렀지만, 폐쇄적인 군국주의로 말미암아 세계와의 교통을 단절하며 파국의 길로 접어들었습니다. 그런 면에서 볼 때 다시, 지구촌 소식에 남다른 관심을 기울이며 국제 뉴스 생산에 많은 인적·물적 자원을 투자하고 있는 작금의 일본 언론은 능히 우리가 정면교사(正面敎師)로 삼을 만합니다.

사실, 언론 환경 부문에서 한국의 부러움을 살 수밖에 없는 일본은 유력 일간지의 경우, 세계 최대 규모의 해외 지국을 운영하고 있습니다. 일례로 2015년 현재, ≪요미우리 신문≫은 27개의 해외 지국에 51명의 특파원들을 파견하고 있으며 ≪아사히 신문≫은 33개의 해외 지국에 55명의 특파원들을 내보내고 있습니다. 반면, ≪조선일보≫는 2019년 현재 다섯 개 지국에 여섯 명을 파견하고 있으며 ≪한겨레≫는 세 개 지국에 세 명의 특파원을 내보내고 있어 특파원 수만 놓고 단순 비교해 보면 최대 18배가량의 큰 격차를 보입니다.

그렇다면, 이 같은 해외 지국의 운용 및 특파원의 파견 규모 차이가 양국 유력 일간지들의 국제 뉴스 생산에는 어떤 영향을 미치며 또 어떤 특징들을 도출해내고 있을까요? 필자가 ≪조선일보≫와 ≪한겨레≫, ≪요미우리 신문≫과 ≪아사히 신문≫ 등 한국과 일본의 유력 일간지 네 곳의 2014년 국제 기사를 2주일 치를 조사해 본 바에 의하면, 지면 전체 및 1면을 둘러싼 국제 기사의 비율은 양국 간 차이가 없는 것으로 밝혀졌습니다. 이는 발행 부수의 크기 및 특파원 운용을 둘러싼 해외 지국의 규모와 상관없이 한 언론사에서 국제 기사가 차지하는 비중은 양국이 전반적으로 비슷하다는 것을 의미합니다.

그럼에도 불구하고 해외 지국의 규모에서 가장 큰 격차를 보여주는 ≪아사히 신문≫(33개 지국)과 ≪한겨레≫(3개 지국) 사이에서는 전체 지면 대비 국제 기사의 비중 차이가 각각 12%와 8%로 나타나 통계적으로 유의미한 것으로 분석됐습니다. 이와 함께 국제 기사의 작성 주체에서 드러나는 한·일 양국 간의 격차는 상당한 것으로 분석되었습니다. 더불어 특파원발 기사 송고가 차지하는 비율을 살펴보면 ≪요미우리 신문≫과 ≪아사히 신문≫이 90%에 달하는 높은 비율을 보인 반면, ≪조선일보≫와 ≪한겨레≫는 50%에 채 미치지 못하는 것으로 드러났습니다.

국가별 보도 비중을 살펴보면, 한국의 경우 미국(26.3%), 중국(16.6%), 일본(14.3%), 서유럽(9.2%), 동남아시아(7.9%), 중동(5.7%), 러시아(5.1%) 등의 순이었던 반면, 일본은 중국(20.0%), 미국(19.3%), 중동(10.9%), 동남아시아(9.7%), 한국(6.8%), 러시아(4.4%), 서유럽(3.2%)의 순으로 나타나 조금씩 다른 양상을 보였습니다. 특히, ≪조선일보≫와 ≪한겨레≫는 미국에 대한 보도 비중이 중국을 크게 상회했던 반면, 일본은 중국이 미국을 근소하게 앞질렀으며 중동과 동남아시아에 대한 관심이 한국보다 상대적으로 높은 것으로 조사됐습니다. 반면, 한국은 서유럽에 상대적으로 높은 비중을 두고 있었고요.

한편, ≪한겨레≫와 ≪조선일보≫는 특파원이 세 명에서 여섯 명에 불과한데, 그들이 분석 기간 동안 작성한 기사 수를 확인해 보면 ≪조선일보≫는 특파원 1인당 9.1건, ≪한겨레≫는 9.7건이었습니다. 이는 ≪요미우리 신문≫의 1인당 3.6건, ≪아사히 신문≫의 2.5건을 세 배에서 네 배가량 웃도는 것으로 나타났습니다. 이러한 현상은 ≪조선일보≫와 ≪한겨레≫의 특파원들이 해외 지국의 수적 열세에서 오는 현지 기사의 부족분을 메우기 위해 거의 매일 기사를 작성하고 있기 때문인 것으로 풀이되고 있습니다. 예를 들어 ≪요미우리 신문≫과 ≪아사히 신문≫은 미국의 경우 워싱턴과 뉴욕, LA, 유럽에서는 런던, 파리, 베를린, 모스크바, 브뤼셀, 빈, 로마 등, 중동에서는 카이로와 예루살렘, 남아시아에서는 뉴델리와 이슬라마바드, 동남아시아에서는 타이베이와 방콕, 싱가포르와 자카르타, 그리고 중국에서는 베이징과 상하이, 홍콩과 광저우, 단둥 등에 지국을 설치해 세계 각국의 주요 뉴스를 다양하게 전달하고 있지만 ≪조선일보≫와 ≪한겨레≫는 워싱턴과 뉴욕, 도쿄와 베이징, 모스크바와 파리에 파견된 특파원들이 미국과 중국, 러시아와 일본, 그리고 유럽에 관한 뉴스를 모두 책임져야 했습니다.

마지막으로 국제 뉴스에서 현지 언론을 주요 정보원으로 삼고 있는 기사 비중은 연합뉴스의 경우와 마찬가지로 한국이 일본에 비해 월등히 높은 것으로 나타나 이 부문에서 한·일 양국 간의 격차는 쉽사리 좁혀지기 힘든 것으로 분석됐습니다. 이는 앞서 검증된 바와 같이 ≪조선일보≫와 ≪한겨레≫의 특파원들이 같은 기간 ≪요미우리 신문≫과 ≪아사히 신문≫의 특파원들에 비해 서너 배나 많은 기사를 작성해야 하는 열악한 환경 속에서 해당국 정부 관계자 등을 직접 인터뷰하기보다 현지 언론 또는 영미 언론에 의존함으로써 시간과 비용을 절약하기 위한 방안의 일환인 것으로 짐작됐습니다.

* * *

"그래도 아디스아바바의 호텔은 괜찮았습니다. 세계 어디든 수도에 있는 호텔은 괜찮잖아요? 그런데 지방으로 내려가면 숙박업소의 수준이 상당히 낮아집니다."

2015년에 에티오피아를 다녀온 후배 언론학자의 말이었습니다. 한국국제협력단(KOICA) 주관으로 매스컴을 활용한 출산 억제 정책의 계도를 위해 인구 전문가와 함께 현지를 다녀온 직후에 "숙소는 괜찮았느냐?"는 필자의 물음에 대한 답변이었습니다.

"그런데 중국이 길을 엄청나게 닦아 놓았더라고요. 지금도 에티오피아 사방에 길을 닦고 있어요. 자원 외교를 위해 자신들이 차관을 제공해가며 그 차관을 지불받는 형식으로 말이죠."
"햐, 마치 조선에 진출했던 세계 각국의 열강과 일본이 했던 수법 그대로네? 시장도 선점하고 경제적으로 종속도 시키고."

"그렇죠. 그런데 재미있는 사실은 거기에서 일하는 중국인 노동자들이 귀국을 하지 못한다는 겁니다. 그냥 거기에 눌러앉아 살아야 한다는 것입니다."

"세상에. 그러면 자연스럽게 화교 사회가 형성되겠네."

"그렇지요. 모르긴 해도 나중에 아디스아바바의 한가운데에 화교촌을 건설하겠지요. 요지란 요지는 다 차지할 테고요."

"그러면 중국에서 그들을 내보낼 때는 지원자를 받아낼겠네?"

"그러겠지요? 중국 땅을 합법적으로 벗어나고자 하는 이들은 많을 테니까요."

"진짜 머리 좋다. 그야말로 일석이조, 아니 일석삼조네. 경제적으로 종속시키면서 중국 인구는 줄이고, 아프리카 대륙엔 화교촌까지 건설하니……."

"그렇습니다."

인터넷과 TV, 신문 등을 통해 날마다 수많은 뉴스를 챙기지만 어느 곳에서도 이와 같은 이야기는 접해보지 못했습니다. 아프리카에 겨우 두 번 다녀온 후배가 듣고, 보고, 경험하고 느낀 사실인데, 그저 생소하고도 신기하며 놀라울 따름이었습니다. 아니, 솔직히 경악스러울 정도였습니다.

국제 뉴스란 이 같은 소식들도 깊이 있게 취재해 다뤄야 하지 않을까요? 세계 곳곳에서 일어나는 의미 있는 일들을 다양하게 전달해야 비로소 강대국들의 행보와 행태도 더욱 잘 이해될 수 있을 테니까요. 한데, 아프리카의 소식은 우리와 전혀 무관하다면서 테러나 폭동, 전쟁이나 기아가 발생할 때에만 잠깐 들여다보고 마는 것이 우리의 국제 뉴스 실상입니다. 그런 언론관을 지니고서는 아프리카 대륙에서 벌어지는 사건들의 맥락을 이해할 수도 없으려니와 아프리카에서 어떠한 미래를 건져 올릴 수 있을지도 알 수 없을 겁니다. 물론, 지구촌 곳곳에 태극기를 휘날리며 오늘도 수많은 동포가 힘찬 발걸음 속에 굵은 땀방울을 흘리고 있을 겁니다. 하지만 TV와 신문, 인터넷과 스마트폰을 통한 세상에서는 미국과 중국, 일본과 동남아시아, 그리고 유럽 지역의 자극적인 뉴스만 전달될 뿐입니다.

언론은 일부분만 비추고 조각을 보여주기보다 전체를 투영하며 넓은 시야를 제시해야 합니다. 그래야 독자와 시청자들이 비로소 의미 있는 세계 그림을 완성할 수 있을 겁니다. 만약, 그 같은 세계 그림을 제공할 수 있다면 자신이 살고 있는 사회와 국가 그리고 세계에 대한 '상(像)'이 더욱 구체적인 동시에 입체적으로 다가올 것입니다. 비단, 독자와 시청자들의 입체 지도를 완성하기 위해서만이 아닙니다. 종국에는 정부 관계자들과 기업인들도 해외 뉴스를 바탕으로 정책을 수립하고 청사진을 마련하며 프로젝트를 수행할 테니까요. 나아가 해당 정책의 정당성을 서로에게, 그리고 국민들에게 잘 알릴 수 있을 테니까요. 그렇다면 21세기 들어 이러한 일에 가장 적극적으로 나서고 있는 국가는 어디일까요?

* * *

중국의 행보가 예사롭지 않습니다. 아프리카 등 제3세계에 대한 차관 제공 및 자원 외교에서뿐만 아니라 미디어를 둘러싼 행보에서도 '대국굴기(大國崛起)'의 발자국을 차근차근 내디디고 있으니까요. '대국굴기'란 중국의 국영방송인 CCTV가 지난 2006년 방송한 12부작 역사 다큐멘터리입니다. 스페인, 포르투갈, 네덜란드, 영국, 미국 등 9개국의 전성기와 그 발전 과정을 다룬 이 프로그램은 21세기의 강대국으로 우뚝 솟으려는 중국의 야심을 잘 드러내고 있습니다. 9개국의 성공을 거울삼아 중국이 강대국으로 일어서기 위한 필요충분조건을 스스로 일깨우는 것이죠.

정치에서는 자본주의적 공산주의를 실험하며 인류에게 새로운 정치체제를 선보이고 있는 중국은 경제적으로도 어느덧 세계 2위에 올라선 G2 국가입니다. 그런 중국이 국제 커뮤니케이션에서 제2의 신국제정보질서를 기획하고 있습니다. 다음은 이미 2012년에 ≪조선일보≫에 실린 기사 전문입니다(임민혁, 2012.8.18).

자료: "中, 8조원 투자… 개도국에 '중국産 뉴스' 쏟아내", 《조선일보》, 2012년 8월 18일 자, A14면.

케냐에서 발행되는 아프리카 최대 영자(英字) 신문은 중국 신화통신의 기사로 도배되어 있다. 케냐 TV에는 중국 관영 CCTV와 신화통신의 영어방송 CNC가 중국의 시각에서 보는 국제 뉴스를 전한다. 라디오를 틀면 중국국제라디오(CRI)가 중국 정부 정책을 홍보한다. 케냐 신문 《데일리 네이션》의 에릭 쉬몰리 편집장은 "아프리카에 대한 중국 미디어의 진출이 하루가 다르게 확대되고 있다"고 했다. 중국이 미디어를 통한 국제사회 영향력 확대에 본격적으로 나섰다고 《뉴욕타임스(NYT)》가 16일(현지 시각) 보도했다. 서방의 전통적 유력 미디어들이 정체 또는 하락세를 보이고 있는 것과 대조적으로 중국 관영 매체들은 정부의 막대한 재정 지원을 바탕으로 아프리카 등 개도국에 적극 진출해 세력을 넓히고 있는 것이다. 중국 정부가 미디어 세계 진출에 책정한 예산은 70억 달러(약 7조 9,000억 원)에 달한다. 이 같은 공격적인 투자는 "그동안 중국이 전 세계에 부정적인 모습으로 비친 것은 서방 미디어가 왜곡·편향 기사를 쏟아냈기 때문"이라는 인식에서 출발했다. 후진타오(胡錦濤) 주석은 올 초 공산당 회보에 기고한 글에서 "적대적인 서방 세력이 우리를 깎아내리는 노력을 더욱 강화하고 있다"고 했다. 이에 대한 맞대응으로 중국의 국가 이미지를 높이고 중국 정책을 홍보하는 기사를 생산할 관영 매체들의 세계 진출을 독려하고 있는 것이다. 신화통신은 아프리카에만 23개 지국을 설립해 지속적으로 기자를 충원하고 있으며, 아프리카·동남아시아·남미 등의 재정 상태가 열악한 언론사에 기사를 거의 무료로 공급하고 있다. CCTV는 전 세계에 6개 국어로 방송을 보내고 있으며, 최근 아랍어 방송을 추가했다. 중국 정부는 베네수엘라에 통신위성 제작과 관련한 금전적·기술적 지원을 하고 있다. 특히 중국 매체들은 자원 부국(富國)에 집중적으로 진출해 중국이 자원 쟁탈전에서 우위를 점할 수 있는 분위기를 조성하는 '지원군' 역할까지 수행하고 있다. 또 신화통신이 미국 뉴욕 맨해튼에 새 미주 총국을 개설하면서 타임스스퀘어에 광고판을 설치하고, CCTV가 워싱턴에 80명의 기자가 일하는 제작센터를 설립하는 등 서방의 심장부에까지 세력을 넓히고 있다. 하지만 이런 중국의 움직임에 대해 미국 등 서방 정부, 인권단체, 언론계는 우려의 시선을 보내고 있다. '권력의 감시견'이 아닌 '권력의 호위대' 역할을 하는 중국 매체들이 철저하게 중국 정부의 시각을 개도국에 주입시키고 있다는 것이다. 실제로 CCTV 영어방송은 최근 세상을 떠들썩하게 했던 중국 인권변호사 천광청(陳光誠) 미국 망명 사건 등을 거의 보도하지 않았다. 에티오피아 위성방송의 아베베 겔라우 프로듀서는 "중국 매체는 정보·표현의 자유에는 전혀 관심이 없다"고 했다. NYT는 "힐러리 클린턴 국무장관이 최근 언급했듯이 지금 세계는 정보·미디어 전쟁을 벌이고 있으며 미국은 그 전쟁에서 지고 있는 것으로 보인다"고 했다(≪조선일보≫, 2012.8.18: A14면).

어떻습니까? 가히 뉴스 전쟁이라 할 만하지 않습니까? 그렇다면 한국의 현주소는 어떨까요? 궁금하시다면 앞서 간단하게 언급해드렸던 국가기간통신사, 연합뉴스의 국제 뉴스 보도 현황을 다시 참조해 보시기 바랍니다.

* * *

　2005년, 『지도 밖으로 행군하라』라는 여행기 한 권이 출판계를 강타합니다. 저자 한비야가 『바람의 딸 걸어서 지구 세 바퀴 반』을 1996년에 선보인지 근 10년 만에 다시 내놓은 책이었습니다. 그동안 『바람의 딸 걸어서 지구세 바퀴 반』은 4권까지 나오며 해외여행을 갈망하는 수많은 젊은이에게 꿈과도전 의식을 심어주는 도화선 역할을 해왔습니다. 『바람의 딸 걸어서 지구세 바퀴 반』을 통해 오지 탐험 전문가로 자리매김했던 한비야는 『지도 밖으로행군하라』를 통해 다른 직함으로 우리들을 다시 찾아옵니다. 이름하여, '월드비전' 긴급 구호 팀장이었습니다.

　『지도 밖으로 행군하라』는 한비야가 민간 구호 단체, '월드비전'에 합류해절체절명의 상태에 놓인 제3세계 국민을 돕기 위한 5년간의 활동 내용을 일기 형식으로 담은 도서였습니다. 인상적인 사실은 『지도 밖으로 행군하라』가세계 유수의 통신사를 비롯해 한국 언론에서는 좀처럼 소개하지 않는 제3세계의 실상을 생생하게 보여주었다는 것입니다. 기아와 전쟁, 테러와 재해 속에서 허덕이는 난민들의 안타까운 모습들이지요. 사실, 자연재해와 쿠데타등 부정적인 주제로 점철된 제3세계 소식에서 정작, 고통받는 이들을 중심으로 한 피해자 보도는 뉴스에서 좀처럼 찾아보기가 힘듭니다. 제3세계 국민의슬픔은 대부분 다큐멘터리를 통해 전달되지요.

　앞서 언급한 바 있는 월터 리프만은 한 시대를 풍미한 언론인이었습니다. 미국 대통령을 일곱 명이나 모시며 펜과 잉크를 통해 막강한 영향력을 행사하던 이였습니다. 월터 리프만은 자신의 명저, 『여론(Public Opinion)』에서 미디어가 우리들에게 보여주는 세상은 매우 제한적이며 그 모습은 마치 어둠속에서 회중전등을 비추는 것 같은 일이라고 묘사합니다. 그리하여 리프만은대중이 매스미디어가 제공하는 정보에 전적으로 의존해서는 결코 안 된다고충고합니다.

『지도 밖으로 행군하라』는 회중전등에 불과한 제도권 미디어의 한계를 잘 깨닫게 해주는 책입니다. 세계의 전반적인 정세에, 지구촌 시민들의 참 모습에 관심이 있는 이들이라면 대중매체에 의지하기보다『지도 밖으로 행군하라』와 같은 책을 통해 조명이 닿지 않는 세상의 모습을 접해야 합니다. 지구촌 소식은 거대 통신사들의 정치적·경제적·문화적 이념에 따라 제작되고 있으며, 국내 언론 역시 이들 통신사 및 현지 언론의 보도를 중점적으로 중계하고 있습니다. 이 때문에, 미디어의 국제 뉴스를 별다른 의심 없이 수용하는 것은 한쪽의 이야기만 접하며 상황을 재단하는 것과 비슷합니다.

지구촌 정세를 다각적으로 통찰력 있게 관찰하기 위해서는 다큐멘터리와 책, 그리고 대안 언론 등 다양한 뉴스 공급원을 두루 접해야 합니다. 이와 관련해 필자는 우리가 지도 밖으로 행군할 수 있도록 도와줄 몇몇 책들을 소개하고자 합니다.

한비야. 2005.『지도 밖으로 행군하라』. 푸른숲.

한비야. 2007.『바람의 딸 걸어서 지구 세 바퀴 반』1~4권. 푸른숲.

장 크리스토프 빅토르(Jean-Christophe Victor). 2007.『아틀라스 세계는 지금』. 책
　　과함께.

미야자키 마사카츠(宮崎正勝). 2005.『(지도로 보는) 세계사』. 이다미디어.

이원복. 2016.『먼나라 이웃나라』1~15권. 김영사.

정다영. 2003.『다영이의 이슬람 여행』. 창비.

이케다 가요코(池田香代子). 2002.『세계가 만일 100명의 마을이라면』. 국일미디어.

* * *

『1984』라는 소설이 있습니다. 영국 소설가, 조지 오웰(George Orwell)이 쓴 작품으로 미래의 전체주의 사회에 대한 내용을 다루고 있습니다.『1984』라

는 제목은 오웰이 소설 집필 당시인 1948년의 숫자 48을 뒤집어 내놓은 것일 뿐, 그다지 큰 의미는 없습니다. 단지 미래를 뜻할 뿐이죠.

조지 오웰의 『1984』는 이 장과 대단히 밀접하게 관련되어 있습니다. 미래에는 전체주의 국가가 미디어를 통해 인간의 의식구조를 지배하고 국가에 맹목적으로 충성하도록 세뇌시킨다는 줄거리를 선보이고 있기 때문입니다. 참, 이 소설에는 지배자를 의미하는 '대형(大兄)'이라는 존재가 나옵니다. 영어로는 '빅 브라더'로 소위 김일성이나 김정일, 김정은과 같은 독재자를 의미합니다. 차이가 있다면 북한에서는 아버지로, 『1984』에서는 '대형'으로 불린다는 것입니다.

『1984』의 줄거리를 간단히 소개하면 다음과 같습니다. 1984년의 미래 사회에는 어디에나 대형이 존재합니다. 마을과 도시, 거리와 도로 곳곳에 설치된 TV와 라디오, 스마트폰과 모니터를 통해 그의 모습과 그의 발언, 그리고 그의 정책이 소개되고 전달되기 때문이죠. 이른바 대형의 유비쿼터스라고나 할까요?

모니터와 스크린, 스피커와 지면 등을 통해 대형은 우호 관계에 있는 우방국과의 친교 및 대외 정책의 개요를 선전합니다. 그러던 어느 날 갑자기 어떠한 배경이나 이유 설명도 없이 대형은 우방국과의 외교 관계가 단절됐다며 어제의 동지가 오늘의 적이 되었다고 대대적으로 선전합니다. 철천지원수였던 적국이 이제는 한 몸이나 다름없는 우방국이 되었다는 내용과 함께 말입니다.

소설 속 미래 국가의 시민들은 그런 대형의 말을 철석같이 믿으며 미디어를 열심히 청취하고 시청합니다. 하지만 주인공은 그러한 대외 정책의 변화에 감히 의문을 품기 시작합니다. '어찌해서 어제까지 동지라 했던 이웃 국가가 오늘은 적이 되었을까?', '우리들은 왜 그러한 사실을 액면 그대로 받아들여야만 하는 것일까?'

그렇다면, 이러한 내용은 소설적인 허구일 뿐일까요? 개인적인 기억을 떠올리자면 필자의 초등학교 시절만 하더라도 우리나라의 가장 가까운 우방이 자 맹방은 대만이었습니다. 공산당과 전쟁을 치렀으며 분단국가라는 이유가 양국 간의 관계를 더욱 각별하게 했습니다. 반면, 중국은 우리의 적국이었습니다. 한국전쟁에 개입해서 한반도의 분단을 주도한 철천지원수국이었으니까요. 1990년대 초반까지만 하더라도 중국은 중국 공산당을 의미하는 중공(中共)으로 불렸으며, 중공 건국의 아버지인 마오쩌둥(毛澤東)은 김일성, 스탈린(Stalin)과 함께 3대 악인의 대명사로 치부되었습니다.

필자가 대학교를 졸업할 무렵, 상황은 180도 돌변합니다. 우리의 새로운 우방으로 중공 아닌 중국이 등장하면서 한국은 대만과 단교를 하기에 이릅니다. 한반도의 평화와 안정을 위한 전략적 가치를 고려하는 동시에 미래의 새로운 성장 동력을 중국에서 찾겠다는 이유에서였죠. 이후, 언론에서는 앞다투어 중국에 대한 우호적인 기사를 쏟아내며 중국을 극진하게 우대합니다. 그리고 대만은 언론의 관심에서 급속도로 사라져버리죠. 지금도 마찬가지입니다. 혹시, 여러분은 TV나 신문에서 대만에 관한 뉴스를 접한 기억이 있는지요? 더불어, 연합뉴스를 제외하면 대만에 특파원을 파견하고 있는 언론사는 한국에 존재할까요?

우리 주변을 둘러싸고 있는 미디어는 우리가 사물과 사건, 상황과 환경을 객관적이고 입체적으로 보는 것을 좀처럼 허용하지 않습니다. 자신들이 보여주고 싶은 것만 눈앞에 펼쳐줄 뿐이죠.

그런 면에서 볼 때, 한비야는 제도권 언론이 설정한 경계선 바깥으로 용감하게 뛰쳐나간 개척자였습니다. 만일, 여러분도 미디어가 겹겹이 쳐놓은 선입견과 편견에서 벗어나고자 한다면 기존의 미디어와 결별하고 잡지나 도서 등의 새로운 매체를 통해, 또는 직접 배낭을 메고 두 발을 통해 또 다른 세계를 만나보기 바랍니다.

참고문헌

강현철. (2016.7.4). "영국, 왜 브렉시트를 택했나". ≪한국경제신문≫, 54면.

김경모. (2000). 「중앙일간지 국제면의 기사선정 유사성에 관한 연구: 국제뉴스 보도의 조직적 결정요인」. ≪한국언론학보≫, 44권 3호, 5~39쪽.

김남두. (2007). 「9.11 이후 영미 신문의 알 자지라 인용보도 및 아랍방송 관련 취재원 사용 패턴의 비교 분석」. ≪한국언론학보≫, 51권 4호, 155~180쪽.

김도형. (2005.11.23). "서구의 눈 아닌 제3세계의 눈으로 보자. '비동맹 통신사' 선다". ≪한겨레≫, 8면.

박상재. (2016.6.25). "외환 시장, 브렉시트 현실화에 '패닉' … 파운드 '폭락'·엔화 '폭등'". ≪한국경제신문≫. http://www.hankyung.com/news/app/newsview.php?aid=2016062498136

서수민. (2007.7.6). "외국기업, 정부 맹목적 지지로 화 자초 한국 기업은 현지인과 소통에 힘써 달라". ≪한겨레≫, 5면.

서스맨, 레오나드 R. (1978.6). 「제3세계와 매스미디어의 제문제」. 유재천 옮김. ≪신문과 방송≫, 66~70쪽.

서정우. (1990). 『국제 커뮤니케이션』. 나남.

심훈. (2013.5.31). 「연합 뉴스 등 국내외 통신사의 뉴스 콘텐츠 전략」. 한국언론정보학회 봄철 정기학술대회 발표 논문.

_____. (2016). 「한국과 일본 신문의 대중 기사 비교 연구: 보도 비중 및 보도 주제, 보도 양식 그리고 정보원의 다양성을 중심으로」. ≪미디어와 공연예술문화≫, 11권 3호, 9~34쪽.

오웰, 조지(George Orwell). (2007). 『1984』. 정회성 옮김. 민음사.

요미우리 신문 취재 거점 및 인쇄 공장. https://info.yomiuri.co.jp/group/network.html

이문호. (2012). 『뉴스 통신사 24시』. 커뮤니케이션 북스.

이상철. (1982). 「한국 신문에 나타난 미국의 이미지」. ≪한국언론학보≫, 15호, 5~18쪽.

이태희. (2012.8.23). "올림픽이 지워버린 영국 폭동의 기억". ≪시사인≫, 257호.

임민혁. (2012.8.18). "中, 8조원 투자… 개도국에 '중국산 뉴스' 쏟아내". ≪조선일보≫, A14면.

정철운·허완. (2013.8.16). "조선일보, 연합뉴스 겨냥 통신사 설립 논의중". ≪미디어오늘≫. http://www.mediatoday.co.kr/?mod=news&act=articleView&idxno=111501&page=51&total=1485

최현아. (2012.9.5). "프랑스 폭동으로 올랑드 정부 사면초가". ≪시사인≫, 259호.

한비야. (2005). 『지도 밖으로 행군하라』. 푸른숲.

허은선. (2012.8.29). "'동남아의 집시' 로힝야족을 아세요?" ≪시사인≫, 258호.

日本新聞協會. (2014). 『2015 日本新聞年鑑』.

Cho, H. and S. Lacy. (2000). "International conflict coverage in Japanese local daily newspapers." *Journalism & Mass Communication Quarterly, 77*(4), pp.830~845.

de Verneil, A. J. (1977). "A correlation analysis of international newspaper coverage and international economic, communication, and demographic relationships." *Communication Yearbook, 1*, pp.307~317.

Dupree, J. D. (1971). "International communication: View from "a window on the world"." *Gazette, 17*, pp.224~235.

Galtung, J. and M. H. Ruge. (1965). "The structure of foreign news". *Journal of Peace Research, 2*(1), pp.64~91.

Hester, A. (1973). "Theoretical consideration in predicting volume and direction of international information flow." *Gazette, 19*, pp.239~247.

Horvit, B., P. Gade and E. A. Lance. (2013). "News wire greatest predictor of papers' international news." *Newspaper Research Journal, 34*(1), pp.89~103.

Lippmann, W. (1922). *Public opinion*. New York, NY: Macmillan.

Nam, S. (1970). "The flow of international news into Korea." *International Communication Gazette, 16*(1), pp.14~26.

Östgaard, E. (1965). "Factors influencing the flow of news." *Journal of Peace Research, 2*(1), pp.39~64.

Schramm, W. (1959). *One day in the world's press: Fourteen great newspapers on a day of crisis*. Stanford, CA: Stanford University Press.

Shoemaker, P. J., L. H. Danielian and N. Brendlinger. (1991). "Deviant acts, risky business, and U.S. interests: The newsworthiness of world events." *Journalism Quarterly, 68*(4), pp.781~795.

The Macbirde report. (1980). *Many voices one world*. Kogan Page, New York, NY: UNESCO.

Wilhoit, G. C. and D. H. Weaver. (1981). Foreign news coverage in two U.S. wire services. *Journal of Communication, 31*(2), pp.55~63.

_____. (1983). "Foreign news coverage in two U.S. wire services: An update." *Journal of Communication, 33*(1), pp.132~148.

Wu, D. (2000). "Systemic determinants of international news coverage: A comparison of 38 countries." *Journal of Communication, 50*(2), pp.110~130.

06

올림피아

/

언론과 스포츠

2등을 했는데, 보통 경기가 끝나면 문자나 축하 메시지가 많이 오잖아요. 축하한다는 말을 한마디도 못 받았어요. 저는 그게 정말 어이가 없는 거예요. 저는 2등도 했고 경기가 끝나서 기분도 정말 좋았는데 다 '수고했어, 괜찮아'라는 말밖에 없는 거예요. 스포츠 선수에게 있어서 1등과 2등은 완전 1등과 꼴등 같은 취급을 받는다. 저는 선수이기 때문에 그런 생각이 들었어요(〈SBS 스페셜: 아이콘 김연아 2막을 열다〉, 2011.9.4 방송).

* * *

1902년 베를린에서 태어난 레니 리펜슈탈(Leni Riefenstahl)은 원래 무용수였습니다. 하지만 뜻하지 않은 부상으로 무용수의 꿈을 접고 〈위대한 산(Der heilige Berg)〉(1926)이라는 영화에서 배우로 데뷔하게 됩니다. 그녀의 나이 24세 때의 일입니다. 29세가 되던 해에는 직접 회사를 설립해 영화를 만들기 시작합니다. 그리고 이듬해에 제작한 〈푸른 빛(Das blaue Licht)〉(1932)이라는 영화가 한 남성의 눈길을 사로잡습니다. 훗날 나치당의 당수이자 제3제국의 수상이 된 아돌프 히틀러(Adolf Hitler)였습니다.

히틀러는 영화감독으로서 레니 리펜슈탈이 지닌 능력을 한눈에 알아보고 나치 전당대회의 다큐멘터리 제작을 의뢰하기에 이릅니다. 20세기 다큐멘터리의 전설이 된 〈의지의 승리(Triumph des Willens)〉는 그렇게 레니 리펜슈탈의 손끝에서 탄생합니다.

* * *

무려 200여 대의 카메라가 동원된 〈의지의 승리〉(1935)가 독일은 물론, 세계적으로도 대성공을 거두자 이에 고무된 히틀러가 리펜슈탈에게 또 하나의 작품 촬영을 의뢰합니다. 1936년 독일에서 개최된 제11회 베를린 하계올림픽이었습니다. 다큐멘터리를 활용하고자 하는 히틀러의 목적은 이번에도 뚜렷했습니다. 게르만 민족의 우수성과 독일의 위대함을 만천하에 알리는 것이었습니다.

리펜슈탈은 히틀러의 요청을 어렵사리 받아들입니다. '올림픽 공식 기록영화 총감독'이라는 거창한 직함 아래, 리펜슈탈은 인간이 지닌 육체의 아름다움을 극적으로 표현하고자 애를 씁니다. 이를 위해 스태프 160여 명이 인간 한계에 도전하는 선수들의 모습을 필름에 완벽하게 담아냅니다.

비행선을 이용한 공중 촬영은 물론, 슬로우 모션 등이 다시 한 번 영화사의 한 페이지를 장식합니다. 올림픽 기간에 촬영된 필름의 길이는 400km에 달했으며 네 시간짜리 영화를 편집하는 데 18개월이 소요됐습니다. 80여 년이 지난 지금까지도 〈올림피아(Olympia)〉에 사용된 카메라 앵글과 샷은 자연스럽고 아름답기 그지없습니다. 그런 까닭에 레니 리펜슈탈은 20세기의 가장 위대한 영화인 가운데 한 명으로 손꼽힙니다. 당연한 이야기지만 그녀는 '히틀러의 여인'이라는 칭호를 얻을 정도로 제3제국 총통의 총애를 한 몸에 받았습니다.

훗날, 국제 전범 재판소에 선 그녀는 "단지 의뢰받은 다큐멘터리를 성심성의껏 만든 죄밖에는 없다"고 강변했지만 히틀러를 영웅화했다는 비난을 피하지 못하며 5년 형을 선고받습니다. 다행히 나치 당적이 없었다는 이유로 종국에는 무죄 판결을 받지만 이후의 삶은 오욕으로 점철됩니다. 영화 제작자로서 재기를 노렸지만 투자자를 제대로 구하지 못하는 바람에 저예산 영화만 만들다 세상을 떠났으니까요.

* * *

19세기 후반부터 조직화되기 시작한 스포츠는 20세기 들어 제국주의, 전체주의, 민족주의, 국가주의가 팽배해지자 오락에서 벗어나 이념적인 홍보 수단으로 적극 활용됩니다. 그 대표적인 예가 리펜슈탈의 〈올림피아〉였지요. 비록, 인간의 육체를 아름답게 표현했다고는 하나 베를린 올림픽에서 히틀러는 〈올림피아〉를 철저하게 정치적으로 이용하며 독일인의 위대함을 한껏 드높입니다. 우연인지 필연인지는 몰라도 베를린 올림픽에서 종합 1위를 차지한 국가는 독일이었습니다. 이후, 위대한 제3제국이 어떤 길을 걷게 되었는지는 여러분도 잘 아실 겁니다.

히틀러에게서 얻은 학습 효과를 통해 수많은 강대국이 정도의 차이는 있을망정, 스포츠를 국위 선양의 도구로 적극 활용하게 됩니다. 실제로 스포츠는 국기, 유니폼, 개·폐회식 입장, 입상, 퍼레이드, 공개 행사 등 무수한 상징물과 상징 행사를 양산하는 화수분[1]이나 다름없습니다. 더불어 스포츠는 미디

---

1 만리장성을 쌓는 데 이용하기 위해 황하의 물을 길어다 부은 거대한 항아리라는 뜻의 하수분(河水盆)이 와전된 말. 단지 안에 온갖 물건을 넣어두기만 하면 새끼를 쳐서 끝없이 자꾸 나온다는 보물단지를 의미하며 전영택의 소설(1925) 제목으로 널리 알려져 있습니다.

어를 통해 지속적이고 광범위하게 전파됨으로써 국민의 단결을 유도하는 동시에 비판적인 의제들을 잠재우는 일석이조의 효과를 톡톡히 발휘합니다.

2002년 한·일 월드컵 당시, 대한민국이 스페인을 꺾고 4강에 진출하자 저녁 아홉 시에 64개의 뉴스를 내보낸 MBC는 64개 뉴스 모두 월드컵에 관한 소식들로 편성했습니다. 사정은 KBS와 SBS의 경우도 마찬가지였습니다. 단지 한두 개의 다른 뉴스를 소개했을 따름이었죠. 훗날, 서울 시청 앞에서 대규모의 시민집회를 야기한 효순 양, 미선 양의 장갑차 압사 사고가 미군에 의해 월드컵 기간에 발생했지만 비극은 언론의 관심사에서 철저하게 외면당했습니다.

2010년의 베이징 올림픽도 떠오르는 중국의 부상을 전 세계에 알린 호기(好機)가 됐습니다. 베이징 올림픽에서 중국은 사상 처음으로 미국을 제치고 종합 성적 1위를 차지했으며 명실상부한 스포츠 최강국으로 거듭났습니다. 이러한 사실들이 연이은 부정부패 스캔들로 몸살을 앓던 공산당 지도부에게 얼마나 큰 선전 효과를 안겨주었는지는 자명합니다. 15억 중국인들도 무한한 자긍심을 지니게 되었을 테고요. 그러고 보면, 70여 년의 시차에도 불구하고 독일과 중국의 모습은 매우 닮아 있다는 느낌입니다.

스포츠는 국가 간의 이데올로기 전쟁에서 희생양이 되는 수모를 당하기도 합니다. 1980년 모스크바 올림픽 때에는 소련의 아프가니스탄 침공에 반발해 미국 등 서방 진영이 불참함으로써 세계인의 축제가 반쪽 대회로 전락합니다. 러시아를 비롯한 공산권은 1984년의 미국 LA 올림픽에 불참함으로써 모스크바 올림픽에서 받은 상처를 고스란히 돌려줍니다.

현재 스포츠는 국가의 위상을 드높이는 동시에 국민적 자긍심을 고취시키는 제1의 매개물로 자리하고 있습니다. 월드컵과 올림픽, 세계대회에서 여타 국가들이 출전 선수들에 대한 지원과 포상금 규모를 지속적으로 올리고 외국 선수의 귀화를 허용하며 국제대회 유치에 사활을 거는 현상은 결코 낯설지가 않습니다. 그런 의미에서 미디어 스포츠가 권력, 정치, 이데올로기와는 전혀 관련이 없으며 단지 전문적이고 흥미진진하며 즐거움을 주는 모든 여가 활동과 연관이 있을 뿐이라는 존 하그리브즈(John Hargreaves)의 주장은 액면 그대로 받아들이기가 어렵습니다(Hargreaves, 1986).

* * *

스포츠 저널리즘은 '킬러 콘텐츠'를 언론 영역에서 주요 토픽으로 다루는 분야입니다. '킬러 콘텐츠'란 막강한 대중 지배력을 가지는 동시에 가장 많은 수익을 안겨주는 콘텐츠를 의미합니다. 이러한 킬러 콘텐츠를 다룸에 있어, 스포츠 저널리즘은 선수 간, 종목 간, 국가 간의 경쟁을 부추김으로써 대중이 관련 뉴스를 지속적으로 소비하도록 유도합니다.

데이비드 로(David Rowe)라는 학자는 스포츠 저널리즘의 유형을 '경성 뉴스', '연성 뉴스', '전통적 수사학', '성찰적 분석' 등 네 가지로 분류합니다(Rowe, 1992). 먼저, '경성 뉴스'는 경기 결과와 함께 내용을 분석함으로써 사실 위주의 객관적인 소식을 전달합니다. '연성 뉴스'는 스타 선수를 중심으로 한 에피소드나 가십거리 등을 전하며 부차적으로는 매니저, 코치, 감독, 선수 가족, 지지자 등과 같이 선수 주변의 인물들에 관한 오락적 이야기를 자주 다룹니다. '정통적 수사학'에서는 스포츠 저널리스트나 스포츠 칼럼리스트가 자신의 주장을 피력하며 주관적인 견해를 개진합니다. 마지막으로 '성찰적 분석'은 스포츠를 둘러싼 거대 담론, 또는 주류 담론에 대한 비판적 이의를 제기하면서 스포츠의 작동 방식 또는 스포츠 담론을 둘러싼 문제점을 다룹니다. 하지만 성찰적 분석은 주류 언론을 통해 거론되기보다 비주류 언론, 진보 언론에서 제기되는 경우가 많아 일반적인 스포츠 저널리즘에서는 경험하기가 쉽지 않습니다. 최근의 스포츠 저널리즘에서는 하나의 기사 안에 여러 유형이 혼재하기도 합니다. 스포츠 경기 결과를 전달하는 것은 물론, 선수와의 인터뷰를 간략하게 곁들이며 스포츠 뉴스 중계자의 판단적 멘트를 얹기도 하는 것이지요.

　컴퓨터 소프트웨어를 활용해 자동으로 기사를 작성하는 로봇 저널리즘도 몇 년 전부터 스포츠 분야에서 각광받고 있습니다. 예를 들면, 프로야구 경기에서 A팀과 B팀 간의 경기 결과를 컴퓨터 소프트웨어가 작성하는 것입니다. 스포츠 분야에서 로봇 저널리즘이 가능한 이유는 경기와 관련된 주요 데이터를 입력하기만 해도 정해진 알고리즘에 따라 기사를 작성하는 것이 가능하기 때문입니다. 필자 역시, 로봇 저널리즘을 통해 작성된 프로야구 관련 기사를 접하고는 깜짝 놀란 적이 있습니다. 단순히 경기의 결과를 알려주는 것이 아니라 기사의 첫 줄이 "수렁에 빠진 B팀을 건져 올린 오늘의 영웅은 김ㅇㅇ 선수였습니다"와 같은 내러티브(이야기)로 뉴스가 전개되기 때문입니다. 로봇 저널리즘은 수십만 개, 수백만 개의 국내 프로야구 기사들을 바탕으로 한 알고리즘에 기반하기에 일반인은 물론, 기자들조차 기자 작성자가 인간인지 컴퓨터인지 가려내기 힘듭니다.

　현재, 미 일간지 ≪LA 타임스≫와 세계 유수의 통신사 로이터, 그리고 미 잡지사 ≪포브스(Forbes)≫ 등은 로봇 저널리즘을 활용해 지진, 스포츠, 금융, 날씨와 관련된 속보와 단신 기사를 제작하고 있습니다. 바야흐로 컴퓨터가 기자 역할까지 수행하는 시대가 온 것입니다.

＊　＊　＊

　이번엔 언론에 투영된 스포츠에 대해 알아보도록 하겠습니다. 역사적으로는 1790년대에 영국에서 처음으로 스포츠 잡지가 탄생했으며 미국에서는 1820년대에 스포츠 잡지들이 발간됩니다. 당시, 영국과 미국의 스포츠 잡지들은 상류 사회와 하층 계급에 각각 경마와 권투에 대한 뉴스를 제공했습니다.

　1850년대부터 인기가 급상승하기 시작한 야구는 곧 미국에서 가장 중요한 스포츠가 되었습니다. 더불어 야구에 대한 소식을 전문적으로 전달해주는 인쇄 매체도 등장하기 시작합니다. 1800년대 말에는 야구를 비롯해 스포츠 전반에 대한 정보가 폭증하면서 잡지의 경우, 1840년대의 세 개에서 1860년대의 여섯 개를 거쳐, 1890년대는 48개의 스포츠 정기 간행물이 발간됩니다.

스포츠 저널리즘에 대한 폭발적인 수요는 일간 신문사들이 이전의 간헐적인 기사 작성에서 벗어나 별도로 스포츠 부서를 신설하고 스포츠 면을 따로 제작하도록 유도하기에 이릅니다. 선정주의 언론의 대명사인 황색 저널리즘이 절정에 달했던 1890년대 중반, 조지프 퓰리처[2]의 맞수인 랜돌프 허스트는 (William Randolph Hearst) 자신의 신문, ≪뉴욕저널(New York Journal)≫에서 스포츠 면을 처음으로 선보입니다. 이후, 스포츠 면의 별도 제작은 여타 신문으로 급속히 확산되며 1920년대 이르러 전 미국에 걸쳐 가장 중요한 뉴스 토픽으로 등극합니다.

1920년대에 등장한 라디오 역시, 스포츠에 대한 수요를 폭발적으로 늘리는 기폭제 역할을 합니다. 특히 야구 중계는 라디오 광고라는 새로운 시장을 개척할 정도로 인기가 뜨거웠습니다. 이후, 텔레비전이 라디오를 대체할 때까지 30여 년간 라디오는 야구 중계 등을 통해 전성기를 누리게 됩니다. 한편, 현장 중계에 따른 기술적인 한계를 극복한 텔레비전은 1970년대부터 스포츠 뉴스의 최강자로 등극합니다. 그렇다면 지금은 어떨까요? 여러분이 잘 알다시피 컴퓨터를 비롯해 아이패드와 스마트폰 등 무수히 많은 매체가 오늘도 빠르고 생생한 스포츠 뉴스를 전달하기 위해 텔레비전과 치열한 각축을 벌이고 있습니다.

---

2 ≪뉴욕월드(New York World)≫의 소유주로 그의 유언에 따라 50만 달러의 기금을 바탕으로 1917년에 퓰리처상이 제정됐습니다.

* * *

권욱동과 원영신에 따르면 국내 스포츠 저널리즘의 태동기는 민족지가 등장하기 시작한 1920년대입니다. 1920년에 창간된 ≪동아일보≫와 ≪조선일보≫가 최초의 전국체육대회인 전 조선 야구 대회를 비롯해, 조선 체육회가 주최하는 체육 행사 대부분을 후원하면서 스포츠 저널리즘을 선보였으니까요(권욱동·원영신, 1998).

≪동아일보≫와 ≪조선일보≫는 야구, 육상, 축구, 빙상, 농구, 배구 등을 잇따라 개최했으며 이들 신문사의 지사 및 지국도 각종 스포츠 대회를 주최합니다. 1936년 베를린 올림픽 마라톤 경기에서 고 손기정 선수가 금메달을 획득하자, ≪동아일보≫는 일제 치하에 굵은 획을 그은 거사를 단행합니다.[3] 마라톤 시상대에 선 손기정 선수의 사진에서 일장기를 지운 것입니다. 이 사건으로 말미암아 ≪동아일보≫는 무기 정간 처분을 당했지만 식민 통치에 신음하던 국민의 민족혼을 다시금 일깨웁니다. 하지만 1940년 ≪동아일보≫와 ≪조선일보≫가 강제로 폐간당하자 저널리즘과 함께 스포츠 뉴스는 한반도에서 사라지고 맙니다.

해방 이후 한국 언론계에서 스포츠가 차지하는 비중은 한동안 미미했습니다. 한국전쟁의 후유증이 오래 지속된 가운데 1950년대 말까지 일간지의 발행 면이 4면에 불과해 스포츠가 지면을 얻을 수 있는 기회가 매우 적었기 때문이었습니다. 그러한 가운데 1948년 런던 올림픽에서 KBS가 매일 30분씩 단파 방송을 시작하면서 스포츠는 다시 국민에게 가까이 다가오게 됩니다.

스포츠 중계방송은 이미 일제강점기인 1927년, 경성 라디오 방송국에 의해 전 조선 야구 선수권대회가 중계방송된 바 있습니다. 하지만 일제강점기

---

3   ≪동아일보≫는 이 사건으로 무려 9개월 동안 정간을 당한 끝에 1937년 6월 3일에 속간되었습니다.

스포츠 중계방송은 조선총독부가 식민 정책을 홍보하기 위해 설립한 경성 방송국을 통해 전달된 까닭에 언론사적인 의미가 미약합니다.

일간지의 경우에는 1961년의 5.16 군사 정변 이후, 8면 발행체제의 일간 신문에 스포츠란이 고정적으로 발행되기 시작하면서 획기적인 전환기를 맞이하게 됩니다. 당시, 박정희 군사정권은 '국민체육진흥법'(1962)을 마련해 스포츠에 대한 인식 변화를 범국민적으로 유도했으며, 은행과 국영기업체들은 축구와 야구, 농구와 배구 등 인기 구기 종목을 중심으로 실업팀을 창단합니다. 이에 1963년, 한국 최초로 스포츠 일간 신문인 ≪일간스포츠≫가 창간되었으나 1년 만에 ≪현대경제신문≫으로 전환되었습니다. 그러다가 1969년에 ≪한국일보≫에서 자매지로 다시 ≪일간스포츠≫를 선보이며 한국 스포츠 일간 신문의 역사를 주도하게 됩니다.

1960년대의 스포츠 저널리즘 발전에는 1964년의 도쿄 올림픽도 큰 역할을 담당했습니다. 이웃나라에서 벌어진 올림픽 경기 취재를 위해 일간 종합 신문들이 특파원을 파견해 취재 경쟁을 벌였으니까요. 도쿄 올림픽 대회는 위성을 통해 중계방송되었으며 대회 기간 중에는 '올림픽 하이라이트'와 '올림픽 종합 소식'과 같은 스포츠 전문 프로그램들이 편성됐습니다. 더불어 신문사 편집국 내에서는 체육부가 정치부, 경제부, 사회부, 국제부 등과 어깨를 나란히 하며 독립 부서로 정착됩니다.

한편, 1980년대에는 스포츠 저널리즘이 커다란 시장으로 부상합니다. 쿠데타를 통해 집권한 전두환 군사정권이 국민의 정치적 관심을 다른 곳으로 분산시키고자 프로 야구팀과 프로 축구팀을 연이어 발족했기 때문입니다. 이와 함께 전두환 군사정권은 아시안 게임(1986)과 서울 올림픽(1988)을 유치하는 등 역대 어느 정권보다 스포츠 붐 조성에 앞장섭니다. 그 결과, 1985년에는 ≪스포츠서울≫이, 1989년에는 ≪스포츠조선≫이 창간되면서 스포츠 신문의 황금시대가 열립니다.

그럼, 이제부터는 스포츠를 둘러싼 한국 언론의 어두운 그림자에 대해 알아보도록 하겠습니다.

* * *

"세상은 1등만 기억합니다."

지난 1990년대 초에 제작되어 화제를 모은 삼성의 기업광고는 전화기를 처음으로 발명한 그레이엄 벨(Alexander Graham Bell)이 인류사에 자신의 이름을 영원히 남긴 반면, 두 번째로 특허를 신청한 엘리샤 그레이(Elisha Gray)는 대중으로부터 철저히 잊혔다며 삼성의 1등주의 철학을 웅변합니다. 하지만 스포츠 보도를 둘러싼 국내 미디어의 행태를 보면 비단, 삼성만 1등주의를 신봉하는 것이 아님을 깨닫게 됩니다.

2010년 캐나다 밴쿠버 동계올림픽 당시 '네이버'는 홈페이지에 그날그날의 메달 순위를 발표했습니다. 대회 종료와 함께 1위로 올림픽을 마친 국가는 금메달 여덟 개, 은메달 11개, 동메달 일곱 개 등 총 26개의 메달을 획득한 독일이었습니다. 다음으로는 금메달 일곱 개를 포함해 총 28개의 메달을 얻은 미국이, 3위는 금메달 일곱 개를 포함해 모두 19개의 메달을 가져간 노르웨이가 차지했습니다. 재미있는 사실은 메달 집계에 대한 ≪뉴욕타임스≫의 보도 순위가 '네이버'와 조금 달랐다는 것입니다. ≪뉴욕타임스≫에서는 1위가 미국이었으며 독일이 2위, 노르웨이가 3위였습니다. ≪뉴욕타임스≫가 미국 신문이기에 미국을 1위로 올려놓았던 것일까요?

이에 대한 중국 신화통신의 메달 집계가 눈길을 끕니다. 신화통신은 미국을 1위로 발표한 가운데, 2위 독일, 3위 노르웨이, 4위 캐나다, 5위 러시아로 ≪뉴욕타임스≫와 같은 집계 방식을 선보입니다. 반면, '네이버'는 러시아 대신 스위스를 5위로 올려놓습니다. 더불어 러시아는 10위로 배치합니다. 그렇다면 어찌해서 이런 결과가 나오게 된 것일까요?

비밀은 종합 순위를 매기기 위한 메달 집계 방식에 있습니다. ≪뉴욕타임스≫와 신화통신을 비롯해 서구 언론 매체들은 총 메달 획득 수를 통해 순위를 매깁니다. 금, 은, 동의 종류와 상관없이 메달 수만으로 순위를 정한다는 것입니다. 하지만, '네이버'는 금메달 위주로 종합 순위를 집계합니다. 이에 따라 금메달 수로 순위가 결정되고 은메달이나 동메달은 금메달 수가 같을 경우에 순위를 가리기 위한 기준으로 활용됩니다. 결국, 금메달 여섯 개를 포함해 총 메달 수 여덟 개의 스위스는 '네이버'의 집계에 따라 5위에 오른 반면, 금메달 세 개를 포함해 총 메달 수 13개의 러시아는 10위에 머무를 수밖에 없었습니다.

이러한 집계 방식은 총 메달 수 열 개 가운데 금메달이 다섯 개에 달하는 한국의 순위를 6위에 올려놓게 합니다. ≪뉴욕타임스≫ 등의 집계에 따르면 7위로 두 계단 내려가야 하는 한국이 5위에 오른 것이죠. 물론, 여기에는 금메달 획득에 목숨을 건 정부와 미디어의 간절함이 고스란히 담겨 있습니다. 반대로, 메달에서 색깔은 중요하지 않으며 해당 종목에서 세계 3위 안에 드는 것 자체를 높게 평가하는 여타 국가들의 스포츠관은 한국에서 빛을 발하지 못합니다.

그렇다면 이러한 메달 집계 방식이 비단 '네이버'만의 것일까요? 2010년 동계올림픽 메달 집계 순위를 보도하면서 ≪조선일보≫와 ≪중앙일보≫, ≪동아일보≫ 등은 색깔별 메달을 그려 넣은 그래픽까지 동원하며 순위를 알리는 데 주력합니다. 참, 신화통신에서는 1위부터 순서대로 각 국가의 메달 집계 상황을 보도했지만 ≪뉴욕타임스≫는 순위를 알리지 않은 채 총 메달 획득 순서대로 국가들을 나열해놓기만 합니다. 이 때문에 독자들이 순위에 관심을 갖고 일일이 순서를 세지 않는 한, 어느 국가가 몇 위를 하고 있으며 또 최종적으로 몇 위를 했는지는 알 길이 없습니다. 참고로 국제올림픽위원회인 IOC는 나라별 순위를 매기지 않습니다. 이른바, 올림픽 정신을 구현하기 위해서입니다.

이러한 행태는 2012년의 런던 올림픽을 포함해 2014년의 소치 동계올림픽, 2016년의 리우 올림픽, 그리고 2018년의 평창 동계올림픽에서도 반복되었습니다. 2012년 런던 올림픽 당시, 국내 언론들은 총 메달 수 17개의 미국을 종합 순위 1위로 보도했습니다. 영국이 총 메달 수 38개였음에도 불구하고 금메달은 일곱 개에 머물렀기 때문입니다. 2014년의 소치 동계올림픽에서는 1위 국가인 러시아의 총 메달 수가 33개로 대회 참가국들 가운데 가장 많았기에 1위 선정에서는 문제가 없었습니다. 하지만 다음으로 28개의 메달을 획득한 미국이 총 메달 수 26개의 노르웨이보다 메달 획득에서 두 개가 더 앞섰지만 노르웨이의 금메달 11개보다 두 개가 적은 아홉 개를 얻은 까닭에 4위에 배치되었습니다. 2016년 리우 올림픽에서도 총 메달 수 70개의 중국은 금메달에서 한 개가 뒤지는 바람에 총 메달 수 67개의 영국에 밀려 3위로 기록됐습니다. 한국은 메달 수가 21개에 불과해 선진국들의 집계 방식에 따르면 11위에 해당했지만 금메달 아홉 개로 8위에 등극했고요. 2018년 평창 동계올림픽에서도 이 같은 집계 방식은 여전히 유효했습니다. 전체 메달 수가 아홉 개인 중국이 금메달 한 개라는 이유로 16위에 랭크됐으니까요. 반면 메달이 세 개에 불과한 벨라루스는 금메달이 두 개였기에 중국보다 한 단계 높은 15위로 기록됐습니다.

어떻습니까? 여러분 역시, 금메달 한 개가 은메달 두 개, 동메달 세 개보다 값지다고 생각되시나요? 만일 그렇다면 다음에 등장하는 의제는 새삼스러울 것이 없을 겁니다. 세상은, 아니 한국은 금메달과 1등만 기억하니까요.

* * *

2010년 세계 피겨 선수권대회는 캐나다의 토리노에서 열렸습니다. 이 대회에 참석한 김연아 선수는 총점 190.79점으로 대회 2위를 차지했고요. 이에 대한 ≪조선일보≫의 3월 29일 자 신문 보도가 눈길을 끕니다.

"無備無冠(무비무관)." 3월 29일 ≪조선일보≫는 시상대에 오른 김연아 선수

한 달 만에 자리가 바뀌었다. 지난달 밴쿠버 동계올림픽 때 시상대 맨 위에 섰었던 김연아(왼쪽)였지만, 이번 세계선수권에선 일본의 아사다 마오에게 윗자리를 내줬다.

자료: "無備無冠(무비무관)", ≪조선일보≫, 2010년 3월 29일 자, A24면.

의 사진을 신문의 뒷부분에 해당하는 24면에 게재합니다. 은메달 시상대에
서 있기에 금메달 시상대에 우뚝 선 아사다 마오(浅田真央) 선수보다 낮은 위
치의 김연아 선수 사진이었습니다. 지면 절반 크기의 커다란 사진 속에서
≪조선일보≫ 편집부는 두 선수 사이의 공간에 커다랗게 '준비 없이 왕관 없

다'는 의미의 사자성어를 배치했습니다. "無備無冠(무비무관)"이라는 주 제목 밑의 부제목도 인상적이었습니다.

연아 "일주일밖에 제대로 훈련 못해"
마오 "연아 꺾으려 정말 열심히 해"

그런 김연아 선수가 2013년 3월 국제빙상연맹 세계선수권대회에서 금메달을 따자 ≪조선일보≫는 3월 18일 자 금메달을 목에 단 채 국기에 대한 경례를 하고 있는 김연아 선수의 사진을 신문 1면에 대문짝만하게 싣습니다. 더불어 24면에는 그녀의 전신사진과 함께 "모든 기술에 가산점… 돌아온 김연아, 세계를 홀리다"란 제목을 뽑습니다.

박태환 선수도 마찬가지입니다. 2011년 상하이 세계 수영 선수권대회 400m 자유형 부문에서 금메달을 딴 박태환 선수는 이튿날 ≪조선일보≫ 1면에서 귀한 대접을 받습니다. 하지만 이튿날 200m 자유형에서 4위에 그치자 그에 대한 기사는 26면으로 밀리며 눈을 감은 채 좌절하는 박태환의 사진을 크게 싣습니다. 제목은 "손가락 하나 차이로… 메달이 손에서 빠져나갔다"였습니다. 또, 2016년 리우 올림픽의 자유형 400m, 200m, 100m에서 박태환 선수가 예선 통과도 못하자 국내 언론들은 박태환 선수가 빈손으로 쓸쓸히 귀국하게 됐다며 취재 대상에서 빠르게 지워버립니다.

비단 1등만이 아닙니다. 국내 언론들은 순위와 함께 승패에도 유별난 관심을 보입니다. 문제는 1등과 함께 승패에 대한 지나친 집착이 병적인 선정 보도를 양산하고 이는 다시 해당 선수에게 커다란 심리적 압박감으로 작용하게 된다는 것입니다. 이러한 과정에서 결과보다 노력을 중요시하는 성숙한 의식은 좀처럼 자리 잡기가 힘들게 되죠.

2014년 브라질 월드컵 당시, 어느 국내 언론사의 독일 특파원이 전한 독일 현장 스케치 기사가 기억납니다. 기사에는 독일 언론들이 독일 월드컵 대표

선수들에게 어떠한 심리적 부담도 주지 않기 위해 오히려 월드컵 관련 기사를 자제한다는 내용이 들어 있었습니다. 그래서였을까요? 경기력과 관련해 미디어의 어떤 심리적 압박감도 받지 않던 독일 대표팀은 결승에서 브라질을 7:1로 대파하고 역대 네 번째 우승을 거머쥐게 됩니다.

* * *

국내 스포츠 저널리즘의 또 다른 문제점으로는 남성 중심적인 보도를 꼽아 볼 수 있습니다. 지면이건 화면이건 남성 스포츠를 중점적으로 다루기에 여성 스포츠에 대한 뉴스 소개와 분석은 좀처럼 접하기 어렵습니다. 체조를 포함해 축구, 배구, 농구, 탁구, 핸드볼, 소프트볼 등 온갖 종류의 여성 스포츠에 관해서는 경기 개최의 여부조차 알 수가 없지요. 아, 올림픽이나 세계대회, 또는 국가 라이벌전의 경우라면 몇몇 여성 종목이 뉴스에서 잠시 다뤄질 수 있겠네요.

여성 스포츠에 대한 언론의 낮은 관심은 여성 스포츠에 대한 일반 시민의 관심을 진작시키지 못하는 현실로 연결되며 언론이 다시 인기 있는 남성 스포츠만 전달하고 중계하도록 유도하고 있습니다. 제2차 세계대전 당시 미국에 여성 프로야구 팀이 존재했던 실화를 바탕으로 1992년에 방영된 〈그들만의 리그〉라는 영화도 있었지만 메달을 따지 못하거나 비인기 종목에 소속된 여자 선수들은 미디어가 전달하는 스포츠 뉴스에서 배제된 채, 그들만의 리그에서 존재할 뿐입니다.

1948년부터 2003년까지 55년간 《동아일보》의 스포츠 사진을 조사한 김한주와 고은하의 연구 결과는 여성 스포츠가 스포츠 보도에서 차지하는 비중을 제유적으로 잘 보여줍니다(김한주·고은하, 2004). 이들에 따르면, 여성 스포츠에 대한 사진 보도가 1980년 이후부터 증가하기 시작했음에도 불구하고 전체적으로는 20% 선에 그치고 있어 69%에 달하는 남성 스포츠에 대한 사진

보도와 여전히 큰 격차를 보입니다.

반면, 2014년 소치 동계올림픽 뉴스 사진에 등장한 선수들의 성비는 남성이 37.2%, 여성이 50.4%로 여성 선수 등장 비율이 남성 선수 등장 비율보다 오히려 높았습니다. 남성 선수들의 사진이 여성 선수 사진보다 더 많이 게재된다는 기존의 연구 내용(고은하, 2008; 남상우, 2004; King, 2007)들과는 상반된 결과였습니다. 그렇다면 왜 이런 결과가 나왔을까요?

이유는 소치 동계올림픽의 언론 보도가 김연아와 이상화 선수 등 금메달 유망주들에게 쏠렸기 때문입니다. 물론, 결과 역시 여성 선수들이 압도적으로 좋았습니다. 금메달 세 개, 은메달 두 개, 동메달 두 개 가운데 남성이 메달을 획득한 종목은 스피드 스케이팅 단체 부문으로 은메달 한 개가 고작이었으니까요. 나머지 여섯 개 메달(금3, 은1, 동2)은 모두 여성 선수가 차지했습니다. 그런 사정을 감안하면 메달 일곱 개 가운데 단 한 개만 획득한 남성 선수들이 사진 보도에서 37.2%를 차지했다는 결과가 오히려 더 놀랍습니다. 더욱이 그 메달이 금메달도 아니었기에 결국 한국 언론들의 뉴스 이데올로기는 금메달 지상주의조차 앞서는 남성 중심주의, 남성 우월주의에 놓여 있다고 유추할 수 있습니다. 대중매체는 여성 운동선수의 보도를 제한하거나 여성 스포츠를 사소한 것으로 폄하함으로써 남성 우월주의적인 담론을 지속적으로 구축한다는 진보적인 학자들의 주장은 이 대목에서 분명, 설득력이 있어 보입니다.

* * *

문제는 또 있습니다. 많지 않은 기회 속에서 여성 스포츠가 지면과 화면에 등장할 경우에는 성적 이미지가 지나치게 강조된다는 것입니다. 고은하와 김한주에 따르면, 한국 일간지에서 여성의 성 상품화가 나타나기 시작한 것은 1980년대부터라고 합니다(고은하·김한주, 2004). 1970년대까지는 한국 사회의 보수성과 함께 스포츠가 민족주의 강화의 주요 매개체로 작동하면서 스포츠 저널리즘이 국가 정통성 확립과 국민 통합 등의 정치적인 기능을 주로 수행했습니다. 하지만 성이 상품화되기 시작한 1980년대에는 외국 선수와 외국 관중이 주로 보도됐으며 한국 여자 선수들은 1990년대 이후부터 성적 취재 대상으로 등장합니다.

한국 신문에 나타난 여성 스포츠의 사진 및 사진 설명(캡션)을 분석한 여러 연구(고은하·김한주, 2004; 김한주·고은하, 2004; 조성식·조광민, 1998)들에 따르면 1990년대 이후부터 국내 언론들은 '사소화(trivialization)' 전략을 적극적으로 구사하는 것으로 알려져 있습니다. '사소화' 전략이란 경기 현장을 담아내는 사진보다 여성 선수의 외모나 몸매, 성격 등을 강조함으로써 본질보다 사소한 것에 초점을 맞추는 것입니다. 이러한 사소화 전략은 스포츠와 무관한 특성에 관심을 기울임으로써 정작 스포츠의 의의를 축소시키는 '한계화(marginalization)'로 이어집니다.

사진을 통해 드러나는 남성 스포츠 선수들의 주된 신체 포지션이 똑바른 자세와 커다란 몸동작이라면, 여성 스포츠 선수들의 신체 포지션은 누워 있거나 움직이지 않는 순종적 여성상이라는 분석도 있습니다(임재구, 2014). 이러한 경향은 남성을 주체적이고 능동적이며 공격적인 성으로, 여성은 수동적이고 도구적이며 방어적인 성으로 이원화함으로써 남녀 간의 위계질서를 자연스럽게 형성시키는 동시에 남성 우월적인 이데올로기를 공고하게 합니다.

하지만 여성 스포츠의 성 상품화에 대해 언론들도 할 말은 있습니다. 이른바, 경쟁이 가장 치열한 언론 시장이 스포츠 저널리즘이라는 것이죠. 실제로 한때 다섯 개의 스포츠 신문이 치열한 각축을 벌이던 스포츠 신문 시장은 두 개 매체인 ≪굿데이≫와 ≪스포츠투데이≫가 재정적인 문제로 신문 발행을 중단함으로써 현재 세 개만 시장에 남아 있는 상태입니다. 지난 수십 년간 천문학적인 적자를 냈음에도 불구하고 중앙 일간지들 가운데 폐간한 신문이 단한 곳도 없는 한국의 기이한 현실을 고려해볼 때, 스포츠 저널리즘에서는 적

자생존의 시장 법칙이 제대로 펼쳐지고 있는 셈이지요. 온라인상에서도 조회수 확보를 위한 연성 뉴스가 넘쳐나다 보니 스포츠를 둘러싼 언론사 간의 경쟁은 곧 성을 상품화한 선정 보도로 쉽사리 이어지곤 합니다. 이에 대해 정찬수(2012)는 온라인 스포츠 신문이 다양한 시각적 효과를 이용할 수 있다는 점과 콘텐츠를 선택적으로 이용할 수 있다는 점, 그리고 대금 결제가 편리하다는 점 등 구조적인 문제점으로 인해 선정주의 보도를 더욱 심화시키고 있다고 지적합니다.

* * *

국수주의적이고 민족주의적인 보도 역시, 마땅히 지양되어야 할 주제입니다. 민족주의적 보도가 언론을 지배하기 시작하면 스포츠는 수단으로 전락하며 타 국가, 타민족에 대한 배려와 상생은 사라집니다. 경쟁 상대국은 타도의 대상이자 승리의 희생물로 취급될 뿐이지요. 앞서 언급했던 히틀러의 베를린 올림픽은 그 전형을 보여줍니다. 그렇다면, 이러한 민족주의적 시각과 관련해 우리 언론은 어떤 모습을 보이고 있을까요?

안현수는 쇼트트랙의 황제로 불린 선수였습니다. 2006년 토리노 동계올림픽에서 한국에 금메달 세 개 동메달 한 개를 안겨준 그는 국가대표 선발전을 둘러싸고 빙상연맹과 심각한 불화를 겪은 끝에 2011년 러시아로 귀화합니다. 그리고 2014년 소치 동계올림픽에 러시아 대표로 출전합니다. 이름은 빅토르 안(Victor Ahn)이었습니다. 빅토르 안은 전성기 시절의 기량을 그대로 선보이며 금메달 세 개, 동메달 한 개를 획득합니다. 이현서(2015)는 이와 관련해, 한국 언론이 빅토르 안에 대해 어떤 담론을 구축했는지 국내의 언론 기사들을 분석해 보았습니다. 그 결과, 한국 언론들은 민족주의, 국가주의와 함께 초국가주의적인 담론도 양산하며 그의 귀화 및 성공에 대해 일방적으로 비난만을 쏟지 않았다는 사실을 밝혀냅니다.

하지만 이 같은 경우가 여타 국가에도 적용되는 것 같지는 않습니다. 특히 그 상대국이 일본이라면 말이죠. 이윤경과 정수영은 세기의 라이벌이었던 김연아 선수와 아사다 마오 선수의 2011년 세계 피겨 선수권대회 출전 기사를 조사한 적이 있습니다. 당시 이윤경과 정수영이 분석 대상으로 삼았던 매체는 양국의 대표적인 포털 사이트 '네이버'와 '야후저팬'이었습니다. 이들은 대회 기간 게재됐던 894건의 뉴스에서 '야후저팬'이 가치중립적인 뉴스 프레임과 함께 경쟁 선수인 김연아에 대한 긍정적인 논조의 뉴스에 상대적으로 많은 비중을 두었다고 밝혔습니다. 반면, '네이버'는 김연아 선수에 대해서는 긍정적으로, 아사다 마오 선수에 대해서는 부정적으로 보도했으며, 이 과정에서 민족주의·국가주의 프레임이 결합되어 선수 개개인의 경쟁이 한·일 양국 간의 국가 대결 구도로 확대되는 경향을 보였다고 결론지었습니다(이윤경·정수영, 2011).

2009 월드베이스볼 클래식 대회에 관한 모든 일간지 기사를 분석한 임재구와 정동근 역시, 일본전에서 여러 번 호투한 봉준근 선수에 대한 뉴스가 가장 많이 검색됐다며 '의사 안중근'에 빗대어 '의사 봉중근'이란 별명을 동원한 기사가 많이 작성됐음을 밝힌 바 있습니다. 임재구와 정동근은 한·일전에서 극도의 부진을 보인 이치로[4]에 대해 '전범(戰犯)'이라는 표현까지 동원된 바 있다며 국내 언론들이 유독 한·일전에서 민족주의적 보도 성향을 강하게 보인다고 보고합니다(임재구·정동근, 2010).

동아시아의 평화와 안정, 더불어 한반도의 통일을 위해 일본은 우리에게 대단히 중요한 파트너입니다. 싫든 좋든 지구가 존속하는 한, 같이 공존해야

---

[4] 스즈키 이치로(鈴木一朗). 일본 프로야구 오릭스 블루웨이브의 중심 타자로 2001년 미국 메이저리그에 진출해 시애틀 매리너스와 뉴욕 양키스에서도 크게 활약했으며 미·일 통산 4,000 안타의 대기록을 달성했습니다. 2006년의 월드베이스볼 클래식 대회에서 한·일전을 앞두고 "30년 동안 일본을 못 이긴다는 것을 보여주겠다"라는 발언으로 한국에 큰 파문을 불러일으킨 바 있습니다. 하지만 이는 일본 우익지인 ≪산케이(産經) 신문≫의 악의적인 왜곡 보도였던 것으로 후에 드러났습니다.

할 소중한 이웃인 셈이죠. 그런 일본에 대해 언제까지 민족주의적이고 국수주의적인 시각으로 임해야 할까요? 더불어, 서서히 여러 곳에서 마찰을 빚기 시작한 중국에 대해서는 앞으로 어떻게 대처해야 할까요? 적의와 흥분을 가라앉히고 차분하게 객관적으로 바라보면 예전에는 미처 보이지 않던 현실들이 눈에 들어오기 시작합니다. 그런 시각의 수정, 가치관의 전환이 자칫 한·일전, 한·중전에서 민족주의의 도구로 소모될 수 있는 운동선수를 구하고 선수 가족을 배려하며 미래의 운동선수들에게 더욱 나은 운동 환경을 제공할 수 있을 겁니다.

* * *

스포츠 저널리즘에서 금메달 지상주의, 남성 중심주의, 민족주의의 지양(止揚)과 함께 인기 대 비인기 종목의 극명한 호불호(好不好) 역시, 극복해야 할 문제입니다.

일본 뉴스를 자주 챙겨보는 필자는 2013년에 재미있는 기사 하나를 발견했습니다. '야후 저팬' 웹사이트에 올라온 기사로 세계적 테니스 스타인 스페인의 라파엘 나달(Rafael Nadal)이 세계 메이저 대회에서 일곱 번째 우승컵을 안았다는 소식이었습니다. 당시, '야후 저팬'의 홈페이지에는 우승컵을 든 나달의 사진과 함께 전무후무한 업적을 이룬 나달의 특집 기사가 크게 다뤄졌습니다. 반면, 같은 날짜의 한국 포털 사이트인 '네이버'와 '다음'에서는 메인 페이지를 포함해 스포츠 페이지에서조차 나달에 관한 기사를 찾을 수가 없었습니다. 세계적인 수준의 테니스 선수가 없어서인지, 아니면 테니스라는 스포츠가 아직까지 한국에서는 그다지 인기가 없기 때문인지는 알 수 없습니다. 슬픈 사실은 포털 사이트의 당일 스포츠 뉴스 총 12개의 기사 가운데 축구 여섯 개, 야구 여섯 개로 두 종목의 기사들만 제공되어 있었다는 것입니다. 닭이 먼저인지, 달걀이 먼저인지 알 수는 없지만, 한국에서 테니스를 업으로 삼는다는 것은 세계적인 스타가 되기 전까지 참으로 서럽고 서글프다는 사실을 잘 보여준 일화였습니다. 이러한 경향은 정현 선수가 2018 호주 오픈에서 4강에 진출하는 대이변을 일으키자 극명하게 부각됩니다. 당시 국내 언론들은 한국인의 호주 오픈 4강전 진출에 엄청난 관심을 쏟으며 화면과 지면을 온통 정현 선수로 도배하지만 그가 발바닥 부상으로 기권한 이후, 성적이 계속 저조하자 관심이 급격히 시들어버립니다.

비단, 테니스만이 아닙니다. 필자가 현재 가입해 시청하고 있는 인터넷 TV에서는 총 열 개의 스포츠 전문 채널을 제공하고 있습니다만 대부분 축구와 야구, 그리고 골프 중계로 점철되어 있습니다. 생활체육으로 우리 주변에서 쉽사리 행해질 수 있는 탁구나 배드민턴, 테니스나 실내 축구 등은 좀처럼 방송 전파의 기회를 얻지 못합니다. 김기한·윤리라·방신웅(2012)이 스포츠 전문 채널 세 곳(KBS N Sports, MBC ESPN, SBS Sports)의 6년간(2004~2009년) 방송 분량을 조사해 본 결과, 축구(27.8%), 야구(20.1%), 농구(9.8%), 배구(7.4%) 등 네 개 인기 종목의 방영 비율이 전체 방송 비중의 65.1%를 차지하는 것으로 나타났습니다. 이와 함께, 이들 4대 인기 종목에 대한 방영 비율은 계속 높아지고 있어 인기 종목에 대한 편중은 갈수록 심화되는 것으로 밝혀졌습니다.

그런 의미에서 언론이 여타 종류의 스포츠에도 좀 더 많은 방영 기회를 주었으면 하는 바람입니다. 스포츠 저널리즘의 궁극적인 목적이 각종 스포츠 종목에서 활동하는 선수들의 사기 진작은 물론, 다양한 스포츠의 대중화에 있다면 말입니다. 이와 관련해, 2013년 4월부터 2016년 10월까지 2년 6개월 동안 KBS2에서 방영된 〈우리동네 예체능〉이라는 프로그램은 스포츠의 저변 확대라는 측면에서 커다란 기여를 했다는 생각입니다. 굵직한 대회가 아니고서는 좀처럼 보도의 기회를 얻지 못하는 볼링, 사이클, 양궁, 테니스 등 다양한 스포츠 종목에 대한 중계가 아마추어 선수 및 예체능 선수들 간의 승부를 통해 소개되었기 때문입니다. 옥에 티라면 이번에도 역시, 여성 선수들의 모습은 눈에 띄지 않았다는 것입니다.

* * *

　여러분은 패럴림픽에 대해 얼마나 잘 알고 계신가요? 패럴림픽이란 장애인 올림픽을 뜻하는 용어입니다. 창설 당시 하반신 마비를 의미하는 'para-plegia'와 'Olympic'이 합성되어 만들어졌습니다. 하지만 신체가 불편한 모든 장애인까지 참가 범위가 확대되면서 현재는 일반인과 동등하다는 뜻의 나란함을 의미하는 'parallel'이 올림픽과 합성된 것으로 간주하기도 합니다.

　패럴림픽은 1960년 이탈리아 로마에서 처음 개최된 이래, 1972년 독일 하이델베르크 대회부터 참가 범위가 모든 장애인으로 확대되었습니다. 1976년 이후부터는 2년마다 하계와 동계 대회가 번갈아 개최되고 있고요. 패럴림픽이 올림픽 폐막 후 한 달 안에 개최 도시에서 열리게 된 것은 1988년 서울 올림픽 때부터입니다. 패럴림픽에는 2018년 현재 양궁, 육상, 사이클, 승마, 유도 등 하계 22개 종목과 설상, 빙상 등 동계 여섯 종목이 있습니다.

　패럴림픽이 일반인과 동등한 장애인의 올림픽을 의미한다고는 하지만 미디어에 투영되는 현실은 아직 그렇지 못합니다. 2008년 베이징 올림픽에는 장애인 올림픽 사상 가장 많은 4,000여 명의 선수들이 148개국에서 참가했음에도 불구하고 지상파 3사 가운데 KBS만 개막식 중계방송을 했습니다. 베이징 하계올림픽의 개막식을 지상파 3사가 겹치기로 생중계하던 것과는 상반된 태도였습니다. 더욱이 KBS는 베이징 패럴림픽의 개막식도 네 시간 늦게 녹화 방송함으로써 장애인 올림픽을 대하는 한국 미디어의 인식을 고스란히 보여주었습니다. 반면, 미국의 NBC는 생방송으로 개막식을 방영했습니다.

　2016 리우 패럴림픽의 경우도 사정은 별반 다를 것이 없었습니다. KBS가 개막식을 생방송으로 내보낸 이후, 방송 3사는 하이라이트를 통해 국내 선수단의 성적을 중심으로 한 중계방송을 이따금씩 내보냈습니다. 매일매일 패럴림픽의 소식을 아침부터 저녁까지 쉴 새 없이 전달한 일본 지상파 TV들과는 사뭇 대조적인 모습이었죠.

패럴림픽 기간 일본 도쿄에 머물러 있었던 필자는 비단 일본 대표 선수들의 출전 장면뿐 아니라, 명승부가 예상되는 라이벌 국가들 간의 경기도 시청할 수 있었습니다. 이를테면, 미국과 스페인의 남자 휠체어 농구 결승이 방영된 2016년 9월 18일 오전에는 태어나서 처음으로 휠체어 농구 경기를 시청하는 진기한 체험을 했습니다. 아침 방송을 보려고 TV를 틀었다가 우연히 올림픽 휠체어 결승 경기를 접하게 된 필자는, 생각 이상으로 빠르고 박진감 넘친 경기에 한동안 채널을 고정한 채 결승전을 흥미롭게 관람했던 기억이 납니다. 또, 일본 휠체어 남자 농구 대표팀의 경기를 앞둔 시점에서 어느 TV 프로그램은 특수하게 제작된 선수용 휠체어를 스튜디오에 가지고 나와 구조와 재질을 상세하게 소개하는 장면도 내보냈습니다.

리우 패럴림픽 기간, 일본의 지상파 방송을 통해 '골볼'[5]이라는 종목의 규칙과 선수들의 연습 장면을 흥미롭게 시청했던 기억도 새롭습니다. 물론, 출전 선수들의 인터뷰도 들어볼 수 있었지요. "부러워하면 지는 것"이라는 우스갯소리도 있습니다만, 부럽게도 일본의 지상파 방송들은 지구촌 반대편에서 고군분투하고 있는 장애 선수들의 감동적인 땀방울을 일본 안방에 충실히 전달하고 있었습니다.

* * *

전국 장애인 체육대회의 보도 사진들을 분석한 바 있는 노형규(2006)는 한국 언론이 '다름'을 강조하려는 강박관념을 지니고 있다며 장애인 스포츠라는 특성을 사진 안에 담으려 한다고 주장합니다. 윤석민·조창옥·오아라(2013)가

---

5   실명한 퇴역 군인들을 위해 고안된 장애인용 스포츠로 세 명이 한 팀을 이루며 소리가 나는 배구공 크기의 볼을 상대방 골에 던져서 넣는 경기입니다. 선수들은 볼에서 나는 소리와 함께 볼이 튀기는 소리를 듣고 볼의 위치를 파악해 막아낸 다음, 상대방 골대를 향해 언더스로(underthrow)로 공을 던져 득점에 성공해야 합니다.

2012년 런던 패럴림픽과 관련해 17개 일간 신문의 95개 보도 사진을 비교한 논문도 비슷한 결론을 내리고 있습니다. 런던 장애올림픽대회에 참여한 장애인 운동선수들은 뇌성마비, 시각장애, 절단 및 기타 장애, 지적장애, 척수 장애의 다섯 가지 유형이었음에도 불구하고 보도 사진의 과반수가 절단 및 기타 장애인(62.4%)에 관한 사진이었기 때문입니다. 이어 시각 장애와 척수 장애, 뇌성마비는 각각 17.9%, 9.5%, 8.4%였지만 지적장애에 관한 보도 사진은 단 한 건도 검색되지 않았습니다.

2012년 런던 패럴림픽에서의 지적장애 선수 참가는 대단히 큰 화제였습니다. 2000년 시드니 패럴림픽에서 스페인 농구 대표팀이 비장애인 선수를 출전시키다 발각된 이후, 12년 만에 징계가 사면되면서 지적장애 선수들이 올림픽 대회에 출전할 수 있게 되었기 때문입니다. 그럼에도 불구하고 외견상 일반인들과 구별하기 어려운 지적장애 선수들은 한국 언론의 시선을 끄는 데 성공하지 못합니다.

'다름'을 강조하는 강박관념이 갈수록 강해져서일까요? 장애인 대회를 대표하던 휠체어 사진도 이제는 지면과 화면에서 거의 눈에 띄지 않는 가운데 신체 절단 선수들에 대한 사진 보도가 점점 늘어나고 있다고 합니다. 실제로, TV와 신문이 클로즈업을 통해 내보내는 장애 선수의 이미지는 양팔이 절단된 수영 선수의 스타트 장면이나 의족을 끼운 채 결승선에 도달하는 육상 선수들의 모습이 쉬이 눈에 띄곤 합니다.

* * *

어느덧 마지막 주제인 생활 스포츠 이야기입니다.

생활 스포츠는 글자 그대로 일상생활 속에서 스포츠를 구현하는 데 그 목적이 있습니다. 스포츠가 체육 시간이나 학교 운동부, 미디어를 통해서만 존재하는 것이 아니라, 평상시의 삶 속에서 몸소 체험할 수 있고 즐길 수 있는 대상으로 화(化)한 것입니다. 생활 스포츠가 사회 전반에 걸쳐 뿌리 깊게 자리 잡게 되면 개개인의 건강이 증진됨은 물론, 삶의 질도 크게 높아질 것입니다. 물론 그 열매 역시 고스란히 국가에 돌아올 테고요.

그렇다면 생활 스포츠의 대척점에는 무엇이 있을까요? 바로 소수 정예의 국가대표급 선수들만 양산하는 엘리트 스포츠가 있습니다. 온 국민의 일상적인 체육 활동을 증진하는 생활체육과 달리, 엘리트 체육은 소수 정예의 운동선수만 배출하고자 의도합니다. 그런 엘리트 체육은 듣고 보고 응원하는 간접 경험의 대상에 머물며 시민과 스포츠 사이의 거리를 오히려 벌려놓습니다. 서울 외곽 지역에 위치한 채 일반인들의 접근을 허용하지 않는 태릉선수촌은 그 전형을 보여줍니다. 이 때문에 '체력은 국력'이라는 모토가 '운동선수들의 체력은 국력'이라는 슬로건으로 바뀌어도 전혀 이상할 것이 없는 곳이 한국이라는 생각입니다.

그렇다면, 선진국들은 어떤 방식으로 생활 스포츠를 활성화시키고 있을까요? 먼저, 생활체육이 가장 잘 발달한 독일의 경우에는 '골든 플랜(Golden plan)'과 '트리밍 130(Trimming 130)'이라는 생활체육 프로그램이 있습니다. '골든 플랜'은 1960년부터 15년간 국가적인 프로젝트로 진행됐으며 스포츠 시설을 정비·확충함으로써 '체력은 국력'이라는 모토를 시민 속에서 실천하고자 노력합니다. 이에 따라 독일은 국가가 재정의 20%, 주 정부가 50%, 지방 자치단체가 30%를 지원함으로써 탈의실과 샤워실, 화장실이 있는 지역 단위의 클럽 하우스를 꾸준히 설립하고 있습니다. 한편, '트리밍 130'은 심장 박동 수가 130번 되는 운동을 일주일에 세 번 이상 10분씩 지속하자는 캠페인입니다. 심장 박동 수가 130이 되면 숨이 약간 차며 땀이 나기 시작한다고 합니다.

우리나라에서는 2005년도에 국민생활체육협의회를 중심으로 7330이라는 캠페인을 펼친 적이 있습니다. 일주일에 세 번 이상, 하루 30분씩 운동을 하자는 것이었지요. 독일보다 생활체육의 기반 시설도 미약한데 독일이 한 번에 10분씩 일주일에 세 번의 운동을 하자는 것과 달리, 30분 이상의 운동을 일주일에 세 번 하자는 것이었습니다. 결과는 어땠을까요? 여러분 스스로가 더욱 잘 짐작할 수 있을 겁니다.

캐나다 역시, '파티시팩션(ParticipACTION)'이라는 생활체육 프로그램이 있습니다. '파티시팩션'이란 참여를 의미하는 'Participation'과 운동을 의미하는 'ACTION'을 합성한 조어이지요. 1970년대 캐나다 정부에서 발족한 비영리 기구인 '파티시팩션'은 건강한 삶과 육체적인 운동을 증진하기 위한 프로그램을 운영합니다. 시대가 변할수록 끊임없이 진화하고 있는 '파티시팩션'은 현재, 어린이 운동에 초점을 두고 어린 시절부터 스포츠와 친숙해지도록 프로그램을 운영하고 있습니다. 13세부터 19세까지를 육체 발달의 가장 중요한 시기라 보고 이 시기 아이들에게 다양한 운동을 경험하도록 애쓰고 있는 것입니다.

오스트레일리아에도 '오씨 스포츠(Aussie Sports)'라는 생활체육 프로그램이 있습니다. 'Aussie'란 오스트레일리아인들이 자신들을 친근하게 부르는 별칭입니다. '오씨 스포츠' 역시, 캐나다의 경우와 비슷합니다. 8~12세의 어린이 가운데 40%가 정기적으로 스포츠 활동을 하지 않았고 스포츠 지능계발 기회가 부족하다는 연구 결과를 토대로 시행되기 시작한 '오씨 스포츠'는 어린이들이 즐겁게 스포츠를 체험할 수 있도록 도모합니다. 캐나다와 오스트레일리아의 특징은 평생 스포츠의 기틀을 어려서부터 몸에 익히도록 하는 데 있습니다. 그럼으로써 한평생 유지될 수 있는 운동 습관을 마련해 건강한 신체를 지니도록 유도하는 것이지요.

생활체육 프로그램의 효율적인 운용 여부는 국가 간의 생활체육 참여율에도 큰 영향을 끼칩니다. 한국의 생활체육 참여율은 38.7%로 독일의 65%, 일본의 66%, 오스트레일리아의 75%에 비해 상당히 낮습니다. 일반인 세 명 가운데 한 명만 생활체육에 참여하고 있는 셈입니다. 반면, 독일, 일본, 오스트레일리아 등에서는 세 명 가운데 두 명 이상이 생활체육에 참여하고 있습니다.

이러한 가운데 몇 년 전, 청소년들에게 생활체육을 확산시키려 한 ≪조선일보≫의 시도가 눈길을 끕니다. ≪조선일보≫는 2012년 '스타트 스포츠(Start Sports)' 캠페인을 발족하여 운동을 많이 하는 학생이 학교생활에 적응을 잘하고 공부에도 더욱 관심을 쏟는다고 보도한 바 있습니다. 그럼에도 불구하고, 학교 스포츠 클럽의 확대를 꾀했던 '스타트 스포츠' 캠페인은 2012년에만 한시적으로 추진되었을 뿐, 지금은 사문화된 실정입니다.

≪조선일보≫의 캠페인이 캐나다나 오스트레일리아, 독일 등에서와 같은 국민적 생활 스포츠를 겨냥했다기보다 중·고등학교에서의 원만한 학교생활과 성적 향상을 위해 발족됐다는 것도 스포츠에 대한 주류 언론의 인식이 어느 정도인지를 짐작하게 해줍니다. 청소년들을 억누르고 공부만 시키기보다 운동도 시키면서 욕구를 해소하는 것이 정신건강에도 도움이 된다는 차원에서 추진된 캠페인이었기에 생활 스포츠로 연결되기에는 태생적인 한계를 지니고 있었다고나 할까요?

* * *

자본주의 사회에서 미디어와 스포츠는 상부상조하며 번영하는 공생 관계입니다. 미디어는 이윤 창출을 위해 킬러 콘텐츠로서 스포츠가 절대적으로 필요하며, 스포츠는 대중에게 쉽고 폭넓게 다가갈 수 있는 통로로서 미디어가 필요하니까요. 하지만 공생적 관계가 스포츠와 미디어에만 해당될 뿐, 주변 환경에 악영향을 미친다면 이는 참다운 의미에서의 공생 관계라고 보기 어려울 겁니다. 여기에서 말하는 주변 환경이란 물론, 시민으로서의 시청자와 독자, 그리고 운동선수를 포괄적으로 일컫습니다.

토양을 산성화시키고 수원(水源)을 오염시키는 공생 관계는 결코 자연에 존재하지 않습니다. 그런 까닭에 시청자에게 남성 우월적이고 승리 지향적이며, 엘리트 체육 중심적인 보도들을 담론화해 전파하는 행위는 마땅히 지양되어야 할 것입니다. 스포츠의 본질은 건강한 신체에 건강한 정신을 지향하는 데 있습니다. 스포츠 저널리즘의 본질 역시, 건강한 신체에 건강한 정신을 도모하는 언론에 있을 것이고요. 그렇다면, 어떤 스포츠 저널리즘이 바람직한지에 대해서는 별첨되어 있는 체크리스트를 통해 하나하나 점검해 보는 것이 어떨까요?

스포츠 저널리즘의 문제점 체크리스트

다음은 뉴스 제작자와 독자, 시청자 스스로가 스포츠 저널리즘과 관련해 과장, 선정 보도 등의 여지가 있는지 점검해볼 수 있는 체크리스트입니다.

기사

1. 올림픽 대회에서 종합 순위는 총 메달 획득 수를 중심으로 정하고 있습니까?

   예 □   아니오 □

2. 은메달이나 동메달, 또는 4위 이하의 성적을 거둔 선수들에게도 긍정적인 관심을 기울이고 있습니까?

   예 □   아니오 □

3. 좋은 성적에 대한 예상 보도를 시행하지 않음으로써 해당 선수들이 심리적인 압박감을 느끼지 않도록 배려하고 있습니까?

   예 □   아니오 □

4. 여성 스포츠에 대한 보도를 실시하고 있습니까?

   예 □   아니오 □

5. 여성 스포츠 뉴스를 다룸에 있어 여성 선수들이 성적인 측면에서 상품화가 되지 않도록 신중을 기하고 있습니까?

   예 □   아니오 □

6. 국가주의, 민족주의적인 정서*를 자극하지 않는 방향으로 보도를 꾀하고

---

*   국기(태극기)는 국가주의·민족주의 정서를 가장 대표적으로 상징하는 매개물입니다. 이와

있습니까?

예 □　　아니오 □

7. 비인기 종목에 대한 보도를 시행하고 있습니까?

예 □　　아니오 □

8. 패럴림픽 이외에도 장애인 스포츠에 대한 관심을 보이고 있습니까?

예 □　　아니오 □

9. 장애인 스포츠의 종류 및 경기 규칙, 경기 진행 방식 등에 대한 소개를 하고 있습니까?

예 □　　아니오 □

10. 생활 스포츠에 대한 보도를 하고 있습니까?

예 □　　아니오 □

사진/영상

11. 은메달이나 동메달, 또는 4위 이하의 성적을 거둔 선수들의 사진/영상도 신문의 1면에 게재하거나 TV 스포츠 뉴스 등에서 비중 있게 다루고 있습니까?

예 □　　아니오 □

12. 좋은 성적이 기대되는 선수들의 사진/영상 등을 미리 게재하지 않음으로써 해당 선수들이 심리적인 압박감을 느끼지 않도록 배려하고 있습니까?

예 □　　아니오 □

함께 선수 개개인을 거론하기보다 국가(대한민국)나 민족(한민족)을 거론하는 것도 민족주의적인 정서를 자극하는 행위에 속합니다.

13. 여성 스포츠에 대한 사진/영상 보도를 하고 있습니까?
    예 □   아니오 □

14. 여성 스포츠 선수들이 선정적으로 보도되지 않도록 신중하게 촬영하고 있습니까?
    예 □   아니오 □

15. 국가주의, 민족주의적인 정서를 자극하지 않는 방향으로 사진/영상 보도가 이뤄지도록 신중을 기하고 있습니까?
    예 □   아니오 □

16. 비인기 종목에 대한 사진/영상 보도가 행해지고 있습니까?
    예 □   아니오 □

17. 패럴림픽 이외에도 장애인 스포츠에 대한 사진/영상을 보도하고 있습니까?
    예 □   아니오 □

18. 장애인 스포츠의 종류 및 경기 규칙, 경기 진행 방식에 대한 사진/영상/그래픽 소개를 하고 있습니까?
    예 □   아니오 □

19. 다양한 유형의 장애인 선수들에 대한 사진/영상 보도가 이뤄지고 있습니까?
    예 □   아니오 □

20. 생활 스포츠에 대한 사진/영상 보도를 하고 있습니까?
    예 □   아니오 □

참고문헌

고은하·김한주. (2004). 「한국 신문에 나타난 여성 스포츠 사진 보도의 이데올로기」. ≪체육과
학연구≫, 15권 4호, 172~183쪽.

권욱동·원영신. (1998). 「한국 신문에 나타난 스포츠 저널리즘과 문화: 1920년대에서 1992년
까지」. ≪한국스포츠사회학회지≫, 10호, 31~44쪽.

김기한·윤리라·방신웅. (2012). 「스포츠 전문 채널의 프로그램 유형과 종목에 따른 방송 비중,
편성의 다양성 및 시청률 분석」. ≪한국스포츠산업·경영학회지≫, 17권 5호, 49~66쪽.

김동규·이정식. (2015). 「스포츠 미디어 윤리의 정초와 실천과제」. ≪움직임의 철학: 한국체육
철학회지≫, 23권 4호, 117~135쪽.

김한주·고은하. (2004). 「일간지 여성 스포츠 사진 보도량의 변화: 동아일보(1948~2003)를 중심
으로」. ≪한국체육학회지≫, 43권 4호, 89~100쪽.

남상우. (2004). 「일간신문 스포츠 지면에 나타난 여성 선수 사진의 내용 및 의미 분석」. ≪한국
체육학회지≫, 43권 4호, 101~114쪽.

웨너, 로렌스(Lawrence A. Wenner). (2007). 『미디어, 스포츠 그리고 사회』. 송해룡·김원제 옮
김. 커뮤니케이션북스.

윤석민·조창옥·오아라. (2013). 「런던패럴림픽 사진에 나타난 한국 신문의 포토 저널리즘에 관
한 분석」. ≪한국특수체육학회지≫, 21권 2호, 87~98쪽.

이윤경·정수영. (2011). 「한·일 인터넷 포털 사이트의 스포츠 저널리즘 비교 연구: 김연아 선수
와 아사다 마오 선수에 대한 〈네이버〉와 〈야후재팬〉 뉴스를 중심으로」. ≪스피치와 커뮤
니케이션≫, 제16호, 105~142쪽.

이현서. (2015). 「스포츠 셀러브리티에 나타난 민족(국가)주의 대 초국가주의 담론 경합: 빅토르
안 사례를 중심으로」. ≪한국스포츠사회학회지≫, 28권 1호, 153~182쪽.

임재구. (2014). 「스포츠 저널리즘의 보도 행태에 담긴 스포츠미디어에 관한 담론」. ≪움직임의
철학: 한국체육철학회지≫, 22권 4호, 50~77쪽.

임재구·정동근. (2010). 「2009 월드베이스볼 클래식대회 한·일전 경기의 민족주의적 기사보도
행태」. ≪한국사회체육학회지≫, 39권 1호, 11~19쪽.

정영남. (2008). 『미디어스포츠』. 대한미디어.

정찬수. (2012). 「온라인 스포츠 언론의 선정주의」. ≪움직임의 철학: 한국체육철학회지≫, 20
권 4호, 283~321쪽.

조성식·조광민. (1998). 「신문 스포츠 섹션의 상품과 마케팅 과정과 여자 선수의 사진보도」.
≪한국스포츠산업 경영학회지≫, 3권 2호, 229~247쪽.

〈SBS 스페셜: 아이콘 김연아 2막을 열다〉. (2011.9.4).

Hargreaves, J. (1986). *Sports, power, and culture: A social and historical analysis in Britain.* UK: Blackwell Publishers.

King, C. (2007). "Media portrayals of male and female athletes: A text and picture analysis of British national newspaper coverage of the Olympic Games since 1948." *International Review for the Sociology of Sport, 42*(2), pp.187~199.

Rowe, D. (1992). "Modes of sports writing." in Dahlgren. P. and C. Sparks (eds.). *Journalism and Popular Culture.* London: Sage. pp.96~112.

07

온 세상이 보고 있다

/

언론과 이데올로기

1851년 미국 뉴욕주에서 태어난 멜빌 듀이(Melvil Dewey)는 대학 도서관에서 학생 보조원으로 일하며 이상 세계의 구현이 도서관을 통해 이뤄질 수 있다는 신념을 지니게 됩니다. 하지만 도서관에서 공부를 하면 할수록 혼란스럽게 배치된 자료에 불만을 지니게 됩니다. 당시, 서구의 대다수 도서관은 고정식 배가법(fixed location)을 따르는 바람에 도서를 분류하고 목록화하는 데 많은 시간과 노동력을 소모하고 있었습니다. 고정식 배가법이란 자료의 배열 위치가 출판 연대, 언어, 도서 크기 등의 순서로 배열되는 방식입니다. 새로 입고된 도서가 중세의 책이라면 그 이후의 책들은 모두 재목록화하고 자리를 이동시켜야 하는 번거로운 방식이었습니다. 물론, 도서 검색도 쉽지는 않았습니다. 출판 연대와 언어, 도서의 크기 등이 중요하기에 저자나 책 제목을 아는 것만으로는 부족했으니까요.

어느 날, 총장의 설교를 듣던 중 불현듯 영감을 얻은 그는 아라비아 숫자를 사용하는 십진법의 도서 분류 아이디어를 떠올립니다. 현재 전 세계에서 가장 널리 쓰이는 듀이 십진분류법(DDC: Dewey Decimal Classification)이 탄생하는 순간이었습니다.

* * *

십진법에 따라 모든 학문을 열 개의 주류로 나누고 각 주류 아래에 다시 열 개의 강목을, 각 강목 아래 다시 열 개의 요목을 배정해나가는 것이 듀이 십진분류법입니다. 자신이 창안해낸 십진법에 따라 듀이는 모든 학문 체계에 번호를 부여합니다. 그리하여 기독교적 세계관을 바탕으로 000에서 900까지 모든 서적이 새로운 분류 번호를 부여받습니다. 먼저, 000은 무질서와 혼돈을 의미하는 총론입니다. 어떤 항목으로도 분류하기 어려운 것들이 여기에 포함됩니다. 그렇다면 그다음인 100번대에는 무엇이 배정되어 있을까요? 인간 자신의 존재에 대한 근원적 질문을 제기하는 철학입니다. 학문의 시작을 알리는 학문 중의 학문이라는 것이죠. 그 이후로는 종교(200번대), 사회과학(300번대), 언어(400번대) 등이 인간 사회의 발전에 맞춰 배정됩니다.

* * *

철학은 영어로 'philosophy'입니다. philosophy란 'philo'와 'sophia'가 합쳐져 만들어진 단어로 그리스어가 어원입니다. 여기에서 'philo'란 '사랑하다'라는 뜻을, 'sophia'는 지(知), 또는 지혜라는 어원을 지니고 있습니다. 그래서 '필하모닉(philharmonic)'이라는 단어는 'phil'과 'hamonic'이 합성된 단어로 화음을 사랑한다는 뜻이 되지요. 마찬가지로 터키의 수도, 이스탄불에 소재한 '성 소피아' 성당은 '지혜의 성당'이라는 의미를 담고 있습니다.

지혜에 대한 사랑으로서의 philosophy는 동양에서 19세기 말에 철학으로 번역되어 사용되기 시작합니다. 일본 위키피디아에 따르면 '철학'이라는 용어는 니시 아마네(西周)의 『백일신론(百一新論)』이란 저서에서 처음으로 등장했습니다. 니시 아마네는 북송 시대의 『통서(通書)』란 책에서 "선비는 현명해지기를 염원한다(士希賢)"라는 구절을 보고 '희철학(希哲學)'이라는 용어를 만들었습니다. 이후, 앞글자인 '희'자가 생략된 채 '철학'이라는 용어가 일본과 한국, 그리고 중국에서 널리 통용됩니다.

지혜를 사랑하는 것이 철학이라고는 하지만 동양과 서양의 철학은 지향하는 바가 사뭇 다릅니다. 서양 철학은 세상을 해석하고 이해하는 '지식적 도구'로서 기능합니다. 반면, 동양 철학은 세상을 살아가는 '지혜적 도구'로서 역할하고자 합니다. 예를 들면 서양 철학에서 관념론이나 유물론, 구조주의 등은 인간의 이성과 역사, 그리고 사회 메커니즘 등을 규명하는 데 힘을 쏟고 있습니다. 반면, 유학(儒學)과 노장사상은 자아실현과 자기 성찰에 방점을 둡니다. 그런 의미에서 서양 철학은 세상에 관한 분석적인 지식을 제공하고 동양 철학은 인생에 관한 통찰적인 지혜를 건네준다고 할 수 있습니다.

* * *

서양을 기준으로 놓고 볼 때, 서양 철학사는 크게 세 시기로 구분될 수 있습니다. 먼저, 서양 철학을 연 플라톤 이후의 철학입니다. 영국의 저명한 수학자이자 철학자인 앨프리드 화이트헤드(Alfred Whitehead)는 "서양 철학은 플라톤의 사상에 각주를 단 것에 불과하다"라는 유명한 말을 남긴 바 있습니다. 다소 과장 섞인 발언일지는 몰라도, 서양 철학사에서 플라톤의 비중이 워낙 크고 무겁기에 나온 말이죠.

플라톤은 존경하던 스승 소크라테스(Socrates)의 사형 이후, 이상향을 염원하며 서양 철학사 최고의 걸작으로 평가받는 『국가론(Politeia)』을 집필합니다. 정치, 경제, 문화, 예술, 성, 국방, 교육, 외교 등 다양한 주제를 폭넓게 아우르며 유토피아를 구축한 플라톤의 『국가론』은 이후, 형이상학, 정치학, 윤리학, 미학 등 다방면에 지대한 영향을 미칩니다.

두 번째로는 데카르트(René Descartes) 이후의 시기를 꼽을 수 있습니다. 플라톤의 이데아를 하나님의 진리로 바꾼 중세 유럽의 스콜라 철학이 이성과 합리성을 근간으로 한 데카르트의 사유로 붕괴됐기 때문입니다. 마치, 영화 〈매트릭스(The Matrix)〉에서 주인공 네오가 가상 세계인 매트릭스를 무너뜨리는 것 같은 장면이 데카르트에 의해 연출되었던 것입니다.

천동설이 지동설로 대체되는 혼란의 시기를 살았던 데카르트는 진리를 구하기 위한 방법 찾기에 평생 동안 매달렸습니다. 그 과정에서 그가 발견해낸 가장 확실한 진실은 '생각한다. 고로 나는 존재한다(Cogito, ergo, sum = I think, therefore, I am)'라는 것이었습니다. '생각한다'는 의미의 라틴어 '코기토(Cogito)'는 이후, 사유하고 의심하며 부정하고 반박하는 이성의 대명사가 되었습니다. 서양에서 물려받은 모든 지식은 이제 이성과 합리성 앞에서 다시 그 사실과 진실 여부를 검증받아야 했습니다. 그 결과, 철학은 종교의 시녀로서가 아니라 독자적인 학문으로 우뚝 서게 됩니다. 폴란드의 철학자 레셰크 코와코프스키(Leszek Kolakowsk)가 "근대 유럽 철학은 데카르트에 대한 각주다"라고 평한 이유가 여기에 있습니다.

그렇다면 마지막은 어느 시기일까요? 바로 카를 마르크스(Karl Marx) 이후부터 현재까지의 시기입니다. 돌이켜 보면 플라톤 철학은 민주정에서 공화정을 거쳐 왕정으로의 시대와 궤적을 같이 하고 있으며, 데카르트는 국민국가로의 진입과 맥락을 함께 하고 있습니다. 마르크스는 봉건 사회에서 자본주의 사회로의 전환점에 서 있지요.

마르크스는 변증법적 유물론이란 대단히 어려운 학설을 제시하며 공산주의 이데올로기를 탄생시킵니다. 『경제학-철학 초고』, 『헤겔 법철학 비판 서설』, 『공산당 선언』, 『자본론』 등 숱한 철학 서적을 양산한 마르크스는 20세기의 모든 학문 분야에 거대한 쓰나미를 몰고 왔습니다. 정치학, 경제학, 법학, 철학은 물론이거니와 사회학, 교육학, 종교학 등 거의 모든 학문 분야에서 마르크스의 사상은 깊고 뚜렷한 족적을 남겼습니다. 그런 의미에서 필자는 화이트헤드와 코와코프스키의 지성에 편승해 "현대 철학은 마르크스에 대한 각주다"라고 단언하고자 합니다. 실제로 구조주의, 후기 구조주의, 포스트모더니즘, 해석학, 문화 연구, 비판 커뮤니케이션 등과 같은 학문들은 모두 마르크스주의에 기반해 20세기를 비판적인 시각에서 통찰력 있게 해석하고자 발흥했습니다. 이와 함께 독일의 프랑크푸르트(Frankfurt) 학파와 영국의 버밍엄(Birmingham), 웨스트민스터(Westminster) 학파 등이 마르크스로부터 커다란 사상적인 은혜를 입었고요. 물론, 프랑스의 루이 알튀세르(Louis Althusser), 미셸 푸코(Michel Foucault), 피에르 부르디외(Pierre Bourdieu)와 같은 철학자들도 마르크스의 사유에 대한 비판과 수정 속에서 현대 서양 철학을 더욱 풍성하게 만들었습니다.

그렇다면 서양 철학사의 네 번째 시기는 언제 올까요? 모르긴 해도 현재의 모순적인 자본주의 체제 ― 그 가운데에서도 신자유주의, 신자본주의 체제 ― 가 새로운 정치 제도로 넘어가는 시기를 전후해 나오지 않을까 생각합니다.

* * *

마르크스는 나폴레옹이 지식인들의 사상을 경멸적으로 이르던 용어, 이데올로기를 자신의 저서, 『독일 이데올로기』에서 정치적이고 계급적인 의미로 바꾸어놓았습니다. 이후, 마르크스의 이데올로기는 모든 학문과 비판 커뮤니케이션 분야에서 대단히 중요한 연구 주제가 됩니다. 사실 우리가 한 번쯤 들어본 상부 구조와 하부 구조, 허위의식과 헤게모니, 패러다임 같은 철학 용어들은 모두 이데올로기와 불가분의 관계에 놓여 있습니다. 더불어 이들 용어는 미디어 및 커뮤니케이션, 그리고 언론과 긴밀히 연결되어 있지요. 예를 들어, 미디어는 마르크스와 그의 후계자인 알튀세르 같은 이들이 볼 때 전형적인 상부 구조에 속합니다. 참고로 상부 구조란 생산 체계를 유지시켜 주는 구조로서 국가 기구, 법체계, 군대, 경찰, 교육체계, 종교, 언론과 같은 것들이 있습니다. 더불어 하부 구조는 여러 생산 체계들의 총체입니다. 원시 공동체, 고대 노예제, 중세 봉건제, 근대 자본주의는 모두 마르크스가 유사 이래 여러 하부 구조를 자신의 역사 법칙 속에서 개념화하고 정의한 생산 체계들입니다.

그럼, 이제부터 언론과 이데올로기에 대해 좀 더 자세히 알아보도록 하겠습니다.

* * *

이데올로기는 '사고의 체계'를 뜻하는 단어입니다. 철학적으로는 한 사회의 사상과 행동, 생활 방법 등을 근본적으로 제약하는 '관념' 또는 '인식'을 의미합니다. 이러한 '관념'과 '인식'은 '사상'과 '의식'이란 단어로 전환될 수 있습니다. 그렇게 볼 때 이데올로기는 사고의 체계, 관념의 체계, 인식의 체계, 사상의 체계, 의식의 체계와 같은 다양한 의미를 지닙니다. 여기에서 우리는 '체계'라는 용어가 이데올로기의 개념에서 공통적으로 사용된다는 것을 알 수 있고 따라서 이데올로기는 일정한 원리에 따른 통일적 조직체라는 것을 짐작할 수 있습니다.

이데올로기의 어원을 살펴보면 18세기의 프랑스 유물론자인 D. 드 트라시(Destutt De Tracy)가 『이데올로기 개론(Éléments d'idéologie)』이라는 저서를 통해 이 단어를 처음으로 선보였음을 알 수 있습니다. 초기에는 심리학적으로 '현상에 대한 관념, 또는 관념적 인식'이란 뜻으로 사용됐지만 이후, 마르크스와 프리드리히 엥겔스(Friedrich Engels)가 『독일 이데올로기(Die Deutsche Ideologie)』라는 저서를 통해 개개인이 아닌 집단적·사회적 관념으로 그 의미를 확장해 사용합니다.

마르크스와 엥겔스는 이데올로기란 본인의 사회적 위치에 따라 결정되며 필연적으로 계급성과 당파성을 지니고 있다고 주장했습니다. 더불어, 지배 계급은 자신의 이데올로기로 사회를 통제하고 유지한다고 보았지요. 여기에서 등장하는 것이 허위의식입니다. 피지배 계급 가운데 자신의 이데올로기를 지니지 못한 채 지배 계급의 이데올로기가 마치 자신의 이데올로기인 것으로 착각하고 살아가는 이들의 사고방식이 허위의식인 것이죠. 굳이 앞서 표현한 대로 정의하자면 허위적인 의식의 체계라고나 할까요? 물론, 언론과 대중매체는 피지배 계급의 허위의식 구축에 깊숙이 관여합니다. 적어도 마르크스의 입장에서는 그렇습니다.

그런 까닭에 마르크스는 노동자 계급이 허위의식을 떨쳐버리고 일어나 자신들을 위한 공산주의 이데올로기로 새로운 세계를 건설하라고 요구합니다. 자본주의는 노동자를 철저하게 착취하고 그들의 이윤을 빼앗기 때문에 이에 분노한 노동자들이 종국에는 공산주의 세상을 열 것이라는 역사적 예언도 곁들여서 말이죠.

"이제 철학이 세상을 해석하는 시대는 지났다. 철학은 세상을 바꾸어야 한다"는 마르크스의 명언은 이러한 배경 속에 탄생합니다.

* * *

자본주의가 내재적 모순으로 붕괴되고 노동자가 국가의 주인이 된다는 마르크스의 주장에 의문을 품은 사람이 있었습니다. 이탈리아의 안토니오 그람시(Antonio Gramsci)라는 인물이었습니다. 1891년에 태어나 불과 46세의 나이로 세상을 뜬 그람시는 이탈리아가 낳은 세계적인 사상가입니다. 개인적으로는 필자가 가장 존경하는 인물이자 철학자이기도 합니다.

어렸을 때 하녀의 실수로 계단에서 구르는 바람에 꼽추가 된 그람시는 성치 않은 몸임에도 생애의 후반부를 감옥에서 보내다가 삶을 마감한 불우한 사상가였습니다. 그런 그람시는 그의 나이 30세가 되던 1921년, 이탈리아에서 공산당을 창당합니다. 베니토 무솔리니(Benito Mussolini)의 파시즘이 갈수록 기승을 부리던 무척 위험한 시기였죠. 의원 면책특권이 있었음에도 불구하고 강제로 체포된 그에게 당시 그람시를 기소했던 검사가 유명한 말을 꺼냅니다. "우리는 이 인간의 두뇌 활동을 20년 동안 막아야 합니다."

하지만 역사는 파시스트 정권이 그를 감옥에 가두었을지언정, 그의 두뇌 활동을 막는 데는 실패했다는 것을 잘 보여줍니다. 그람시는 투옥 후, 감옥에서 간수의 눈을 피해 조그마한 자투리 종이에 자신의 사상을 정립해나갔습니다. 3,000여 쪽에 달하는 그의 노트는 그람시가 죽고 난 뒤, 그를 자주 면회 갔던 처형에 의해 『옥중 수고(Quaderni del carcere) 1』, 『옥중 수고 2』의 두 권으로 출간됩니다.

그람시가 옥중 수고를 통해 세상에 건넨 것은 자신과 마르크스주의자들을 끊임없이 괴롭히던 질문에 대한 답이었습니다. 그람시와 공산주의자들이 가졌던 의문은 "이탈리아에서는 왜 가난한 노동자와 농민이 무솔리니의 파시스트 독재를 더 지지하는가?"였습니다. 돌이켜 보면, 1900년대 초 이탈리아에서는 자본주의가 급속도로 팽창하는 가운데 식량 부족과 물가 상승으로 노동자들의 삶이 갈수록 피폐해집니다. 급기야 1917년 이탈리아 북부 토리노의 노동자들은 대규모 봉기를 일으키지만 사흘 동안의 가두 투쟁에 정부는 기관총과 탱크를 투입하며 50여 명의 목숨을 앗아갑니다. 무솔리니의 파시스트 정권은 시위에 참가했던 1,000여 명을 투옥하거나 제1차 세계대전의 최전선으로 보내버립니다. 이런 상황 속에서도 파시스트 세력은 전국적으로 농민 계층을 포함해 폭넓은 지지를 얻어가며 독점 자본을 옹호하는 일당 독재의 전체주의 국가로 나아갑니다.

그람시를 괴롭힌 두 번째 의문은 "선진 자본주의 국가에서는 왜 혁명이 일어나지 않는가?"였습니다. 마르크스는 변증법적 유물론에 따라 자본주의의의 횡포가 극에 달하면 노동자들이 일치단결함으로써 공산주의 혁명이 일어난다는 역사적 필연성을 주창했습니다. 하지만 현실은 가장 후진적인 자본주의 국가, 러시아에서 프롤레타리아 혁명이 일어났습니다. 반면, 영국, 프랑스,

이탈리아 등 자본주의 선진국에서는 노동자들의 시위가 단발적인 폭동에 그칠 뿐 혁명으로 연결되지는 못했습니다. 이에 따라 그람시는 감옥에 갇혀 있던 7년 동안, 자신을 괴롭히던 질문에 대한 답을 찾아 나섭니다.

* * *

그람시는 러시아 사회민주주의의 아버지, 게오르기 플레하노프(Georgii Plekhanov)가 '정치적 지배'라는 의미로 선보인 용어, '헤게모니'에 주목합니다. 그리하여 헤게모니의 개념을 더욱 발전시킴으로써 한 사회의 지배적인 이데올로기가 어떻게 생성되고 유지되는지 작동 메커니즘을 명징(明澄)하게 밝혀냅니다. 마르크스가 방대한 저작에서도 미처 언급하지 못했던 부분이었습니다.

그람시에 따르면 한 사회의 지배 계급은 물리력뿐 아니라 피지배 계급의 자발적인 동의를 통해 자신의 지배를 유지해나갑니다. 그렇지 않다면 지배 계급은 오랜 기간 안정적으로 자신의 통치를 보존할 수 없을 것입니다. 지배 계급의 이데올로기가 종속 집단으로부터 끊임없이 저항을 받기 때문입니다. 이것부터가 마르크스주의와는 다른 혁명적인 발상이었죠. 그람시는 여기에서 피지배 계급의 자발적인 동의를 가능하게 하는 문화적·도덕적, 그리고 이데올로기적 지도력을 헤게모니라고 보았습니다. 지배 계급의 세계관을 피지배 계급이 수용함으로써 피지배 계급은 지배 계급의 이익을 자발적으로 따르고 이 과정에서 이에 반대하는 세력을 배제하고 배척하려 들게 된다는 것이었죠. 물론 지배 계급은 헤게모니를 통해 사회 전반에 걸쳐 광범위한 동의를 확보하기에 웬만한 집회와 시위, 폭동과 혁명에는 크게 영향을 받지 않습니다.

그람시에 따르면 한 사회의 헤게모니는 자생적으로 발생하는 것이 아니라 헤게모니 그룹의 용의주도한 노력에 의해 형성됩니다. 더불어 지배 계층은 자신들의 이데올로기를 전파하고 유지하며 이를 더욱 공고히 하기 위해 헤게모니를 발휘하는 기관을 필요로 합니다. 교육기관인 학교와 종교기관인 교회, 그리고 언론 매체가 그 전형이라고 할 수 있습니다. 조선시대로 보자면 유가 사상 — 그 가운데에서도 특히 주자학(성리학) — 이라는 이데올로기 구축에 서당과 향교, 서원과 성균관이 막강한 헤게모니를 행사한 것이지요.

학교와 교회, 언론 매체 등을 통해 지배 계층은 자신들의 이데올로기를 끊임없이 전파하며 이 과정에서 국민의 폭넓은 동의를 구하게 됩니다. 물론, 이를 위해서는 전달하고자 하는 콘텐츠와 메시지가 이들 기관을 통해 생산되고 배포되어야 합니다. 이에 따라 어렸을 때부터 국가가 제공하는 교육 서비스를 받고 국가권력과 유착 관계를 형성하고 있는 종교기관 및 언론기관 등에 의해 영향을 받는 국민들은 해당 사회의 지배적인 이데올로기와 더불어 이를 유지하기 위한 헤게모니에 지속적으로 노출됩니다.

이와 관련해 한국 사회를 강타하고 있는 선(先)성장 후(後)분배 또는 선(先)분배 후(後)성장에 관한 논쟁은 좋은 예를 제공합니다. 한국의 지배적인 이데올로기가 선(先)성장 후(後)분배이고 피지배 계층도 '파이가 커야 돌아오는 몫이 커진다'고 생각한다면 이는 성장을 먼저 강조하는 지배 계층의 헤게모니가 제대로 작동했기 때문이라고 볼 수 있습니다. 적어도 그람시의 입장에서는 그렇다는 것입니다. 그런 그람시는 마르크스와 블라디미르 레닌(Vladimir Il'Ich Lenin) 이후의 가장 독창적인 사상가로 높이 평가받고 있습니다. 저 역시, 밑줄을 그어가며 대학 시절 그람시의 『옥중 수고』를 정독하고 탐독했던 기억이 아직껏 생생합니다.

* * *

언론학자 가운데에서도 그람시의 헤게모니 이론을 매스미디어의 분석에 정교하게 활용한 이가 있습니다. 토드 기틀린(Todd Gitlin)이란 미국 학자입니다. 1960년대 말, 미 신좌파 학생운동권 지도자였던 기틀린은 자신의 경험을 바탕으로 신좌파 운동이 실패한 이유에 대한 책을 펴냅니다. 1980년에 나온 『온 세상이 보고 있다(The whole world is watching)』라는 언론학 저서입니다.

뉴욕 컬럼비아 대학교에서 언론 및 사회학과 교수로 재직한 토드 기틀린은 정치 평론가이자 문화 비평가, 그리고 소설가로서 필명(筆名)을 드날리고 있는 팔방미인입니다. 그런 그는 베트남전 당시, 전국적인 반전(反戰) 시위를 조직했으며 남아프리카공화국의 인종차별 정책에 항의해 시민 불복종 운동을 전개하기도 한 진보적 지식인입니다.

"온 세상이 보고 있다"라는 말은 미국 시카고에서 열린 민주당 전당대회 때 대회장 바깥에 운집했던 반전 시위대가 외쳤던 구호입니다. 경찰이 이들 가운데 일부를 강제로 연행하려 하자, 반전 시위대는 "온 세상이 보고 있다"라는 구호를 외치며 경찰들을 저지합니다. 이후, "온 세상이 보고 있다"라는 구호는 1960년대 말의 학생운동을 대표하는 대명사가 됩니다.

기틀린은 자신의 저서, 『온 세상이 보고 있다』를 통해 1968년의 학생운동 및 베트남 반전운동이 실패하게 된 주요인으로 미디어를 꼽습니다. 기틀린은 《뉴욕타임스》와 CBS TV가 '민주 사회를 위한 학생(SDS: Students for a Democratic Society, 이하 SDS)'이라는 운동 단체를 어떻게 보도했으며 이들 언론사의 보도가 1960년대의 학생운동에 어떠한 영향을 미쳤는지 책에서 상세히 밝히고 있습니다. 기틀린은 미 언론이 이른바 프레이밍(framing, 틀 짓기)에 갇혀 있으며 이러한 프레이밍 자체가 헤게모니를 공고히 한다고 보았습니다. 그렇다면 프레이밍이란 무엇일까요?

기틀린에 따르면 프레이밍은 "언어 또는 시각적인 담화를 일상적으로 조직하는 상징 취급자들에 의해 선택, 강조, 배제를 통해 형성되는 인식, 해석, 표현상의 지속적인 패턴"입니다(Gitlin, 1980: 7). 좀 더 쉽게 말하자면 수용자들의 인식에 영향을 미치는 뉴스 제작의 '취사 선택적' 방식이라고나 할까요? 예를 들어, 뉴스 프로그램이 노동자들의 거리 시위를 보도할 때, 경찰 측의 진압 방식보다 노동자들의 폭력적인 장면을 부각시킨다면 이는 프레이밍의 전형이라 할 수 있습니다. 물론, 이 경우 기틀린이 말하는 상징 취급자들은 방송 카메라 기자와 취재 기자, 그리고 데스크와 뉴스 제작국이 됩니다.

틀 짓기를 통한 편향적 보도가 되풀이되면 시민들은 노동자들이 공권력에 불법적으로 도전한다는 인식을 갖게 될 것입니다. 수용자들은 노동자들의 주장에 공감하기보다 정부의 강경한 대처에 더욱 수긍하게 되고 이러한 과정을 통해 지배 계층의 이데올로기는 더욱 강화됩니다. 기틀린은 미디어의 이 같은 프레이밍이 지배 계급의 헤게모니를 형성하는 중요한 수단 가운데 하나라고 보았습니다.

다음은 1960년대의 학생운동과 관련해 미 언론이 즐겨 채택했다고 기틀린이 분석한 12가지의 틀 짓기 기법들입니다. 이 가운데 뒤의 여섯 가지 프레임은 SDS의 반전운동이 군사 전략을 채택하자 새롭게 추가된 미디어의 틀 짓기입니다.

1. 사소화(trivialization): 운동권의 목표, 구호 등을 경시함
2. 양극화(polarization): 반전운동을 극우 및 신나치 그룹과 똑같이 극렬주의자로 취급해 이분적으로 좌익과 우익으로 구분 지음
3. 내부 갈등의 강조: 조금의 내부 갈등이 있더라도 이를 크게 취급
4. 한계화(marginalization): 일탈적이거나 대표성이 없는 시위자들의 모습을 부각
5. 수치를 이용한 폄하(숫자 축소 등)
6. 학생운동의 효율성 폄하
7. 제도권 발언에 의존: 정부 관리 및 여타 정부 당국의 인터뷰에 중점
8. 공산주의자들의 존재 강조
9. 베트콩 깃발의 등장에 초점
10. 시위 도중의 폭력 강조

11. "평화 행진"과 같은 단어에 대한 반어법적 인용 부호 사용
12. 학생운동을 반대하는 우파에 대한 비상한 관심

그리하여 기틀린은 미국의 신좌익 운동이 매스미디어의 보도로 전국적인 주목을 받기 시작했지만 종국엔 미국 언론 매체들이 부정적인 프레이밍을 채택함으로써 필연적으로 몰락하게 되었다고 결론짓고 있습니다. 언론학적인 측면에서 기틀린의 프레이밍은 사회 갈등적인 이슈를 다룸에 있어 주류 언론의 이데올로기적 속성을 실증적인 동시에 분석적으로 파헤쳤다는 데 큰 의미가 있습니다. 더불어, 한국을 비롯해 전 세계의 보수 언론이 즐겨 채택하는 프레이밍은 기틀린이 분류한 12가지 기법 안에서 대부분 유목화가 가능하기에 체제 유지를 위한 언론의 헤게모니 유포 방식은 동서를 막론하고 정형화된 틀을 따르는 것으로 보입니다.

* * *

'프레이밍'이란 미 사회학자 어빙 고프만(Erving Goffman)의 '기본틀(primary framework)' 개념에서 파생된 용어입니다. 고프만에 따르면 사람들은 복잡한 세상 속에서 각각의 경험이 발생할 때마다 그 경험을 자신만의 기준에 따라 분류해 기억 속에 저장함으로써 세상을 좀 더 쉽고 효율적으로 이해하고자 합니다. 여기에서 해당 경험을 나누는 체계가 이른바 '기본틀'이지요.

프레이밍은 그 의미의 유용성으로 인해 인문학과 사회과학에서 폭넓게 정의되고 개념화되었습니다. 이에 대해 로버트 엔트만(Robert Entman)이라는 학자는 프레임, 프레이밍, 틀(framework)이 모두 비슷한 의미로 사용되고 있다며 프레이밍이 정치학에서는 여론 및 투표 행위, 사회 심리학에서는 인지 연구, 문화 연구 및 사회학에서는 계급, 성, 인종 연구와 관련해서 유용하게 활용될 수 있다고 설명합니다(Entman, 1993).

엔트만은 프레이밍에 대해 좀 더 간결하고 정밀한 정의를 내리고 있는데, 그에 따르면 프레이밍은 필연적으로 '선택(selection)'과 '부각(salience)'을 포함합니다. 여기에서 '부각'이란 특정 정보를 독자와 시청자에게 의미 있게 각인시키거나 뚜렷하게 만드는 작업을 의미합니다. 엔트만은 사건의 인과 및 사건에 대한 평가, 그리고 사건에 대한 해결책 논쟁들이 '부각'을 위해 전략적으로 사용된다고 설명합니다.

프레이밍을 언론적인 연구 주제로 삼은 여타 학자들 가운데, 샨토 아이엔거(Shanto Iyengar)라는 학자가 눈길을 끕니다. 이유는 아이엔거의 프레임 분류 방식이 단순하고 명징한 까닭에 이해하기가 쉽기 때문입니다. 아이엔거는 매스미디어가 애초부터 크게 두 종류의 프레임 가운데 하나를 가지고 뉴스에 접근한다고 주장합니다(Iyengar, 1991). 기틀린이 학생운동을 둘러싼 미 언론들의 프레임을 무려 12가지로 분류한 것과는 무척 대조적이지요.

아이엔거가 규정하는 첫 번째 프레임은 '일화 중심적(episodic)' 프레임입니다. 이는 단편적인 사건에 초점을 두는 것으로 범죄, 빈곤 등의 사회문제를 보도할 때 해당 문제와 관련된 개별적 사건 또는 개인적 범주에 초점을 맞추는 것입니다. 일화 중심적 프레임에서는 문제 원인과 해결에 대한 책임이 특정 개인이나 개별 사안에 국한되기 마련입니다. 앞서 4장 '제2의 성'에서 소개해드린 바가 있습니다만, '피해자 비난하기' 전략으로 언론이 성폭력 희생자의 처신을 문제 삼은 것은 아이엔거의 시각에서 볼 때 전형적인 일화 중심적 프레임입니다. 물론, 이러한 프레임으로 사건을 보도하는 행위가 프레이밍이 되지요.

아이엔거는 두 번째로 '주제 중심적(thematic)' 프레임을 꼽습니다. 주제 중심적 프레임은 범죄, 빈곤 등의 사회문제를 보도할 때 사안의 사회적 환경은 물론, 구조적인 배경과 역사적 맥락 등에 초점을 둡니다. 만일, 성폭력이 발생했다면 그 배경과 함께 맥락은 물론, 재발 방지를 위한 심층 보도에 취재력을 기울이는 것이죠. 물론, 아이엔거의 입장에서 보자면 주제 중심적 프레임은 언론으로서 당연히 따라야 할 규범적 프레임입니다.

　언론학자들에 따르면 한 사회의 주류 언론들은 이미지 위주의 일화 중심적 보도를 수행하기에 사회 구조적·역사적 맥락에서 문제에 본질적으로 접근하기보다 개인적 차원에서 묘사 위주로 사건, 사고 중심의 뉴스를 제작합니다. 실제로 주제 중심적 프레임을 채택하는 언론사는 선·후진국을 막론하고 그 실례를 찾아보기가 쉽지 않습니다. 아이엔거 스스로도 정치 뉴스의 경우, 언론사는 대부분 일화 중심적 프레임을 차용한다고 밝히고 있으니까요. 따라서 아이엔거가 설정한 이분법적 프레임 분류 방식은 그 명징함에도 불구하고 분류 대상들이 대부분 한쪽으로 몰리는 약점을 노정하고 있다 하겠습니다.

＊　＊　＊

　국내 언론학 분야의 주요 학술지 10곳에 게재된 뉴스 프레임 연구들을 전수 조사한 이희영과 김정기는 총 117개의 뉴스 프레임 연구가 15개 유형의 뉴스 프레임을 사용하고 있으며 언론 보도의 주제적 특성과 관련해서는 '갈등' 상황에 가장 크게 주목하고 있다고 밝힙니다. 이들은 뉴스 프레임 연구 117개 가운데 절반 이상인 59개(50.4%) 연구가 갈등 프레임의 유무와 비중을 조사했으며, 토픽으로는 사회 부문(43.6%)이 경제나 정책 등을 앞선 것으로 나타났다고 분석합니다(이희영·김정기, 2016).[1]

1　프레이밍을 구축하는 기준에는 연역적인 방법과 귀납적인 방법의 두 종류가 있습니다. 먼저 연역적인 방법은 선행 연구들을 통해 보편적으로 사용되어 온 프레임들을 이용하는 것입니다. 예를 들어, 갈등, 인간적 흥미, 도덕성, 경제적 결과, 책임 프레임은 연역적 방법을 사용하는 프레이밍 연구에서 자주 사용되는 프레임들입니다. 연역적 방법을 사용하는 경우는 아직까지 프레이밍 연구가 행해지지 않은 분야에서 언론의 전반적인 속성을 파악하기 위해서입니다. 귀납적 방법은 연구 대상 뉴스들을 일일이 분석해가며 내용과 특징에 따라 프레임을 연구자 스스로가 규정해 유목화해나가는 것입니다. 따라서 연역적 방법에 의거한 연구에 비해서는 상대적으로 시간도 오래 걸리고 객관성을 담보받기가 쉽지 않습니다. 그럼에도 불구하고 귀납적 방법은 여태까지 학계에서 미처 주목하지 못했던 언론의 새

그렇다면 뉴스 프레이밍은 실제로 어떤 효과를 불러일으킬 수 있을까요? 전창영과 김춘식은 네 가지 다른 프레임을 사용한 기사를 실험 대상자들에게 읽게 한 후, 2014년 세월호 참사 당시 논란을 빚었던 다이빙 벨에 대한 한 개의 기사를 읽혀보았습니다. 그러자 실험 대상자들이 자신들이 노출됐던 뉴스 프레임에 맞춰 다이빙 벨 기사를 제각기 다르게 해석하는 것으로 조사됐습니다. 예를 들어, 책임 프레임으로 작성된 예비 기사를 읽은 실험 대상자들은 다이빙 벨 기사 역시, 정부의 책임과 대통령의 역할을 강조하고 있다고 이해했습니다. 갈등 프레임으로 작성된 뉴스 기사를 접한 이들은 동일한 다이빙 벨 기사가 찬반 대립과 이해관계자의 갈등을 강조한다고 해석했습니다. 물론, 인간적 흥미 프레임과 도덕적 프레임을 미리 접한 실험 대상자들 역시, 같은 기사를 개인적 감정 위주 또는 도덕적·윤리적 측면에 맞춰 이해했지요(전창영·김춘식, 2016).

한성준과 유홍식의 연구 결과도 흥미롭습니다. 이들은 정신질환자 범죄와 관련해 개인책임 귀인 프레임과 사회책임 귀인 프레임을 적용한 두 개의 기사를 만들어 대학생 211명에게 노출시켰습니다. 그 결과, 사회책임 귀인 프레임은 개인책임 귀인 프레임보다 정신질환자들에 대한 동정심을 더 강하게 유발하는 것으로 나타났습니다. 정신질환자의 범죄에 대해 개인보다는 사회가 개입해 책임을 져야 한다는 기사를 읽은 실험 대상자들이 정신질환자의 처벌만이 능사가 아니며 이들 역시, 제도적 미비 및 사회의 무관심에 따른 피해자들이라는 인식을 지니게 된 것입니다(한성준·유홍식, 2016).

프레임의 종류에 따라 수용자들의 반응이 갈리는 것은 언론이 독자와 시청자들의 인식과 태도에 커다란 영향을 끼칠 수 있다는 것을 의미합니다. 언론이 특정 사항을 특정 프레임으로 보도한다면 수용자들은 부지불식간에 그 영향을 받을 수밖에 없다는 것이죠. 앞서 소개했던 대로, 기틀린이 주장했던

로운 프레이밍을 포착하고 설명할 수 있기에 언론학자들에 의해 자주 채택되고 있습니다.

1960년대의 미국 학생운동의 실패 원인도 미 언론의 적대적인 프레이밍 때문에 대중이 학생운동으로부터 등을 돌렸기 때문이었습니다.

* * *

프레이밍은 언론의 헤게모니 전략뿐 아니라 뉴스에 내제된 이데올로기를 구체적으로 밝혀낼 수 있다는 점에서 매우 유용하게 활용되고 있습니다. 유럽의 비판 커뮤니케이션 학자들이 상당히 어렵고 추상적인 개념들을 통해 언론의 이데올로기적 속성을 기호학적·언어학적으로 논하고 있다면 미국의 비판 커뮤니케이션 학자들은 프레이밍을 매개로 미디어가 어떤 헤게모니 전략을 이용해 이데올로기를 전파하는지 실증적으로 분석하고 있습니다.

그럼에도 프레임 이론은 몇 가지 문제점을 지니고 있습니다. 먼저, 연구자들 간의 프레이밍 정의가 다르기에 프레이밍에 관한 연구가 일관성을 띠지 못한다는 것입니다. 기틀린의 프레이밍 이론에 따라 남북 관계, 한일 관계, 한중 관계 등을 분석하는 연구와 아이엔거의 기준에 따라 같은 주제를 놓고 진행하는 연구는 서로 다른 종류의 결론을 내릴 수 있습니다. 물론, 이는 프레이밍에 대한 정의가 다르기에 당연히 수반되는 결과이겠지요. 문제는 프레이밍이라는 용어가 대단히 매력적이기에 수많은 학자가 제각각 새로운 정의와 새로운 분류 기준을 꾸준히 내놓고 있다는 것입니다. 예를 들어, 홀리 세멧코(Holli A. Semetko)와 패티 발켄버그(Patti M. Valkenburg)는 프레이밍의 종류로 갈등 프레임 이외에 책임 프레이밍과 도덕성 프레이밍, 경제적 결과 프레이밍 등을, 빈센트 프라이스(Vincent Price)와 데이비드 튜크스버리(David Tewksbury)는 인간 흥미 프레이밍과 개인 프레이밍 등을 들고 있습니다. 이러한 개념은 심리학이나 윤리학, 경제학적 시각도 포함하고 있어 비판적인 입장에서 언론학에 프레이밍의 용어를 끌어들인 기틀린의 의도에서 상당히 떨어져 있는 실정입니다(Semetko and Valkenburg, 2000; Price and Tewksbury, 1997).

프레이밍을 둘러싼 두 번째 문제점은 관련 연구들이 주로 미디어 콘텐츠의 내용 분석을 실시한다는 점인데, 언론의 뉴스를 유형화하는 내용 분석은 '선택' 또는 '부각'이라는 프레이밍의 시발적(始發的) 요소에 함몰될 가능성이 무척 높다는 것입니다. 프레이밍이 특정 사안의 선택과 부각에서 출발한다는 사실에 비춰볼 때, 프레이밍은 이미 취사선택이 결정되어버린 뉴스의 내용 분석에만 몰두함으로써 뉴스 제작의 초기 단계에서 기사로 선택되지 못한 주제와 소재에 대한 중요성을 놓칠 수도 있다는 것입니다. 담론의 형성 과정에서 '배제'와 '소외'를 대단히 중요하게 다루고 있는 푸코의 관점에서 볼 때, 프레이밍은 고려되지 않았거나 제외된 대상에 주목하기보다 채택되고 강조된 담론에 방점을 둘 수밖에 없는 구조적 한계를 지니고 있습니다.

세 번째로는 프레이밍의 '효과'에 대한 연구가 아직까지는 많이 축적되어 있지 않다는 점을 꼽을 수 있습니다. 의제 설정 이론[2]의 경우에는 수용자 연구가 상당히 진척되어 있어 이를 둘러싼 효과에 대해 많은 것이 알려져 있지만 프레이밍의 효과에 대한 연구는 아직까지 빈약한 실정입니다. 특정 사안에 대한 언론의 프레이밍이 이데올로기적 측면에서 독자와 시청자들에게 어떤 영향을 어느 정도 미치는지, 또 헤게모니적 효과는 어느 정도인지에 대해서는 여전히 많은 연구가 필요합니다. 앞서 간단하게 두 개의 국내 연구 사례를 소개해드렸습니다만, 이들의 연구 결과는 소규모 대학생 실험 집단을 대상으로 한두 개의 기사만을 읽힘으로써 발표된 결과입니다. 이와 관련해 엔트만(1993)은 독자와 시청자들의 자율성에 관한 분석 역시, 향후의 프레이밍 연구에서 중요하게 고려되어야 한다고 밝힌 바 있습니다.

---

2   매스미디어가 반복적인 뉴스 보도를 통해 대중에게 해당 의제의 중요성을 각인시키는 능력이 있다고 주장하는 이론입니다. 예를 들어, 주요 언론이 실업 문제를 가장 많이 다룬다면 일반인들은 가장 시급한 사회적 문제를 실업으로 인식하게 된다는 것입니다.

프레이밍 분석과 함께 뉴스 속의 정보원을 분석하는 작업도 언론의 이념적인 성향을 쉽게 파악할 수 있는 방법 중 하나입니다. 일반적으로 뉴스 정보원은 누구의 목소리를 독자와 시청자들에게 우선적으로 또는 배타적으로 전달하는가의 의제를 다룹니다. 같은 사안일지라도 어떤 정보원을 선택하느냐에 따라 기사의 주제와 내용이 판이하게 바뀔 수 있기에 정보원 선택은 언론사의 이념적 속성과 깊은 상관관계를 지니고 있지요.

뉴스 제작 규범의 핵심적인 가치로 객관성을 내세우는 현대 언론은 기사작성과 관련해 많은 정보를 정부와 정치권, 기업과 전문가 집단 등 이른바 제도권 영역으로부터 수집하고 있습니다. 개인을 포함해 민간 영역으로부터 수집하는 정보보다 신뢰도가 높다는 이유에서죠. 따라서 특정 주제를 둘러싸고 관련 기사들 내에 등장하는 정보원의 유목별 등장 비율, 기사 내 배치 순서와 정보원의 직간접적 인용 내용 등을 분석해 보면 해당 뉴스의 정치적 편향성을 손쉽게 파악할 수 있습니다.

정보원 분석은 미국의 언론학자인 레온 시갈(Leon V. Sigal)이 ≪뉴욕타임스≫와 워싱턴 포스트의 1면 기사 분석을 통해 정부 관리들에 대한 기자들의 높은 의존도를 밝힌 이후, 언론학자들이 즐겨 시도해왔습니다(Sigal, 1973). 그 결과, 다수의 후속 연구는 정부 관리 또는 공무원 등에 대한 미국 언론의 높은 의존율이 좀처럼 변하고 있지 않음을 반복적으로 지적해오고 있습니다. 먼저 시갈이 밝혀낸 사실은 취재원의 46.5%가 미국 연방 정부의 공직자나 공공기관이었으며 외국 공직자는 27.5%, 지방정부 근무자는 4.1%로 이들이 차지하는 비중이 78.1%에 달한다는 것이었습니다. 시갈의 조사에서 일반 시민이 취재원으로 등장한 경우는 14.4%에 불과했습니다. 10여 년이 지난 뒤 같은 주제로 제인 브라운(Jane D. Brown) 등이 수행한 연구에서도 정부 취재원은 50%를 웃돌았지만 일반 시민은 4%에 불과했으며 기자가 독립적으로 취재한 기사는 26%에 그친 것으로 나타났습니다(Brown et al., 1987).

　다니엘 할린(Danie Hallin), 로버트 칼 마노프(Robert Karl Manoff), 쥬디 웨들(Judy K.Weddle)에 따르면, 미국의 언론기관은 정치적인 독립에도 불구하고 일상적인 취재 활동에서 정부 관리들과 특별한 직업관계를 유지하고 있습니다(Hallin, Manoff and Weddle, 1993). 실제로 댄 버코위츠(Dan Berkowitz)는 공직자들과 각종 단체의 간부 임원들이 전국 네트워크 TV 뉴스와 지역 TV 뉴스의 의제 구축 과정에서 지배적인 역할을 하고 있음을 밝혀낸 바 있습니다(Berkowitz, 1987). 마찬가지로 찰스 휘트니(D. Charles Whitney)와 그의 동료들 역시, 네트워크 TV의 저녁 뉴스에서 조사 대상자의 4분의 3에 달하는 정보원들이 기관에 소속되어 있으며, 그중 3분의 1 이상이 정부 고위 관료였다는 사실을 보고하고 있습니다(Whitney et al,, 1989). 니카라과 반군을 둘러싸고 취재원 과반수가 정부 관료나 정부기관으로부터 나온 랜스 베네트(W. Lance Benette)의 연구 결과는 미국 언론이 의도하든 의도하지 않든 정부의 입장을 상당 부분 투영할 수밖에 없는 현실을 잘 보여줍니다(Benette, 1990). 니카라과 반군은 산디니스타 공산 정부에 대항해 궐기했기에 미국이 군사적·재정적인 지원을 아끼지 않았던 반란군이었습니다. 이와 관련해 스티븐 리스(Stephen D. Reese)와 세스 루이스(Seth C. Lewis)는 정치 엘리트의 관점과 입장이 그들에게 호의적인 기자들의 보도 관행 덕택에 자연스럽게 프레이밍으로 연결된다고 기술합니다(Reese and Lewis , 2009).

* * *

　정보원과 관련된 연구는 미국에서 1980년대를 전후해 활발하게 진행되어 왔으나, 한국 언론학계에서는 1990년대부터 관심 대상으로 부상합니다. 하지만 1990년대에는 언론학 관련 단행본 안에서 부분적으로 취급되거나 전문 잡지, 석사 논문 등을 통해 간헐적으로 조명되다가 2000년대부터 언론 학술지에서 본격적으로 다뤄지게 됩니다. 이에 대해 이재경(2001)은 한국 언론학계가 정보원 분석이라는 주제를 다루는 데 그동안 매우 인색했다며 관련 연구의 절대적인 빈곤을 꼬집은 바 있습니다.

2000년대 이후부터 학계에 보고되고 있는 정보원 관련 논문들은 한국 언론의 기사 보도 역시, 출입처 중심으로 이루어지고 있어 좀 더 다양한 시각을 전달하는 데 그다지 성공적이지 못함을 적시하고 있습니다. 참고로 출입처란 기자가 취재를 담당하는 영역을 일컫는 용어입니다. 예를 들면 정치부 기자의 출입처로는 청와대와 국회, 경제부는 기획재정부와 농림축산식품부, 사회부는 국방부, 교육부, 보건복지부 등을 꼽을 수 있습니다. 사실, 출입처 제도는 출입처 운영 주체 및 언론사 상호 간의 공생 관계 속에 미국과 일본 등 선진국에서도 활발하게 운용되고 있습니다. 정부를 비롯해 기업이나 대학, 병원, 연구소 등 제도권 기구에서는 기자들에 대한 효율적인 홍보와 관리를 수행할 수 있고, 기자 입장에서는 신뢰할 만한 정보를 짧은 시간 안에 이들 기관으로부터 손쉽게 얻을 수 있으니까요. 그런 가운데 기자와 취재원의 유착은 강화되고 권력에 대한 감시는 소홀해지며 보도 자료의 기사화를 놓고 출입처 기자들 사이의 담합이나 자율 검열 같은 부작용도 발생합니다.

빅데이터를 이용해 26년간의 신문 기사 정보원을 분석한 박대민(2016)에 따르면 한국 언론은 미국 중심적인 시각에서 보수 정당의 입장을 주로 전달해왔습니다. 한국언론진흥재단 뉴스 빅데이터 시스템인 '빅카인즈'를 통해 1990년부터 2015년까지 여덟 개 중앙지의 정치·사회면 기사 약 100만 건을 분석한 박대민은 정치면의 경우 인용문 주제로 미국이 가장 많이 나왔으며 정당 가운데에서는 '민자당'-'신한국당'-'한나라당'-'새누리당'으로 이어지는 보수 정당이 가장 빈번하게 등장했다고 밝힙니다. 또 사회면에서는 매체별 특성이 뚜렷하게 나타나 ≪한겨레≫는 노동자와 관련된 인용문을 다양하게 다룬 가운데, 정부 기관지인 ≪서울신문≫은 공무원을 주요 정보원으로 활용한 것으로 나타났습니다.

경제면을 둘러싼 정보원 분석 연구 결과도 흥미롭습니다. ≪조선일보≫, ≪중앙일보≫, ≪동아일보≫의 경제 기사에 등장하는 취재원을 분석한 한균태와 이종혁의 연구에서는 부장 또는 과장급의 남성 홍보 실무자가 전자 및 금융 분야에서 가장 빈번하게 등장하는 것으로 나타나고 있습니다(한균태·이종혁, 2003). 또 양적 완화 정책에 대한 정보원 및 인용문 분석을 시도한 박대민과 박진우는 금융 분야 애널리스트와 경제 관료에 대한 국내 언론의 의존도가 매우 높다며 이들로부터 인용한 인터뷰 내용은 금융 자본주의적 투자 및 수익의 관점에서 전개된다고 설명합니다. 반면, 국내 언론은 양적 완화가 시민들의 경제적 삶에 끼칠 수 있는 영향을 매우 지엽적인 문제로 축소시킴으로써 금융계 인사 및 경제 관료들의 인터뷰가 신자유주의적 편향을 강화시킨다고 결론짓습니다(박대민·박진우, 2015).

그래도 희망적인 사실은 출입처 중심의 정보원 의존도가 한국에서 조금씩 개선되고 있다는 점입니다. 1990년대에는 신문 취재원의 80% 이상이 정부기관이었고(이원락, 1991), 보도 자료 의존 비율 역시 80%를 상회했습니다. 하지만, 2000년대 들어서는 신문에 나타난 국가 기구 관련 취재원의 비율이 57.7%였으며 학자 및 전문가는 8.0%, 기업 관계자는 6.2%, 일반 시민 등은 7.9%였습니다(장호순, 2001). 더불어, 기사 내에 등장하는 정보원의 숫자도 1999년(이재경·김진미, 2000)에는 1.3개였다가 2007년(이건호·정완규, 2008)에는 3.03개로 두 배 이상 증가해 정보원의 등장 빈도 역시, 점차 늘어나고 있는 추세입니다.

* * *

한국 언론이 노정하는 이데올로기적 편향성과 관련해 제기될 수 있는 또 다른 문제점으로는 취재원의 등장 횟수가 아직 충분하지 않다는 사실입니다. 김연미(1997)의 연구에 따르면 1955년에는 한 기사에서 0.93명이던 취재원의 수가 20년 뒤인 1975년에는 0.99명이 되었다가 다시 20년 뒤인 1995년에는 0.98명으로 거의 변화가 없었다고 합니다. 장호순(2001)의 연구 결과에서도 국내 뉴스의 경우, 인물 취재원이 한 명 이하인 기사는 조사 대상의 72.9%에 달하는 것으로 보고되고 있습니다. 물론, 앞서 소개한 바와 같이 정보원의 등장 횟수는 갈수록 늘어나고 있지만 가야 할 길은 여전히 멀어 보입니다.

댄 버코위츠의 논문(Berkowitz, 1987)을 인용해 한국 주요 신문의 취재원 수와 미국 신문의 취재원 수를 비교한 이재경과 김진미는 미국 전국지는 기사당 취재원이 평균 7.6명 등장한 반면, 한국 주요 신문의 1면 기사에서는 평균 1.3명의 취재원만이 등장했다고 분석합니다(이재경·김진미, 2000). 이건호와 정완규가 8년 뒤에 내놓은 연구 결과에서도 미국의 1면 기사에 등장하는 정보원의 수는 11.04명으로 한국 신문보다 여전히 세 배 이상 많은 것으로 밝혀졌습니다(이건호·정완규, 2008).

취재원 수가 적다는 사실은 언론이 사회의 여러 시각들을 다양하게 전달하지 못하고 있음을 뜻합니다. 그렇다면 이는 언론이 본연의 역할인 진실 추구에 대한 사명을 충실히 이행하지 못하고 있음을 의미하기도 합니다. 진실이 결코 단편적인 사실만으로 형성되는 것이 아니며 수많은 사실이 유기적으로 연결된 복합적인 상황의 구성물이라고 인식한다면 최소한의 취재원만으로 작성되는 기사는 사건이나 의제를 총체적이고 입체적으로 마주하기보다 단편적이고 부분적으로 대하기 때문입니다.

취재원이 익명으로 제시되는 것도 문제입니다. 실명을 밝히지 않은 채 기자가 적시하는 취재원은 기사 작성자의 주관적·정치적 편견 또는 의도에 따라 뉴스 제작에 손쉽게 동원될 가능성이 매우 높습니다. 더불어서 취재원의 인터뷰가 위조되거나 왜곡될 가능성마저 존재합니다. 기자 본인을 제외하면 어느 누구도 익명의 정보원이 현실적으로 존재하는지, 또 보도된 바와 같은 발언을 실제로 했는지 검증할 길이 없으니까요.

그렇다면 미국 언론에서 익명의 취재원을 둘러싼 기사 작성 현황은 어떠할까요? 휴 컬버트슨(Hugh M. Callbertson)이라는 학자가 12개 신문을 수년에 걸쳐 지속적으로 분석한 결과, 전체 분석 기사의 3분의 1가량은 익명 취재원을 이용하는 것으로 드러났습니다. 컬버트슨은 또 신문 편집자 209명을 대상으로 설문 조사를 실시했는데, 설문 조사 대상자의 대다수가 권력형 비리를 폭로하기 위해서는 익명 취재원을 사용하지 않을 수 없지만 실명보다 신뢰감이 떨어진다는 사실을 인정했다고 보고했습니다. 이에 미국 언론계에서는 기사의 신뢰도를 높이기 위해 익명 취재원을 피해야 한다는 입장과 기사의 형식적 비완전성에도 불구하고 중요한 논제는 어떻게 해서든 공론으로 제기해야 한다는 입장이 팽팽히 맞서고 있습니다(Callbertson, 1975, 1978, 1980).

익명 취재원을 둘러싼 국내 언론의 기사 작성 현황은 미국에 비해 상대적으로 심각한 편입니다. 이재경과 김진미가 조사한 바에 따르면 ≪조선일보≫, ≪중앙일보≫, ≪동아일보≫는 익명 취재원 인용과 관련해 26.2%의 비율을 선보였으며(이재경·김진미. 2000), 장호순(2001)은 그 비중이 36.9%에 이르고 있다고 지적합니다. 미국과 별 차이가 없어 보이긴 하지만, 미국의 경우에는 익명 취재원에 대한 데이터가 1980년까지의 결과인 반면, 한국은 2000년대 초반의 상황이라는 것을 감안해야 합니다.

이와 관련해서는 오수정(2001)의 데이터가 좀 더 객관적인 자료를 제공하고 있습니다. 퓰리처상을 수상한 미국 기사 및 기자상을 수상한 한국 기사들을 비교해 본 오수정은 익명 취재원 비율이 미국은 15.3%였지만 한국은 45.7%로 세 배나 많았다고 분석했으니까요. 하지만 이 같은 실상은 익명 정보원에 상대적으로 자주 기대는 한국 언론의 문제점인 동시에 인터뷰를 익명으로 진행해야만 하는 한국적 정치 지형의 자연스러운 결과물일 수도 있다는 생각입니다. 그렇게 볼 때, 취재원의 실명 거론을 둘러싸고 한국 언론이 보이는 기사 작성 행위는 해당 사회 내에서 언론사 외부 환경이 제공하는 상황 및 조건과 유기적으로 연계하는 가운데 필연적으로 형성된다고 인식됩니다.

* * *

언론에 내제된 이데올로기와 헤게모니를 밝히는 또 다른 방법으로 담론 분석이라는 것이 있습니다. 먼저 담론에 대해 간단히 설명하자면 담론이란 '언술 행위를 통해 사회적 의미를 산출하는 행위이자 방식'을 의미합니다. 여기에서 중요한 두 가지 요소는 1) 담론이 언술 행위라는 것이요, 2) 사회적 의미를 만들어내는 행위 또는 방식이라는 점입니다. 사회적 관심이나 갈등을 불러일으키는 대화와 토론, 주장과 논쟁, 그리고 이들을 실어 나르는 말과 글은 모두 담론의 자격 요건을 갖추고 있는 셈입니다.

담론과 프레이밍은 역사적으로 동일한 기원을 공유합니다. 1968년 5월 프랑스에서 발발한 68혁명 이후에 담론 이론이 등장했기 때문입니다. 미국의 베트남 침공에 항의해 프랑스의 대학생들이 대규모 항의 시위를 벌인 가운데 노동자들의 총파업이 병행되자 프랑스 전역에서는 정치, 경제, 문화, 교육 등 사회 전반에 걸쳐 광범위하게 자리하고 있는 권위주의적 질서 체계에 대한 거센 비판이 전개됩니다. 그리하여 대학생과 노동자의 시위운동은 반전(反戰)을 포함해 대학 교육의 서열화 폐지, 여성 해방과 남녀평등, 소수자 차별 금지 등 다양한 요구 사항을 내놓기에 이릅니다. 68혁명은 독일과 미국, 일본과 동유럽 등으로 번져나가며 국제적으로 커다란 반향을 불러일으킵니다.

사회변혁 운동이었던 68혁명은 학문 영역에도 지대한 영향을 미쳐 진보적인 지식인이 기존의 학문 체계와 성과를 부정적으로 인식하도록 유도합니다. 구조주의자들을 중심으로 한 담론 분석 이론가들은 68혁명 이전까지 객관적이고 과학적이며 가치중립적이라고 평가받았던 서구의 지식 생산 방식이 사실은 이데올로기와 권력에 의해 크게 영향을 받아왔으며 이 과정에서 언어가 특정 담론의 형성에 결정적인 역할을 했다고 지적합니다. 그 결과, 담론 연구는 전통적인 인문적·사회과학적 가치관과 언어에 대한 인식을 급진적으로 변화시킵니다.

담론을 분석하는 데 가장 중요한 것은 담론을 형성하는 언어적 구성물의 특징을 밝혀냄과 동시에 담론의 형성 과정 및 형성 과정 속에 내재된 권력의 작용을 포착하는 것입니다. 그런 까닭에 담론 분석은 시대와 장소에 따라 어떤 현상에 어떤 의미가 어떠한 방식으로 부여되는지 그 언술적인 경로를 추적하는 것과 함께 그 과정에서 권력적 행사를 수행하는 주체가 누구인지, 그리고 권력 주체에 의한 권력 작용은 어떻게 수행되는지 밝히는 것이 가장 큰 관심사입니다. 68혁명 당시를 들여다볼 경우, 프랑스의 대중매체가 대부분 미국의 베트남 침공을 지지한다면 미국 지지 담론의 형성에 동원된 언어들은 어떠한 상징적 의미를 내포하고 있는지, 그리고 그 과정에서 누가 어떠한 방식으로 담론 형성을 주도했는지에 관심을 기울이는 것입니다.

담론의 역할과 함께 담론의 형성에 깊은 관심을 보인 프랑스 철학자 푸코는 담론이 시대에 따라 매우 다양한 모습을 보이고 있다고 주장합니다. 그의 명저, 『광기의 역사(Histoire de la folie a l'age classique)』(1999)를 통해 그가 밝혀낸 역사적 사실은 중세까지만 하더라도 사회적으로 경외 또는 배척의 대상이었던 광기가 근대에 들어와서는 정신병으로 규정됨으로써 사회체제 내에서 체계적으로 통제되기 시작했다는 것입니다. 이러한 과정에서 정신분석학자, 심리학자, 사회조사 연구가와 같은 지식인들은 광기를 둘러싼 담론 형성에 다양한 이론적 근거를 제시함으로써 광기를 둘러싼 현실을 재구성했으며 이는 곧 지식이 현실을 재구성하는 권력으로 작용할 수 있는 것이라고 푸코는 보았습니다.

비록 담론이 행정력이나 사법권과 같이 거시적이고 국가적인 권력을 행사하는 것은 아니지만 미시적인 권력 행사와 연결되어 있다고 본 푸코(2011)는 담론이 일정한 규칙을 통해 전략적으로 형성된다며 그 전략 가운데 하나로 '배제'의 원리를 꼽고 있습니다. 엔트만의 '프레이밍'이 '선택'과 '부각'을 뉴스 제작의 전략적 수단으로 채택하고 있다면, 푸코의 담론 분석은 프레이밍이 다루지 않는 '배제'에 주목한다는 것입니다.

푸코는 배제의 원리가 깃들어 있는 담론에는 배제의 외부적인 과정과 내부적인 과정이 있다며 특히, 배제의 외부적인 과정에는 금지, 분할과 배척, 진위(眞僞)의 대립 등과 같은 요소들이 존재한다고 보았습니다. 말하자면, 언급을 터부시하고 편을 가르면서 상대방을 폄하하거나 옳고 그름의 이분법적인 잣대를 들이대는 것이 상대방 또는 상대 논리를 배제하는 외부적 과정이라는 것입니다.

푸코의 배제 원리는 국제 분쟁을 둘러싸고 강대국들이 구축하는 전쟁 담론, 분쟁 담론을 규명하는 데 대단히 유용합니다. 분쟁 당사자들의 갈등이 고조된 상황에서 강대국에서는 분쟁에 대한 자국의 이해관계를 둘러싸고 미디어를 통해 '우리 대 그들'이라는 이분법적 대립구도를 형성하며 선과 악을 구분 짓습니다. 이러한 과정에서는 배제의 원리를 통해 자신과 대립되는 타자(他者, others)가 생성되며 자신과 타자 사이에는 정상과 비정상, 합리성과 광기, 질서와 야만, 아군과 적, 민주와 독재, 자유와 억압, 질서와 무질서 등의 이분법적 유형화가 시도됩니다. 물론, 강대국의 이해관계에서 적으로 규정된 타자는 곧 '악의 화신'이 되고 이러한 담론은 미디어를 통해 적극적으로 유포됩니다.

한때 미국의 동맹자였으나 1989년, 미군에 의해 파나마 현지에서 체포되어 미국 교도소에 수감된 노리에가(Manuel Noriega) 대통령이나 1990년에 쿠웨이트를 침공한 이라크의 사담 후세인(Saddam Hussein)은 언론에 의해 구축된 전쟁 담론의 전형적인 희생자들입니다. 이들은 모두 사태 발발 전까지만 해도 미국의 오랜 친구였지만 이해관계가 틀어지면서 순식간에 적성 국가의 독재자로 전락하며 미국 미디어에 의해 악당 또는 악마로 규정됩니다. 이와 관련해 이봉현과 김성욱은 리비아의 카다피 역시, 노리에가 및 후세인과 같은 길을 걸으며 미국 미디어에 의해 '악의 화신'으로 표현된다고 강조합니다. 리비아 사태는 이전에 행해졌던 수많은 전쟁 담론의 동일한 패턴을 한 번 더 보여준 전형이라는 것이 이들의 결론이었습니다(이봉현·김성욱, 2011).

한국 종합일간지들의 현실 구성 방식을 객관화 담론 전략이라는 틀에서 분석한 바 있는 송용회(2007)는 2004년에 국가적 쟁점으로 등장했던 '국가보안법' 폐지 논쟁을 둘러싸고 ≪조선일보≫와 ≪한겨레≫의 해설 기사를 분석했습니다. 송용회(2007)는 '국가보안법' 폐지를 둘러싸고 두 신문의 편집 방향은 정반대였지만 자신들의 정파성을 감추고 타당성을 확보하기 위해 객관화 담론 전략을 공통적으로 채택해 사용했다고 주장합니다. 예를 들면, 두 언론사가 상황 규정이나 의미, 전망 등을 요약한 형식적 구조화(리드 명제의 사용)와 함께, 능동형 서술어의 활용 및 인용의 동원, 그리고 특정 학자와 법률 전문가 채택 등의 객관적 전략을 표면적으로 활용함으로써 그들 나름대로의 타당성을 담보하고 있다는 것이지요. 하지만, 담론 분석을 통해 이들 언론사의 해설 기사를 자세히 분석해 보면 주체를 감춘 피동형 서술어의 잦은 사용과 선택적으로 동원된 전문가 집단을 통해 소위 '전문가 이데올로기'라는 객관화 담론 전략을 채택함으로써 종국에는 자신들이 원하는 특정 현실을 정파적으로 구성했다고 송용회(2007)는 결론짓습니다.

* * *

넬슨 필립스(Nelson Phillips)와 신시아 하디(Cynthia Hardy)는 내용(Content)과 맥락(Context), 구조주의적 관점과 비판적 관점의 정도에 따라 담론 분석에 대한 접근법을 사회적 언어 분석(SLA: Social Linguistic Analysis), 해석적 구조주의(IS: Interpretive Structuralism), 비판적 언어 분석(CLA: Critical Linguistic Analysis), 그리고 비판적 담론 분석(CDA: Critical Discourse Analysis)의 네 가지로 나눕니다. 이 가운데 비판적인 시각에서 특정 이슈에 대한 언론 보도를 맥락 있는 내용으로 간주하는 비판적 담론 분석(CDA)이 언론학자들에 의해 종종 사용됩니다 (Phillips and Hardy, 2002).

그렇다면 비판적 담론 분석이란 무엇일까요? 이기형(2006)에 따르면 담론을 언술 행위뿐 아니라 경제나 물질 영역, 그리고 사회 제도까지 포함하는 것으로 폭넓게 간주하는 문화 연구와 달리, 비판적 담론 분석은 담론을 언어학적이고 기호학적인 구성물로만 간주합니다. 다시 말해 문화 연구자들의 시각에서는 서민 경제, 재개발 지구, 아파트 담보 대출과 같이 이질적인 성격의 정책과 제도, 그리고 그 적용 대상도 모두 담론에 포함되는 반면, 비판적 담론 이론가들은 발화되거나 기호·문자화된 시각, 청각적 언어 구성물(언술)만 담론으로 본다는 것입니다. 현대사회에서 시민들에게 대량으로 전파되는 언어 담론들은 반드시 대중매체를 거쳐야 하기에 비판적 담론 분석가들은 미디어가 매개 또는 중계하거나 스스로 만들어낸 담론에 주목하게 됩니다. 그리하여 비판적 담론 분석은 '서민 경제'라는 담론 속의 특정 용어들 – 이를테면 햇살론, 생애최초주택구입자금대출, 미소금융 – 이 누구에 의해 어떻게 만들어졌으며 언론이 이들 용어를 어떤 맥락에서 채택해 사용하는지를 계급적·이데올로기적 관점에서 추적합니다.

비판적 담론 분석이 관심을 표명하는 주제는 크게 권력과 지배, 그리고 사회적 불평등입니다. 비판적 담론 분석의 대표적 이론가인 노먼 페어클로프(Norman Fairclough)는 비판적 담론 분석의 접두어 격인 '비판적'이라는 용어가 권력 작용에 의해 은폐된 원인이나 연결 관계를 드러내는 것이며, 이는 곧 현실에 대한 학문적 개입을 의미한다고 설명합니다. 동시에 비판적 담론 분석의 소임은 권력 작용에서 종종 소외되거나 사회적 불평등의 대상이 되는 집단에 대한 관심과 배려를 포함한다고 강조합니다(Fairclough, 1992; 이기형, 2006: 131~132 참조).

페어클로프에 의하면 비판적 담론 분석은 텍스트적 실천, 담론적 실천, 사회적 실천의 3단계 접근 방법을 통해 수행될 수 있습니다. 먼저 텍스트적 실천은 가장 미시적인 분석으로 '어휘'와 '문법', '결합' 그리고 '텍스트 구조'의 네 범주로 이뤄집니다. 다음으로, 담론적 실천은 텍스트 간의 상호 연관 문제를 다룹니다. 이는 하나의 담론이 여러 텍스트로 형성되어 있을 수 있기에 각

텍스트가 어떻게 긴밀하게 연결되며 하나의 담론을 형성하는지 주목합니다. 물론, 거대 담론이나 지주 담론 역시, 여러 미시 담론이나 하위 담론으로 구성될 수 있습니다. 이럴 경우, 위계적 담론들 간의 질서 및 연계 역시, 분석의 대상이 됩니다. 마지막으로 사회적 실천은 담론이 어떻게 정치적·경제적·화적인 이데올로기 및 헤게모니를 재구성하고 재구조화하는지를 분석합니다. 비판적 담론 분석은 이러한 접근 방법들을 혼용해서 때로는 기표(記標),[3] 때로는 텍스트, 때로는 담론을 통해 이데올로기와 헤게모니의 구축 및 발현을 논합니다.

비판적 담론 분석은 질적 분석의 한 종류인 텍스트 분석과 많은 유사점을 지니고 있습니다. 하지만 텍스트 분석이 미디어 담론에서 사회적으로 의미 있는 낱말이나 문장, 주제 등을 추출해 이를 범주화함으로써 주로 텍스트의 이데올로기적인 속성을 다루는 데 반해[4] 비판적 담론 분석은 특정 언어에 의해 권력이 작용하는 방식과 함께 어떤 종류의 불평등이 어떻게 재생산되는지 규명하는 데 궁극적인 관심을 기울입니다. 그런 의미에서 프레이밍이나 텍스트 분석은 특정 주제에 대한 언론의 보도 경향을 분석하는 데 역점을 기울이지만 비판적 담론 분석은 언론이 생산하는 담론의 권력 효과는 물론, 담론 밖의 권력과 담론 간의 관계 등을 규명함으로써 궁극적으로는 담론을 사회적·역사적 맥락 속에 위치시키려 합니다.

---

3 소쉬르(Ferdinand de Saussure)의 기호학에서 영향을 받은 비판적 담론 분석가들은 상징적인 의미를 지니고 있는 단어를 기표라고 부릅니다.
4 이 점에서 텍스트 분석은 프레이밍과 상당히 유사합니다. 하지만 텍스트 분석이 연구자의 주관적인 기준에 따라 텍스트의 전반적인 맥락을 주제별로 범주화하는 데 반해, 프레이밍은 상당히 체계화되고 정형화된 분류 기준에 따라 언론의 보도 방식을 범주화합니다. 분석이 연구자의 주관적인 기준에 따라 행해진다는 점에 있어서는 담론 분석과 비판적 담론 분석도 마찬가지입니다. 그런 까닭에 담론 분석, 비판적 담론 분석, 텍스트 분석 모두 해당 연구 또는 해당 방법론에 관심을 기울이는 관련 학계를 합리적으로 설득시키는 작업이 가장 중요하며 또한 가장 어렵습니다.

* * *

비판적 담론 분석은 언어학, 그리고 그 가운데에서도 사회언어학이라는 장르의 영향을 크게 받았습니다. 사회언어학이란 언어를 사회적 맥락 속에서 살피는 언어학입니다. 쉽게 말하자면, 연예계를 둘러싼 신조어나 10대 청소년들의 연예계 관련 대화를 언어적 관점에서 분석해 언어 속에 내재된 이데올로기적 의미를 밝히는 것이지요. 따라서 비판적 담론 분석은 언어라는 매개를 통해 언론이 권력을 투영하는 방식이나 권력으로 기능하는 방식, 그리고 권력을 통해 지배적 이데올로기를 전파하는 방식을 밝히려고 노력합니다.

비판적 담론 분석은 푸코식 담론 분석에 비해 상대적으로 단기간 미시적인 차원에서 수행됩니다. 이는 푸코식 담론 분석이 아카이브 리서치나 역사적 방법론을 시도함으로써 장기적인 관점에서 사회 전반에 걸친 조망을 통해 거대 담론을 입체적으로 분석하는 데 반해, 비판적 담론 분석은 신문이나 방송의 영역에서 발화되고 수용되는 단편적인 정치 담론에 많은 관심을 기울이기 때문입니다. 비판적 담론 분석은 특히, 대통령 연설이나 정부 정책, 여야 간의 대립이나 선거 등을 둘러싼 뉴스 보도에서부터 전문가 대담, 사설, 칼럼 등에서 표출되는 언어에 주목해 그 언어들에 내재된 이데올로기와 지배 담론을 추출해냅니다. 물론, 정치 담론 이외에도 권력 작용이 내재된 모든 종류의 언론 보도가 비판적 담론 분석이 대상이 됩니다. 하지만 권력을 발휘하는 주체가 사회 중심적인 기구와 제도이다 보니 분석 대상은 정부를 비롯해 입법, 사법 기구 및 경제와 의료기관 등 몇몇 대상으로 자주 몰리곤 합니다.

'글로벌 인재' 담론에 관심을 보이는 홍성현과 류웅재는 '글로벌 스탠더드'와 '글로벌 경쟁력'이라는 기표를 통해 국제 경쟁력을 강조하는 역대 정권들의 국정 담론이 글로벌 경영을 내세우는 기업 담론 및 글로벌 인재 양성을 지향하는 수월성 교육 담론과 접합되며 시장주의적 가치를 사회 전반에 확산시켰다고 인식합니다(홍성현·류웅재, 2013). 이 과정에서 언론은 국정 담론과 기업 담론을 사회와 개인에게 '자기 계발'이라는 기표를 통해 전파합니다. 홍성현과 류용재는 김영삼 정부에서 박근혜 정부에 이르기까지 전직 대통령들의 취임사 및 신년사를 대상으로 이를 보도한 전국 종합일간지들의 사설과 인터뷰 기사 및 기획, 연재 기사 등을 분석했는데, 이들의 분석 결과에 따르면 국가의 인적자원 개발 담론이 미디어의 개입을 통해 공교육에 대한 노골적인 불신을 조장함으로써 더욱 극단적인 형태의 '교육 개혁 담론'으로 이어졌습니다. 이에 '자립형 사립고 설립 찬성' 및 '고교 평준화 반대'와 같은 '수월성 교육 담론'이 언론사들에 의해 생성되면서 마침내는 대학 개혁 담론으로까지 확산된다는 것이 이들의 주장입니다(홍성현·류용재, 2013). 이러한 와중에 고등학교는 입시성적 경쟁과 위계화된 학교 시장 내에서의 차별화 정책 등을 통해, 대학교는 순수학문 학과의 통폐합 등 기업가적 윤리에 의해 각각 기존의 주체성이 변모됩니다. 물론, 학생과 학부모 역시, 학교 선택부터 입시 전략, 학력 향상을 위한 자기 관리와 자기주도적 학습 등을 스스로 책임지고 관리해야 하는 주체로 재구성됩니다. 결국, 사회계층 이동의 중요 수단이었던 교육은 시장주의 담론 아래에서 그 정체성이 바뀌고 교육 공공성이 붕괴된 현실은 은폐되고 맙니다.

* * *

비판적 담론 분석이 지니는 한계 역시 명백히 존재합니다. 먼저, 비판적 담론 분석은 미디어 담론에 내재된 권력과 지배, 그리고 불평등을 폭로한다고 하지만 연구자의 직관에 따라 개인적인 결론으로 흐를 가능성이 높습니다. 예를 들어, 프레이밍과 텍스트 분석이 사회과학적인 차원에서 나름대로 정형화된 경험적 방법론을 통해 미디어 담론의 내용과 맥락을 추적해나가는 데 반해, 비판적 담론 분석은 언어학적 해석을 통해 권력과 불평등, 이데올로기와 헤게모니를 유추하다 보니 연구자 개개인의 역량과 주관에 크게 의존함으

〈표 8.1〉 이데올로기적 분석 방법의 종류와 특징

구분	프레이밍	담론 분석	비판적 담론 분석
동원 핵심 개념	- 이데올로기	- 이데올로기 - 헤게모니 - 권력·지배·불평등	- 이데올로기 - 헤게모니 - 권력·지배·불평등
주목 대상	- 텍스트	- 텍스트 - 담론	- 언어 - 텍스트
분석 방식	- 객관적*	- 주관적	- 주관적
분석 대상	- 미디어 텍스트	- 미디어 텍스트를 포함한 역사적 아카이브	- 미디어 텍스트

* 여기에서 분석 방식이 객관적이라 함은 담론 분석이나 비판적 담론 분석에 비해 방법론 구축에 상대적으로 사회과학
적인 중립성을 띠고 있다는 의미입니다.

로써 결과적으로 타당성과 객관성을 담보하기가 쉽지 않습니다.

언론이 지배 이데올로기 이외에 더욱 다양한 시각을 수용하고 사회적 불평등을 완화하는 데 앞장서야 한다는 당위적·규범적인 결론 역시, 비판적 담론 분석이 지니고 있는 또 다른 약점입니다. 이와 관련해 비판적 담론 분석의 주요 주제인 권력과 지배, 불평등과 소외의 문제가 결코 언론만의 힘으로 해결될 수도 없으며, 언론 스스로가 또 다른 사회 권력으로 작용하고 있기에 비판적 담론 분석이 이데올로기 비평, 그 이상도 그 이하도 아니라는 비판은 날카롭다 못해 아프기까지 합니다. 그래서인지 비판적 담론 이론가들은 자신들의 연구 결과가 비현실적인 비판, 비실용적인 비판, 비판을 위한 비판으로 흐르지 않도록 담론 권력의 교체 또는 교정을 위해 좀 더 구체적인 해결 방안을 제시하고자 애를 씁니다.

한편, 담론 분석의 경우에는 담론의 사회적 중요성을 과도하게 강조하고 있다는 '담론 결정주의(discourse determinism)'가 경계 대상입니다. 예를 들어, 다이앤 맥도넬(Diane Macdonnell)과 사라 닐스(Sara Mills)는 담론 분석이 사회 내에서의 물질적 차원까지 언어적 층위로 흡수시키고 있다며 사회가 담론에 의해 전폭적으로 구성된다는 가정이 담론 분석가들의 가장 큰 오류라고 지적합니다. 담론에 지나친 의미를 부여함으로써 마치 담론이 사회 불평등의 시초

이자 몸통인 것처럼 인식하고 대한다는 것입니다. 이러한 인식 속에서 독자와 시청자가 언론 보도를 주체적이고 비판적으로 수용할 가능성은 사라지지요(Macdonnell, 1986; Mills, 1997).

여러분의 생각은 어떤가요? 프레이밍을 통해서건 담론을 통해서건 언론은 독자와 시청자의 헤게모니 및 이데올로기 형성에 막강한 영향력을 행사하고 있을까요? 아니면 언론은 동일한 헤게모니 및 이데올로기를 공유하는 독자 및 시청자에게 단지 가치관 강화 차원의 프레이밍과 담론을 전달하고 있을까요? 만일, 전자 쪽에 무게를 실어준다면 언론이 구축하는 프레이밍과 담론은 비판적 언론학자들이 주장하는 대로 그 효과가 매우 강력할 것입니다. 반대로 후자에 손을 들어주고자 한다면 비판적 학자들의 우려와 달리, 언론의 이데올로기적 기능은 그다지 강력하지도 지배적이지도 않을 것입니다.

아, 시대와 장소, 상황과 경우에 따라 언론의 이데올로기적 효과는 다르게 작용할 수 있겠군요. 더불어서 자신은 중도적이며 특정 헤게모니나 특정 이데올로기에 대한 선호가 특별히 없는 경우에도 언론의 이데올로기적 영향력은 다른 결과를 낳을 수 있겠네요. 그렇다면, 프레이밍과 담론 분석, 그리고 비판적 담론 분석은 시대적·사회적·제도적·개인적 조건 등에 따라 그 나름대로의 설명력을 가질 수 있을 겁니다.

참고문헌

그람시, 안토니오(Antonio Gramsci). (1999). 『그람시의 옥중수고』. 이상훈 옮김. 거름.

김연미. (1997). 「한국 신문 정치기사의 취재원과 취재원 밝히기: 역사적 분석 1955-1995년」. 이화여자대학교 신문방송학과 대학원 석사 논문.

민정식·김연식. (2014). 「2013년 일본 원전사고에 대한 한국 신문의 보도프레임 연구」. ≪일본근대학연구≫, 44집, 413~434쪽.

박대민. (2016). 「장기 시계열 내용 분석을 위한 뉴스 빅데이터 분석의 활용 가능성: 100만 건 기사의 정보원과 주제로 본 신문 26년」. ≪한국언론학보≫, 60권 5호, 353~407쪽.

박대민·박진우. (2015). 「양적완화 정책에 대한 국내 언론의 정보원 및 인용문 분석: 경제 저널리즘의 신자유주의적 경향에 대한 비판적 고찰」. ≪한국언론학보≫, 59권 1호, 37~61쪽.

송용회. (2007). 「언론의 현실해석과 객관화 담론전략: 조선일보와 한겨레의 2004년 국가보안법 개폐논쟁 관련 해설기사를 중심으로」. ≪한국언론학보≫, 51권 1호, 229~251쪽.

오수정. (2001.11). 「기사 1건당 취재원, 한국 1.8, 미국 10.1: 보도비평- 한·미 신문의 취재원 이용 관행」. ≪신문과 방송≫, 78~82쪽.

이건호·정완규. (2008). 「한국과 미국 신문의 1면 기사 비교: 취재 영역 및 보도 형태별 취재원 출현에 따른 심층성 분석」. ≪한국언론학보≫, 52권 4호, 25~49쪽.

이기형. (2006). 「담론 분석과 담론의 정치학: 푸코의 작업과 비판적 담론 분석을 중심으로」. ≪언론과 사회≫, 14권, 3호, 106~145쪽.

이봉현·김성욱. (2011). 「미디어 담론분석을 통해 본 리비아전쟁: 언론에 의한 카다피 악마화 과정을 중심으로」. ≪커뮤니케이션 이론≫, 7권 2호, 105~143쪽.

이원락. (1991). 한국신문의 관급보도에 관한 연구. 서울대학교 대학원 신문방송학과 석사학위 논문.

이재경. (2001). 「한국과 미국 신문의 취재원 사용 관행 비교」. 한국언론재단. ≪보도비평≫, 53~87쪽.

이재경·김진미. (2000). 「한국 신문 기사의 취재원 사용관행 연구」. ≪한국언론학연구≫, 2호, 160~181쪽.

이희영·김정기. (2016). 「질적 메타 분석을 통한 뉴스 프레임의 유형: 국내 117개 프레임 연구를 대상으로」. ≪한국언론학보≫, 60권 4호, 7~38쪽.

일본 위키피디아: 철학의 정의. http://ja.wikipedia.org/wiki/%E5%93%B2%E5%AD%A6

장호순. (2001). 「한국 신문의 취재원과 취재경로 분석」. 한국언론학회 가을철 정기학술대회, 179~193쪽.

전창영·김춘식. (2016). 「정치뉴스 프레임과 수용자의 해석적 프레임이 과학기술 의견 형성에

미치는 영향: 세월호 참사 속 '다이빙벨' 투입에 관한 내러티브 해석모형의 경험적 검증을 중심으로」. ≪한국언론학보≫, 60권 2호, 61~94쪽.

푸코, 미셸(Michel Foucault). (1999). 『광기의 역사』. 김부용 옮김. 인간사랑.

_____. (2011). 『담론의 질서』. 이정우 옮김. 새길.

한균태·이종혁. (2003). 「중앙 일간지 경제기사에 취재원으로 인용된 기업체 홍보실무자 및 해당 기사의 특성 연구」. ≪한국언론정보학보≫, 23호, 153~187쪽.

한성준·유홍식. (2016). 「뉴스 보도 책임 귀인 프레임 유형과 위험 속성이 범죄의 책임 소재, 수용자의 정서적 반응과 행위 의도에 미치는 영향: 정신질환자의 범죄 기사를 중심으로」. 『스피치와 커뮤니케이션』, 15권 2호, 42~76쪽.

홍성현·류웅재. (2013). 「무한 경쟁 시대의 글로벌 인재 되기: 글로벌 인재 담론에 대한 비판적 담론 분석」. 『커뮤니케이션 이론』, 9권 4호, 4~57쪽.

Bennett, W. D. (1990). "Toward a theory of press-state relations in the United States." *Journal of Communication, 40*(2), pp.103~127.

Berkowitz, D. (1987). "Television news sources and news channels: A study in agenda-building." *Journalism Quarterly, 64*, pp.508~513.

Brown, J. D., C. R. Bybee, S. T. Wearden, & D. M. Straughan. (1987). "Invisible power: Newspaper news sources and the limits of diversity." *Journalism Quarterly, 64*, pp.45~54.

Culbertson, H. M. (1975). "Veiled news sources - who and what are they?" *American Newspaper Publishers Association News Research Bulletin.*

_____. (1978). "Veiled attribution - An element of style?" *Journalism Quarterly, 53*, pp. 456~465.

_____. (1980). "Leaks - A dilemma for editors as well as officials." *Journalism Quarterly, 55*, pp.402~408.

Entman, R. M. (1993). "Framing: Toward clarification of a fractured paradigm." *Journal of Communication, 43*(4), pp.51~56.

Fairclough, N. (1992). *Discourse and social change.* Oxford: Blackwell.

Gitlin, T. (1980). *The whole world is watching.* Berkeley, CA: University of California Press.

Goffman, E. (1974). *Frame analysis: An essay on the organization of experience.* Cambridge, MA: Harvard University Press.

Hallin, D. C., R. K. Manoff and J. K. Weddle. (1993). "Sourcing patterns of national security reporters." *Journalism Quarterly, 70*(4), pp.754~766.

Iyengar, S. (1991). *Is anyone responsible? How television frames political issues.* Chicago, IL: University of Chicago Press.

Macdonnell, D. (1986). *Theories of discourse.* Oxford: Blackwell.

Mills, S. (1997). *Discourse.* New York, NY: Routledge.

Phillips, N. and C. Hardy. 2002. *Discourse analysis: Investigating processes of social construction.* London: Sage.

Price, V. and D. Tewksbury. (1997). "News values and public opinion: A theoretical account of media priming and framing." in G. Barnett and F. J. Boster (eds.), *Progress in the communication sciences*, Greenwich, CT: Ablex. pp.173~212.

Reese, S. D. and S. C. Lewis. (2009). "What is the war on terror? Framing through the eyes of journalists." *Journalism and Mass Communication Quarterly, 86*(1), pp.85~102.

Semetko, H. A. and P. M. Valkenburg. (2000). "Framing European politics: A content analysis of press and television news." *Journal of Communication, 50*(2), pp.93~109.

Sigal, L. V. (1973). *Reporters and officials.* Lexington, MA: D. Heath.

Whitney, D. C. et al. (1989). "Geographic and source biases in network television news 1982~1984." *Journal of Broadcasting & Electronic Media, 33*(2), pp.159~174.

08

대한국인(大韓國人) 안중근

/

언론과 캠페인

1929년 ≪조선일보≫에서 '귀향 남녀학생 문자보급 운동'을 전개합니다. 문맹률이 80%에 달하던 일제강점기 당시, 한글을 보급함으로써 민족정신을 기르고 간접적으로 항일 운동을 전개하기 위해서였습니다. 당시 ≪조선일보≫가 내걸었던 표어는 "아는 것이 힘, 배워야 산다"였습니다. ≪조선일보≫는 16쪽으로 만든 한글 원본을 배포해 방학에 귀향하는 학생들이 고향에서 한글을 가르치게 했습니다.

첫해에는 409명이 참가해 2,849명에게 한글을 가르칩니다. 다음 해인 1930년에는 두 배 이상이 늘어난 900여 명이 참여해 1만여 명에게 한글을 일깨워줍니다. 참여 학생 수는 1931년 1,800명, 1934년에는 5,078명으로 급증하며 범국민적인 행사가 됩니다. 결국, 조선총독부는 '귀향 남녀학생 문자보급 운동'의 뜨거운 열기에 두려움을 느껴 캠페인을 강제로 중단시키기에 이릅니다.

≪동아일보≫ 역시, ≪조선일보≫가 '귀향 남녀학생 문자보급 운동'을 전개한 지 2년 뒤인 1931년에 '브나로드' 운동을 발족합니다. 한글을 보급할 뿐 아

니라 농촌계몽까지 염두에 둔 이 운동은 19세기 후반, 러시아 지식인들 사이에서 일어난 농민·노동자 계몽운동이 그 원형이었습니다. 당시, 볼셰비키 혁명을 꾀하려는 지식인들이 농민과 노동자를 계몽하기 위해 내세운 '민중 속으로 가자'란 슬로건은 한반도에서 고스란히 재현됩니다. ≪동아일보≫는 조선총독부에서 중지령을 내린 1934년까지 3년간 문맹과 함께 비위생적인 상태에 놓여 있던 농촌의 계몽에 적극 나섭니다. 우리에게 익숙한 심훈의 『상록수』(1935)는 ≪동아일보≫의 브나로드 운동을 배경으로 한 소설이었습니다.

≪동아일보≫ 창간 15주년을 기념해 약 5개월간 연재된 『상록수』에서는 감리교 전도사인 여주인공 채영신과 고등농림학교를 다니던 남주인공 박동혁이 각자의 활동 지역에서 농촌계몽 활동을 펴는 모습을 생생하게 그리고 있습니다. 사족(蛇足)을 달자면 일제 치하에서 『상록수』를 감명 깊게 읽으셨던 필자의 할아버지께서는 "나중에 손자를 낳거든 첫 아이의 이름은 심훈으로 짓거라"라는 당부를 필자의 아버지에게 건네셨다고 합니다.

≪조선일보≫와 ≪동아일보≫의 농촌계몽운동은 서슬 퍼렇던 1970~1980년대의 독재 치하에서도 '농활(농업 활동)'이라는 이름으로 부활합니다. 당시, 농촌에서는 물가 안정화를 위해 농산물을 저렴한 가격으로 도시민들에게 공급해야 했는데 대학생들이 군사독재정권에 저항하는 수단으로 현지에서 농민들의 부족한 일손을 채워가며 군사정권의 농촌 수탈을 일깨웠던 것이지요.

* * *

캠페인이란 '평야', '들판'을 의미하는 라틴어, '캄파니아(campania)'에서 유래한 말입니다. 군대가 전쟁터로 움직이기 위해 평야나 들판에 진을 치고 대오를 정비하며 군수품을 챙기던 의미의 군사 용어였습니다. 이후, 캠페인은 특정한 결과를 얻기 위해 이뤄지는 일련의 조직적인 활동으로 그 뜻이 확대됩니다. 참고로 캠페인을 의미하는 단어로는 'crusade'도 있습니다. 옳다고 믿는 것을 이루기 위한 장기적이고 단호한 운동을 뜻하는 단어죠. 만일 crusade의 첫 알파벳인 c가 대문자 C로 변하면 Crusade는 십자군 전쟁을 의미하게 됩니다.

각설하고, 캠페인은 서구 문명의 산물입니다. 계몽주의 사상이 유럽을 휩쓸던 18세기, 영국에서 출간된 『여성 권리의 옹호(A Vindication of the Rights of Woman)』라는 팸플릿이 미디어 역사상 처음으로 등장하는 캠페인입니다. 메리 울스턴크래프트(Mary Wollstonecraft)란 이름의 주인공은 최초의 페미니스트이자 페미니즘의 어머니로 평가받는 문필가입니다. 울스턴크래프트는 알코올 중독자였던 아버지가 어머니를 상습적으로 폭행하는 것을 막기 위해 어머니의 침실 근처에서 자며 독학으로 계몽주의를 공부합니다. 그런 그녀는 프랑스혁명을 격렬히 비난하던 에드먼드 버크(Edmund Burke)에 맞서 1790년 『인간 권리의 옹호(A Vindication of the Rights of Men)』라는 책을 펴냅니다. 더불어 2년 뒤에는 여성의 교육적·사회적 평등을 주장하는 팸플릿, 『여성 권리의 옹호』를 저술합니다. 오늘날, 페미니즘의 고전이라 불리는 책자이지요.

『여성 권리의 옹호』에서 그녀는 자신의 사상적 스승인 장 자크 루소(Jean-Jacques Rousseau)를 비난합니다. 인간은 태어나면서부터 보이지 않는 사슬에 묶여 있다며 인간을 구속하는 모든 권위주의의 배격을 주장했던 루소조차도 남성의 지배 대상인 여성은 인권이 없기에 교육을 시켜서도 안 되고 정치에 참여시켜서도 안 된다고 주장했기 때문입니다. 울스턴크래프트는 자신의 책을 통해 여성도 남성과 동등한 이성을 지니고 있으며 여성이 복종해야 할 대상은 아버지나 남편이 아니라 이성(理性)이라고 웅변합니다.

* * *

뉴욕을 가로지르는 허드슨강 입구에는 미국의 랜드마크인 '자유의 여신상'이 세워져 있습니다. 당초 '베들로(Bedloe)'로 불렸다가 나중에는 '리버티(Liberty)'

로 이름이 바뀐 자그마한 섬에 있지요. 이 자유의 여신상은 미국 독립 100주
년을 기념해서 1885년에 프랑스가 미국에 선물로 준 것입니다. 모르긴 해도
국가 간의 선물로서는 가장 크고 가장 비싼 선물일 겁니다. 자유의 여신상은
작가 프레데리크 오귀스트 바르톨디(Frédéric Auguste Bartholdi)가 제작했으며,
여신상 내부의 철골 구조물은 구스타브 에펠(Gustave Eiffel)이 설계했습니다.
파리의 에펠 타워를 설계한 그 에펠이죠.

프랑스 측은 1878년의 파리 박람회에서 먼저 머리상을 전시하며 약 40만
달러의 기부금을 모았습니다. 이후, 높이가 46.1m, 무게가 225톤이나 되는
완성작을 214개의 조각으로 분해한 다음, 프랑스 해군 군용 수송선을 이용해
미국에 전달합니다.

자유의 여신상은 미국에 도착한 직후, 한동안 리버티섬에 서 있을 수가 없
었습니다. 미국 정부가 돈이 없어 자유의 여신상을 세울 자금을 마련할 수 없
었기 때문입니다. 사실, 미국 내에서도 자유의 여신상 설치를 위한 기금 모금
운동이 전개되었습니다. 하지만 1883년까지 모인 돈은 1,500달러에 불과했
습니다. 당시, 뉴욕주 하원의원이었던 퓰리처는 이 소식을 전해 듣고 자신의
신문인 ≪뉴욕월드(New York World)≫를 통해 5센트 모금 운동을 펼칩니다.

결과는? 대성공이었습니다. 미국인의 자존심을 내세우며 캠페인을 전개한
퓰리처의 호소가 미국 국민의 마음을 움직여 목표액이었던 10만 달러가 단 5
개월 만에 모금되었기 때문입니다. 결국, 퓰리처의 노력에 힘입어 자유의 여
신상은 지금의 리버티섬에서 재조립됩니다. 별 모양의 근사한 받침대 위에
말이죠. 미국의 건축가 리처드 모리스 헌트(Richard Morris Hunt)가 설계한 이 받
침대에는 퓰리처의 공을 기려 그의 이름을 새긴 현판이 남아 있습니다.

* * *

미국 언론의 대표적인 캠페인 성공 사례로 퓰리처의 자유의 여신상 설립

운동이 있다면, 일본에는 ≪아사히 신문≫의 '부모 찾기 운동'이 있습니다. ≪아사히 신문≫은 제2차 세계대전이 끝난 지 11년이 되던 1956년, 전국사회복지협의회와 함께 전쟁고아들의 부모 찾아주기 캠페인을 전개합니다. 이전까지 일본 언론들에 의해 전개된 캠페인이 주로 정치권력의 부정부패 고발에 한정됐던 데 반해, ≪아사히 신문≫의 '부모 찾기 운동'은 일본인들의 삶에 직접적인 영향을 미치는 캠페인 주제를 선정함으로써 사회적으로 대단한 반향을 불러일으켰습니다. 전 국민적인 관심 속에 무려 31회 동안 연재된 기사 덕분에 모두 2,492명의 고아들이 전쟁 통에 잃어버린 부모와 형제자매를 다시 만나게 됩니다. 이 같은 공로를 인정받아 ≪아사히 신문≫의 '부모 찾기 운동'은 다음 해인 1957년에 창설된 일본신문협회상의 제1회 수상 대상작으로 선정됩니다.

오카야마(岡山)현 소재 오카야마시의 ≪산요(山陽) 신문≫이 1959년에 벌인 '암 추방' 캠페인도 일본 언론에서 대단히 성공적인 캠페인으로 평가받고 있습니다. ≪산요 신문≫은 종래의 과학·의학 기사가 어렵고 친근감이 부족하다는 판단 아래, 사회면에서 의학 기사를 심층적으로 다룹니다. 발상의 전환 속에 획기적인 시도를 선보인 ≪산요 신문≫의 '암 추방' 캠페인은 암 퇴치 운동을 전국적으로 확산시키며 국민들의 건강 의식을 한층 제고했다는 평가 속에 1960년 제3회 일본신문협회상의 대상으로 선정됩니다.

1989년부터 1990년까지 ≪마이니치 신문≫이 벌인 '재계와 정계' 캠페인도 상당한 효과를 거둔 언론사 캠페인입니다. 당시 일본에서는 부동산 개발을 둘러싸고 리쿠르트란 회사가 비상장 주식을 정계 고위 관료들에게 뿌리다 ≪아사히 신문≫에 의해 적발됨으로써 정치권에 대한 국민의 신뢰가 급락합니다. 이에 ≪마이니치 신문≫은 1989년 11월부터 1990년 6월까지 무려 8개월간 네 개 부분에 걸쳐 일본 정계와 재계의 정경유착과 타락상을 구석구석 폭로함으로써 일본의 정치와 경제가 한 차원 더 성숙해지는 계기를 마련했다는 평가를 받았습니다.

이 밖에도 《고베(神戸) 신문》의 '주민참가 공동사회 개발'(1964), 《교토(京都) 신문》의 '폭주족 추방 캠페인'(1966), 《가호쿠(河北) 신보》의 '스파이크 타이어 추방 캠페인'(1983), 《오키나와(沖繩) 신보》의 '노인 돌보기 캠페인'(1998), 《마이니치 신문》의 '무보험 자녀 구제 캠페인'(2009) 등이 일본 신문협회로부터 그 공로를 인정받은 우수 캠페인입니다.

하지만 일본신문협회가 캠페인을 수상작으로 선정하는 경우는 1980년대 이후부터 크게 줄어듭니다. 언론이 주도적으로 의제를 설정하고 대중을 계몽하며 사회의 변혁을 이끌던 황금시대가 서서히 막을 내리기 시작한 것이지요.

* * *

조선 태종 때 건립된 '모화루(慕華樓)'는 세종 때 확장·개수되며 '모화관(慕華館)'으로 이름이 바뀝니다. 사모할 '모', 빛날 '화', 객사 '관'이란 한자어로 구성되어 있는 '모화관'은 '중국을 사모하는 객사'란 뜻을 지니고 있습니다. 모화관 앞에는 또 '영은문(迎恩門)'도 세워집니다. 맞을 '영', 은혜 '은', 즉 은혜를 맞이한다는 의미죠.

중국 사신을 영접하기 위해 세워진 '모화관'과 '영은문'에는 선조 이후부터 세자가 중국 사신을 맞이하는 관례가 생깁니다. 임진왜란과 정유재란 때 명나라로부터 받은 원조에 대한 감사의 극진한 표현인 셈입니다. 그런 '모화관'은 1894년 청일전쟁에서 청나라가 일본에 패한 이후, 자연스럽게 문을 닫습니다(이덕일, 1999).

* * *

서재필은 구한말 시대의 조선인 가운데 가장 드라마틱한 삶을 산 인물입니다. 본관이 대구인 서재필은 전라남도 보성에서 출생했지만 어려서부터 총명함이 남달라 안동 김씨 세도가 출신의 양어머니 주선으로 7세 때 서울로 올라옵니다. 양어머니의 동생인 판서, 김성근 밑에서 과거를 준비한 그는 고종이 참관한 알성시에 합격해 관직에 진출하게 됩니다. 참고로 알성시란 비정규 문·무과 시험으로 임금이 직접 주관하는 과거 시험입니다.

무난한 미래가 보장되어 있던 서재필 앞에 그의 운명을 송두리째 뒤바꾼 인물이 나타납니다. 갑신정변의 주역, 김옥균이었습니다. 안동 김씨 출신으로 문장, 시, 글씨, 그림, 음악 등 다방면에서 천재적인 재능을 보였던 김옥균은 일본의 근대화에 깊은 감명을 받습니다. 김옥균은 이후, 자신의 개화사상을 서재필에게 전하고 서재필은 김옥균의 권유로 일본 도야마 육군 유년학교에 입학해 8개월간 현대군사훈련을 받고 귀국합니다. 궁궐 수비대에 배치된 그는 고종을 알현해 사관학교의 설립을 진언하고 고종의 승낙을 받아 조련국(操練局) 사관장에 임명됩니다.

1884년 김옥균이 주도한 갑신정변에 가담했지만 정변의 실패로 김옥균, 박영효, 서광범 등과 함께 일본으로 망명하면서 그의 파란만장한 인생이 시작됩니다. 그의 나이 21세 때의 일입니다. 조선에서는 역적의 가족으로 몰린 그의 부모와 형, 아내가 모두 음독자살한 가운데 그의 동생 재창은 목이 베이는 참형을 당합니다. 두 살 된 그의 아들은 굶어 죽지요.

하지만 여전히 강대국이었던 청나라와의 외교적 관계를 고려해 일본 정부가 갑신정변의 실패자들을 차갑게 대하자 다시 미국으로 건너갑니다. 처음 도착한 샌프란시스코에서 그는 낮에 일하고 밤에는 영어를 공부하는 주경야독(畫耕夜讀)의 세월을 보냅니다. 그러다 그를 눈여겨본 독지가의 도움으로 펜실베이니아주의 고등학교를 무사히 졸업하게 됩니다. 이후, 조지워싱턴 대학교 의대에 입학한 그는 미국 시민권과 함께 의사 면허도 취득합니다. 미국인과 결혼한 서재필은 잠시 조지워싱턴 대학교에서 교편을 잡지만 인종차별 때문에 학교에서 나와 병원을 개원합니다.

한편, 조선에서는 갑오경장으로 개혁이 단행되어 그의 역적 누명이 철회됩니다. 이에 따라 관직에 다시 진출한 박영효의 권유로 서재필은 마침내 꿈에도 그리던 고국 땅을 밟게 됩니다. 역적으로 조선을 떠나온 지 11년 만의 일이었습니다. 하지만 도망쳐 나올 때와 달라진 것이 하나 있었습니다. 서재필이 아닌 '피재손'이란 이름으로의 귀국이 그것이었습니다. 피재손이란 그의 미국명인 필립 제이슨의 한국명 표기입니다.

서재필은 정부 예산을 지원받아 다음 해인 1896년 《독립신문》을 창간합니다. 이상재, 윤치호, 이승만 등과 독립협회를 결성하고 만민공동회도 개최합니다. 이와 함께 모화관을 인수하고 개축해서 '독립관'으로 이름을 바꿉니다. 더불어 영은문을 헐고 '독립문을' 세웁니다. 명나라와 청나라를 모시던 사대주의를 혁명적으로 파괴하고 새로운 시대로 나아가기 위한 염원을 독립문에 고스란히 담았던 것입니다.

하지만 결국, 기득권층인 수구파와 조선을 노리는 일본, 러시아의 미움을 산 그는 미국으로 추방됩니다. 그리하여 다시 돌아온 필라델피아에서 인쇄 사업을 하다 일본의 식민지가 된 고국의 비극을 접하게 됩니다. 이후, 3·1운동 소식을 전해 듣고, 세계의 여론을 환기시키기 위해 다시 팔을 걷어붙이고 나섭니다. 동시에 상해 임시정부와 긴밀한 연락을 취하며 외교위원장 자격으로 맹활약을 펼칩니다.

1922년 워싱턴에서 군축회의가 개최되자 서재필은 우리나라의 370여 단체가 서명한 연판장을 제출하고 각국 대표와 세계 여론에 대한민국의 독립을 호소합니다. 1925년 하와이 호놀룰루에서 범태평양회의가 개최되자 일본 대표의 갖은 방해 공작을 물리치고 한국 대표로 참석해 일제의 한국 침략과 만행도 폭로하고 규탄합니다. 이 과정에서 서재필은 재산을 모두 소진하고 맙니다. 서재필은 대학에서 강의를 하고 여러 병원에서 고용 의사로 근무하며 힘겨운 생활을 이어나갑니다. 하지만 그런 와중에 자신을 받아준 미국에 대한 보은(報恩)도 게을리하지 않습니다. 1942년부터 1945년까지 미군의 징병

검사 의무관으로 자원봉사를 한 것입니다. 이에 미 정부는 그의 공을 기려 공로 훈장을 수여합니다.

서재필은 1945년 광복 이후 미 군정 장관 존 하지(John Hodge)의 초청으로 다시 고국에 돌아옵니다. 미 군정청 고문으로 재직하던 그는 대통령 후보로 추대되기도 합니다. 하지만 해방기의 정국은 친일파의 잔존 속에 공산주의자와 민주주의자, 그리고 민족주의자들의 대립으로 극도의 혼란에 빠집니다. 이러한 가운데 자신의 존재가 오히려 국내 정치의 혼란을 부채질할 수 있다고 판단한 서재필은 미국으로 돌아갑니다. 1948년의 일입니다.

그로부터 3년 뒤 미국에서 파란만장한 일생을 마친 그는 46년 뒤인 1994년 네 번째이자 마지막으로 고국에 돌아옵니다. 친일파 미국인을 살해하려 했던 전명운 의사의 유해와 함께 건너온 그의 유해는 국립 서울 현충원에 안장됨으로써 마침내 영원한 안식을 이 땅에서 취하게 됩니다.

* * *

갑신정변 주동자에 대한 사면령이 내려진 후 귀국한 서재필은 일본에서 귀국했을 때와 다른 길을 모색합니다. 사관학교 건립을 제의하고 사관학교를 실제로 설립했던 10여 년 전과 달리, 이번에는 대중신문의 발간을 추진한 것입니다.

그는 "우리나라의 독립은 오직 교육, 특히 민중을 계발함에 달렸다는 것을 확신하였기 때문에 우선 신문 발간을 계획하였다"고 언급합니다. 이는 "벼슬을 하지 않고 민중 교육의 의미로 신문을 발간하여 정부가 하는 일을 국민이 알게 하고, 다른 나라들이 조선에서 무엇을 하고 있나를 일깨워주는 일을 하기 위함"에서였습니다(≪동아일보≫, 1935.1.3).

서재필은 정부의 보조금과 개화파 인사들의 후원 아래, 1896년 4월 7일, 우리나라 최초의 민간 대중신문인 ≪독립신문≫을 창간합니다. 4면으로 발행된 ≪독립신문≫은 1~2면에 논설, 관보, 외국 통신, 3면에는 광고, 4면에는 영문으로 논설 및 국내 정치 뉴스를 전달합니다. ≪독립신문≫은 또 한문을 진서(眞書)로 생각하던 구한말에 순 한글로 신문을 발행하는 대모험을 단행합니다. 조선 사람 모두가 쉽게 알아보도록 하기 위해서였습니다.

서재필은 ≪독립신문≫ 발행과 함께 독립협회를 창설해 국민 계몽은 물론, 조선의 자주독립과 근대화 추진에 앞장섭니다. 더불어 자주독립의 국민적 상징물로서 독립문 건립 사업을 전개합니다. 서재필은 영은문을 헐고 그 자리에 독립문을 세우자는 운동을 제의합니다. 조선에서 언론을 통해 전개된 최초의 근대적인 캠페인이었습니다. 1896년 6월 20일 자 ≪독립신문≫의 사설은 당시의 캠페인을 이렇게 밝히고 있습니다.

> 오늘 우리는 국왕이 서대문 밖 (영은)문의 옛터에 독립문이라고 명명한 문을 건립하기로 결정한 사실을 경축하는 바이다…. 이 문은 다만 중국으로부터의 독립만을 의미하는 것이 아니라 일본, 러시아, 그리고 모든 서구 열강으로부터의 독립을 의미하는 것이다.

사업 추진자들은 협회의 창립 필요성을 절감하고, 1896년 7월 2일에 독립협회를 창립합니다. 창립대회에서 채택된 독립협회 규칙 제2조에는 협회의 사업 목적이 '독립문과 독립공원을 건설하는 사무를 관장할 일'이라고 명시됩니다. 이후 독립협회는 독립문, 독립관, 독립공원 조성 비용을 국민 성금으로 모금하기로 결정합니다. 이에 대해 ≪독립신문≫ 1896년 7월 4일 자 논설은 다음과 같이 국민 모금을 제안하고 있습니다.

> 모화관에 새로 독립문을 짓고 그 안을 공원으로 꾸며 천추만세에 자주독립한 공원이라고 전할 뜻이다. 이것을 위해 정부 돈만으로 수행하는 것이 마땅하지 않은 까닭은, 조선이 자주독립된 것이 정부만 경사가 아니라 결국 인민의 경사이므로

인민의 돈을 가지고 이것을 꾸며놓는 것이 나라에 더 큰 영광이 될 것이다.

≪독립신문≫을 통해 소식을 접한 국민들은 남녀노소 할 것 없이 전 국민이 성금 모금에 나섭니다. 1896년 7월부터 1897년 8월까지의 1년여 동안, 모금 운동을 통해 거둬들인 액수는 황태자가 헌납한 1,000원을 포함해 총 5,897원에 이르렀습니다. 이는 후에 책정된 독립문 건립 비용인 3,825원을 훌쩍 넘는 금액이었습니다.

독립문은 성금 모금 기간인 1896년 11월에 착공되어 이듬해 11월에 완공됩니다. 때는 고종의 아관파천 이후, 열강들이 한반도에서 이권 다툼으로 각축전을 벌이던 어수선한 시국이었습니다. 프랑스 파리의 개선문을 본떠 서재필이 스케치한 것을 근거로 준공된 독립문은 현재, 서울 서대문구 현저동에 위치하고 있으며 인근의 서대문 형무소와 함께 독립공원 구역 안에 자리 잡고 있습니다. 독립문 앞에는 두 개의 돌기둥이 있는데 이 돌기둥은 영은문을 받치던 주춧돌입니다.

* * *

≪독립신문≫의 독립문 성금모금운동과 함께 성공적으로 전개된 구한말의 또 다른 언론 캠페인이 있습니다. ≪대한매일신보≫의 '국채보상운동'이 그것입니다. 일제에 진 빚을 갚기 위해 전개된 국채보상운동은 ≪대한매일신보≫뿐만 아니라 ≪황성신문≫, ≪제국신문≫, ≪만세보≫ 등이 공동으로 지원하고 진행한 캠페인입니다. 하지만 전국에서 모인 의연금을 보관하기 위한 통합 기관이 필요해짐에 따라 ≪대한매일신보≫에 국채 보상 지원금 총합소가 설치됨으로써 ≪대한매일신보≫가 국채보상운동을 주도한 대표적 언론사로 널리 알려지게 됩니다.

국채보상운동을 둘러싼 역사적 배경을 간단히 설명하자면 다음과 같습니다. 먼저, 청일전쟁에서 승리한 일제는 조선에 강제로 차관을 제공합니다. 이에 조선은 근대화와 산업화를 촉진하기 위해 도로를 닦고 전기·전신을 가설하며 철도를 부설하지요. 해당 사업들은 청일전쟁에서 승리한 일본 기업들이 모조리 따냅니다. 결국 차관을 통해 상대방을 경제적으로 예속시킴은 물론, 자국의 기업들은 조선에서의 사업을 독점할 수 있는 일석이조의 제국주의 식민 공식이 한반도에서 펼쳐집니다.

당시, 두 차례에 걸쳐 일제가 제공한 차관 규모는 330만 원에 달했습니다. 하지만 일제의 차관 규모는 1904년 제1차 한일협약 이후 더욱 커져서 1906년까지 네 차례에 걸쳐 다시 1,150만 원이 추가로 제공됩니다.

상황이 이같이 전개되자 1907년에 민족 출판사인 광문사의 사장 김광제와 부사장 서상돈이 국채보상운동을 제안합니다. 김광제와 서상돈은 ≪대한매일신보≫에 "국채 1,300만 원은 바로 우리 대한제국의 존망에 직결되는 것으로 갚지 못하면 나라가 망할 것인데, 국고로는 해결할 도리가 없으므로 2,000만 인민들이 3개월 동안 흡연을 폐지하고 그 대금으로 국고를 갚아 국가의 위기를 구하자"고 발기 취지를 밝힙니다.

≪대한매일신보≫와 함께 ≪제국신문≫, ≪만세보≫, ≪황성신문≫ 등을 통해 보도된 국채보상운동은 각계각층의 광범위한 호응을 불러일으킵니다. 더불어, 20여 개의 국채보상운동 단체들이 속속 창립되면서 바야흐로 전 국민이 국채 상환을 위한 캠페인에 적극적으로 동참하기 시작합니다. 그리하여 국채보상운동이 전개된 지 한 달 만에 4만여 명으로부터 230만 원 이상이 모이는 엄청난 성과를 거둡니다. 당시 의연금 모금 운동에는 부녀자들도 각종 패물을 보내왔을 뿐 아니라 기생들마저 애국부인회를 결성해 서울, 평양, 진주 등지에서 의연금을 모금했으며 노동자, 인력거꾼, 백정들을 포함해 일본의 유학생들까지 한 푼 두 푼 모은 돈을 기꺼이 쾌척했습니다.

≪대한매일신보≫는 사원들이 모두 금연 운동에 동참한 가운데 의연금을 기탁하는 국민의 명단을 신문에 자세히 소개하는 한편 국채보상운동을 독려

하는 사설을 지속적으로 실었습니다. 안타까운 사실은 전 국민의 뜨거운 호응 속에서도 부호와 정부 고관들의 태도는 냉랭하기 짝이 없었다는 것입니다. 이와 관련해 ≪대한매일신보≫는 "포목상을 하는 가난한 박 모 씨가 국채보상운동에 적극 참여하여 70여 원을 모아 기탁한 데 반해 부호 안 모 씨는 이를 냉소, 한 푼도 희사치 아니하여 비웃음을 샀다"라거나 "국채를 보상하기 위해 노동인들이 담배 살 돈을 아껴 서로 다투어 모으고 있음에 대해 정부의 대신들은 그 노인들을 어떻게 볼 것인가"라며 지도층 인사들의 수수방관적인 태도를 꾸짖습니다.

조선 백성들의 거국적인 호응에 위기감을 느낀 일제는 훗날 ≪조선일보≫의 '귀향 남녀학생 문자보급 운동', ≪동아일보≫의 '브나로드 운동'을 금지한 것처럼 국채보상운동의 좌초에 나섭니다. 이에 따라 국채보상기성회의 간사인 양기탁에게 보상금을 횡령했다는 누명을 씌워 구속하는 한편, 친일파인 송병준을 통해 매국 단체인 일진회가 국채보상운동을 공격하도록 사주함으로써 이 운동이 중단되도록 강제합니다.

* * *

1910년 경술국치 이후, 조선 반도에서 민족적인 캠페인은 앞서 소개한 바와 같이 ≪조선일보≫와 ≪동아일보≫를 중심으로 전개됩니다. 하지만 이마저도 두 신문이 1940년에 폐간되자 언론에 의한 캠페인은 종말을 고하고 맙니다.

해방 이후, 전국에서 수많은 언론사가 우후죽순 등장하면서 한반도에는 다시 다양한 종류의 언론사 주관 행사가 열립니다. 1950년대부터 1960년대 초까지는 주로 체육대회(축구, 농구, 야구, 권투, 유도, 마라톤, 수영, 사이클, 레슬링 등)나 글짓기, 사생, 바둑대회, 음악회, 합창회 같은 문화 행사들이 전개됐으며 5·16 혁명 이후 사회가 안정기에 접어든 1960년대부터 캠페인이 본격적으로 전개됩니다.

이 시기의 대표적인 언론 캠페인으로는 단연코 반공 및 호국(護國) 관련 캠페인을 꼽을 수 있습니다. 그 대표적인 예가 1968년에 신문협회에 의해 거국적으로 주도된 '향군무장을 돕는 방위성금 모으기 운동'입니다. 당시 신문협회에 가입되어 있던 36개 회원사가 모두 참여한 이 캠페인에서는 그해 연말까지 2억 7,000만 원이 모아져 상당한 성과를 거두었습니다.

신문협회에서 1968년에 향토예비군 무장을 돕기 위해 방위성금 모금 캠페인을 모집한 데는 이유가 있었습니다. 같은 해 1월 21일, 북한의 무장 간첩단 31명이 청와대를 습격하기 위해 서울 종로구 청운동까지 침투했기 때문입니다. 이와 함께 이틀 뒤인 1월 23일에는 미국 정보수집함인 푸에블로호가 원산 앞바다에서 북한에 납치됐으며 베트남에서는 공산군이 구정을 맞아 대대적인 공세에 돌입하는 등 한반도 안팎을 둘러싼 안보 기류가 급박하게 전개되고 있었습니다. 이에 박정희 대통령은 250만 향토예비군을 무장시키겠다는 계획을 그해 2월에 발표하고 정부는 '향토방위군 설치법 시행령'을 의결함으로써 4월에 향토예비군이 창설됩니다. 신문협회는 방송협회 산하 각 라디오와 TV의 협조를 얻어 전국적인 향토예비군 무장 캠페인을 전개하지요. 한편 이 시기에 전개된 또 다른 캠페인은 다음과 같습니다.

1964년: 씨앗 모으기 운동, 남북인사 송환을 위한 100만인 서명 운동
1965년: 씨앗 모으기 운동, 일선명랑화운동 악기를 보냅시다 운동
1966년: 해외에 국기 보내기 운동
1967년: 부정부패 추방 캠페인

* * *

1970년대에 전개된 캠페인들은 1960년대에 비해 다양성이 떨어지며 반공

및 안보 등의 몇몇 주제로 국한됩니다. 미국과 소련의 동서 진영 간 냉전이 더욱 치열해진 가운데 박정희 대통령이 유신헌법을 통해 영구 집권에 나서며 언론사들의 자유가 더욱 제약됐기 때문입니다. 국내 언론사들은 캠페인 전개에 그다지 많은 재량권을 부여하지 못하며 각종 방위성금과 재해 의연금, 불우이웃 돕기 등을 전개합니다. 그러한 가운데 '10만 어린이 부모 찾기 운동'과 '도서관 건립 운동,' '매연 없애기 운동' 등 이색적인 캠페인들이 몇몇 언론사들의 주도 속에 간헐적으로 실시됩니다.

* * *

1983년 6월 30일 밤 10시 15분, KBS에서 30주년 특집 행사로 '이산가족 찾기 운동'을 벌입니다. 패티김의 「누가 이 사람을 아시나요」로 시작된 이산가족 찾기 프로그램은 다음 날 새벽 한 시까지 세 시간 정도 방영될 예정이었습니다. 하지만 이산가족을 찾는 행렬이 예상을 훨씬 뛰어넘으며 장사진을 이루자 KBS는 모든 정규방송을 취소한 채, 5일 동안 '이산가족 찾기'를 주제로 릴레이 방송을 진행합니다.

그해 11월 14일까지 총 453시간 동안 방송된 이 캠페인에서는 10만 952건의 이산가족 사연이 소개되었으며 프로그램을 통해 1만 180여 가족이 상봉했습니다. 한때, 최고 시청률이 78%에 다다를 정도로 전 국민을 TV 앞에 불러모은 이 캠페인은 4,000만 동포들의 눈시울을 붉히며 6·25 종전 30년이 지나서도 동족상잔의 기억이 지워지지 않은 한반도를 뒤흔들었습니다. 그러고 보니, 지난 2014년 개봉되어 1,400만 명이 관람함으로써 관람객 수 역대 3위에 등극한 화제작, 〈국제시장〉은 1950년 6·25 사변 이후, 파란만장한 생을 살아온 주인공, 덕수(황정민 분)가 함흥 철수 당시, 잃어버린 여동생을 KBS의 〈이산가족 찾기〉 프로그램에서 찾는 장면을 현대 한국사의 한 페이지로 내보내고 있습니다.

일본의 《아사히 신문》이 종전 11년 만에 '부모 찾기 운동'을 전개했던 것과 달리, KBS의 이산가족 찾기 캠페인은 한국전 휴전으로부터 30년이 지나서야 비로소 전파를 탔습니다. 컬러 TV가 도입된 가운데 6·25 때 헤어진 어린 가족들이 성인으로 자라 어느 정도 먹고살 만해진 시기에 절묘하게 방영된 KBS의 이산가족 찾기 운동은 국내 미디어가 실시했던 캠페인 가운데 가장 성공적이고 가장 감동적인 프로그램이었습니다. 이후, 방송사를 포함해 신문사, 잡지사 등 모든 대중매체는 차별성을 지닌 동시에 한국 사회에 커다란 반향을 불러일으킬 만한 캠페인을 전개하는 데 지대한 관심을 기울이게 됩니다.

* * *

미국에서 19세기 말에 벌어졌던 언론사 주최 캠페인 운동은 조지프 퓰리처의 《뉴욕월드》와 윌리엄 허스트의 《뉴욕 모닝 저널(New York Morning Journal)》 간의 치열한 판매 부수 전쟁이 야기한 결과였습니다. 마찬가지로 1987년의 6·29 선언 이후, 언론 자유화가 실시되면서 1990년대는 신생 언론사들이 대거 등장한 가운데 언론사들의 캠페인 개최가 봇물을 이룹니다. 독자와 시청자의 관심을 끄는 것은 물론, 언론사의 세(勢)를 확장하거나 경쟁사의 캠페인을 견제하기 위한 이유에서였습니다. 당시, 언론 캠페인이 얼마나 치열했는지는 《조선일보》의 캠페인 발족 현황만 봐도 잘 알 수 있습니다. 다음은 『조선일보 70년사』(2000)를 통해 검색해 본 《조선일보》의 1990년대 캠페인 목록입니다.

1991년: 갈등극복 연중 캠페인
1992년: 쓰레기를 줄입시다
1993년: 도서관에 1백만 권 책 보내기 운동, 세계를 깨끗이

1994년: 샛강을 살립시다

1995년: 자원봉사 뿌리내리기 사업, 마약 퇴치 캠페인

1997년: 수원시 '가로수 관리' 캠페인, 귀경길/귀향길 쓰레기 버리지 않기, 태극기를 가까이, 다시 뛰자

1998년: 다시 뛰자, 사랑의 삐삐 모으기 캠페인, 태극기를 답시다, 불우청소년에게 꿈과 사랑을

1999년: 글로벌 에티켓 교통 캠페인

* * *

1992년 6월, ≪조선일보≫에서 '쓰레기를 줄입시다'라는 캠페인을 전개합니다. 서울시, YMCA, YWCA 등과 연대해 자원을 절약하고 환경을 보호하자는 취지에서 발족한 캠페인이었습니다. ≪조선일보≫의 '쓰레기를 줄입시다' 캠페인에는 한 달 만에 461개 단체가 동참했으며, 약 5개월 동안 모두 3,000여 개의 단체가 참가하게 됩니다. ≪조선일보≫는 캠페인 기간에 종이, 음식, 일회용품의 낭비를 줄이고 장바구니의 생활화를 촉구하는 세부 지침을 제공하는 한편, 신문지 재활용 운동을 전개해 재생지로 만든 수거용 봉투를 무상으로 배포합니다. ≪조선일보≫는 또 환경 캠페인을 더욱 구체화시켜 2년 뒤인 1994년에는 '샛강을 살립시다. 샛강이 살아야 큰 강이 삽니다'라는 후속 캠페인을 진행합니다.

언론사가 환경 캠페인을 전개한 것은 비단, ≪조선일보≫가 처음은 아니었습니다. ≪동아일보≫는 이미 1954년에 '그린 스카우트'라는 이름의 환경 캠페인을 출범시킨 바 있습니다. 하지만 환경 캠페인은 공업화·산업화가 어느 정도 결실을 맺은 가운데, 파괴된 환경에 신경을 쓸 여력이 생긴 1990년대부터 ≪조선일보≫의 의제 설정을 통해 비로소 의미 있게 다가옵니다.

≪조선일보≫의 환경 캠페인이 국민적 호응을 얻게 된 데에는 같은 해 6

월, 브라질의 리우데자네이루에서 열린 세계정상회담의 영향이 컸습니다. 세계 111개국의 정부 수반이 참석한 리우 회담에서 세계 각국은 리우 선언과 함께, '어젠다 21', '산림원칙', '생물다양성 협약', '기후변화협약' 등을 체결했으며 특히 '기후변화협약'에서 지구환경문제의 대부분이 선진국에 의해 자행된 환경 파괴의 결과라는 사실을 인정함과 동시에 전 세계의 단결과 일치된 대응이 필요하다는 데 의견을 모았습니다. 당시, 국내 언론들은 지구 반대편에서 벌어진 세계정상회담을 날마다 국민들에게 실어 날랐으며 그러한 가운데 ≪조선일보≫는 환경 의제를 한국으로 끌어들이는 데 성공했던 것입니다 (오수정, 1994).

돌이켜 보면, 1990년대는 언론사 간의 경쟁이 그 어느 때보다 치열한 춘추전국시대였습니다. 이는 1980년대 말의 언론 자유화 이후, SBS를 포함해 ≪한겨레≫, ≪문화일보≫, ≪세계일보≫, ≪국민일보≫ 등 수많은 신생 매체가 지상파와 중앙 일간지 시장에 가세했기 때문이었습니다. ≪동아일보≫와 ≪중앙일보≫는 이러한 와중에 석간에서 조간으로 발행 체계를 바꾸었으며 SBS는 방송사상 처음으로 8시 뉴스를 선보이는 등 다양한 실험과 파격을 감행합니다. 언론사들은 또 수많은 캠페인을 발족해 국민의 호응과 지지를 이끌어내고자 했습니다. 이러한 배경에는 자사의 영향력 확대와 더불어 타사와의 차별화 시도, 그리고 시청률 제고 및 판매 부수 증대라는 경영적인 전략도 한몫했습니다. 광고 이윤을 높이기 위한 신문사 간의 증면 경쟁 또한 이 시기에 캠페인 양산과 함께 치열하게 벌어집니다.

그렇다면 언론사들이 앞다투어 내놓은 캠페인은 어떤 그림자와 독을 지니고 있었을까요?

* * *

1989년에 첫 지면을 인쇄한 ≪세계일보≫는 1988년에 창간된 ≪한겨레≫,

≪국민일보≫, 1990년에 개국한 SBS, 1991년에 선보인 ≪문화일보≫ 등과 함께 20세기 말에 탄생한 일간지입니다. 1987년, '언론기본법'이 폐지되면서 일간지 창간이 허가제에서 등록제로 바뀐 결과였지요. 전쟁 이후에 베이비 붐 세대가 등장한 것과 같은 현상이 1990년대 전후의 한국 언론사에서도 펼쳐졌던 것입니다.

하루가 멀다 하고 속속 등장하는 수많은 언론사 속에서 ≪세계일보≫는 창간 3년 만에 독특한 캠페인을 야심 차게 발족합니다. 이름하여 '대한국인 안중근' 캠페인이었습니다. 당시, ≪세계일보≫는 여타 언론사들이 미처 신경 쓰지 못한 순국선열들의 행적 및 그 유족들의 처우에 주목합니다. ≪세계일보≫는 특히, 순국선열들의 대표 주자로 안중근 의사를 선정해 그의 생애와 업적, 그리고 최후를 집중 조명합니다. 경술국치의 주역인 이토 히로부미(伊藤博文)를 성공적으로 사살했지만 일제에 의해 사형을 당한 이후에는 그 유해의 행방조차 묘연한 안중근 의사의 비운을 널리 알리기 위해서였죠. ≪세계일보≫는 약 10개월간에 걸쳐 '대한국인 안중근'이라는 특별 기사를 연재하는 동시에 '안중근 의사 뤼순 순국 유적 성역화 사업'도 벌입니다.

당시, ≪세계일보≫ 입사 1년도 되지 않았던 필자는 경제부에 소속되어 대한상공회의소, 중소기업협동조합 중앙회, 포항제철 및 유통업체를 출입처로 배정받은 햇병아리 기자였습니다. 신참 기자의 티가 얼굴에서 채 가시지도 않은 가운데 상부로부터 필자가 받은 지령(?)은 '대(大)한국인 안중근' 캠페인에 경제 단체 및 기업들의 후원을 이끌어내는 일이었습니다.

그로부터 수개월 동안, 필자는 각종 경제 단체 및 담당 기업 홍보실을 찾아다니며 후원을 간곡히 부탁하는 캠페인 전도사가 되어야만 했습니다. 입사 1년 차도 되지 않은 제가 하고 다니는 말들이 무슨 힘이 있었겠습니까만, 제 뒤에는 경제부 부장과 편집국장이, 더불어 사장과 언론사가 버티고 있었습니다. 기업과 경제 단체들의 입장에서는 전형적인 준조세(準租稅)로 일컬어지는 후원과 협찬이 필자의 입을 통해 요구되고 있었던 것입니다. 결국, 수많은 협상과 조율 속에 해당 기업 및 경제 단체들은 ≪세계일보≫와 서로의 체면을 손상하지 않는 선에서 '대한국인 안중근' 캠페인에 대한 후원을 결정합니다. 하지만 반란죄로 구속됐던 전두환 전 대통령이 캠페인 전개 과정에서 안중근 의사 뤼순 순국 유적 성역화 사업추진위원회의 고문이 되는 등 여러 무리수가 불거져 나옵니다.

* * *

캠페인은 설득 커뮤니케이션의 일종입니다. 메시지 전달 효과를 극대화해 상대방을 요령껏 설득함으로써 수용자의 인식과 행동을 변화시키는 것이 캠페인의 주목적입니다. 그런 캠페인은 효율적인 커뮤니케이션 전달을 위해 정확한 목표 대상을 향해 신중하고 치밀한 전략을 짜고 이를 과학적으로 수행해야 소기의 성과를 거둘 수 있습니다. 역으로 말하자면, 즉흥적·단기적·졸속적으로 추진되는 캠페인은 그만큼 실패할 확률이 높아진다는 것입니다.

1990년대 들어 국내 언론사들이 추진했던 캠페인은 대부분 공공을 대상으로 한 범국민적 운동이었습니다. 사회 전체나 국민 각자의 생활양식을 근본적으로 바꾸려는 변혁이었죠. 사회적 개혁을 염두에 둔 만큼, 캠페인의 전개 역시 신중한 계획과 전략이 필요했습니다.

하지만 언론사에 의해 야심 차게 주도된 캠페인은 이미 출발선상에서부터 그 실패가 예견된 경우가 대부분이었습니다. 언론사의 의욕이 넘치다 보니 지나치게 많은 양의 정보가 독자와 국민들에게 일방적으로 전달됐기 때문이었습니다. 정보의 양이 과다하게 공급되면 수용자가 무감각해진다는 사실은 수많은 커뮤니케이션 연구를 통해 반복적으로 검증된 바 있습니다. 실제로 1970년대 미국 연방 정부가 지원했던 마약 추방 캠페인은 지나치게 많은 정보가 미 국민에게 제공되면서 실제 목표 달성에는 도달하지 못했습니다. 넘쳐나는 지식과 정보가 오히려 수용자들을 쉬이 피로하게 만들어 종국에는 캠페인 구호를 외면하게 유도했으니까요.

캠페인이 수용자의 감성보다는 지성에 호소하는 방향으로 구축되어야 한다는 점도 승패를 결정짓는 열쇠입니다. 성공적인 금연·금주 캠페인이나 성인 교육 참여 프로그램은 메시지 제시 형식이 감성적이고 충동적이기보다 이성적이고 설득적이라고 합니다. 더불어 메시지가 밀도 있게 제작되면 오피니언 리더 역할을 하는 지적 수용자들이 객관화된 정보를 더욱 많이 받아들이고 이들이 다시 주변에 영향을 미침으로써 2단계에 걸친 효과적 정보 흐름 현상이 나타난다고 합니다. 이른바 캠페인의 성공 공식이라고나 할까요?

≪세계일보≫의 '대한국인 안중근' 캠페인은 그 출발부터 소기의 성과가 의심될 수밖에 없는 캠페인이었습니다. 무려 10개월에 걸친 안중근 특집 기사는 독자뿐만 아니라 캠페인 수행 주체인 언론사 기자도 지치게 했습니다. 수많은 유관 뉴스가 근 1년 가까이 게재되는 가운데 안중근 의사의 행적을 좇는 르포 기사는 편집국 안에서조차 외면받기에 이릅니다. 저 역시, 처음에는 열심히 관련 기사들을 챙겨 읽었지만 나중에는 '아직도 연재를 하고 있나?'란 반응을 보였으니까요. 야심 찬 기획 속에 대하드라마와 같은 길을 가고자 했지만, 장기간에 걸쳐 비슷한 종류의 정보들을 반복적으로 나열하면서 야기된 필연적인 결과였습니다.

한국인이면 안중근 의사의 유해를 당연히 챙겨야 한다는 감성적인 구호도 이성적이고 합리적인 메시지와는 거리가 멀었습니다. 당시, ≪세계일보≫가 내건 '대한국인 안중근' 구호는 독자와 국민 모두가 캠페인에 동참하지 않을 경우에는 오히려 죄를 짓는 듯한 기분을 자아내게 하면서 종국에는 캠페인 자체를 부담스럽게 여기는 풍토를 조성하게 됩니다.

참, ≪세계일보≫의 '대한국인 안중근' 캠페인과 관련해 2009년에 의미 있는 행사 하나가 열립니다. 이름하여 '안중근, 2009년의 대한민국을 만나다'라는 캠페인입니다. 안중근 의사 의거 100주년을 기념해 문화관광체육부가 후원하고 민간에서 추진해 국민의 얼굴과 손도장을 모아 그의 얼굴과 손을 완성하는 캠페인에서는 3개월의 여정 속에 손도장 3만 개가 안중근 의사의 의거일(10월 26일)에 맞춰 KT의 서울 광화문 지사 외벽에 걸리며 온 국민의 마음을 뭉클하게 했습니다. 의거 100주년이 주는 상징적인 의미와 함께 남녀노소를 불문하고 수많은 국민이 직접 참여했기에 진정 뜻깊은 캠페인으로 이뤄진 것이었죠. 캠페인 참여 형태도 후원금 기탁이 아닌 얼굴 사진 및 손도장이었기에 참여자들의 부담 역시, 가벼울 수밖에 없었습니다. 아, 그러고 보니 2009년엔 뮤지컬 〈영웅〉이 탄생해 '더 뮤지컬 어워즈'와 '한국 뮤지컬 대상' 시상식에서 각각 6관왕으로 등극하며 흥행몰이에서도 대성공을 거둔 바 있습니다. 뮤지컬 〈영웅〉에서 주인공은 물론, 안중근 의사입니다.

≪세계일보≫의 안중근 캠페인은 시기적으로도 또 방법론적으로도 독자와 국민의 호응을 적절히 이끌어낼 수 있었던 캠페인은 아니었습니다. 물론, ≪세계일보≫만 그러한 경우에 해당되지는 않았습니다.

* * *

언론사의 캠페인 성공 여부와 관련해 꼽을 수 있는 또 다른 중요 변수가 있습니다. 캠페인 전개를 둘러싼 사회적 여건이 얼마나 정비되어 있는지의 여부입니다.

앞서 소개한 바와 같이 ≪조선일보≫의 '쓰레기를 줄입시다' 캠페인은 짧은 기간, 전 국민적인 호응을 자아내며 각계각층의 폭발적인 반응을 이끌어냈습니다. 하지만 쓰레기 줄이기에 동참하겠다고 나선 기업들이 환경오염 방지를 위해 도입된 '폐기물 처리 및 회수 비용 예치제'에는 참여하기를 기피함으로써 404개 대상 기업의 98%가 참여하지 않는 기현상이 발생합니다.

당시 캠페인의 공동 주관자 역할을 자임했던 서울시도 쓰레기 분리수거를 지시만 해놓고 제대로 관리하지 않았습니다. 그리하여 쓰레기 줄이기 캠페인의 세부 지침에 따라 주부들이 캔과 병, 신문과 우유 팩 등을 별도로 분리해 내놓은 쓰레기들은 한데 섞여 쓰레기 소각장으로 실려 가는 아이러니한 상황이 야기됩니다. 하지만 《조선일보》 스스로도 이 같은 상황은 외면한 채, 자사의 캠페인에 참여하는 여러 단체 및 독자들의 현황과 열기를 중점적으로 보도합니다. 안타까운 사실이지만, 당시 서울시를 비롯해 대부분의 행정기관에서는 쓰레기 분리수거 및 재활용에 대한 제도 및 시설 정비가 제대로 갖춰져 있지도 않았습니다.

환경문제의 발생 원인에 정작 더 큰 책임을 지고 있는 주체는 정부와 기업인데 환경문제를 시민들의 손으로만 해결하려 한 것도 문제의 본질을 도외시한 것이었습니다. 3장 '침묵의 봄'에서 소개한 바와 같이 1991년의 낙동강 페놀 오염 사건에서는 정부의 감시 부재와 맞물려 기업의 몰양심이 대규모 환경 재앙을 불러일으켰습니다. 하지만 이에 대한 피해는 고스란히 시민들에게 전가됐지요. 실제로 대기오염과 수질오염, 토양오염의 주된 가해자는 대기업입니다. 더불어 이들의 환경오염을 감시·감독하고 제재해야 할 책임 주체는 정부이고요. 이와 관련해 1992년 8월 1일부터 두 달간 《조선일보》, 《동아일보》, 《서울신문》, 《한겨레》의 환경 보도를 분석한 송기표(1992)는 《동아일보》가 정부, 기업, 국민을 동일 비율로, 《서울신문》과 《한겨레》가 기업, 국민, 정부 순으로 환경문제의 책임원을 거론한 데 반해, 정작 쓰레기 줄이기 캠페인을 대대적으로 벌인 《조선일보》는 국민, 기업, 정부의 역순으로 환경문제의 책임원을 제시하고 있다고 밝힙니다.

* * *

한국 언론사들이 전개해온 캠페인의 또 다른 문제점으로는 단편적인 이벤트가 많다는 것을 꼽을 수 있습니다. 단편적인 이벤트가 많다는 것이 반드시 단점으로 연결되진 않겠지만 시류에 편승하거나 즉흥적으로 캠페인을 시작하면 용두사미로 끝나는 경우가 많습니다. 시작은 화려하고 요란하지만 대중의 관심이 사그라들면 단편적인 캠페인들은 언제 전개됐냐는 듯 조용히 종결됩니다. 그 대표적인 예로 불우이웃 돕기와 관련된 캠페인을 들 수 있습니다.

1980년대까지만 하더라도 모든 언론사의 연례행사였던 불우이웃 돕기는 주로 연말에 전개되어 왔습니다. 불우이웃 돕기 캠페인은 2000년대 들어 좀 더 구체화되면서 ≪조선일보≫의 '우리 이웃 캠페인'(2004), ≪중앙일보≫의 '조부모 가정 돕기 겨울愛 희망 만들기 캠페인'(2006), 결식아동에게 도시락을 전달하는 '사랑 나눔 캠페인'(2007) 등의 형태로 발전합니다. 하지만 이들 캠페인은 장기간 지속적으로 전개되기보다 외부 후원 단체 등의 사정에 따라 일회성으로 그치는 경우가 대부분입니다.

이와 함께, 불우이웃 돕기 운동은 참가자들이 신규 독자가 될 경우, 신청 건에 대해 신청자의 이름으로 복지 재단에 기부를 하는 등의 형식으로 새롭게 진화하고 있습니다. 판촉 활동의 일환으로 불우이웃 돕기 캠페인이 활용되기에 이른 것이죠. 물론, 그 취지는 높이 삽니다만 시민들의 동정심과 이타심을 이용해 한 부라도 더 판매하고자 하는 언론사의 상술이 그저 안타까울 뿐입니다. 더불어 판촉 활동이 캠페인과 연계되어 있다 보니 부수 확장이 예상외로 지지부진해지면 불우이웃 돕기 캠페인은 자연스레 종결될 수밖에 없습니다.

말이 나왔으니 한 가지 더 첨언하자면, 기업 입장에서 가장 부담스러운 계절 가운데 하나가 겨울입니다. 불우이웃을 도와야 하기 때문이죠. 이 시기가 오면 대형 언론사를 비롯해 온갖 언론 매체에서 그야말로 봇물 터지듯 기업에 후원과 협찬, 그리고 협조를 요청합니다. 하지만 기업 입장에서 언론사들을 가벼이 여겨 문전박대를 할 수도 없는 노릇이기에 실랑이와 사정, 설득과 언쟁을 통해 적당한 선에서 겨울을 무사히 넘겨야 합니다.

그런 의미에서 국내 언론들의 캠페인은 많은 경우, 억압적이고 비자발적인 참여를 상대방에게 강요한다는 특징을 지니고 있다 하겠습니다. 더불어서 언론사의 캠페인이 충분한 사전 조사나 여론 수렴 없이 급작스레 결정되다 보니 준비 부족과 홍보 미비 등으로 독자 및 대중의 충분한 공감대를 얻기가 어려운 것 또한 사실입니다. 이러한 원인들은 결국 소기의 성과를 달성하지 못하고 캠페인을 실패로 이끌기 마련이고요.

현재, 특정 계층의 사회적 약자를 겨냥해 자사의 캠페인을 브랜드화해가며 구체적이고 장기적인 불우이웃 돕기 운동을 전개하는 국내 언론사는 아직까지 없는 것이 사실입니다. 앞서 3장 '침묵의 봄'에서 환경을 주제로 다루며 소개한 ≪마이니치 신문≫의 '후지산 재생 캠페인'은 장기적인 관점에서 한 가지 주제를 놓고 지속적으로 펼칠 수 있는 캠페인이 어떠한 결실을 맺을 수 있는지 잘 보여준다 하겠습니다. 지난 1999년 후지산 클럽과 함께 발족된 ≪마이니치 신문≫의 후지산 재생 캠페인은 매년 10만 명이 참가하는 거국적인 행사로 쓰레기 더미의 후지산을 일본인의 영산으로 재탄생시킨 범국민적인 캠페인입니다. 서슬 퍼런 일제강점기에서 무려 7년간이나 한글 교재 10만 부를 발행하며 문맹 퇴치에 크게 기여했던 ≪조선일보≫의 '문자보급운동'도 홍익 캠페인의 사표(師表)라 할 수 있습니다.

* * *

캠페인이 일회적이라는 것과 함께 경쟁 언론사 간의 캠페인 내용이 종국에는 흡사해진다는 것도 언론사 캠페인을 둘러싼 문제점으로 꼽을 수 있습니다. 다시 말해 어느 한 언론사의 캠페인이 좋은 성과를 보이면 경쟁 언론사들이 이를 모방해서 대동소이한 캠페인을 앞다투어 전개해나간다는 것입니다.

2000년 초반에 활발하게 전개된 독서 관련 캠페인은 그 대표적인 사례입니다. ≪조선일보≫가 대한출판문화협회와 함께 2007년 3월에 처음 선보인 '거실을 서재로' 캠페인은 새로운 영역에서 캠페인을 시도했다는 점에서 신선한 평가를 받았습니다. 하지만 ≪조선일보≫의 독서 캠페인은 ≪중앙일보≫가 동원그룹과 함께 같은 해 5월에 선보인 '책 꾸러기' 캠페인, 7월에 전개된

≪경향신문≫의 '책 읽는 대한민국'과 맞물리며 그 빛이 다소 바랩니다. 더 큰 문제는 유사한 캠페인들이 여타 언론사는 물론, 자사에서도 이름과 내용만 살짝 바뀌어 반복적으로 진행된다는 것입니다. 물론, 이전에도 독서와 관련된 캠페인은 있었습니다. 예를 들어, ≪중앙일보≫의 '도서관을 늘리고 채우자'(2002), MBC 문화방송의 프로그램 〈느낌표: 책책책 책을 읽읍시다〉(2003~2004), ≪국민일보≫의 '아가에게 꿈과 사랑을 읽어줍시다(2003) 등이 그것입니다.

도서관 또는 독서 관련 캠페인은 이후에도 언론사들의 단골 행사 메뉴가 되었습니다. 그리하여 ≪한겨레≫의 '희망의 작은 도서관'(2006~2007), ≪조선일보≫의 '시골 학교에 도서관을'(2009), ≪동아일보≫의 '기적의 책'(2014), ≪국민일보≫의 '책 권하는 CEO, 책 읽는 직장'(2014), ≪조선일보≫의 '책, 세상을 열다' 낭독 캠페인(2014), ≪한국일보≫의 '책, 공동체를 꿈꾸다'(2015) 등 독서와 관련된 캠페인이 수도 없이 쏟아져 나옵니다.

앞서 체계적이고 과학적인 조사와 분석을 바탕으로 신중하고 치밀하게 전개되어야 최대한의 효과를 얻을 수 있는 것이 캠페인이라고 언급한 바 있습니다. 유행처럼 일시에 붐을 일으켰던 언론사들의 독서 캠페인은 상업적인 동기와 결합하면서 예상치 못한 ― 아니 신중하게 접근했더라면 충분히 예상되었던 ― 부작용으로 연결될 가능성이 매우 높았습니다. 예를 들어, 언론사와 여타 기관에서 지정한 '매월 선정 도서'를 구매하면 기부금이 재활 병원으로 기부되는 캠페인의 경우, 자신에게 맞지 않는 독서를 유도함으로써 향후 유사하게 전개되는 독서 캠페인에 대해 오히려 부정적인 인식을 갖게 할 여지가 충분했습니다. 거실을 서재로 만든다는 캠페인 역시, 가족들 간의 충분한 대화와 합의 없이 분위기에 휩쓸려 거실의 서재화를 진행할 경우, 오히려 가족 간의 갈등을 불러일으킬 여지가 충분했습니다. 독서란 부모가 먼저 자녀에게 모범을 보이는 가운데, 본인 스스로가 자발적으로 행해야 비로소 효과를 거둘 수 있는 행위이기에 이 과정에서 강압적이고 강제적으로 독서를 강요하는 행위는 오히려 역효과를 낳을 수 있기 때문입니다.

시골 학교에 도서관을 새롭게 제공하는 캠페인도 마찬가지로 도서관을 건립하고 도서를 지원하는 과정에서 기업은 물론, 독자와 수혜자 모두에게 불편한 경험을 안길 가능성을 지녔던 캠페인입니다. 원하지 않는 책을 받아야 하는 수혜자와 원하는 책만 보내고자 하는 기부자, 더불어 캠페인의 좋은 취지를 대놓고 거부할 수 없는 후원 후보 기업 등의 처지가 그러한 예들이지요. 또 건물 설립만큼 건물 유지도 중요하다는 사실을 감안하면, 도서관의 개·보수, 도서 구입예산 확보, 전문 인력 지원 등을 둘러싸고 도서관 건립 지원은 신중하게 진행되어야 합니다. 그렇지 않다면 지원 및 지원 요청을 둘러싸고 양자, 또는 삼자에게 갈등과 부담만 발생할 수 있으니까요.

* * *

중구난방으로 행해지는 언론사들의 캠페인은 실효성 측면에서 엄밀하게 재단되어야 합니다. 언론사가 사회에 미치는 막강한 영향력으로 인해 캠페인이 오히려 혼란과 부담만 가중시킬 수 있기 때문입니다. 그 대표적인 예가 지난 2005년 전개된 ≪조선일보≫의 '19단 외우기 캠페인'입니다.

당시, ≪조선일보≫의 3월 7일 자 신문 1면에는 '수학의 나라 인도'라는 부제와 함께 "19단 줄줄 외는 수학 영재 넘쳐"라는 제목의 박스 기사가 큼직하게 등장합니다. '수학 학원 문전성시… 학교엔 수학 실험실'이라는 기사 사이 제목과 함께 1면에 실린 박스 기사는 '우주선 발사·노벨상 4명 배출에 밑거름'이라는 내용과 인도가 '2020년 세계 2~3위 경제 대국으로 떠오를 것'이라는 주장이 실립니다. 인도 현지에서 르포 형식으로 전송된 이 기사는 A4면과 5면에 걸쳐 "19단 곱셈, 좌·우뇌 고루 발달시켜"라는 뉴스를 전달합니다.

≪조선일보≫는 이튿날인 3월 8일, 다시 2탄으로 "우리가 계산할 때, 인도는 공식으로"라는 기사와 함께 관련 정보들을 A8면에 재차 전면 게재합니다.

19단 줄줄 외는 수학영재 넘쳐

▶관련시리즈 A4·5면

처음 도착한 인디라 간디 공항은 허름하고 초라했다. 엉망인 도로 포장, 차선도 없는 델리 시내의 도로는 옆거울이 없는 찌그러진 소형차들로 뒤엉켰다. 무너질 듯 낡은 도시의 건물들, 도처에서 손을 내미는 헐벗은 어린이들…

11억 인구 중 하루 1~2달러를 버는 극빈층이 5억이나 되지만, 잘사는 부유계층이 우리나라 인구만큼 많기도 한 나라가 인도다(델리대 박사과정 고태진). "인도가 2020년 세계 2~3위의 경제대국으로 부상할 것"이라는 보고서(도이체방크)가 나올 만큼 인도의 미래는 세계의 주목을 받고 있다.

인도는 이미 세계적인 IT(정보기술) 최강국이다. 영어로 무장한 인도의 'IT전사'들은 미국 실리콘밸리 엔지니어의 30%를 차지한다. 세계 여섯 번째 핵 보유국이고, 20여년 전인 1980년에 독자적으로 개발한 인공위성을 쏘아올린 나라다. 탄탄한 기초과학의 뒷받침이 없었다면 불가능한 일이었다. 이런 힘은 어디서 나온 것일까.

초등학교 3학년인 드라브 싱갈(9)의 입에서는 14, 15단이 구구단처럼 흘러나온다. 인도에서 만난 초등학생들은 대부분 12~19단까지 술술 외웠다.

인도 초등학생들은 12~19단을 외우고 있었다. 24단까지 나온 책자도 있다. 인도 초등학생들이 실제로 보는 19단 책자의 표지와 내용.

수학학원 문전성시… 학교엔 수학실험실
우주선 발사·노벨상 4명 배출에 밑거름
"2020년 세계 2~3위 경제대국 떠오를것"

이공계를 기피하는 우리와 달리 인도에선 우수 학생들이 의대, 법대보다 이공계를 선호한다. 우등생인 포샤크 아크라왈(9학년)은 "IIT(인도공과대학)에서 공부해 엔지니어가 되는 게 꿈"이라고 했다.

교육당국인 CBSE(Central Board of Secondary Education)는 올해 초·중·고, 각급 학교에 수학 실험실(Math Lab) 설치를 의무화했다. CBSE 장학관 마니(P MANI·53)씨는 "수학 실험실에서는 문제를 푸는 일반 수업 때와 달리 공식이 왜 나오게 됐는지 원리 중심의 심층적인 내용을 가르친다"고 했다. '수학영재'를 가르치는 특별교육실이 각 학교마다 설치된 셈이다.

인도 최대 기업 중 하나인 타타 그룹이 운영하는 타타기초과학연구소(TIFR), 인도 최고의 기초과학연구소인 이곳에서 운영하는 3대 연구소 중 하나가 수학연구소(School of Mathematics)다. 수학연구소는 10년 전 '수학 비전 2020'을 내놓았다. 기초과학의 '기초'가 되는 인도 수학을 2020년 안에 세계 최고로 끌어올리겠다는 게 요지다.

CBSE 아쇼크 강굴리 의장은 "수학의 힘이 없었다면 인도의 IT 및 우주·핵 기술의 발달은 힘들었을 것"이라고 했다.

(블로그)yangkm.chosun.com

■ 인도와 수학

- 0(영)과 아라비아 숫자 발명(500~600년 경)
- 10진법 위성 발사(1980년)
- 한국 최초의 고유 인공위성 우리별 3호 인도 위성발사체 PSLV-C2로 인도에서 발사(1999년)
- 미국, 중국, 러시아, 영국, 프랑스에 이은 여섯번째 핵 보유국(1970년대)
- 물리학·경제학 등 노벨상 수상자 4명
- 미국 실리콘밸리 IT엔지니어의 30% 가량이 인도인(현재 추산)
- 미국 항공우주국(NASA)의 엔지니어 20% 이상이 인도인(현재 추산)
- 더타임스(The Times) 선정 세계대학 순위 (2004년 발표) IIT(인도공과대학) 41위 (MIT 3위), 도쿄 공대 51위, 조지아공대 65위, 서울대 119위, 포항공대 163위)

자료: "19단 줄줄 외는 수학 영재 넘쳐", 《조선일보》, 2005년 3월 7일 자, A1면.

A8면에 배치된 뉴스에서는 인도 수학 교과서의 고등학교 미분방정식 등이 한국의 대학 수준이라는 박스 기사와 함께 천재 수학자 스리니바사 라마누잔(Srinivasa Ramanujan)의 이론과 업적을 또 다른 박스로 싣기도 합니다. JEI 재능교육과 공동으로 기획됐던 《조선일보》의 수학 캠페인은 이후, 19단까지 빼곡히 적혀 있는 19단 표를 신문에 게재하기에 이릅니다.

자료: "9×19 아직 모르니?… 국내도 19단 붐", 《조선일보》, 2005년 3월 10일 자, A8면.

이윽고 3월 10일 자 신문에서는 "9×19 아직 모르니?… 국내도 19단 붐"이라는 기사를 커다랗게 A8면에 게재합니다. 또 해당 기사 옆에는 "19단 외우기 얻는 게 많다"는 박스 기사를, 또 A8면 하단에는 "인도의 19단 책, 동화책처럼 쉽게… 분수 19단도"라는 박스를 싣습니다. 그렇다면, 수학 19단 외우기 캠페인은 어떠한 부작용을 내포할 수 있을까요?

이와 관련해 제 개인적인 이야기를 하나 소개할까 합니다. 초등학교 1학년 때 구구단을 외운 저와 달리, 제 딸은 초등학교 3학년이 되도록 구구단을 제대로 외우지 못했습니다. 하지만 아이에게 교육과 관련해서는 어떠한 스트레스도 주고 싶지 않았던 필자였기에 본인 스스로가 구구단의 필요성을 알 때까지 구구단 암기와 관련된 어떤 압박도 가하지 않았습니다. 사실, 초등학교 1학년은 물론, 유치원에서 구구단을 뗀 아이들이 즐비했던 상황에서 초등학교 3학년이었던 딸아이의 서툰 구구단 실력은 가슴 아프게 다가왔습니다. 그럼에도 불구하고, 딸아이가 스스로 구구단을 외울 수 있도록 옆에서 지켜본 인내는 나름대로의 좋은 결실을 맺었습니다. 고등학생이 되어서도 수학을 즐겨 풀 정도로 무난하게 한국 공교육에 안착했기 때문입니다. 만일 ≪조선일보≫의 19단 열풍과 맞물려 인내심을 버리고 딸아이에게 19단까지 외우기를 강요했다면 딸아이가 중·고등학교 시절에 수학을 좋아했을지는 의문입니다.

캠페인은 바로 그런 것입니다. 신중하게 전달되어야 할 콘텐츠와 메시지가 성급하게 추진될 경우, 결과는 오히려 역효과를 낳을 수 있습니다. 더불어 그 캠페인을 수행하는 주체가 영향력이 막강한 국내 굴지의 언론사라면 캠페인의 실시는 그 실효성과 혹 있을지 모르는 부작용까지 감안해서 더더욱 조심스럽게 전개되어야 할 겁니다.

* * *

한국 언론사들은 캠페인을 전개해도 너무 많이 전개합니다. 모르긴 해도 스스로조차 얼마나 많은 캠페인을 실시했는지 알 길이 없을 겁니다. 자사가 발족한 캠페인들을 일일이 기억하는 기자도 없겠지만 언론사도 관련 데이터를 지니고 있지 않습니다. 이 책의 집필을 위해 언론사 인터넷 홈페이지를 돌아다녀보아도 자사에서 실시해온 캠페인에 대해서는 어떤 체계적인 정보도 찾아볼 수가 없었습니다. 단지, ≪조선일보≫의 경우 홈페이지에서 2014년에 '통일이 미래다', '유방암 예방 캠페인', '건강한 삶 9988(99세까지 팔팔하게 삽시다)', '프로젝트: 허리둘레 5cm 줄이자' 등의 캠페인 네 개를 실시했다는 것을 발견할 수 있었습니다.

언론이 캠페인을 통해 거둔 사회적 성과를 부인하고 싶지는 않습니다. 사실, 공동체 정신 함양과 시민 의식 고취 등 여러 방면에서 우리 언론사들의 캠페인은 한국 사회의 다양성을 제고하는 데 크게 공헌을 했습니다. 하지만 그 과정에서 숱한 부작용도 낳았지요. 만일, 캠페인이 언론사로서는 좀처럼 중단하기 힘든 활동이라면 좀 더 신중하게 과학적이고 장기적인 안목에서 차별화된 캠페인을 전개했으면 하는 바람입니다. 앞으로는 보다 신중하게 캠페인을 전개하라는 의미에서 한국 언론들의 캠페인 수가 줄어들기를 기대해 봅니다.

참고문헌

김학순. (2012.3). "세상을 바꾼 책 이야기: 여성의 인간됨을 선언한 페미니즘 경전". ≪신동아≫. 536~539쪽.

박영상. (1991.11). 「캠페인 보도: 캠페인 보도의 역할과 방향」. ≪신문과 방송≫. 2~6쪽.

서울신문사. (2004). 『서울신문 100년사』.

송기표. (1992). 「한국 신문의 환경문제 보도 경향에 관한 연구: 리우 환경회의 이후의 보도를 중심으로」. 고려대 신문방송대학원 석사학위 논문.

송정민. (1992.9). 「캠페인 보도: 의사캠페인 난무 치밀한 계획과 과학적 전략 필요」. ≪신문과 방송≫. 22~25쪽.

오수정. (1994.8). 「환경 개선, 자사 이미지 제고 1석2조 효과, 미디어 환경 캠페인 확산 계기: UN 환경상 수상한 조선일보 환경캠페인」. ≪신문과 방송≫, 100~104쪽.

이덕일. (1999). 『유물로 읽는 우리 역사』. 세종서적.

이연. (2001.11). 「캠페인 보도: 외국의 사례-일본」(일본신문협회 신문협회상수상작). ≪신문과 방송≫. 21~23쪽. http://www.pressnet.or.jp/about/commendation/kyoukai/works.html

조선일보사. (2000). 『조선일보 70년사』.

중앙일보사. (1995). 『중앙일보 30년사』.

09

우리들의 일그러진 영웅

/

언론과 과학

2011년 3월 11일, 이웃 나라 일본에 엄청난 비극이 닥쳐옵니다. 일본 관측 사상 최대인 리히터 규모 9.0의 지진이 일본 동북부에서 발생한 것입니다. 곧 이어 최고 높이 40.5m에 달하는 쓰나미가 일본 동북부의 세 개 현을 강타하며 무려 2만여 명의 생명을 앗아갑니다.

하지만 일본인들의 슬픔이 채 가시기도 전해 일본 열도를 충격으로 몰아넣은 재난이 연이어 터집니다. 쓰나미 여파로 후쿠시마현에 위치한 원자력 발전소의 가동이 중지되면서 세슘과 방사성 요오드 등 방사성 물질이 누출된 것입니다. 이에 일본 정부는 후쿠시마 원전의 사고 수준을 국제원자력 기구(IAEA)에서 정한 최고 위험 단계인 '레벨 7'로 정하고 원전 반경 20km 이내의 주민들에게 대피령을 내립니다.

* * *

국내의 모든 언론은 후쿠시마 원자력 발전소의 방사성 물질 유출 사고를

09 우리들의 일그러진 영웅   **287**

초미의 관심사로 다룹니다. ≪조선일보≫는 재난 초기에 "핵 공포 원전 주민은 무작정 탈출"(3월 14일 자, A6), "고비 넘겼다 발표 1시간 만에 핵연료봉 또 완전 노출"(3월 15일 자, A2), "日 원전사고, 최악 7단계 중 5~6단계 왔다"(3월 16일 자, A1)는 기사와 함께 "86년 체르노빌과 같은 대참사 가능성은 낮다"(3월 14일 자, A5)는 내용을 전달합니다.

그러한 가운데 SBS에서 방영된 일본 원자력 관련 뉴스는 방사능 누출 사고에 대한 한국 언론의 보도 양상을 잘 보여주었습니다. SBS는 동일본 대지진 발생 4일째인 3월 15일에 "방사능 괴담, '한반도 안전'"이라는 기사를 전파로 내보냅니다. 그러나 2주 뒤인 4월 1일에는 "전국 5곳의 대기 중에서 방사성 요오드가 검출됐다"며 "특히 강릉에서 검출된 요오드는 나흘째 증가 추세"라고 알립니다. 그럼에도 SBS는 뉴스에서 여러 전문가의 인터뷰를 통해 주말에 내리는 비와 관련해 "방사능 걱정은 없다"고 단언합니다. 단, 뉴스 말미에 SBS 앵커는 당사자들의 직접 인용 없이 전문가들의 말임을 빌려, "비를 맞더라도 옷과 몸을 씻으면 방사성 물질이 제거되기에 불안할 것이 없다"는 조언을 덧붙입니다. 그리고 4월 6일에 이르러 "방사능비 대처법, 외출부터 자제하세요"라는 보도를 내보냅니다. 이와 함께 "특히 처음 내리는 비에는 방사능 농도가 짙어 피하는 것이 좋고 방사선에 민감한 어린이와 임신부는 분열이 활발한 세포가 많아 비를 피하는 것이 좋다"고 조언합니다. "과장된 공포보다는 차분하고 이성적인 대처가 필요한 때입니다"라는 아이러니한 멘트와 함께 말이죠. 마침내 4월 7일, SBS는 "오늘 외출해야 한다면 방사능비 대처 이렇게"라는 뉴스를 내보냅니다. 전날과 달리 "어린이와 노인은 반드시 비를 피해야 한다"는 내용이었죠. 이러한 분위기 속에 YTN은 같은 날, "방사능비에 황사 외출 시 조심"이라는 기사를 통해 "오늘 외출하실 땐 필히 우산이나 우비를 챙기셔야겠습니다"라는 기자의 오프닝 멘트를 내보냅니다.

사실, 환경부를 비롯해 대한의사협회 등에서는 전국 대부분 지역의 대기에서 검출된 방사성 세슘 요오드가 강물이나 취수장 등으로 흘러들더라도 수돗물에 미치는 영향은 없을 것이라며 빗물을 마셔도 영향이 없기에 비를 맞는 것을 더더욱 염려할 필요가 없다고 발표합니다. 하지만 환경보건시민센터와 서울환경연합 여성위원회가 노란 우비를 입고 방사능 마크가 그려진 우산을 펼쳐 보이며 서울 광화문 세종회관 앞에서 방사능오염 비 경고 시위를 벌이자 언론들은 이를 대대적으로 보도하기에 이릅니다. ≪오마이뉴스≫ 역시, "의사협회가 전문가로서의 자격과 사회적 의무를 저버린 채 우려하지 말라는 말만 되풀이하고 있다"고 비난합니다.

비단 진보 언론만 방사능비 담론 구축에 나선 것이 아니었습니다. 방사능비에 대한 일부 시민 단체 및 언론들의 보도와 대립각을 세우던 ≪조선일보≫도 우비를 입고 장화를 신은 채 등교하는 초등학생들과 골프장 예약 취소 사태를 취재해 내보냄으로써 방사능 비 오염을 둘러싼 보도 열풍에 또 다른 형태로 가세합니다.

병 주고 약 준 측면에서 볼 때 국가 재난 주관 방송사인 KBS도 예외는 아니었습니다. 동일본 대지진 당시의 KBS 9시 뉴스를 담론 분석한 양은경(2014)은 방사능비를 둘러싸고 KBS가 이중적인 태도를 보였다고 지적합니다. 양은경에 따르면 KBS의 9시 뉴스를 통해 등장한 전문가들은 원자력 안전기술원, 식약청, 기상처 등의 정부기관과 원자력 공학 교수들, 그리고 핵의학 전문의들로서 정부의 안전 담론을 구축하는 데 크게 이바지했습니다. 이들은 후쿠시마 원자력 발전소의 방사능 누출에 한국은 "환경에는 전혀 영향이 없는 수준"이며 "약간의 문제가 있는 게 아니고 100% 안전하다," "피부에는 전혀 문제를 일으키지 않는다"와 같은 견해를 보이며 시민들의 방사능 불안과 공포를 사회병리적인 차원의 문제로 치부했다고 주장합니다. 그럼에도 불구하고 그녀가 분석한 KBS의 9시 뉴스는 강원도에서 제논이 검출되었다는 첫 보도(3월 28일)를 시작으로 국내 각지에서는 방사능이 검출됐다는 소식을 전함으로써 방사능비와 관련된 시민들의 불안을 절정에 다다르도록 유도했습니다.

국내 언론의 이 같은 보도 상황에 대해 당시 한나라당 정책위의장이었던 심재철 의원은 4월 8일 "(방사능비 뉴스와 관련해) TV에서 각별히 조심해주기를 간곡히 부탁한다"고 당부하기에 이릅니다. 심 의원은 국회에서 열린 의원총회에서 "신문, 인터넷 언론이 패닉을 조성하고 텔레비전 톱뉴스로 세슘과 요오드 검출 등 불안에 떨게 만드는 보도 태도는 잘못됐다"고 지적합니다.

결과는 싱거웠습니다. 방사능에 오염된 비는 내리지도 않았고 방사능비와 관련된 뉴스는 언론들의 기억 속에서 급속도로 사라졌습니다. 그런 의미에서 방사능비가 위험하다는 뉴스와 안전하다는 메시지를 함께 건넨 KBS와 SBS 의 예는 과학적 위험 상황을 둘러싸고 언론이 벌이는 선정 보도의 전형을 보여주었습니다.

* * *

원전 사고를 둘러싸고 필요 이상의 과장 보도를 수행하는 언론 속성이 비단 한국만의 문제일까요? 동일본 대지진을 둘러싸고 한국 언론이 보인 행태와 비슷한 사건이 1979년 3월, 미국에서도 발생했습니다.

펜실베이니아 중부를 가로지르는 서스쿼해나강 가운데에는 길이가 3마일 (5km) 정도인 섬 하나가 있습니다. '드리마일'이라 불리는 섬입니다. 이 섬에는 엑셀론 사가 소유한 원자력 발전소가 있습니다. 1979년 3월 28일, 이 섬에 있는 원자로의 핵연료봉이 녹는 사고가 발생합니다. 당시, 드리마일 섬 사고는 국제원자력기구의 7단계 가운데 5단계에 해당하는 미국 최악의 방사능오염 사고였습니다.

증기 발생기에 물을 대는 급수 펌프가 고장 났지만 운전원의 판단 실수로 핵연료봉을 식히는 냉각수를 제거한 것이 사건의 시발이었습니다. 냉각수가 제거되자 원자로 안의 핵연료봉이 녹으며 방사능 물질이 격납 용기 안에 퍼져나갔습니다. 더불어, 방사능 가스와 방사능 요오드 일부가 수증기와 함께 대기 중으로 누출되었습니다.

사고가 발생하자, 펜실베이니아주 정부는 원전의 반경 8km 이내에 있는 임산부와 미취학 아동의 피난을 권고했습니다. 이와 함께, 반경 16km 내의 주민들에게는 모든 창문과 문을 닫고 외출을 자제해줄 것을 당부했습니다. 펜실베이니아 주지사였던 딕 손버그(Dick Thornburgh)는 훗날 회고를 통해 이러한 조치가 더 큰 혼란을 불러일으킬 수 있다는 사실을 미처 몰랐다며, 자신을 비롯해 공무원과 시민 모두 원전 이슈에 대해 무지했다고 밝힌 바 있습니다.

각설하고, 현장 주변에 위치한 소도시 해리스버그는 전 세계에서 몰려든 300여 명의 특파원들로 북적거립니다. 더불어 이들은 불충분한 정보 속에 사실로 확인되지도 않은 소문들을 앞다투어 자국으로 타전합니다. 영국의 한 매체는 첫 아이를 임신한 펜실베이니아 주지사의 아내가 이미 사고 인근 지역을 떠났다는 오보를 내기도 합니다. 후에 밝혀진 바에 의하면 당시 주지사의 아내는 임신 중이지도 않았고 남편과 함께 사고 현장 인근에 있었습니다. 미국 언론도 예외는 아니었습니다. 미 3대 방송사의 하나인 NBC는 "방사선이 너무 강력해서 1.2m 두께의 콘크리트를 뚫고 원전 주변의 반경 20km까지 퍼져나가고 있다"고 전했습니다.

당시, 미 언론들은 향후 수년간 사고 인근 지역에서 풀 한 포기 자라지 않을 것이라며 인근 주민 중에는 백혈병과 같은 암 환자가 속출할 것이라고 경고했습니다. 환경 단체들은 드리마일 섬 사고와 관련해 재앙에 가까운 예측들을 내놓았습니다. 하지만 장기간의 역학 조사 결과, 사고 이후 인근 지역의 암 발생률은 대단히 미미한 것으로 조사되었습니다. 어쨌거나 인근 지역에 대한 방사능오염 청소는 당해 8월부터 진행되었으며 공식적으로는 14년이 지난 1993년 12월에 끝났습니다.

어떻습니까? 미국 언론이 20세기 말에 원전 사고를 둘러싸고 보인 소동이 우리와 놀랍도록 닮아 있지 않습니까? 과학이 결부된 보도는 과소평가되어서도 안 되지만 과장되어서도 안 됩니다. 두 경우 모두, 독자와 시청자들에게 좀처럼 바뀌거나 제거되지 않을 편견과 트라우마를 안겨줄 우려가 있습니다. 그런 의미에서 과학 보도는 전문가적 소양을 갖춘 과학 전문 기자에 의해 신중하게 취급되는 것이 바람직합니다.

* * *

어떤 사람들이 기자가 될까요? 우리나라의 예를 정답으로 건네드리자면 언론에 관심이 있는 사람들로서 해당 언론사의 자격시험을 통과한 이들이 기자가 됩니다.

기자는 역할에 따라 크게 취재 기자와 사진·카메라 기자, 그리고 편집 기자로 나뉩니다. 먼저, 취재 기자는 출입처나 사건 현장에서 보도 자료와 뉴스를 챙기고 취재원들과 인터뷰를 하며 이를 토대로 기사를 작성해서 회사로 송고하는 이들입니다. 사진부 기자는 사진 촬영을 위해 하루의 대부분을 취재 현장에서 보내며 편집 기자들은 취재 기자와 사진·카메라 기자들이 보내온 자료를 지면과 화면에 보기 좋게 담아내는 역할을 수행하지요. 만약, 여러분이 한낮에 언론사를 방문해 본다면 생각보다 썰렁한 편집국·보도국 내부를 접하게 될 것입니다. 기자의 대부분을 차지하는 취재 기자와 사진·카메라 기자들이 외부에서 열심히 취재 중이기 때문입니다.

편집 기자들을 예외로 하면 취재 기자들은 하나의 특정 부서에서만 오랜 세월을 보내지 않습니다. 아니, 좀 더 정확히 말하자면 언론사가 기자들을 한 부서에만 오래 머물게 하지 않습니다. 저만 해도 2년이라는 짧은 취재 기자 생활 동안, 사회부와 국제부, 경제부를 경험했으니까요. 물론, 한 부서에 머무르고 싶어 하는 기자들도 간혹 있습니다. 하지만 대부분은 다양한 분야에서 여러 사람들을 만나 각양각색의 기사를 쓰고 싶어 합니다. 무엇보다도 여러 사람을 두루 사귀는 것이 취재력 향상은 물론, 자신의 경력 개발에도 도움이 되니까요. 그런 까닭에 취재 기자들은 능력이 닿는 한, 정치부, 경제부, 사회부, 국제부, 체육부, 문화부, 편집부 등을 두루 경험하고 싶어 합니다.

여러 부서를 골고루 경험하는 것은 승진을 위해서도 매우 중요합니다. 경제부에만 오래 머물렀던 평기자가 정치부 차장이나 사회부 부장이 되기도 어렵지만 편집국장이나 보도국장이 되기는 더더욱 어려우니까요. 이러한 이유로 매년 초 인사철이 다가오면 편집국에서는 자신의 이동 가능성을 놓고 기자들 간에 여러 종류의 묘한 긴장감이 흐릅니다.

기자 사회의 부서 순환 메커니즘은 경제부 기자들이 경제학과 출신이 아니고 사회부 기자들은 사회학과 전공생들이 아니며 정치부 기자들은 정치학과 졸업생이 아니라는 사실을 의미합니다. 이는 기자들의 전공이 영문학에서 사학, 신문방송학을 비롯해 법학과 행정학, 정치학은 물론, 물리학과 전기공학 등에 이르기까지 폭넓게 펼쳐져 있는 것만 보더라도 잘 알 수 있습니다.

과학을 담당하는 취재 기자 역시, 근본적으로는 취재와 글쓰기가 좋아서 언론사에 들어온 사람입니다. 그런 까닭에 부서 순환 메커니즘에 따라 과학부로 발령받는 기자는 방대하다 못해 광활하기까지 한 과학 분야를 원활하게 다뤄야 합니다. 일례로 과학에는 물리학, 화학, 생물학, 지질학, 천문학, 의학, 우주과학 등 대단히 다양하고 이질적인 학문들이 존재합니다. 과학 글쓰기를 업으로 삼아야 하는 과학 기자의 출입처도 과학기술부, 보건복지부, 정보통신부, 식품의약품안전처, 산업체, 병원 등으로 대단히 광범위하지요.

* * *

일간지 및 방송 취재 기자들의 하루는 주요 관공서가 문을 여는 오전 아홉 시를 전후로 시작됩니다. 취재 기자들은 자신의 출입처에 출근해서 아침에 나온 조간신문과 함께 포털, 트위터와 페이스북 등을 훑어보며 자신이 담당하고 있는 정부 부처와 업계, 개별 기업 등에 관한 기사를 샅샅이 살펴봅니다. 만일, 출입처에서 보도 자료를 만들어놓은 것이 있다면 이를 활용하고,

보도 자료가 없다면 예전부터 생각했던 것들을 취재 아이템이라는 이름으로 자신이 소속된 부서의 부장 또는 에디터에게 보고합니다. 이를테면 "오늘은 장기적인 경기침체가 바꾼 생활 풍속도에 대한 기사를 만들어보겠다"라고 알리는 식이죠.

부서원들로부터 일일이 보고를 받은 정치부, 경제부, 사회부, 체육부, 문화부 등의 부장들은 기사들을 취합해 10시 30분에 시작되는 편집국·보도국 부장 회의에 들어갑니다.[1] 그리고 미리 복사된 다른 부서들의 기사 목록과 함께 모든 기사 목록을 둘러보며 편집국장, 보도국장 및 논설위원, 부장들과 함께 편집국 부장 회의를 시작합니다.

편집국·보도국 부장 회의가 끝나면 각 부서의 부장은 자신의 부서원들에게 아침에 보고 받은 기사를 작성하게 할지 아니면 새로운 기사를 쓰게 할지 명령합니다. 그렇게 오전이 가고 정오 뉴스와 석간신문을 바탕으로 오후 두 시경에 두 번째 편집국·보도국 부장 회의가 열립니다. 여기에서는 다음 날 조간신문 또는 당일 저녁 TV 뉴스의 기사 아이템이 최종적으로 결정됩니다. 만일 오전에 보고했던 기사 아이템이 바뀐다면 기자는 오후 두 시의 편집국·보도국 부장 회의의 결과에 따라 새로운 기사를 작성해야 합니다. 신문의 경우, 기사 마감이 대체로 오후 다섯 시 안팎이라는 사실을 감안한다면 취재부터 기사 작성에 이르기까지 자신에게 주어진 시간은 이제 세 시간 밖에 없는 셈입니다. 언론사 간의 기사 내용이 모두 비슷한 가운데 깊이가 없다는 지적은 이 같은 신문 제작 메커니즘 아래에서 발생하는 것입니다.

오후 다섯 시 안팎이 기사 송고의 마감인 이유는 신문사 편집부에서 오후 다섯 시부터 한 시간 안에 해당 기사에 대한 편집을 마쳐야 하기 때문입니다. 물론, 오전부터 편집국 부장 회의의 결과를 알고 있는 편집부 기자들은 자신

---

1   여기에서 예를 든 일간지는 중앙 일간지의 경우이며 시간과 회의 참석 언론인은 언론사에 따라 조금씩 다를 수 있습니다.

들이 담당한 지면의 레이아웃(지면 배치)을 대충 짜 놓습니다. 그래도 오후 다섯 시부터 한 시간 안에 수십 개의 관련 기사 가운데 자신의 면에 실을 만한 것들을 결정한 후, 기사 가치의 경중(輕重)에 따라 크기는 물론, 해당 기사에 딸린 사진과 그래프까지 적절히 배치하는 일은 대단한 순발력과 집중력을 필요로 합니다.

그렇게 번갯불에 콩 구워 먹는 듯한 편집이 끝나면 비로소 지면 인쇄가 시작됩니다. 그리하여 7시 30분을 전후로 발행된 첫 번째 인쇄물 ― 초판(初版) ― 은 화물운송 대행업체들의 짐칸에 실려 전국 각 지국으로 전달됩니다. 더불어 각 지국에서는 광고 전단들을 삽입한 후, 신문을 최종적으로 가정에 배달합니다.

* * *

다이너마이트를 발명해 천문학적인 돈을 거머쥔 알프레드 노벨(Alfred Nobel)은 어느 날 프랑스의 한 신문이 자신의 부고 기사를 내며 '죽음의 상인'이라고 표현한 제목에 충격을 받습니다. 자신의 형인 루트비히 노벨(Ludwig Nobel)의 죽음을 착각한 오보였지만, 자신에 대한 세간의 냉혹한 평가는 그를 커다란 좌절감에 빠뜨립니다. 결국, 노벨은 그동안 벌어들인 재산 대부분을 기부해 인류의 복지에 가장 구체적으로 공헌한 사람들에게 나누어 주라는 유언장을 만듭니다. 이에 따라 약 2,000억 원에 달하는 기부금을 관리하게 된 스웨덴 왕립과학 아카데미는 노벨 재단을 설립하고 기금에서 나오는 이자로 1901년부터 노벨상을 수여하고 있습니다. 참고로 한 부문당 수여 상금은 약 12억 원 안팎이라고 합니다.

수상식은 노벨의 사망일인 12월 10일에 노벨의 모국, 스웨덴의 스톡홀름에서 거행되며 스웨덴 국왕이 직접 시상을 거행하는 가운데 소개사는 수상자의 모국어로, 추천사는 스웨덴어로 이뤄진다고 합니다. 단 평화상은 같은 날

노르웨이의 오슬로에서 시상됩니다.

현재 노벨상은 물리학, 화학, 생리·의학, 문학 및 평화, 경제학의 여섯 개 부문에서 수여되고 있습니다. 필자가 난데없이 노벨상을 거론하는 이유는 지구상에서 가장 영예로운 상에서 과학 관련 부문이 수상 대상의 절반에 이르기 때문입니다.

* * *

역대 노벨상의 3분의 1을 휩쓴 미국은 '과학의 나라'입니다. 1901년부터 2018년까지 거행된 노벨상 시상은 총 1,115회. 그 가운데 미국이 노벨상을 수상한 경우는 375회로 전체의 33.6%에 달합니다. 2017년까지 미국이 수상한 노벨상의 분야별 횟수를 보면 생리·의학이 104회로 미국인이 수상한 노벨상의 28.6%를 차지하고 있으며 다음으로 물리학이 95회(26.1%), 화학 75회(20.6%), 경제학 59회(16.2%), 평화 21회(5.8%), 문학 12회(3.3%)로 역시 과학 부문이 단연 발군입니다(United States Nobel Prize Winners, 2018).

미국은 과학자가 베스트셀러를 쓰는 것도 이상하지 않은 '과학의 나라'입니다. 하버드 대학교 인류학과 출신의 마이클 크라이튼(Michael Crichton)은 하버드 대학교 의대를 다시 졸업한 후, 소설가로 전향해 『쥬라기 공원(Jurassic Park)』을 포함해 TV 시리즈 〈ER〉의 원작을 씁니다. 시카고 대학교 물리학 석사와 천문학 박사 출신의 칼 세이건(Carl Sagan)은 자신이 해설한 TV 다큐멘터리 〈코스모스(Cosmos)〉를 책으로 옮겨 세계적인 베스트셀러를 만들어냅니다. 칼 세이건은 또, 외계인과의 교신을 다룬 소설 『콘택트(Contact)』를 저술했는데 『콘택트』는 1998년에 조디 포스터(Jodie Foster) 주연의 영화로 만들어져 흥행에서도 대성공을 거두지요.

미국의 사회 생물학자 에드워드 윌슨(Edward Wilson) 역시, 『인간의 본성에 대하여(on human nature)』라는 책으로 유명한 글쟁이 과학자입니다. 그는 자신의 학문적 입장을 가능한 한 많은 사람에게 알리고 이해시키기 위해 개인 교사로부터 글쓰기 훈련을 받았습니다. 이화여대 석좌교수인 최재천 박사는 글쓰기에 매진했던 에드워드 윌슨으로부터 혜택을 받은 대표적인 한국 과학자로 통합니다. 누구보다 글쓰기의 중요성을 잘 알고 있었던 스승 밑에서 수학(修學)했기에, 그 역시 한국에서 독보적인 필명을 드날리는 과학자로 자리매김하고 있죠.

과학자들이 쉬운 과학 글쓰기를 통해 대중에게 더욱 가까이 다가가려고 노력하는 동안 과학 기자들 역시, 과학과 대중 사이의 간극을 메우기 위해 노력하고 있습니다. 그리고 그 대표적인 예가 퓰리처상입니다.

* * *

퓰리처상도 노벨상과 제정 동기는 비슷합니다. 황색 저널리즘으로 불리는 선정주의 언론을 앞세워 엄청난 부를 거머쥔 조지프 퓰리처는 미국 언론의 발전을 위해 자신의 유산 50만 달러를 기금으로 퓰리처상을 창설합니다. 이에 따라 1917년부터 언론 분야에서는 공공, 특종, 추적, 해설, 지역, 국내, 국제 및 보도사진 등 14개 부문, 문학, 드라마, 음악 분야에서는 일곱 개 부문에 걸쳐 매년 수상자를 선정해 1만 달러의 상금을 부상으로 건네고 있습니다.

2005년 우리에게 의미심장한 기사 하나가 '해설 보도(explanatory reporting)' 부문에서 퓰리처상 수상작으로 선정됩니다. ≪보스턴 글로브(Boston Globe)≫의 개러스 쿡(Gareth Cook) 기자가 2004년 4월부터 그해 12월까지 여덟 차례에 걸쳐 쓴 줄기세포 이야기입니다.

어느 날, 메리 둘리(Marie Dooley)와 톰 둘리(Tom Dooley) 부부는 '보스턴 IVF 클리닉'으로부터 한 통의 편지를 받습니다. 둘리 부부의 보험 회사가 '보스턴 IVF 클리닉'에서 냉동 보관하고 있는 둘리 부부의 수정란 유지 비용을 제공하지 않는다는 편지였습니다. 이에 둘리 부부는 보험 회사에 돈을 더 내든지 아니면 수정란을 폐기 처분해야만 하는 양자택일의 입장에 놓이게 됩니다.

'보스턴 IVF 클리닉'은 아기를 가질 수 없었던 둘리 부부에게 8년 전, 인공 수정을 통해 두 아이를 선사한 불임 치료 전문 병원이었습니다. 둘리 부부는 또, 3년 전에 다시 네 개의 수정란을 만들어두고 있었는데, 마침내 '보스턴 IVF 클리닉'에서 향후의 보관 의향을 물어왔던 것이지요. 이와 관련해 개러스 기자는 매년 미국에서만 40만 개의 수정란이 폐기 결정을 기다리고 있다고 덧붙입니다.

한편, 둘리 부부가 사는 곳으로부터 20km밖에 떨어져 있지 않은 하버드 대학교의 줄기세포 연구소에서는 연구원 더글러스 멜턴(Douglas A. Melton)이 실험용 수정란을 필사적으로 찾고 있었습니다. 이유는 자신의 6개월 된 아들 때문이었습니다. 태어나면서부터 유전적인 '제1형 당뇨병'을 앓고 있는 멜턴의 아들은 인슐린을 분비하는 세포가 제 역할을 하지 못하는 희귀병으로 고통받고 있었습니다. 이에 아버지는 첫 번째 세포분열 이후, 9개월 동안 모든 종류의 세포로 분화되는 줄기세포를 연구함으로써 아들의 희귀병을 완치시키고자 합니다. 줄기세포로부터 인슐린 분비 세포를 배양함으로써 이를 아들에게 이식시키기 위해서죠.

문제는 관점에 따라 생명으로까지 여겨질 수 있는 수정란을 연구용으로 구하는 것이 하늘의 별 따기라는 사실입니다. 그리하여 멜턴은 우연히 파티 석상에서 '보스턴 IVF 클리닉'을 통해 둘리 부부의 사정을 듣고 '보스톤 IVF 클리닉'과 둘리 부부를 설득해 그들의 수정란을 연구용으로 기증받는 데 성공합니다. 멜턴은 또, 둘리 부부 이외에도 '보스턴 IVF 클리닉'을 통해 얻는 344개의 배아로부터 17개의 줄기세포를 만드는 데 성공합니다. 이전까지 행해진 연구 성과의 두 배 이상을 뛰어넘는 엄청난 성공이었죠.

여기에서 잠시 보충 설명을 곁들이자면 정자와 난자가 만나 형성된 수정란은 인큐베이터에서 8주간 배양됩니다. 배아란 이 기간의 수정란을 일컫는 용어이고요. 8주 이하의 수정란이 곧 배아가 되는 셈입니다. 이후, 배아는 자궁에 착상되어 새로운 생명으로 무럭무럭 자라나게 됩니다. 그렇다면, 수정란과 배아는 생명이 있는 대상일까요? 만일, 아직 생명이 아니라면 우리는 어느 시기부터 배아를 생명으로 여겨야 할까요?

≪보스턴글로브(Boston Globe)≫는 황금 시장으로 각광받으며 엄청난 시장 잠재성을 지닌 것으로 평가받던 배아 줄기세포 시장이 만만찮은 윤리적인 문제에 봉착해 있음을 쉽고 일상적인 경우를 통해 미국의 독자들에게 소개했습니다. 이후로도 줄기세포와 관련된 ≪보스턴글로브≫의 해설 보도는 "법과 윤리에 발목 잡힌 美 줄기세포 연구 현황"에서부터 "절망적인 부모들의 줄기세포 환상 쫓기", "전문 치료기관의 데이터 부재는 의심을 낳고", "미 의료기관들의 불투명한 줄기세포 연구" 등에 이르기까지 다양하게 펼쳐집니다.

* * *

≪보스턴글로브≫가 첫 번째 기사를 게재한 지 한 달이 지난 2004년 5월 6일, ≪네이처(Nature)≫ 인터넷판에 인간 배아 줄기세포의 연구 성과와 관련해 윤리적인 문제를 거론하는 기사가 올라옵니다. 참고로 ≪네이처≫는 영국의 네이처 출판 그룹이 발행하는 주간 과학 학술지로서 미국 과학진흥협회(AAAS: American Association for the Advancement of Science)에서 발행하는 ≪사이언스(Science)≫와 함께 세계 과학 저널을 이끄는 쌍두마차입니다.

기사 내용은 서울대학교 수의과 대학의 황우석 교수팀에게 난자를 제공한 여성 가운데 두 명이 황 교수의 연구실 소속 연구원이라는 것이었습니다. 이와 관련해 해당 기사를 작성한 기자는 "영어 실력 부재로 인한 오해였으며 자신들은 난자를 기증한 사실이 없다"는 내용의 전화를 연구원들이 다시 자신에게 걸어왔다는 사실도 실었습니다.

당시, ≪네이처≫에서 황 교수팀의 연구 성과에 대해 비윤리적인 행위라고 비난한 것은 연구에 참여한 여성이 황 교수로부터 난자 제공을 위한 압력을 받을 가능성이 있었기 때문입니다. 생명과학 연구의 국제 윤리지침은 연구에 직접 참여하는 여성이 난자를 제공해서는 안 된다고 못 박고 있습니다. 황우석 교수는 같은 해 2월, 자신의 실험 결과를 발표하면서 "난자는 자발적으로 제공 의사를 밝힌 일반 여성들로부터 얻었다"고 언급한 바 있습니다. 당시, 세계의 생명과학계는 황우석 교수팀이 연신 발표하는 줄기세포 연구 성과에 놀람과 동시에 그 많은 난자를 어디에서 구하는지에 의아한 눈초리를 보내고 있었습니다. 하지만 ≪네이처≫의 기사 게재는 더 이상의 반향을 불러일으키지 못한 채 잊힙니다.

1년 반의 세월이 흐르고 사람들의 기억 속에서 황우석 연구팀의 난자 기증 의혹이 완전히 잊혔을 즈음인 2005년 11월, 서울 중앙지검 형사 2부에서 한 인터넷 카페 운영자를 구속하는 사건이 발생합니다.

카페 운영자가 그해 5월부터 포털 사이트 두 곳에 '불임 부부들의 작은 쉼터'라는 인터넷 카페를 차리고 불임 부부에게 난자 매매를 알선한 죄목이었죠. 검찰 조사 결과, 구속된 카페 운영자 김모 씨는 건당 2,800만 원을 받고 불임 부부들에게 난자를 건넸습니다.

하지만 문제는 정작 다른 곳에서 불거져 나왔습니다. 불법적으로 판매된 난자를 채취한 곳이 황우석 교수팀 연구원의 난자를 채취한 것으로 의심받았던 병원이었기 때문입니다. 황우석 사단으로 알려진 노성일 이사장이 운영하는 '미즈메디 병원'이었습니다. 그리하여 '미즈메디 병원'은 난자 불법 매매에 연루된 혐의로 검찰의 조사를 받기에 이릅니다.

후에 밝혀진 사실이지만, 줄기세포 관련 주식들이 이른바 황금 주식으로 통용되던 당시, 난자 확보에 어려움을 겪던 황우석 교수는 미즈메디 병원을 통해 안정적으로 난자를 제공받음으로써 자신의 연구 성과를 지속적으로 발표했고 이는 다시 미즈메디 및 황우석 관련 주식의 폭등으로 연결되었습니다.

* * *

2005년 11월 22일, MBC의 〈PD수첩〉에서 프로그램 한 편을 방영합니다. 검찰이 난자의 불법 매매를 알선한 혐의로 인터넷 카페지기를 구속한 직후였습니다. 제목은 '황우석 신화의 난자 의혹'이었습니다.

황우석 교수는 노무현 대통령의 참여 정부가 물심양면으로 지원하던 국가 대표 과학자였습니다. 나중에 조작 의혹이 들통난 ≪사이언스≫ 게재 논문이 2004년에 발표되며 세계 생명과학계의 스타로 부상한 황우석 교수는 "과학에는 국경이 없지만 과학자에게는 조국이 있다", "생명공학의 고지에 태극기를 꽂고 온 기분", "한국인 말고 누가 쇠젓가락으로 콩을 집을 수 있나?", 우리는 월화수목금금금으로 이어지는 특별한 달력에 따라 연구를 한다", "난치병 정복을 향한 예닐곱 개의 문 가운데 네 개 정도를 한꺼번에 열었다" 등과 같은 강렬한 어록들을 남기며 전 국민적 영웅으로 받들어지고 있었습니다.

그런 황우석 교수에 대해 〈PD수첩〉이 '황우석 신화의 난자 의혹'을 방영한다고 예고하자 시청자와 네티즌이 집단적으로 반발하고 나섰습니다. 곧이어 국민 정서를 의식한 광고주들이 〈PD수첩〉과 관련된 광고를 모두 취소하기에 이릅니다. 그럼에도 MBC는 〈PD수첩〉의 방영을 감행합니다. 수많은 난자가 절대적으로 필요했던 황우석 교수가 연구원들의 난자를 사용했음은 물론, 미즈메디 병원 노성일 이사장이 불법적으로 구매한 난자도 사용했다는 내용이었습니다.

보수 언론은 황우석 감싸기에 적극 나섭니다. ≪조선일보≫는 노성일 이사장의 인터뷰가 있었던 다음 날인 22일, 1면에 "난자 받을 때 보상금 줬다"는 주 제목과 함께 "법적으로 문제없던 2003년 20여 명한테", "미즈메디 병원 이사장 "황 교수 전혀 몰라""라는 부제목을 뽑습니다. 〈PD수첩〉이 방영된 다음 날인 23일에는 "황우석 팀 연구원 2명 2년 전 난자 기증했다"라는 기사를 "美 사이언스 "황 교수 논문 취소 계획 없어""라는 기사와 박스로 한데 묶어서 1

면 왼쪽에 커다랗게 배치합니다. ≪동아일보≫는 같은 날, 1면에는 황우석 기사를 아예 다루지 않은 채, 2면에 "황우석 교수 논문 취소 않겠다"는 ≪사이언스≫ 편집장의 인터뷰 기사를 비중 있게 올립니다. 내용을 자세히 들여다보면 난자 보상이 밝혀질 경우에는 정정 보도를 하겠다는 것이었습니다. 이러한 보도 방식은 〈PD수첩〉의 난자 의혹 편이 방영된 지 이틀 뒤인 11월 24일, 황우석 교수가 자신의 윤리관이 세계적 기준에 걸맞지 못했음을 사과하면서 더욱 강화됐습니다.

황우석 교수가 자신의 비윤리적인 행위를 사죄하고 나서자 〈PD수첩〉은 보수 언론의 뭇매를 맞으며 국익 논란에 휩싸이게 됩니다. 세계 생명 공학계의 스타이자 거성으로 등극한 황우석 교수의 편이 되어주지는 못할망정, 그를 끌어내리는 일에 앞장서야겠느냐는 이유에서였죠. ≪동아일보≫는 11월 25일, 5면에서 "글로벌 스탠더드 뼈아픈 교훈 얻었다"는 황우석 교수의 인터뷰 기사를 대대적으로 싣습니다. 하단에는 "줄기세포 국제 네트워크 차질"이라는 황우석 교수 옹호 기사를 함께 게재합니다. 그뿐만이 아니었습니다. 6면에서는 한국 생명과학자 969명을 대상으로 긴급 설문 조사한 결과를 전달합니다. "'난자 제공 자발적… 문제 안 돼' 41%"라는 제목으로 말이지요. 6면의 우측에는 "黃 교수님! 힘내세요"라는 박스 기사를 나란히 싣습니다.

이 정도로 끝났다면 괜찮았을 텐데, ≪동아일보≫는 다시 다음 날인 11월 26일, 1면 톱기사로 "'황우석 지키기' 거센 바람"이라는 주 제목과 함께 "MBC 앞 시위… 여의도 촛불집회", "PD수첩 광고 취소", "난자 기증 700명 돌파"란 부제목을 싣습니다. 그렇게 보수 언론 가운데에서도 가장 노골적으로 황우석 교수를 감싸던 ≪동아일보≫는 9일 뒤인 12월 5일, 다시 1면 톱기사로 "황 교수 죽이러 여기 왔다"라는 주 제목과 함께 "美 파견 연구원 "PD수첩 팀서 회유 협박" 증언"이란 부제목의 기사를 게재합니다. 이 기사에서 ≪동아일보≫는 MBC 〈PD수첩〉 취재팀이 미국 피츠버그 대학교에 파견된 황우석 교수의 연구팀 연구원들을 취재하면서 "황 교수와 강성근 교수를 죽이러 여기 왔다.

다른 사람은 다치게 하고 싶지 않다"며 회유를 시도했다고 해당 연구원들이 뉴스 전문 케이블 채널인 YTN에 증언한 사실을 기사화합니다.

이러한 보도가 비단 ≪동아일보≫만의 전유물은 아니었습니다. ≪중앙일보≫ 역시 12월 7일 1면에서 톱기사로 "MBC 주장 맞는 것 하나도 없다"라는 뉴스를 다룹니다. 더불어 그 밑에는 "황우석 교수 건강 악화 입원"이라는 기사와 함께 "MBC, PD 2명 대기발령"이라는 기사를 넣어 황우석 관련 뉴스로 도배하다시피 합니다. 그리고 12월 8일 1면에는 황우석 교수 측이 제공한 것으로 보이는 병상 입원 사진을 대문짝만하게 게재하기에 이릅니다. 사진 설명에는 "서울대 황우석 교수가 7일 오전 서울대병원에 입원했다. 지난달 24일 연구원의 난자 제공에 대해 사과하는 기자회견을 하고 칩거한 지 13일 만이다. 서울대병원 측은 황 교수가 극심한 피로와 수면장애, 스트레스로 인한 탈진으로 건강이 악화됐다고 밝혔다"고 덧붙입니다.

≪동아일보≫는 또 12월 8일, 1면 기사로 "MBC, PD수첩 사실상 폐지"라는 뉴스도 선보입니다. 사실, 기사 내용은 MBC가 최문순 사장 주재로 임원회의를 열고 〈PD수첩〉 방영을 중단하기로 결정했다는 것입니다. 최 사장이 다음 해인 2006년 주주총회 때 평가를 받겠다고 밝혔지만 ≪동아일보≫는 MBC가 〈PD수첩〉을 사실상 폐지했다고 결론짓기에 이릅니다.

* * *

절대적으로 〈PD수첩〉에게 불리하게 돌아가던 사태는 12월 5일, 급전직하로 돌변합니다. 한국과학재단에서 지정해 포항공과대학교에서 운영하는 인터넷 사이트 '생물학연구정보센터(BRIC)가 황우석 교수의 2005년 ≪사이언스≫에 게재한 논문이 조작됐을 가능성을 제기했기 때문입니다. 생명과학 전공자들이 제기한 의혹은 황 교수의 2005년 ≪사이언스≫ 게재 논문 부록에 있는 줄기세포 5번 사진과 미즈메디 병원 연구팀의 줄기세포 1번 사진이 같다는 주장이었습니다. 부록에 실린 줄기세포 사진 가운데 무려 다섯 쌍이 같은 사진이라는 글도 게시판에 올라왔습니다. 이어, 논문의 DNA 지문 분석 데이터를 분석한 결과, 높이와 모양이 놀라울 정도로 흡사해 같은 세포의 자료로 의심된다는 의혹도 제기되었습니다.

〈PD수첩〉은 2005년 12월 15일, 두 번째로 'PD수첩은 왜 재검증을 요구하는가?'라는 프로그램을 방영합니다. 과학적인 여러 정황으로 볼 때, 황우석 교수의 줄기세포는 가짜라는 내용이었습니다. 이전의 난자 의혹이 아닌 밤중에 홍두깨였다면 두 번째 방영물은 그야말로 마른하늘에 날벼락이었습니다.

마침내 서울대학교에서는 생명과학 전공 교수들의 탄원 속에 조사위원회를 꾸려 황 교수의 논문 조작을 공식적으로 검증합니다. 그리고 며칠 뒤, 황 교수팀이 줄기세포 2개를 11개로 부풀려 게재했다는 조사 결과를 발표하기에 이릅니다. 그런 당혹스러운 결과에 대해 ≪동아일보≫는 크리스마스 전날인 2005년 12월 24일, 1면 톱기사로 "아! 황우석… 2005 논문 조작"이란 부제목과 함께 "국민에 사죄… 교수직 사퇴"라는 주 제목을 선보입니다. 약 한 달간에 걸쳐 긴박하게 흘러갔던 황우석 신화가 희대의 사기극으로 막을 내리는 순간이었습니다.

당시, 대한민국은 황우석 교수를 믿으며 미국의 음모론을 주장하는 이들과 황우석 교수의 비윤리적인 행위 및 논문 조작을 규탄하는 이들로 전국 곳곳에서 격론과 설전이 벌어지고 있었습니다. 필자 가족의 저녁 식탁에서도 관련 얘기가 오갔는데 필자의 부모님은 황우석 교수의 결백과 함께 〈PD수첩〉의 문제점, 그리고 미국 과학계의 음모론에 힘을 실어주셨습니다. 반면, 필자를 비롯해 젊은 식구들은 황우석 교수의 사기극 가능성을 강조했지요.

문제는 전 세계적으로 뜨거운 감자로 대두되기 시작한 줄기세포와 관련해 우리 언론과 한국 국민은 당시, 거의 무지에 가까운 상황에 놓여 있었다는 것입니다. 그러한 가운데 황우석 교수는 화려한 언변과 대중적 인지도를 바탕으로 정부의 전폭적인 지원 속에 신성불가침한 존재로 군림해왔습니다. 〈PD

수첩〉의 연출을 맡았던 한학수 PD는 훗날, "대다수의 기자들이 PD수첩 팀을 적대시했다"며 황 교수와 관련해 몇 년 동안 기사를 써왔던 기자일수록 적대감이 더 컸다고 술회한 바 있습니다. 한 PD는 "그동안의 자기 기사가 모두 오보가 될 수 있다는 사실을 누구보다 잘 알기 때문이기도 했을 것"이라며 이는 "한국 언론이 두고두고 반성해야 할 부분"이라고 덧붙였습니다.

'우리들의 일그러진 영웅'이 이 땅에 남긴 상처는 굵고 깊었습니다. 줄기세포에 대한 정부 지원과 기업 투자는 이전과 비교도 되지 않을 정도로 축소되었습니다. 관련 학계의 연구자들 역시, 이전까지 쌓아 올린 모든 성과를 의심받았습니다. 무엇보다 연구 종사자들의 연구 의욕이 저하되어 적절한 후속 세대를 키워내지 못한 점이 가장 큰 손실이었을 겁니다. 줄기세포와 관련된 주식 시장 역시 폭락에 폭락을 거듭하며 경제적으로도 심각한 내상을 입혔습니다.

그런 아픈 역사를 잊지 말자는 취지에서일까요? 지난 2014년에 개봉된 임순례 감독, 박해일 주연의 영화 〈제보자〉는 황우석 교수의 줄기세포 조작 스캔들을 역사 앞에 다시 불러낸 작품이었습니다. 국민들의 기억이 서서히 가물가물해지는 시점에 등장한 〈제보자〉는 관객 수 170만여 명을 동원하며 흥행에서도 고무적인 성적을 거두었습니다.

다음은 황우석 사태와 관련된 일지입니다.

- 2004.2. 황우석 연구팀 '인간 체세포 복제 및 배아 줄기세포' 논문 ≪사이언스≫ 게재
- 2004.5. ≪네이처≫ 황우석 연구원의 난자 제공 의혹 제기
- 2005.5. 황우석 연구팀 '환자 맞춤형 배아 줄기세포' 논문 ≪사이언스≫ 게재
- 2005.11.21. 미즈메디 병원 노성일 이사장, 황 교수에게 보상금 지급 난자 제공 사실 시인

- 2005.11.22. 〈PD수첩〉 '황우석 신화의 난자 의혹' 방영
- 2005.11.24. 황 교수 사과 및 서울대 교수 사퇴 기자회견
- 2005.12.5. BRIC 사이트 등 황 교수의 논문 조작 의혹 제기
- 2005.12.8. 서울대 생명과학 분야 소장파 교수 30여 명 서울대 총장에게 황 교수의 논문 검증 촉구 건의문 전달
- 2005.12.11. 황 교수 재검증 불가 방침 철회
- 2005.12.12. 서울대 조사위원회 구성 재검증 실시 결정
- 2005.12.15. 노성일 이사장 줄기세포 11개 중 9개가 가짜라고 주장
- 2005.12.15. 〈PD수첩〉 'PD수첩은 왜 재검증을 요구하는가?' 방영
- 2005.12.23. 서울대 조사위, "줄기세포는 없다"는 발표와 함께 검찰 수사 의뢰
- 2006.1.10. 검찰 수사팀 구성
- 2006.3. 서울대 황 교수 연구 승인 취소
- 2006.4. 서울대 황 교수 파면
- 2006.5. 검찰이 황 박사 외 5명을 사기 혐의로 불구속 기소
- 2006.6. 서울중앙지법 황우석 연구팀 첫 공판
- 2006.7. 황 박사, 논문 포괄적 조작 지시 혐의 인정
- 2006.8. 서울중앙지법 결심 공판에서 검찰, 황 박사에게 징역 4년 구형
- 2009.9~10. 종교계, 정치권, 24개 구청장 등 황 박사 선처 탄원서 제출
- 2009.10. 서울중앙지법 황 박사에게 징역 2년, 집행유예 3년 선고
- 2009.11. 황 박사 항소장 제출
- 2010.6. 황 박사 항소심의 첫 공판 열림
- 2010.7. 서울대 상대 파면처분 취소 소송에서 황 박사 패소
- 2010.10. 검찰 황 박사에 징역 4년 구형
- 2010.12. 서울고법 황 박사에 징역 1년 6개월, 집행유예 2년 선고
- 2014.2. 대법원 황 박사 파면은 정당했다고 최종 판결

1957년 10월 4일 금요일 저녁, TV와 라디오 방송을 접하고 있던 미국인들은 이상한 신호음을 접하게 됩니다. 곧이어 방송국은 많은 시청자의 문의 전화로 몸살을 앓지만 방송국조차 정확한 원인을 파악하지 못한 채 허둥지둥합니다. 의문은 곧 풀렸습니다. 지금은 해체된 소련 당국이 "직경 58cm, 무게 83.6kg의 인공위성, '스푸트니크(Sputnik)'를 세계 최초로 우주 상공에 쏘아올렸다"고 공식 발표했기 때문입니다. 지구 위 1,000km 상공에서 송신기를 통해 라디오 신호음을 내던 스푸트니크가 100분에 한 번씩 지구를 돌고 있다는 설명과 함께 말이죠. 참고로 '스푸트니크'는 러시아어로 '동반자'라는 뜻입니다.

당연한 이야기이겠지만, 미국은 발칵 뒤집어집니다. 모든 면에서 소련보다 월등히 앞서 있다고 믿었던 미국이었기에 자신들의 머리 위로 소련의 인공위성이 돌아다닌다는 사실에 커다란 충격과 함께 굴욕을 맛보았으니까요. 이에 드와이트 아이젠하워(Dwight Eisenhower) 미국 대통령은 '스푸트니크 위기'를 선언하고 다음 해인 1958년 항공우주국(NASA)을 설립합니다. 미 정부는 교육체계도 전면적으로 개편해 과학교육을 기초 위주로 대폭 강화합니다. 그리고 1969년 7월 16일, 인류 최초로 달나라에 아폴로 11호를 착륙시켜 성조기를 꽂고 돌아오기에 이릅니다.

* * *

미·소 간의 우주 전쟁으로 전 세계가 과학 열풍에 휩싸이면서 한국 역시, 과학이 국가적인 화두로 부상합니다. 이에 우리나라에도 미국의 항공우주국을 본뜬 한국과학기술연구원(KIST)이 1966년에 설립됩니다. 1967년에는 과학기술처가 연이어 신설됩니다. 참고로 과학기술처는 1995년 과학기술부로 격상됩니다.

언론도 예외는 아니었습니다. 1958년 《한국일보》에서 처음으로 과학부를 창설합니다. 하지만 국내 언론사들이 모두 과학부를 만든 것은 아닙니다. 중앙일간지 일곱 곳 가운데 다섯 개 사에서 과학부를 창설하기까지는 10여 년이 걸렸으니까요. 한국적인 과학 활동을 보도할 만한 것이 거의 없었던 시기였기에 굳이 과학부를 만들 필요성은 그다지 크지 않았습니다. 그런 가운데 외신에서 전달하는 우주선 발사와 우주 개발 소식을 일반 독자들에게 알기 쉽게 풀이해 제공하는 것이 당시 과학부의 주된 업무였습니다. '과학부'라는 명칭보다 '우주과학부'라는 명칭이 더욱 적절했다고나 할까요?

아폴로 우주선의 성공적인 달 착륙 이후, 미국이 우주 계획을 일단락 짓자 일주일에 두세 번은 선보이던 1면 과학 기사가 급격히 사라집니다. 1970년 중반이 되면 한두 개의 신문을 제외하고 거의 모든 언론기관이 과학 보도 전담 부서를 없애거나 다른 부서로 통폐합시킵니다. 이러한 상황은 1980년대 초까지도 계속 이어져 《중앙일보》만이 유일하게 과학부를 운영합니다.

과학 저널리즘의 암흑기였던 1970년대와 1980년대를 지나 1994년에 드디어 한국과학기자협회가 창설됩니다. 하지만 이 역시 미국이 1934년에 과학저술인협회(National Association of Science Writers)를 창설한 것과 비교하면 무려 60년이나 늦은 것이었죠. 그렇게 제2의 도약을 꿈꾸던 과학 저널리즘은 1997년 IMF 이후, 다시 한 번 쓴맛을 봐야 했습니다. 언론사들의 구조조정 1순위가 과학이었기 때문입니다. 생긴 지 얼마 되지도 않은 과학부는 다시 사라지고 소속 기자들은 경제부와 산업부, 사회부와 문화부 등으로 뿔뿔이 흩어지게 됩니다.

그랬던 과학 저널리즘이었기에 1999년 체세포 복제 방식으로 젖소 '영롱이'가 서울대 수의대 연구팀에 의해 세계 최초로 탄생했을 때 황우석이라는 존재는 한 줄기 서광으로 다가옵니다. 안타깝게도 영롱이 역시, 황우석 교수의 주장에 따라 세계 최초의 복제소라는 타이틀이 붙었을 뿐, 이를 입증할 과학적 논문은 발표되지 않았습니다. 만일, 이때 언론에서 객관적인 검증에 나섰더라면, 아니 하다못해 국내외 과학계의 오롯한 평가만이라도 구했더라면 '우리들의 일그러진 영웅'은 결코 쉽사리 탄생하지 못했을 겁니다. 하지만 역사가 증언하는 것처럼, 국내 언론들은 '세계 최초'라는 말에 무비판적인 찬사를 보냈고 이후, 황우석 교수는 과학적으로 검증되지 않은 체세포 복제 한우 '진이'를 성공적으로 생산했다고 발표하며 서서히 신화적인 존재로 자리매김합니다.

* * *

1997년, 한국과학기자클럽이 전국의 신문·방송 과학 기자 50여 명을 대상으로 설문 조사를 실시한 적이 있습니다. 여러 문항들 가운데 과학기자클럽은 과학 기자들이 교육 프로그램에 참가해 본 적이 있는지를 물었습니다. 결과는 충격적이었습니다. 열 명 중 여섯 명에 해당하는 59%가 "교육 프로그램을 받아본 적이 없다"고 대답했기 때문이었습니다. 이는 복잡다단한 전문 용어와 함께 첨단 과학 지식을 지속적으로 다뤄야 하는 과학 기자들이 이름만과학 기자일 뿐, 자신들의 지위에 걸맞은 환경에 놓여 있지 않음을 의미했습니다.

참고로 미국은 과학 기자 양성의 필요성에 공감하며 슬로안 캐터링(Sloan Kattering) 재단과 록펠러(Rockefeller) 재단이 100만 달러의 기금을 컬럼비아 대학교 신문대학원에 기탁해 과학 보도 연수 과정을 개설한 바 있습니다. 이에 따라 일반 기자 가운데 과학 보도에 관심이 있는 사람들은 컬럼비아 대학교에 마련된 연수 과정을 통해 과학 기자의 기본적인 소양을 갖추는 것은 물론, 첨단 분야의 연구소와 생산 공장을 직접 방문해 현장을 살피고 또 여러 연구원들과 세미나를 개최함으로써 관련 정보 및 취재원을 안정적으로 확보할 수 있었습니다. 이 특별 과정으로 12년간 100여 명의 새로운 과학 기자들을 미국 언론계에 공급했기에 1960년대에 인력 부족으로 고민하던 미국의 과학 저널리즘계는 중요한 고비를 넘길 수 있었습니다.

미국 과학진흥협회(AAAS)에서 주관하는 '대중매체 장학 프로그램' 역시, 우리의 귀감이 될 만합니다. 언론사에서 교육을 받은 과학자와 기술자들이 과학에 대한 대중의 이해를 돕는 데 기여할 수 있도록 1975년에 설치된 이 프로그램은 사회과학과 자연과학, 그리고 공학 전공의 대학원생들을 신문, 잡지, 라디오, TV의 리포터와 연구자, 인턴 기자 등으로 선발하고 있습니다. 원래 이 프로그램은 러셀 세이지(Russell Sage) 재단에 의해 1971년부터 사회과학 전공 대학원생들을 대상으로 실시됐습니다만 기대 이상의 효과를 내는 것으로 밝혀지면서 1974년부터 자연과학 전공 대학원생들에도 문호가 개방됩니다.

현재 미국 과학진흥협회는 미국 과학재단(National Science Foundation)의 재정적인 지원을 받아 1:1의 매칭 펀드를 설립하고 있으며 애틀랜틱 리치필드 재단(ARCO: Atlantic Richfield Company), 엑손(Exxon)사, 허스트(Hearst) 재단, 그리고 필립 그레이엄 펀드(Phillip Graham Fund) 등으로부터 후원을 받고 있습니다. 백년대계의 관점에서 이 프로그램을 운영하고 있는 미 과학진흥협회는 전문적인 과학자나 기술자가 된 이들이 훗날, 과학과 미디어를 중재하는 '과학 커뮤니케이터' 혹은 '과학 정보원'이 될 가능성이 매우 높다고 보고 있습니다. 이에 따라 이 프로그램을 무사히 마친 이들은 과학적이고 기술적인 주제에 대한 언론 보도의 시기와 본질을 적절하게 결정하거나 해당 주제에 대한 해설자로 기능함은 물론, 방송 인터뷰와 기고 등도 할 수 있게 됩니다.

미국의 이 같은 예는 과학 저널리즘이 비단, 기자 개인과 언론사의 노력만으로 행해지기보다 협회 또는 기업적 차원에서 전개될 경우, 더욱 효율적으로 결실을 맺을 수 있음을 의미합니다. 하물며 미국처럼 거대 기업들이 즐비하지 않는 우리나라에서 정부 차원의 지원이 필요함은 말할 나위도 없을 겁니다.

* * *

　일개 언론사에서 과학 기자를 별도로 양성하고 또 지속적으로 과학 기사를 보도하도록 장려하는 것은 결코 쉬운 일이 아닙니다. 무엇보다 과학이라는 주제가 일반 대중에게 어려울 뿐 아니라 언론사 내의 보도 우선순위에서도 밀려 있으니까요. 그런 의미에서 언론사들의 과학 기자 양성을 둘러싼 재정적 부담도 덜어주는 가운데 과학 기사를 지속적으로 공급하는 또 다른 방편으로 통신사의 역할 변화를 꼽아볼 수 있을 겁니다. 과학 기자들의 업무량 과다에 따른 짐도 덜어주고 과학 저널리즘의 저변을 확대시킬 수도 있다는 점에서 말이죠.

　인력 부족이라는 화두에서 국내 언론사 가운데 가장 멀리 떨어져 있는 기관은 국가기간통신사인 연합뉴스일 겁니다. ≪조선일보≫, ≪중앙일보≫, ≪동아일보≫의 기자 수가 200~300명 안팎이지만 연합뉴스의 기자는 2019년 현재 국내 590여 명, 해외 60여 명(특파원과 통신원 모두를 합한 숫자) 등 650여 명이나 되니까요. 인력 규모나 재정적인 측면에서 여타 언론사에 비해 상대적으로 여유가 있는 연합뉴스가 과학 기자들을 일정 수라도 확보해 지속적으로 과학 기사를 제공한다면, 중앙 일간지는 물론, 지방 일간지와 잡지 등에서 과학 저널리즘을 고양시키는 데 큰 도움을 줄 수 있을 겁니다. 이와 관련해, 과학 저널리스트인 현원복 씨는 미국의 AP통신이 과학 기자를 휴스턴과 LA에 상주시키며 과학 뉴스를 지속적으로 제공하고 있다고 1983년도의 미디어 전문 잡지 ≪신문과 방송≫을 통해 전한 바 있습니다. 마찬가지로 연합뉴스가 국내 연구·공업 단지에 과학 기자들을 배치하고 이들이 과학계의 최신 동향과 정보를 꾸준히 제공한다면 많은 언론사에게 가뭄 속의 단비 같은 도움을 줄 수 있을 것입니다.

　안타깝게도 현실은 그 같은 바람과는 상당한 거리가 있어 보입니다. 2019년 현재, 한국과학기자협회에 등록되어 있는 기자 회원 298명 가운데 연합뉴스에 적을 두고 있는 이들은 11명이지만 여덟 명은 의학 담당이며 과학 분야의 회원 기자는 단 세 명에 불과합니다. 이는 KBS 아홉 명, MBC 일곱 명, 더불어 지난 2011년에 설립된 민영 뉴스 통신사 뉴스1 다섯 명이 과학 분야 전문기자로서 과학기자클럽에 가입해 있는 것보다도 적은 인원입니다.

뉴스 신디케이트(News Syndicate)를 통한 과학 기사의 배포도 과학 저널리즘의 활성화를 위해 꼽아볼 수 있는 또 하나의 전략입니다. 아직까지 국내에서는 뉴스 신디케이트가 활성화되어 있지 않지만 미국과 캐나다에서는 뉴스 신디케이트가 대단히 보편적으로 활용되고 있습니다. 참고로 뉴스 신디케이트란 ≪뉴욕타임스≫와 같은 굴지의 언론사와 기사 공급 계약을 맺은 군소 언론사들이 ≪뉴욕타임스≫의 기사를 자신들의 지면에 게재하는 것을 말합니다. 지역 일간지와 잡지사들은 칼럼에서부터 사진은 물론, 르포와 특집 등에 이르기까지 거대 언론사로부터 다양한 콘텐츠를 끌어다 재활용할 수 있는 것이지요. 대형 언론사의 입장에서는 기사 공급에 따라 수입이 늘어서 좋고, 지역 일간지의 입장에서는 인력 부담 없이 아웃소싱을 통해 수준 높은 기사를 자사의 독자들에게 저렴하게 전달할 수 있어 좋으니 그야말로 누이 좋고 매부 좋은 격이죠. 실제로 ≪뉴욕타임스≫는 '뉴욕타임스 서비스'라는 이름으로 자사의 뉴스 신디케이트에 가입한 미국 전역의 중소 신문에 양질의 해설 및 분석 기사 등을 공급하고 있습니다. 따라서 국내의 주류 언론이 단발적인 과학 기사를 작성하기보다 ≪보스턴글로브≫가 보도한 것과 같은 과학 해설 기사를 기획하고 제작해서 군소 언론사들에게 제공할 수 있다면 우리나라에서도 과학 저널리즘의 저변은 더욱 확대될 수 있을 겁니다. 만약, 혼자서 하기에 무리가 있다면 몇몇 대형 언론사들이 뜻을 모아 적어도 과학 분야에서 공동으로 뉴스 신디케이트를 만들어도 될 것입니다.

* * *

과학 기사는 어떻게 작성되어야 바람직할까요? 과학 기사 작성법에 대한
이해를 돕기 위해 월간, ≪신문과 방송≫에 지난 2007년 박성철 방송통신전
파진흥원 방송통신기획팀장이 기고한 글에 따르면 수많은 과학 뉴스 가운데
특히 첨단 과학에 대한 보도는 끊임없이 의심하는 자세로 다뤄야 합니다. 다
음은 그가 기고한 글의 일부입니다.

> 과학 보도의 영역과 범위는 대단히 넓다. 최초로 발표되는 연구 결과가 있는가
> 하면 교과 사전에 실려 있는 과학도 있다. 연구실의 실험 결과를 다룰 수 있고,
> 각종 사건·사고, 심지어 일상생활의 시시콜콜한 것들에 대한 과학적 분석을 시
> 도할 수도 있다. 과학자의 개인사(史)나 과학 정책, 과학교육, 과학박물관, 과학
> 축제도 중요한 기삿거리가 된다. 이 가운데 가장 논란이 되는 것은 과학자의 새
> 로운 연구 결과, 즉 첨단 과학(frontier science)에 대한 보도다. 이것을 1면에 크게
> 보도하거나 사설로 칭찬하는 것은 언론으로서 대단히 위험할 뿐 아니라 독자들
> 에게 혼란을 조장하는 것이기도 하다. 워렌 버킷, 라그너 레비 등 과학·의학 저
> 널리즘 연구자들이 과학 기자의 조건으로 무엇보다 '끊임없이 의심하는 자세'를
> 드는 것은 바로 그런 이유에서다. 과학자의 오류나 사기(fraud)성 여부와 관계없
> 이 <u>새로운 과학 지식의 불확실하고 가변적인 속성</u> 때문인 것이다[박성철, 2007:
> 91(밑줄은 저자)].

여기에 과학 기자들의 딜레마가 놓여 있습니다. 과학자와 대중 사이에서 매
개 역할을 해야 하기에 쉽고 재미있는 동시에 정확하게 과학 뉴스를 전달해야
하니까요.

그렇다면 정확한 과학 기사를 작성하는 데 가장 중요한 것은 무엇일까요?
수십, 수백 가지의 항목들이 고려될 수 있겠지만 뭐니 뭐니 해도 과학 기사

작성에 가장 중요한 것은 편집 제목으로 뽑힐 수 있는 첫 문장 - 리드 - 입니다. 이 같은 연유로 리드를 포함한 리드부의 기사가 정보의 정확한 한계를 명시해야 한다고 전문가들은 이구동성으로 말하고 있습니다. 독자와 시청자의 눈길을 끌기 위해 과장된 단어로 침소봉대하는 일은 없어야 한다는 것입니다. 예를 들어, 줄기세포와 관련해 특정 실험이 성공했을 경우에는 사실 그대로 기술(記述)하고 그것이 무엇을 의미하는지에 초점을 맞추어야지, 그 실험의 성공으로 곧 황금 시장이 열리거나 우리나라가 관련 기술 부문에서 강대국으로 등극했다는 등으로 기사를 과대포장해서는 곤란하다는 것입니다. 더불어, 객관적으로 입증되지 않았음에도 불구하고 과학적 실험의 당사자나 인터뷰 대상자, 주변 관계자 등의 말과 자료에 의존해 '세계 최고', '세계 최초', '국내 최초' 등의 용어를 동원하는 것도 매우 신중하게 수행되어야 합니다. 여기에 덧붙여서 박성철 팀장은 과학 기사가 1면에 쉽게 오르는 것도 경계해야 한다고 조언합니다.

과학도 인간이 다루는 영역이기에 언제나 정치적·경제적인 이해관계가 의도적으로 또는 부지불식간에 개입될 수 있습니다. 그리고 정치적·경제적인 이해가 개입되면 상상 이상의 부작용이 발생할 수 있습니다. 2008년 대한민국을 또 다른 광풍으로 몰아넣었던 〈PD수첩〉의 광우병 보도 파문이 또 다른 본보기입니다.

* * *

대통합민주신당의 정동영 후보를 물리치고 2008년 대선에서 승리한 이명박 대통령은 한미 FTA를 타결하기에 앞서 먼저 미국산 쇠고기의 수입을 허용합니다. 광우병 위험 때문에 중단됐던 미국산 쇠고기의 수입을 노무현 정부도 재개한 바는 있었습니다. 하지만 광우병에 감염된 소가 미국 내에서 재차 발견되는 바람에 수입이 중지됐었죠. 이후, 우여곡절 끝에 노무현 정부하에서 다시 허용된 미국산 쇠고기는 살코기 속에서 광우병 전염 물질로 알려진 뼛조각이 발견되면서 다시 수입이 중지됐습니다. 이명박 정부의 미 쇠고기 수입 재개는 그렇게 몇 차례 수입 중지가 이뤄졌던 미묘한 시기에 전격적으로 행해졌습니다. 이에 MBC 〈PD수첩〉은 이명박 대통령의 미국 방문에 앞서 미국산 쇠고기의 수입이 허용됐다며 모종의 정치적 이해관계 속에서 미국산 쇠고기에 광우병 의심 소가 섞여 들어올 수 있다는 가능성을 제기하게 됩니다.

하지만 〈PD수첩〉이 2008년 4월 29일에 방영했던 '긴급취재! 미국산 쇠고기: 과연 광우병으로부터 안전한가'에서는 주저앉는 소인 '다우너(downer) 소'가 광우병에 감염된 것처럼 비춰진 동시에 크로이츠펠트 야코프병(CJD)에 걸린 미국인이 인간 광우병(vCJD)에 감염된 듯이 소개합니다. 더불어 한국인이 광우병 소를 섭취했을 때 광우병 발생 가능성이 무려 95%에 달한다는 충격적인 내용도 곁들여집니다. 미 쇠고기 수입 협상이 졸속으로 진행됐다는 주장과 함께 프로그램을 제작한 것까지는 좋았으나 이명박 정부의 실정(失政)을 비판하고자 광우병을 강하게 부각시키려다 과학 저널리즘이 범해서는 안 되는 오보도 함께 내보내고 맙니다. 이에 따라 〈PD수첩〉은 2008년 5월 13일에 방영된 후속 보도를 통해, 다우너 소들이 모두 광우병에 걸린 것은 아니라는 것과 함께 아레사 빈슨(Aretha Vinson)이라는 미국인이 광우병으로 사망한 것도 아니라는 사실을 정정 보도로 내보내야 했습니다.

안타깝게도 〈PD수첩〉의 정정 보도는 미국산 수입 쇠고기를 둘러싸고 벌어지기 시작한 국민적 반발 속에서 별다른 효력을 발휘하지 못합니다. 〈PD수첩〉의 후속 보도가 나가고 난 뒤인 6월 10일, 약 50만 명(국민대책회의 추산)에 달하는 시민들이 서울 시청 앞에서 쇠고기 수입 반대 시위를 벌였으니까요. 이후, 대한민국은 다시 미 쇠고기 수입 찬성 및 반대 여론으로 나라가 갈리며 황우석 사태에 버금가는 홍역을 앓아야 했습니다.

정부는 MBC의 〈PD수첩〉을 상대로 명예훼손 및 오보에 따른 민·형사상의 소송을 제기했지만 〈PD수첩〉은 대법원에서 모두 무죄 판결을 받았습니다. 하지만 한국인 중 95%가 광우병에 취약한 MM형 유전자를 지니고 있다 해도 한국인이 광우병 쇠고기를 섭취할 경우, 광우병이 발병할 확률이 95%에 이른다고 할 수는 없다는 점과 관련해서는 첫 번째로 내보냈던 보도를 정정해야 한다는 명령도 받았습니다. 개인적으로는 이 부분이 후속 보도에서 가장 먼저 정정됐어야 함에도 불구하고 결국 대법원의 명령을 통해 3년 5개월 뒤에 고쳐진 점도 무척 아쉽습니다.

과학적으로 말하자면, 광우병에 취약한 MM형 유전자와 관련해 서구인은 35% 정도가 MM형 유전자를 지니고 있으며 한국인은 95%가 MM형 유전자를 보유하고 있기에 한국인의 95%가 광우병 전염에 취약할 수 있다고 볼 수 있습니다. 하지만 〈PD수첩〉은 "광우병 쇠고기를 먹었을 경우 미국인을 비롯한 서양인은 오직 인구의 35%에서만 인간 광우병이 발병하지만, 한국인의 유전자 구조는 광우병에 취약하여 인구의 95%에서 발병할 수 있다"고 적시했던 것입니다. 유전자 구조가 광우병에 취약하다는 것으로부터 서양인들의 경우는 35%, 한국인들은 95%에서 발병할 수 있다고 단정 지은 것이죠. 사실에 입각해 과학적으로 정확하게 보도하려 했다면 "한국인이 광우병 소를 섭취했을 때 광우병 발생 가능성이 95%에 달한다"는 보도를 "한국인들의 95%가 광우병에 취약한 유전자를 가지고 있다"라고 전해야 했던 것입니다. 이는 두 경우가 상정하는 사실이 완전히 다르기 때문입니다. 첫 번째 명제의 핵심은 '발병 가능성이 95%'라는 것이며 두 번째 명제는 '95%가 광우병에 취약한 유전자를 지니고 있다'라는 것이니까요. MBC 〈PD수첩〉에서 내보냈던 정보는 과학 저널리즘은 물론, 저널리즘에서조차도 결코 허용될 수 없는 중대한 오보였던 셈입니다.

* * *

과학 저널리즘에서 중요한 역할을 담당하는 이들은 과학 기자들입니다. 그렇다면 과학 기자들에게만 과학 보도와 관련된 중책을 맡길 수 있을까요? 이와 관련해 1979년 드리마일 원전 사고 이후, 미 과학진흥협회가 보여준 행보는 본보기가 될 만합니다. 당시 미 과학진흥협회는 대언론 홍보의 중요성을 깨닫고 전문가 목록을 작성해 배포한 바 있습니다. 전문 분야와 인명, 전공과 연락처, 그리고 집 주소가 등재된 목록에서 전문가들은 언제 어디서든 언론의 취재 요청에 응대하도록 의무화한 것이지요.

많이 늦은 감이 있지만 한국 물리학회에서도 황우석 사태를 겪은 다음 해인 2007년 7월, 물리학회 회원 115명으로 구성된 '미디어 브레인 풀(MBP)'을 만들었습니다. 과학 전문 지식을 언론에 쉽게 설명해줄 수 있는 핫라인이었죠. 당시 한국 물리학회는 과학계 스스로가 사이비 과학을 걸러낼 것이라고 언론을 통해 천명한 바 있습니다. 하지만 2019년 현재까지 한국 물리학회의 '미디어 브레인 풀'은 그 활동 흔적을 제대로 보여주지 못하고 있습니다. 언론 기사 검색을 통해 '미디어 브레인 풀'의 활동 내역을 찾을 수 없었던 필자는 한국 물리학회에 직접 전화를 걸어 문의했지만 돌아온 대답은 "운영상의 어려움 때문에 현재는 유명무실해졌다"는 안타까운 설명뿐이었습니다.

* * *

1979년에 발생한 미국의 드리마일 섬 원전 사고 이후, 지금까지 미국에서 건설된 원자력 발전소는 단 한 기도 없습니다. 당시, 건설이 취소된 원전은 무려 112기로 전체 원자력 발전소의 45%에 달했습니다.

황우석 교수 사태 이후 된서리를 맞은 우리나라의 줄기세포 연구는 아직까지 언론과 대중의 의심스러운 눈초리 속에 힘겨운 나날들을 보내고 있습니다. 지금도 간간히 언론을 통해 황우석 교수가 재기를 꿈꾼다는 기사가 버젓이 나오고 있는 가운데에서 말이죠. 언론플레이에 능한 황우석 교수 및 그의 부활을 꿈꾸는 일부 언론의 합작품이기는 합니다만, 부실한 과학 저널리즘은 이 같은 도발을 봉쇄할 여력이 부족합니다.

광우병 보도가 국가의 명예를 훼손했다는 정부 측 주장에 대해서는 대법원으로부터 무죄 판결을 받았지만 광우병 관련 보도는 MBC와 〈PD수첩〉에 자의 반 타의 반으로 깊은 상처를 입혔습니다. 그런 의미에서 볼 때, 과학 저널리즘을 둘러싸고 황우석 교수와 광우병 보도를 통해 살펴본 MBC 〈PD수첩〉의 공(功)과 과(過)는 매우 크고 뚜렷합니다. 더불어, PD 저널리즘이라 불리는 새로운 장르를 개척한 MBC 〈PD수첩〉 이외에 국내 저널리즘의 과학 보도를 둘러싼 역할과 위상은 아직 요원해 보이기만 합니다.

참고문헌

김영욱·박성철. (2006). 『과학 보도와 과학 저널리즘』. 한국언론재단.

김철중. (2005.4.9). "드리마일 원전사고의 교훈". ≪조선일보≫, A30면.

박성철. (2007.12.1). 「과학보도 재검증 기회, 달라진 것 없는 한국 언론」. ≪신문과 방송≫, 86~91쪽.

신윤진. (1999.4.1). 「연중기획: 언론인 전문 교육/공부하는 과학기자들」. ≪신문과 방송≫. 106~108쪽.

양은경. (2014). 「글로벌 위험 보도와 국가주의: 후쿠시마 원전사고에 대한 KBS '뉴스 9'의 담론 분석」. ≪한국방송학보≫, 28권 1호, 206~244쪽.

이혜운·이송원. (2011.4.8). ""방사능비 괜찮다지만…" 찜찜한 불안감에 시달린 한국". ≪조선일보≫, 10면.

조은정. (2015.5.27). "[과학서평] 과학기자의 윤리적 역할". ≪헬로디디≫. http://www.hellodd.com/news/article.html?no=53473

현원복. (1983.3.1). 「전환기의 과학 저널리즘」. ≪신문과 방송≫, 16~21쪽.

황용호. (2014.10.25). "이 영화는 왜 '지금' '우리' 앞에 등장했을까". ≪시사인≫ http://www.sisainlive.com/news/articleView.html?idxno=21527

Rubin, D. (1987). "How the news media reported on Three Mile Island and Chernobyl." *Journal of Communication*, *37*(3), pp.42~57.

Thornburgh, D. (1999). Some reflections on Three Mile Island. http://www.threemileisland.org/downloads//309.pdf

United States Nobel Prize Winners. (2018). http://www.jinfo.org/us_Nobel_Prizes.html

10

헤르메스의 자손들, 공자의 후손들(上)

/

객관 저널리즘과 유가 저널리즘

맹자가 말하였다. "사람들이 입버릇처럼 하는 말이 있으니, 모두 '천하국가'라고 들 한다. 그런데 천하의 근본은 나라에 있고 나라의 근본은 집에 있고 집의 근본 은 한 사람의 몸에 있다"(박경환, 2012: 193).[1]

기원전 551년, 중국 산둥성 곡부에서 태어난 공자는 격랑의 시대를 살다 간 비운의 정치인이었습니다. 주 왕실의 위신이 땅에 떨어지고 제후국들이 중원의 패자를 노리던 어수선한 시기에 인간으로서 마땅히 행해야 할 도리를 강조하며 상대방을 어질게 대하라는 사상으로 백성의 안녕과 천하의 안정을 도모했습니다. 하지만 약육강식의 춘추시대에 공자의 사상은 배부른 소리로 치부되며 위정자들의 외면을 받을 뿐이었습니다. 세자가 왕위를 찬탈하고 신 하가 제후를 시해(弒害)[2]하는 시대에 인륜의 당위성을 설파한 그는 다른 은하

---

1   『맹자』「이루(離婁)」상(上)편 5장의 한 구절.
2   아랫사람이 윗사람을 죽이는 것.

계에서 온 외계인이나 다름없었습니다. 그런 공자가 한평생 사표(師表)로 추구했던 대상은 검소함을 잃지 않고 호학(好學)하는 가운데 인간에 대한 끝없는 사랑으로 예를 실천하는 현인(賢人)이었습니다. 유교에서 도덕적 인격자로 칭하는 군자(君子) 이야기입니다.

* * *

공자가 죽은 뒤 100년 정도 지나 태어난 맹자는 정확한 생몰 연도가 밝혀지지 않은 또 다른 성인입니다. 춘추시대의 공자와 달리 전국시대를 살았던 맹자는 공자의 손자인 자사(子思)의 제자로부터 공자의 사상을 사사(師事)[3]했습니다.

전국시대에 이르러 주 왕실은 그 위세를 완전히 잃어버렸습니다. 더불어, 일곱 개의 제후국들이 천하를 제패하기 위해 이합집산(離合集散)과 합종연횡(合從連橫)[4]을 거듭하며 백성의 삶을 벼랑 끝으로 몰아가고 있었습니다. 이에 맹자는 가혹한 수탈과 끊이지 않는 전쟁 속에 백성을 구제하고 보살피기 위한 왕도(王道) 정치를 주창했습니다.

인간은 선하게 태어났기에 어떤 군주라도 왕도 정치를 펼 수 있다는 의미에서 성선설(性善說)을 주장했던 맹자는 공자가 수기치인(修己治人)을 강조하며 개개인의 덕성 함양에 방점을 둔 데 반해, 왕이 무도해 백성을 해칠 경우에는 왕마저도 교체해야 한다는 혁명적인 사상의 소유자였습니다. 백성을 보호하기는커녕 괴롭히기만 하는 국왕은 폐위할 수도 있다는 존 로크(John Locke)의

---

3   스승으로 삼고 가르침을 받음.`
4   중국 전국시대의 최강국인 진(秦)과 나머지 여섯 개 국가 사이에 전개되었던 외교 전술입니다. 진(秦)에 대항해 여섯 국가가 연합한 것을 합종(合從), 여섯 국가가 각기 개별적으로 진과 동맹을 맺은 것을 연횡(連衡)이라 한 데서 유래했습니다. 어제의 적이 오늘의 동지가 될 수 있음을 뜻하는 외교 전술입니다.

사회계약설이 나타나기 2,000여 년 전의 일이었습니다. 왕은 백성의 부모요, 백성은 왕의 자식이라는 맹자의 왕도 사상은 이후 한국인의 사고방식에 깊은 영향을 미칩니다.

＊　＊　＊

1865년 4월 14일, 에이브러햄 링컨(Abraham Lincoln) 대통령이 불의의 일격을 당합니다. 존 윌크스 부스(John Wilkes Booth)라는 이름의 연극배우가 쏜 총에 맞은 것이죠. 로버트 리(Robert Edward Lee) 장군이 버지니아에서 남부 연방의 항복을 선언한 지 닷새 만의 일이었습니다. 부스는 남부 연방의 지지자로, 연극을 관람하러 온 링컨 대통령의 머리를 뒤에서 저격했습니다. 현장에서 치명상을 입은 링컨은 다음 날 아침, 운명하고 맙니다.

링컨 대통령의 암살은 미국사에서 매우 중요한 사건이었습니다. 미국 대통령 가운데 처음으로 암살당한 비극의 주인공이었기 때문입니다. 마찬가지로 미국 언론사에서도 링컨 대통령의 죽음은 상당한 의미를 지니고 있습니다. 미국을 비롯해 유럽과 한국에 이르기까지 뉴스 작성의 문법으로 통하는 역삼각형 기사 양식이 링컨의 암살 뉴스에서 처음으로 나타난 것입니다. 참고로 역삼각형 기사 양식이란 가장 중요한 사실을 뉴스의 첫머리에 배치하는 것을 의미합니다.

미 언론학자인 데이비드 민디치(David Mindich)에 따르면 미국 역사상 처음으로 작성된 역삼각형 기사는 링컨 대통령이 암살당한 1865년 4월 14일 밤, 미국 전 지역으로 타전된 AP통신의 뉴스입니다(Mindich, 1978).

대통령이 오늘 밤 극장에서 저격당했으며 치명상을 입은 것으로 추정된다.

물론, 민디치의 주장에 대해 모든 언론학자가 동의하는 것은 아닙니다. 음식에서도 그렇지만 원조를 가리는 것은 결코 쉽지 않으니까요. 그럼에도 불구하고 대다수의 언론학자는 무선 전신이 역삼각형 기사의 확산에 크게 기여했다는 데에는 대체적으로 동의하고 있습니다. 당시, 최첨단 정보통신 기술이었던 무선 전신은 전송비가 대단히 비싸 수사적인 어구들이 대폭 삭제된 채 사실 위주로 뉴스가 전송되어야 했습니다.

* * *

역삼각형 기사 양식은 현대 뉴스 제작의 핵심 형식입니다. 혹자는 역삼각형 기사 작성법을 저널리즘의 '인증 마크(hallmark)'라고 부르기도 합니다. 현대 언론의 직업 규범으로 일컬어지는 객관 보도가 역삼각형 기사로 제유(提喩)되기 때문입니다. 제유란 사물이나 사실의 일부분으로 전체를 나타내는 방법입니다. '빵 아니면 죽음을 달라'라는 말에서 빵이란 식량을 대표하는 제유적 표현이지요. 같은 맥락에서 역삼각형 기사 양식은 객관 보도의 '랜드마크'이자 '대표 브랜드'이기도 합니다.

역삼각형 기사 양식이 제유적으로 대변하고 있는 객관 보도란 어느 한편에 치우치지 않고 중립적인 시각에서 기사를 작성하는 행위입니다. 이념과 편견, 주관과 이해관계를 배격한 채 있는 그대로의 사실을 가감 없이 보도하는 것이지요. 만일 AP통신이 링컨의 암살을 다음과 같이 타전했다고 가정한다면 이것을 객관 보도라고 보기는 힘들었을 겁니다.

미국 역사에 그 오명을 영원히 남길 이름 가운데 하나가 오늘 밤 추가되었습니다. 존 윌크스 부스(John Wilkes Booth)라는 이름입니다. 존 윌크스 부스는 연극을 관람하던 링컨 대통령을 비열하게 뒤에서 저격했습니다. 리 장군이 항복 문서에 서명한 잉크가 마르기도 전에 발생한 전대미문의 폭거로 링컨 대통령은 치명상을 입은 채, 지금 생사의 갈림길을 오르내리고 있습니다.

미국의 저명한 사회학자인 게이 터크만(Gaye Tuchman)은 그녀의 명저, 『메이킹 뉴스(Making News)』(1979)에서 직업 규범으로서의 '객관 보도'가 미 언론인들의 '전략적 의례(strategic ritual)'라는 명언을 남긴 바 있습니다. 기자 자신을 중립적인 관찰자 위치에 둠으로써 뉴스 제작을 놓고 외부에서 시비 걸 소지를 미연에 방지하고자 상징적인 의미로 객관 보도를 직업 규범으로 내세운다는 의도에서죠.

『매스미디어 사회학(Mediating the message)』의 공저자로 유명한 언론 사회학자 스티븐 리스(Steve Reese)는 객관 보도가 현대 언론 — 물론, 그 가운데에서도 미국 언론 — 의 '직업적 패러다임'이라고 규정짓고 있습니다(Reese, 1997). 과학에서는 '보편적인 모형이자 양식'을 의미하는 패러다임이 언론에서는 객관 보도라는 것이죠. 패러다임이라는 용어를 자신의 명저, 『과학 혁명의 구조(Structure of scientific revolutions)』에서 중추적으로 거론한 토머스 쿤(Thomas Kuhn)은 패러다임이 자연과학에서 표준화된 실험과 전통의 지속성을 설명하는 데 매우 유용하다고 주장합니다(Kuhn, 1962/1980). 마찬가지로 스티븐 리스 역시, 과학자처럼 언론인들도 뉴스의 생산양식을 표준화함으로써 자신들의 전문성을 강화하고자 한다고 주장합니다. 객관 보도는 그러한 뉴스 생산양식의 표준화에 해당하고요. 그렇게 볼 때, 과학자들의 실험실은 언론사의 편집국이요, 과학자들의 실험 결과물은 역삼각형 기사 작성을 통한 언론의 객관 보도일 것입니다. 마지막으로 역삼각형 기사 양식은 '이론 구축' → '가설 설정' → '가설 검증' → '결과 도출'로 이어지는 과학 탐구의 절차적 도구 양식에 해당할 것입니다.

이 시대의 언론사는 대부분 객관 보도와 비정파주의를 사시(社是)이자 언론사 창립 이념으로 내놓고 있습니다. 비록 제목과 사진 편집, 인터뷰 대상자 선정 등을 통해 자사가 추구하는 가치와 가치관을 직간접적으로 내비치긴 하지만 적어도 대외적으로는 공명정대한 객관 보도를 기치로 내걸고 있는 것이지요. 아마 21세기 지구상의 언론사 가운데 자신의 입으로 주관적이고 정파적인 보도를 창립 이념으로 내거는 곳은 단 한군데도 없을 겁니다.

현대 언론 철학의 근간을 형성하는 객관 보도는 그 역사가 이제 1세기를 갓 넘겼습니다. 1세기 전만 하더라도 정파주의와 선정주의를 사시로 당당하게 내건 언론들이 절대다수를 이뤘습니다. 진보적인 언론학자로 이름 높은 미국의 허버트 알철(J. Herbert Altschull)은 신문 지면을 통한 정파주의가 1960년대까지 미국에 버젓이 남아 있었다고 언급했으니까요.

* * *

1858년에 미 오하이오주 신시내티에서 태어난 아돌프 옥스(Adolph Ochs)는 미국 남부의 테네시주 녹슨빌에서 어린 시절을 보냈습니다. 여섯 남매의 장남으로 11세부터 일을 시작한 그는 13세가 되던 해, 운명적으로 신문사에 취업하게 됩니다. 이때부터 조판, 취재, 기사 작성과 함께 경영 기술까지 익힌 그는 17세가 되자 남북전쟁의 격전지였던 테네시주의 채터누가로 자리를 옮깁니다. 그리고 2년 뒤, 1,500달러의 빚을 떠안는 조건으로 ≪채터누가 타임스(Chattanooga Times)≫를 인수합니다.

옥스는 '독립성의 유지와 공동체에 대한 책임 의식'을 ≪채터누가 타임스≫의 운영 지침으로 내세웠습니다. 채터누가 시민들은 그의 이 같은 운영 지침을 높이 삽니다. 옥스의 손에 들어간 지 1년 만에 ≪채터누가 타임스≫가 2,000달러의 순익을 냈으니까요. 그런 옥스는 뉴욕의 한 기자로부터 심각한 재정난에 처한 신문사를 인수하라는 제안을 받습니다. 그의 나이 38세 때의 일입니다. 9,000부를 발행하던 이 신문은 매일 1,000달러의 영업 손실을 내고 있었습니다. 부채는 30만 달러에 달했죠. 당시 뉴욕은 세계 최대의 신문 격전장이었습니다. 조지프 퓰리처의 ≪뉴욕월드≫와 윌리엄 허스트의 ≪뉴욕저널≫이 쌍두마차를 형성하며 뉴욕 언론 시장을 양분하고 있었습니다. 옥스는 은행 대출금과 자신이 번 돈을 합쳐 7만 5,000달러로 모험을 감행합니다.

이번에는 온갖 정파주의를 배격하는 객관 보도가 언론사의 운영 철학으로 정해졌습니다. 더불어 '인쇄할 만한 모든 뉴스(All news that's fit to print)'가 제호 아래에 언론사 사시(社是)로 인쇄됩니다. 신문사 인수 3년 뒤 이 신문의 발행 부수는 2만 5,000부에서 7만 6,000부로 세 배가 뜁니다. 1920년대에 이르자 발행 부수는 무려 78만 부로 껑충 뛰었습니다. 언론사 인수 초기와 비교해볼 때, 70배 이상의 초고속 성장을 한 셈이었습니다.

언론 분야의 노벨상인 퓰리처상을 무려 125번(2019년 1월 현재) 수상한 신문. 직원 수는 3,500여 명, 평일 평균 발행 부수 190만 부, 웹사이트에 하루 300만 명 이상이 방문하는 언론사. 신문사들의 신문사라 불리는 《뉴욕타임스》의 이야기입니다.

《뉴욕타임스》는 미국 언론에, 아니 전 세계 언론에 객관 보도, 사실 보도, 공정 보도라는 언론 철학을 널리 보급한 1등 공신입니다. 과장 보도, 선정 보도, 정파 보도로 얼룩진 19세기 말 20세기 초의 미국 언론에 새로운 바람을 불어넣은 장본인이죠. 50만 달러를 기탁해 퓰리처상을 제정한 조지프 퓰리처의 《뉴욕월드》와 세계 최대의 개인 궁전을 캘리포니아에 만든 윌리엄 허스트의 《뉴욕저널》이 지금은 모두 사라졌지만 《뉴욕타임스》는 21세기 현재에도 세계 언론의 최고봉으로 우뚝 솟아 있습니다.

* * *

객관 보도라는 언론인의 직업 규범은 과거로 거슬러 올라갈 경우, 그 기원을 멀리 플라톤의 철학으로부터 찾을 수 있을 것입니다. 절대적 진리인 이데아가 존재한다며 엄선된 소수의 철학자들만이 오랜 기간의 수련을 거쳐 이데아를 인지할 수 있다는 플라톤의 철학에서 이데아가 진실로, 철학자가 언론인으로, 철학자의 논리적인 사고방식이 역삼각형 기사 양식의 채택에 따른 객관 보도로 대체될 수 있기 때문입니다. 실제로 미국을 위시해 대다수의 민주주의 국가 언론인들은 진실 추구를 가장 중요한 직업 목표로 상정하고 있으며 이러한 목표를 달성하기 위해 객관적인 사실을 독자와 시청자들에게 전달하고자 합니다. 만일, 진실이 단일한 사실이 아닌 여러 사실을 바탕으로 구성된다고 가정한다면 각각의 사실들을 가장 객관적으로 전달해야 비로소 진실을 전할 수 있다고 생각하기 때문입니다. 그리하여 객관 보도는 개개의 사실을 전달하는 과정에서 가장 합리적이고 가장 효율적인 뉴스 제작 강령으로 기능하게 됩니다.

그렇다면 미국을 비롯한 여타 민주주의 국가의 언론인들은 왜 진실 추구를 가장 중요한 직업 목표로 상정하고 있을까요? 이는 민주 사회의 구성원인 시민들이 자신의 자유와 권리에 중대한 영향을 미칠 수 있는 사회 환경 또는 사회 변화에 대한 유관 정보를 잘 습득할 수 있도록 매개함으로써 시민들이 자신의 기본권을 적절히 수호할 때 현명한 판단을 내릴 수 있도록 유도하기 위해서입니다. 말하자면, 서구적 언론 가치의 최고선(最高善,)은 진실 추구를 통한 인간의 기본적 자유 및 평등권 수호라 할 수 있겠습니다. 이는 지배 계급의 억압과 착취에 대항해 피지배 계급이 혁명을 일으킴으로써 시민의 자유와 평등을 확보한 서구의 근대사에 기원하고 있습니다.

계몽 시대를 거쳐 현대사회에 이르면서 서구는 ─ 비록 그것이 국가일지라도 ─ 개인의 기본권을 침해하는 어떤 간섭과 통제도 악으로 규제하는 사고방식이 뿌리 깊게 형성됩니다. 이러한 사고방식은 전체주의가 야기했던 제1·2차 세계대전을 통해 더욱 확고히 굳어졌습니다. 따라서 서구 언론 역시, 국가의 시민권 침해를 전근대적 봉건 사회로의 회귀로 인식하며 그러한 일을 미연에 방지하기 위해 시민들이 자신의 권리를 당위적으로 행사할 수 있도록 진실의 일환인 사실을 객관적으로 전달하고자 노력합니다.

하지만 현대 언론의 객관 보도는 기사 취재 및 작성 과정에서 중립성과 불편부당성을 지나치게 강조함으로써 형식적 객관주의에 가깝다는 비판을 받기도 합니다(남재일, 2004). 객관 보도는 또 사실을 빠르고 정확하게 전달하는 데 중점을 두고 있기에 사건을 둘러싼 개요와 원인 파악, 그리고 문제 해결책을 심층적으로 파악하고 제시하는 데 한계를 드러내곤 합니다. 더불어 사건·사고를 둘러싼 피해자들과 거리를 둔 채, 이들의 안타까운 이야기를 담는 데에도 상대적으로 소홀한 모습을 보이는 것이 사실입니다.

2014년 4월, 전국을 슬픔에 잠기게 했던 세월호 사건은 객관 보도를 직업적 규범으로 삼고 있는 현대 언론의 약점을 적나라하게 보여준 전형에 속합니다. 숱한 오보와 선정주의는 둘째 치더라도 대부분의 언론사는 사고 현장에서 현지 상황을 시시각각 전달하기에 급급했습니다. 세월호 소유주인 유병언 세모 그룹 총수가 검찰과 언론의 추적을 받으며 잠적한 이후에는 모든 언론의 촉각이 유병언의 국내 탈출 및 생사 여부에 집중됩니다. 이에 대한민국 언론의 지면과 화면에서는 세월호의 발생 원인과 정부 차원의 재발 방지책, 그리고 유족들의 목소리를 싣기보다 유병언의 행방을 둘러싼 실시간 뉴스 생산에 더 큰 비중을 둡니다.

* * *

1922년에 첫 전파를 발사한 영국의 BBC(British Broadcasting Corporation)는 상업 방송사였습니다. 그러다 사무국장으로 입사한 무선통신 기술자, 존 리스(John Reith)가 사장으로 승진하면서 BBC의 지위를 공영방송으로 전환하고자 노력합니다. 총파업에 동조했다는 이유로 윈스턴 처칠(Winston Churchill)이 BBC를 국영방송으로 바꾸려는 위기의 순간이었습니다. 결국, 정부의 동원 매체로 활용될 뻔했던 BBC는 리스의 바람대로 공영방송사라는 지위를 세계 최초로 확보하게 됩니다(정용준, 2013).

리스는 방송 운영의 자율성을 보장받는 가운데 수신료를 재원으로 하는 공적 시스템을 선보입니다. 국가가 방송국을 관할하되 방송 운영의 자율성은

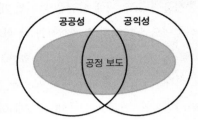

〈그림 10-1〉 공영방송의 양대 이념

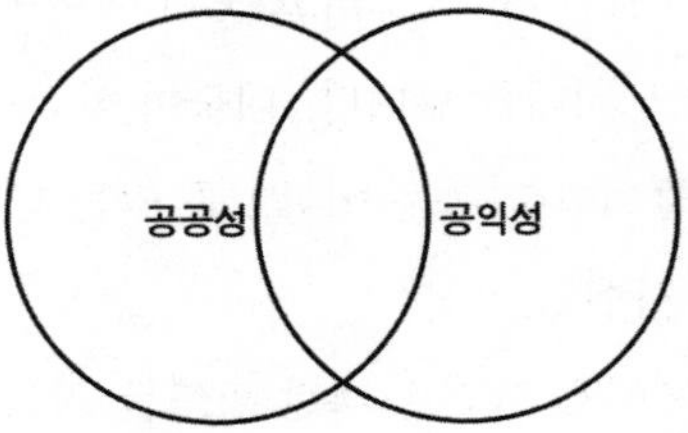

〈그림 10-2〉 방송 저널리즘의 공공성과 공익성을 구현
하기 위한 실천 규범으로서의 공정 보도

방송사 자신에게 맡긴다는 것이죠. BBC의 이 같은 설립 철학은 이후 80여 년 간 흔들림 없이 지속되며 전 세계 모든 공영방송사의 이념적 사표(師表)가 되 었습니다(정윤식, 2013).

운영 면에서 국가의 간섭을 성공적으로 배제한 리스는 공공서비스를 중심 으로 한 공공성과 함께 소수·소외 계층을 배려하는 공익성의 구현을 BBC의 출범 이념으로 주창합니다(〈그림 10-1〉). 공공성 및 공익성 제고를 둘러싼 BBC 의 이와 같은 가치 추구는 한국 공영방송인 KBS의 설립 이념에도 그대로 적 용되어 KBS가 나아가야 할 방향을 제시해주는 나침반 역할을 했습니다. 물 론, BBC의 이와 같은 설립 이념은 비단 KBS에만 국한되어 적용되는 것이 아 닙니다. 한정된 자원으로서의 공공재인 전파를 사용하는 모든 여타 방송 매 체가 BBC의 운영 철학을 대동소이하게 계승하고 있으니까요.

방송은 크게 보도와 오락, 그리고 교양의 3대 장르에서 각종 프로그램을 기획, 제작, 편성해 방영하고 있습니다. 언론에 해당하는 방송 저널리즘은 보 도 부분에 속해 있지요. 그렇다면 방송 저널리즘의 경우, 공공성과 공익성을 추구하기 위한 실천 규범으로는 무엇을 꼽아볼 수 있을까요? 이에 대해 많은 방송학자는 공정 보도를 그 적임자로 손꼽고 있습니다(〈그림 10-2〉). 신문에서 직업 이데올로기가 진실 추구를 위한 객관 보도라면 공영방송의 뉴스 제작에 서는 공정 보도가 공공성 및 공익성 추구를 위한 실천 규범으로 작용한다는 것이지요.

문제는 공정 보도를 인식하는 정
부 및 학계의 일반적인 시각이 신
문사의 언론 철학인 객관성, 즉 객
관 보도를 대하는 것과 매우 유사
하다는 것입니다. 다시 말해, 공정
성은 객관성이요, 공정 보도는 객
관 보도라고 인식하는 것이 정부
를 비롯한 학계의 일반적인 시각

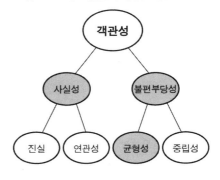

〈그림 10-3〉 웨스터슈탈의 객관성 개념도

이라는 것입니다. 예를 들어, 방송통신심의위원회의 방송심의에 관한 규정
을 비롯해, 방송학자들이 다수 참여해 지난 2008년에 작성한 방송통신심의
위원회의 연구보고서에는 공정성이 객관성과 함께 사회적 쟁점이나 이해관
계가 첨예하게 대립하는 사안에 대해 균형성을 갖추는 것이라고 명시하고
있습니다.

돌이켜 보면, 공정성을 둘러싼 국내 방송학계의 논의에 많은 이론적 배경
을 제시해온 대표적인 서구 학자가 요르겐 웨스터슈탈(Jörgen Westerstahl)이
었습니다. 그가 자신의 논문에서 제시한 객관성 개념도는 스웨덴 공영방송
(Swedish Broadcasting Corporation)을 관장하는 방송국 내외의 심의 규정들을 유
목화해 체계적으로 도해한 산물이었습니다. 웨스터슈탈은 스웨덴 공영방송
의 제작 및 심의 지침으로 작용하는 수많은 규정이 궁극적으로는 '사실성'과
'불편부당성'이라는 두 개념으로 이원화되며 이러한 사실성과 불편부당성은
결국, 추상적 개념인 객관성의 실천적 하위 개념들을 형성한다고 보았습니다
(Westerstahl, 1983; 〈그림 10-3〉 참조).

그렇다면 한국의 방송통신심의위원회의 방송심의에 관한 규정을 비롯해
방송통신심의위원회의 연구보고서에서는 공정성을 어떻게 인식하고 있을까
요? 〈그림 10-4〉를 통해 보시는 바와 같이 이들이 정의하는 공정성의 핵심
개념은 웨스터슈탈의 객관성 개념과 실질적인 측면에서 일치합니다. 객관성

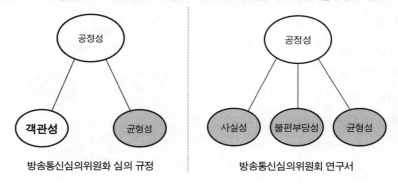

〈그림 10-4〉 방송통신심의위원회의 심의 규정 및 방송통신심의위원회 연구서에 따른 공정성 개념도

을 포함해 객관성의 실천적 하위 개념들이 모두 이들의 공정성 개념도에 포함되어 있으니까요.

결국, 앞서 언급했던 대로 인쇄 매체를 비롯해 방송 매체에서도 저널리즘을 둘러싼 직업적 전문주의는 사실성과 불편부당성, 그리고 균형성에 기반한 객관 보도로 표상된다고 볼 수 있겠습니다.

* * *

커뮤니케이션학은 철저히 서구에서 만들어진 학문입니다. 커뮤니케이션과 관련된 대중매체가 모두 서구에서 발명됐으니까요. 일례로 주간지, 일간지, 잡지, 유·무선 전신, 라디오, 지상파 TV, 위성 방송과 케이블 TV는 물론, 컴퓨터와 인터넷, 스마트폰에 이르기까지 우리가 날마다 사용하는 미디어는 모두 서구 문명의 산물입니다. 자연히, 이들 매체를 둘러싼 연구도 서구에서 먼저 시작됐기에 커뮤니케이션을 둘러싼 학문적 넓이와 깊이는 남다를 수밖에 없습니다.

그렇다면, 한국에 소개된 커뮤니케이션학의 역사는 어떠할까요? 지난 1954년, 홍익대학교[5]가 신문학과를 개설한 이후, 중앙대학교(1959), 이화여자

대학교(1960), 고려대학교(1965), 성균관대학교(1966) 등에서 잇달아 신문학과 또는 신문방송학과를 설립했습니다. 하지만, 신문방송학으로서의 커뮤니케이션학이 국내에 체계적으로 소개되기 시작한 것은 유학 1세대 학자들이 한국에 돌아오기 시작한 1970년대부터입니다. 주로 언론학을 해외에서 전공한 유학 1세대 학자들은 커뮤니케이션학이라는 구조물의 설계에서 시공에 이르기까지 신생 학문이 국내에 본격적으로 정착하는 데 지대한 역할을 수행해왔습니다.

돌이켜 보면, 유사 이래 가장 많은 해외 박사를 배출한 유학 대상 국가는 단연 일본이었습니다. 이웃에 위치했기에 서구 문물을 손쉽게 배울 수 있다는 측면에서 최고의 유학 대상지로 꼽혀왔던 일본은 한반도에서의 식민 통치가 종말을 고한 1945년 이후부터 유학 국가 1위 자리를 미국에 넘겨주게 됩니다. 이에 따라, 해방 이후부터 2000년대 중반까지 약 3만여 명 정도로 추정되는 해외 박사 가운데 56%가 미국에서 학위를 취득했으며 이러한 수치는 2위 국가인 일본의 17%를 세 배 이상 크게 앞서고 있습니다(동정민·윤완준, 2006).[6]

유학 대상국에서 미국이 과점(寡占)을 형성하는 학문적 풍토는 커뮤니케이션학, 특히 언론학도 예외가 아니어서 미국 출신의 석·박사들은 국내 언론학의 기초를 다지는 데 커다란 역할을 수행합니다. 한림대학교 미디어스쿨의 경우를 살펴보면, 2019년 현재 총 21명의 교수 가운데 무려 15명이 미국에서 석·박사학위를 받았으니까요.

모든 학문에서 철학이 그러하듯 언론학에서도 언론 철학이 기축적인 역할

---

5   홍익대학교 신문방송학과는 1962년에 중앙대학교 신문학과에 흡수되면서 폐지됐습니다.
6   이러한 수치는 과학기술정책연구원(KOSIS)이 2014년 발표한 '2012년 해외박사 취득 국가 현황'과 비교해도 크게 차이 나지 않습니다. KOSIS에 따르면 2012년에 박사학위를 취득한 1위 국가는 미국으로 60.4%를 차지했으며 2위 국가는 일본(15.8%)이었습니다. 다음으로는 독일(8.6%), 영국(6.4%), 프랑스(2.6%)의 순이었습니다.

을 수행합니다. 이는 세상을 해석하고 올바른 길을 제시해줄 수 있는 학문으로서의 철학이 언론학에서는 한 국가의 언론 자유를 포함해 공영방송 및 상업 언론 등의 설립과 운용 그리고 활성화 등에 매우 중대한 영향을 미치기 때문입니다. 이러한 언론 철학의 국내 유관 연구는 미국 중심적인 시각에서 객관 보도를 둘러싼 국내 언론의 실태 및 문제점을 지적하고 비판하는 것으로 수렴되어 왔습니다.

* * *

눈부신 기술 발전에 힘입어 1990년대 이후부터 한국 사회는 폭발적인 다매체 다채널 시대를 경험하게 되었습니다. TV 분야만 하더라도 케이블, 위성, DMB, 종편(종합편성채널), IP 등 여러 용어가 복합적으로 맞물려 수많은 미디어를 쏟아내고 있습니다. 2019년 현재, TV 뉴스 시장에서는 KBS1, 2TV, MBC, SBS를 비롯해 종합편성 채널(TV 조선, 채널A, JTBC, MBN) 네 개와 YNT, 연합뉴스 TV 등 10여 개의 방송사들이 시청률 전쟁을 벌이고 있습니다. 온라인상에서도 비슷한 양상이 전개되고 있습니다. 연장지와 대안지(1장 '대한민국 특산품 ≪오마이뉴스≫' 참조)가 경쟁하는 온라인 뉴스 시장에 국내의 대형 포털 사이트와 페이스북도 뉴스를 제작하거나 유통시킴으로써 또 다른 경쟁자로 가세하고 있습니다. 이러한 와중에 통신사 시장에서는 국가기간통신사인 연합뉴스와 민영사인 뉴시스, 그리고 뉴스1 간의 삼파전이 전개되고 있습니다.

하지만 뉴스 미디어의 범람은 경제적인 측면뿐 아니라 규범적인 측면에서도 결코 바람직하지 않습니다. 언론 매체의 범람이 언론사들 간의 과열 경쟁을 유도함으로써 종국에는 언론 생태계를 교란시킬 수도 있기 때문입니다. 실제로 경제학의 산업조직론 가운데 '구조-행동-성과 이론(SCP)'에서는 저질 상품, 저질 서비스의 등장과 각종 불공정 상행위의 횡행 등이 과열 경쟁을 조장하는 해당 시장의 구조에서 도래하는 것으로 인식합니다.

그래서일까요? 과장, 선정, 편파 보도를 포함해 광고 기사, 어뷰징, 가짜 뉴스 등 언론 시장을 교란시키는 각종 행위가 끊이지 않는 가운데 국민의 언론에 대한 신뢰도는 끝없이 하락하고 있습니다. 엄밀히 말해, 한국 언론에 대한 국민들의 신뢰 저하는 비단, 어제오늘의 일이 아닙니다. 2014년의 세월호 사건이 언론에 대한 신뢰를 더욱 떨어뜨리며 언론 종사자들에게 '기레기'라는 멸칭(蔑稱)까지 안겨주었지만 수많은 여론 조사 결과는 지난 수십 년간 한국 언론의 신뢰 그래프가 끊임없이 하강하고 있음을 보여줍니다.

언론의 신뢰 하락이 한국에만 국한된 현상은 아닙니다. 기술 발전에 따른 다매체 다채널의 등장은 세계적인 추세이자 현실입니다. 그런 까닭에 매체 간의 치열한 특종, 속보 경쟁 등은 숱한 오보와 선정 보도를 야기하며 세계 각국 언론의 신뢰도를 꾸준히 갉아먹고 있습니다. 하지만 한국 언론과 달리 선진국 언론들은 아직까지 상대적으로 매우 높은 신뢰도를 유지하고 있습니다.

일례로 2000년대 들어 미 언론에 대한 신뢰도는 2002년의 71%에서 2012년의 56%로 15%포인트나 떨어졌음에도 불구하고 아직까지 50%가 넘는 실정입니다(Kohut et al., 2012). 언론 선진국으로 거론되는 독일, 덴마크, 영국 등의 뉴스에 대한 국민적 신뢰 역시, 여전히 높은 실정입니다. 로이터 저널리즘 연구소(Reuters Institute)가 2015년에 세계 12개국을 대상으로 조사한 바에 따르면 "뉴스에 대해 전폭적으로 신뢰한다"는 질문에 "그렇다"고 대답한 비율은 독일 62%, 덴마크 57%, 영국 51% 등의 순인 것으로 나타났습니다(Newman, Lavy and Nielsen, 2015). 일본 신문통신조사회가 2016년에 발표한 미디어 관련 여론 조사도 일본 미디어에 대한 국민의 전반적인 신뢰가 아직까지 상당한 수준임을 보여줍니다. 일본 신문통신위원회의 조사 결과에 따르면 미디어 신뢰도 100점 만점에서 공영방송인 NHK가 1위로 69.8점을 차지했으며 신문이 68.6점으로 2위, 민영방송이 59.1점으로 3위를 차지했습니다.

그렇다면 우리나라 국민의 언론 신뢰도는 과연 얼마 정도나 될까요? 로이터 저널리즘 연구소가 2018년에 세계 37개국을 대상으로 인터넷 설문 조사를 통해 세계 37개국 네티즌의 자국 뉴스 신뢰도를 조사한 결과, "뉴스에 대해 전폭적으로 신뢰한다"는 질문에 "그렇다"고 대답한 비율이 한국의 경우에는 25%에 불과해 37개국 가운데 최하위를 기록한 것으로 나타났습니다 (Newman et al., 2018).

* * *

1987년의 언론 자유화 이후, 30여 년 동안 객관 보도 및 공정 보도를 둘러싸고 국내 언론이 거둔 성과는 그다지 눈에 띄지 않는 것이 사실입니다. 방송 보도의 객관성과 공정성을 거론할 때 자주 인용되는 영국 공영방송 BBC의 독립성은 한국적 현실에서 아직 아득하게만 느껴지는 먼 나라의 이야기일 뿐입니다. 수십 년간 집권 세력에 따라 정략적으로 운용되며 숱한 노조 탄압과 이에 대한 반발 파업, 그리고 대규모의 언론인 해고 조치 등을 야기한 KBS와 MBC의 현실을 감안하면 그렇습니다. 하지만 방송 보도의 공정성 훼손이 단순히 정치적 권력의 부당한 개입 및 압력에 따른 것이라고만 치부하기에는 주류 언론사들이 보여준 이기적·비윤리적 행태가 발목을 잡습니다. 언론 자유가 훼손당하는 비민주적인 환경하에서는 사시(社是)와 이념, 가치관과 이익을 떠나 언론사들이 공동으로 언론 탄압 주체에 대행해야 합니다. 그럼에도 불구하고, 공영방송 탄압에 침묵하거나 이를 방조하는 주류 언론 매체의 행태는 언론 스스로가 언론 자유 및 편집의 독립성을 논할 자격이 있는지 의문을 자아내게 합니다.

공영방송의 지배 구조를 바꾸고자 끊임없이 총력을 기울이는 방송사 노조 역시 마찬가지입니다. 숱한 이들이 전보 조치를 당하거나 해고되는 현실은 안타깝기 그지없지만 제왕적 대통령제하에서 공영방송을 장악하고자 하는 정부의 의지가 꺾이지 않는 한, 또 패권적인 정부를 암암리에 지지하는 주류 보수 언론의 태도가 바뀌지 않는 한, 한국의 공영방송 노조는 앞으로도 똑같은 문제를 되풀이해서 경험하는 수밖에 없습니다.

언론 탄압에 대한 침묵·방조와 함께 주류 보수 언론이 보이는 또 다른 행태도 객관 보도, 공정 보도의 공허함을 심화시킬 뿐입니다. 합리적인 의사소통을 보장함으로써 숙의 민주주의를 활성화해야 한다는 하버마스(1990/2013)의 공론장 이론이 무색할 정도로 독자들에게 폐쇄적이고 권위적인 보수적 주류 언론의 모습은 진보 성향의 언론에 비해 사회적 약자 보호 및 다양성 존중 차원에서 아직 미진한 것이 부정할 수 없는 현실입니다. 하지만 보수적인 주류 언론만이 한국의 언론 신뢰도가 37개국 가운데 37위를 차지하는 원인을 제공했다고 보지는 않습니다. 진보적인 시각의 언론도 이념적인 측면에선 종종 보수 언론과 유사한 보도 행태를 보여오고 있으니까요. 그럼에도 불구하고 국내의 모든 언론사가 공통적으로 내세우는 변론은 공정한 취재 절차에 따른 객관적 보도이기에 자사의 취재 방식과 취재 내용에는 별다른 문제가 없다는 것입니다.

이에 대해 언론학계에서는 국내 언론 보도의 '객관적 주관성'을 문제 삼으며 다양한 실증 분석을 통해 지속적인 비판을 가하고 있습니다. 여기에서 객관적 주관성이란 객관적으로 보이도록 뉴스를 포장했지만 사실은 뉴스가 주관적으로 제작·배포되는 경우를 말합니다. 다른 의미로 표현하자면 자의적 객관주의 또는 비객관적 객관주의라고나 할까요? 앞서 4장 '제2의 성'에서 소개한 대로 가정폭력의 가해자와 피해자의 입장을 나란히 게재함으로써 남성 중심적인 시각에서 보도하는 것이 그 전형에 속합니다. 하지만 이러한 연구 경향 역시, 언론계와 마찬가지로 미국 중심적인 객관주의 논의에서 벗어나지 못하고 있는 언론학계의 현주소를 보여줍니다.

그런 의미에서 좀처럼 달성되지도 못하는 객관 보도를 지향하기보다 언론에 대한 불신도 불식시키고 언론의 정도(正道)를 합당하면서도 규범적으로 제시할 수 있는 대안적 언론 철학이 필요하다고 여겨집니다. 그렇다면, 21세기 한국 사회에서 언론이 진정으로 염두에 두어야 할 관념과 목적, 그리고 이를 달성하기 위한 실천적 수단은 무엇이어야 할까요?

* * *

일찍이 하버마스는 경험 지평으로서의 현대사가 과학 외적 맥락에서 사회 과학적 연구 작업의 주요 질료를 형성한다고 언급한 바 있습니다(하버마스, 1990/2013). 나아가 필자는 비단 현대사뿐만 아니라 현대사의 형성에 경험적 원인성을 제공하는 과거사 역시, 사회과학적 연구 작업의 주요 질료를 형성 한다고 인식합니다. 그리하여 앞서 간단하게 소개했던 공자와 맹자의 유가 사상이 조선 왕조 500년은 물론, 현재까지도 역사적·문화적 맥락에서 한국 사회에 지대한 영향을 미치는 경험 지평이자 동인(動因)으로 작용하고 있다고 간주합니다. 비록, 언론을 둘러싼 제반 학문이 구미(歐美)에서 기원하고 발생 했지만 한국인들의 의식과 무의식, 가치관과 행동 양식을 뿌리 깊게 지배하 는 것은 유가 사상이니까요. 하지만 유가 사상이 한국인의 가치관과 행동 양 식에 뿌리 깊게 자리하고 있기에 유가 사상을 차용하고 동원하는 것은 아닙 니다. 우리의 무의식을 뿌리 깊게 지배하고 있는 유가 사상이 기실은 태평성 대(太平聖代)를 갈망하는 우리 모두의 소망을 강렬히 반영하고 있기 때문입니 다. 2,500여 년이 지난 지금까지도 유가 사상이 여전히 우리 곁에서 질긴 생 명력을 자랑하는 이유가 여기에 있습니다.

찬찬히 숙고해 보면, 비판 철학과 구조주의, 포스트 모더니즘과 문화 연구 같은 서구 철학은 자본과 권력으로부터 끊임없이 위협받고 있는 개개인의 자 유와 권리를 수호하고자 노력하고 있습니다. 물론, 유가 사상과 마찬가지로 서구 철학 역시, 인류의 이상향인 유토피아를 지향한다는 측면에서는 유가 사상과 같은 목표 지점을 공유하고 있습니다. 하지만 유토피아에 이르는 방법을 놓고 두 사상은 서로 다른 길을 택하고 있습니다. 차별적이고 억압적인 권력 작용에 대해 서구 철학은 그 메커니즘을 폭로하며 개개인의 각성과 저항을 촉구하는 반면, 유가 사상은 위정자를 포함해 사회 지도 계층이 백성을 위한 위민(爲民) 정치, 왕도 정치를 펴도록 끊임없는 계도(啓導)합니다.

그래서일까요? 앞서 설명한 바와 같이 서구 철학에 크게 영향받은 21세기의 민주주의 언론 철학은 사회 구성원 개개인의 자유와 권리를 제대로 챙겨주기 위해 진실 추구를 최고선으로 삼고 있으며 이 과정에서 수많은 사실을 시민들에게 객관적으로 전달하는 것을 직업적 소명 의식으로 삼고 있습니다. 반면, 공자의 인(仁) 사상은 유가에서 매우 중요시하는 형식적 절차로서의 예(禮)조차도 사람에 대한 사랑이 없으면 아무 소용없다고 일컬을 정도로 인간에 대한 애정을 강조하며 맹자의 위민(爲民) 사상은 무릇 한 나라의 지도자라면 백성 가운데 어느 하나 굶주리는 일이 없도록 최선을 다해 보살펴야 한다고 주창합니다.

이에 필자는 '인(仁)'과 덕(德)의 '수기치인'을 강조한 공자와 위민 정치, 왕도 정치를 주창한 맹자의 유가 사상을 계승해 한국 언론이 절차적 수단인 동시에 한국적 현실에서는 그 달성마저 요원한 객관 보도에 치중하기보다 유가적 복지 민주주의를 구현하는 데 좀 더 많은 노력을 기울여야 한다고 생각합니다. 이른바, 공맹(孔孟) 사상을 저널리즘에 접목한 유가 저널리즘의 제창(提唱)이라고나 할까요? 그런 유가 저널리즘은 인본주의 보도를 언론이 지향해야 할 최고선으로 규정하며 민주 사회 공동체의 구성원인 시민이 인간다운 생활을 영위할 수 있도록 최소한의 기본권과 복지권 보장을 최우선적으로 겨냥합니다. 그 어느 때보다 자유롭고 풍요로운 삶을 누릴 수 있게 된 21세기의 한국 사회에서 만인에게 평등하게 작용해야 할 기본적 권리와 복지권을 제대로 향유하지 못하는 이들이 여전히 많기 때문입니다. 돈이 없어 끼니를 제대로 챙기지도 못하고, 아파도 제때 병원에서 적절한 치료를 받을 수 없으며 억울한 일을 당해도 제대로 항변하지 못하고, 부당하게 손해를 입어도 적절하게 보상받을 수 없는 한국인들의 이야기입니다. 이들은 나이가 들었거나 어리고, 가진 것이 적거나 몸과 마음이 일반인보다 미약하며, 피부색이나 국적이 다르거나 여성이라는 이유로 차별받고 억압당하는 우리의 이웃입니다. 운이 좋았더라면 민주 사회의 평범한 구성원으로서 법과 제도의 보호를 제대로 받을 수 있었을 텐데 자신의 의지나 노력 여하와는 상관없이 역사적·정치적·경제적·사회적 맥락 등을 통해 약자로 규정된 사람들이죠.

* * *

그럼, 이제부터 유가 사상에 대한 간단한 소개와 함께 유가 저널리즘에 대한 개요를 전하도록 하겠습니다. 유가 사상과 유가 저널리즘을 거론하기에 앞서 필자는 먼저 유가 사상을 둘러싼 오해와 편견부터 풀어보고자 합니다. 이는 유가 사상을 둘러싼 편견과 오해가 워낙 크고 깊은 까닭에 유가 저널리즘에 대한 제대로 된 이해를 돕기 위해서는 이에 대한 부정적인 선입견부터 바로잡아야 하기 때문입니다.

유가 사상을 둘러싼 가장 큰 오해는 오늘날 우리에게 잘 알려진 대표적 유가 사상이 충(忠)과 효(孝), 그리고 삼강오륜(三綱五倫)이라는 도덕 강령으로 곧잘 제유된다는 것입니다. 하지만 이러한 관념은 공자와 맹자의 원시 유가 사상과는 상당히 동떨어져 있으며 후대의 유학자들에게 의해 정치적으로 왜곡된 결과의 산물일 뿐입니다. 가령, 충이라는 글자는 『논어(論語)』에서 변치 않은 마음으로 자기 자신에게 남김없이 성실하라는 의미였지만, 공자의 제자였던 증자(曾子)가 『효경(孝經)』을 편찬한 이후에는 군주와 윗사람에 대한 맹목적인 복종으로 그 뜻이 변질됐으며, 효 역시 증자의 『효경』을 통해 그 비중이 지나칠 정도로 비대해져버렸습니다(김용옥·보현, 2013).

삼강오륜 또한, 전한(前漢)의 유학자였던 동중서(董仲舒)가 유가 사상을 사회 통치 이념으로 규정지으면서 유가의 상징 규범으로 등극했지만 그 발원지로부터 상당히 멀어진 지배적 이데올로기로 전치(轉置)되었습니다. 이와 관련해 19세기 말, 청나라의 개혁 사상가였던 담사동(譚嗣同)은 삼강오륜의 경우, 붕우유신(朋友有信)을 제외하면 모두 군(君)과 신(臣), 부(父)와 자(子), 부(夫)와 부(婦)의 모두 수직적인 상하 관계를 이데올로기화한 반민주적 불평등 규범에 지나지 않는다고 크게 비난한 바 있습니다(진순신, 1993).

입신양명(立身揚名), 허례허식(虛禮虛飾) 같은 단어들의 기원 역시, 원시 유가 사상에서는 그 단서조차 찾아볼 수 없는 대상들입니다. 물론, 남존여비(男尊女卑)의 경우에는 그 근거가 분명합니다. 공자가 소인(小人)과 함께 여성을 폄하한 구절이 『논어』에 분명하게 등장하기 때문이다. 하지만 공자의 활동 시대가 2,500년 전의 중국 사회였다는 시대적 배경도 감안되어야 할 것입니다. 같은 시기, 서양에서는 플라톤이 『국가론』을 통해 국가가 사회 지도층 인사들의 결혼을 통제하며 국가 공로자에 한해 순수 혈통의 상류 계층 여성과 잠자리를 가질 수 있도록 법을 정비해야 한다고 주장했으니까요. 그런 플라톤의 사상은 중세 유럽에서 스콜라 학파의 근간을 형성하는 데 일조하며 훗날, 나치 독일 등 전체주의 국가의 독재자에 의해 악의적으로 차용되기도 했습니다. 언제 어디서나 그랬지만 훌륭한 철학을 만드는 것도 인간이요, 이를 정치적으로 이용하는 것도 인간입니다.

* * *

유교가 종교인지 아닌지에 대해서는 학자들마다 의견이 분분합니다. 혹자는 복을 구하는 기복(祈福)적 기능이 미약하기에 종교로 보기가 힘들다고 주장하는 반면, 혹자는 공자를 비롯해 조상에게 예를 올리는 형식과 절차가 여타 종교의 제례 의식과 대단히 비슷하다는 이유에서 종교라고 간주합니다(진순신, 1993). 19세기의 청나라에서도 유사한 상황이 발생한 바 있습니다. 당시 중국에서 선교 활동에 임하던 유럽의 신부들은 유교의 종교 여부를 판단하는 과정에서 로마 교황청과 갈등을 빚었습니다. 중국에 파견된 신부들은 포교 활동의 어려움 등을 들어 유교를 비종교로 간주해달라고 교황청에 탄원했지만 로마에서는 유교가 공자를 비롯해 조상신을 숭배하는 종교로 규정했습니다.

종교학자가 아니기에 설익은 판단을 내릴 수밖에 없지만 필자가 바라보는 유교는 보편적인 관점에서 볼 때 대중 종교로서의 특성이 매우 취약합니다. 유교에서 주된 포교 대상 – 좀 더 정확히 말하면 교화 대상 – 으로 삼는 계층은 민중과 사회적 약자가 아닌 위정자와 지배 계급, 그리고 지식인입니다. 다시 말해 공자의 인 사상과 맹자의 왕도 정치는 지도자와 사회적 지배 계급이 지녀야 할 몸가짐과 마음가짐을 설파하는 윤리 사상이며 그 적용 및 실천 주체는 사회의 지도층과 지식인이라는 것입니다. 그런 까닭에 전도 대상만을 놓고 단순 비교해볼 경우, 유교는 기독교 및 불교와 대단히 큰 차이를 보입니다.

2,500년 전 중국에서 탄생한 유가 사상은 주류 사상의 위치를 놓고 불교와 지속적으로 패권 다툼을 벌여왔지만 대부분의 시기 동안 열세의 위치에 놓여 있었습니다. 적어도 피지배 계층의 관점에서는 그렇습니다. 이승에서의 고통이 내세에서는 행복으로 보상되며, 자신의 욕망을 다스림으로써 이승에서도 얼마든지 해탈과 열반에 들 수 있다는 불교의 핵심 사상은 어느 시대, 어느 곳에서나 불교가 소개되는 곳이면 해당 사회의 민중들로부터 전폭적인 지지와 사랑을 받아왔습니다. 반면, 유교는 중국 한(漢)대 이후에 지배 계층의 통치 철학으로 자리하며 서민 종교, 서민 철학으로 승화되지 못하는 한계를 뚜렷이 보여주었습니다. 그랬던 유가 사상은 전한의 유학자인 동중서와 남송(南宋)의 주자(朱子)에 의해 그 학문적 성격이 윤리학에서 철학으로 바뀌면서 이를 절대적으로 숭상하는 유학자들에 의해 종교화되어 갔습니다. 마치 마르크스의 공산주의 철학이 20세기의 러시아와 동유럽에서는 종교와 유사한 지위를 누렸던 것처럼 유가 사상 역시, 유교라는 이름의 통치 이데올로기로 시나

브로 전치(轉置)되었던 것입니다.

필자는 피지배 계급의 구원을 겨냥하는 종교적 요소를 지니고 있지 않으며 민간 신앙으로 제대로 역할을 하지 못했던 유가 사상이 유교라는 이름으로 불려서도 안 되며 종교로 여겨져서도 안 된다고 인식합니다. 그런 의미에서 유교는 공자가 제창했던 당시의 본모습인 인본주의적 인문학, 즉 유학(儒學)으로 탈바꿈함으로써 21세기의 한국 언론에 새로운 철학적 영감을 불어넣어야 한다고 인식합니다. 물론, 여기에서 언급하는 '유학'이란 정치적 통치 이데올로기로서의 주자학(성리학)이 아닌, 규범적 공맹학(孔孟學)으로서의 유학을 의미합니다.

* * *

공자의 핵심 사상이 고스란히 녹아 있는 『논어』는 우리에게 잘 알려진 「학이(學而)」, 「위정(爲政)」편을 비롯해 모두 20편 499장으로 구성되어 있습니다. 통합적 차원에서 볼 때, 유가 사상의 최고 선(善)은 상대방에 대한 사랑과 배려를 의미하는 '어짊[仁]'입니다. 윤리적 실천을 통해 올바르고 조화로운 인간관계를 회복함으로써 궁극적으로는 평화로운 사회를 이룩하고자 하는 공자의 열망을 집약적으로 함축한 결정체가 '인(仁)'이라는 것이지요.

'인'을 가장 중요한 윤리적 가치로 앞세우는 공자의 생각은 『논어』 전반에 걸쳐 곳곳에서 잘 드러나 있습니다. 예를 들어, 공자는 「팔일(八佾)」편 3장에서 "사람으로 어질지 않다면 예(禮)는 무엇 할 것이며, 사람으로서 어질지 않다면 악(樂)은 무엇 할 것인가?"[7]라고 언급하고 있습니다. 유가 사상의 핵심 가치 가운데 하나이며 공자가 『논어』에서 역시 누차 강조하고 있는 조상과 군주, 국가에 대한 '예'와 함께 '예'를 구현하기 위한 형식적 수단으로서의 악

---

7   子曰 人而不仁 如禮何? 人而不仁 如樂何?(자왈 인이불인 여례하? 인이불인 여락하?)

(樂)조차도 그 배경에 '인'이 없을 경우 아무 의미가 없음을 웅변하는 이 같은 주장은 '인'이 그의 사상에서 차지하는 비중을 잘 보여줍니다.

「향당(鄕黨)」 10장 12절에 적혀 있는 공자의 에피소드 역시, 상대방에 대한 존중과 배려를 도덕적 명제의 최고봉으로 여기는 그의 사상을 잘 묘사하고 있습니다. 마구간이 불탄 사실을 퇴청(退廳) 후에 알게 된 공자에 대해 해당 구절에서는 "사람이 상하였느냐? 말에 대해서는 묻지 않으시다"[8]라며 공자의 인본주의적 사상을 잘 전달하고 있습니다. 공자의 인 사상이 인본주의적인 동시에 박애주의적이라는 또 다른 단서는 「안연(顔淵)」편에서도 보입니다. 공자의 제자 번지(樊遲)가 '인'을 여쭙자 공자는 "사람을 사랑하는 것이다"[9]라는 촌철살인의 단답(短答)을 되돌려줍니다. 같은 맥락에서 「위령공(衛靈公)」편 28장의 "사람이 도를 넓히는 것이지, 도가 사람을 넓힐 수는 없는 법"[10]이라는 말씀도 목적으로서의 인간이 중심에 서야 하는 공자의 휴머니즘 사상을 오롯이 보여줍니다.

이렇듯 '인'에 대한 공자의 생각은 소위 '유가적 언론 철학'에서 최고선으로 작용하며 인본주의 및 박애주의를 근간으로 하는 언론 이념으로 정립될 수 있습니다. 사실, 인(仁), 의(義), 예(禮), 신(信), 충효(忠孝) 같은 유가 이념에서 나타나듯 사람과 사람 사이의 관계에 주된 관심을 기울인 공자는 인류학자인 에드워드 홀(Edward Hall)이 제기한 고맥락(High Context) 사회에서 주변 맥락에 관심을 기울인 경우에 해당한다고 볼 수 있습니다. 홀에 따르면, 저맥락(Low Context) 사회인 서양이 사람을 "독립적이고 자유로운 행위자로서 이 집단에서 저 집단으로, 이 상황에서 저 상황으로 자유롭게 옮겨 다닐 수" 있는 존재로 파악하는 반면, 고맥락 사회인 동양은 인간이 서로 "긴밀하게 연결되어 있어 유동적인 존재로 주변 맥락의 영향을 크게 받는다"고 봅니다(Nisbett,

---

8   厩焚 子退朝 曰 傷人乎? 不問馬(구분 자퇴조 왈 상인호? 불문마).
9   「안연」편 22장 1절. 樊遲問 仁 子曰 愛人(번지문 인 자왈 애인).
10   子曰 人能弘道, 非道弘人(자왈 인능홍도, 비도홍인).

2004: 54~55에서 재인용). 이런 까닭에 '유가적 언론 철학'은 사회적 존재로서의 구성원 개개인이 서로 밀접하게 연결되어 있다고 보고 이들에 대한 인본주의적·박애주의적 접근 방식에 커다란 관심을 기울입니다. 그렇게 볼 때 『논어』를 통해 추출할 수 있는 유가적 언론 철학은 있는 그대로의 사실을 신속하고 정확하게 보도하는 객관주의적 직업 규범에 중점을 둔다기보다 사회 구성원 모두를 소중하게 여기는 인본주의적 직업 규범에 방점을 둔다고 볼 수 있습니다.

따라서 필자는 앞서 언급한 「위령공」편 28장의 "사람이 '도(道)'를 넓히는 것이지, '도'가 사람을 넓힐 수는 없는 법"이라는 구절이 『논어』의 유가 사상을 함축적으로 전달하는 주제어라고 감히 해석하고 싶습니다. 이는 '도'가 인간을 위한 수단이 되어야지 결코 '도' 자체가 목적이 되어서는 아니 된다는 공자의 말씀이 객관주의와 공정성을 마치 절대적인 '도'처럼 떠받드는 21세기의 한국 언론에 경종을 울릴 수 있기 때문입니다.

돌이켜 보면, 인류의 역사는 특정 개개인이 자신만의 '도'를 사회와 백성에게 강요하다 숱한 비극으로 종결되곤 했습니다. 세상에 절대적으로 옳은 '도'는 없을진대 그 '도'로서 사람들을 넓히려다 오히려 부작용을 낳고 만 것이지요. 따라서 '도'를 넓히는 주체도 사람이요, '도'의 적용을 받는 이들도 사람이라는 사실을 늘 생각하라는 공자의 말씀은 객관주의 보도를 당위적·교조적으로 앞세운 취재보다 사람에 대한 사랑을 앞세운 객관주의 보도를 챙기라는 말로 들립니다. 그래서일까요? 마이클 트래버(Michael Traber)는 "인간다움에 걸맞은 커뮤니케이션 윤리"가 공자의 『논어』에서 표출된다고 언급했으며 (Traber, 1997; 김지운, 2004: viii에서 재인용) 언론 윤리학자인 존 C. 머릴(John C. Merrill)은 오늘날의 '공동체적 저널리즘'[11]이 "사실상 공자로부터 유래되었다"고 평합니다(Merrill, 2000/2010: 25).

11　Commuitarian Jouralism. 1990년대 미국에서 발흥했던 공동체 중심주의적 저널리즘.

* * *

『논어』에서는 '충서(忠恕)'가 '인'에 다다르기 위한 실천 원리임을 명백히 밝히고 있습니다. 충서가 최상위 도덕규범인 '인'의 실천 원리로서 작용한다는 근거는 『논어』「이인(里仁)」편 4장 15절에 잘 나타나 있습니다. 공자의 제자, 증삼(曾參)이 공자와 대화를 나눈 뒤, 동료들에게 공자의 '도'를 전해주는 내용은 다음과 같습니다.

> 선생님 말씀하시다. '증삼'아! 내 도(道)는 하나로 꿰느니라. 증자가 말하였다. 네!
> 선생님이 나가시자, 문인들이 물었다. 무슨 말씀이신지? 증자가 말하였다. 선생
> 님의 도는 충서(忠恕)일 따름인 것!(배병삼, 2002: 208)"**12**

'충서'를 풀이함에 있어 전통적인 유가 사상에서는 '충'과 '서'의 의미를 개별적으로 분리해 주목한 뒤, 통합적으로 이해하는 방식을 취함으로써 전체적인 뜻을 전달합니다. 먼저, '충'에 대해 가장 쉽고 명확한 풀이는 주자에 의해 제공되고 있습니다. 주자는 『논어집주(論語集註)』를 통해 충이란 자기 자신에게 남김없이 성실함(盡己之謂忠), 즉 자기의 몸과 마음을 다하는 것(盡己)이라고 보았습니다(성백효, 1999). 주자는 '충'자를 쪼개면 중(中)과 심(心)이 되는데, 이는 곧 '마음을 집중하는 것'을 의미하며 충은 기본적으로 '자신에게 한 점 부끄럼없기'를 도모하는 윤리적 조건을 전제로 한다고 풀이합니다. 이에 대해 배병삼은 '충'에 '성찰'과 '부끄러움'이라는 실천 행위와 도덕적 감정이 공존한다며 일반적으로 인식되는 바와 같이 충(忠)이 임금에 대한, 또는 임금을 위한 충성이 아니라 자기 검속적인 의미를 지니고 있다고 언급합니다(배병삼, 2002a:

---

12   子曰 參乎! 吾道一以貫之 曾子曰 唯! 子出 門人問曰 何謂也? 曾子曰 夫子之道 忠恕而已矣(자왈 삼
        호! 오도일이관지 증자왈 유! 자출 문인문왈 하위야? 증자왈 부자지도 충서이이의).

346   헤르메스의 자손들, 공자의 후손들

150). 실제로, 진정에서 우러나오는 정성을 의미하는 충성은 '충'으로부터 파생된 바, 공자의 원시 유가 사상에서는 자기 자신을 향하는 개념으로 사용됐으나 유교가 국교로 채택된 조선에서는 군주에 대한 참된 마음을 뜻하는 통치 이데올로기가 담지되면서 그 원초적 의미가 변질되었습니다.

* * *

'충서'를 형성하는 두 번째 의미구로서의 서(恕)에 대해 이을호는 "인(仁)을 실천하는 방법이니 인(仁)은 서(恕)의 성과인 것"(이을호, 2014: 74)이라고 평하며 김학주는 '서'가 '인'의 구현 방식이어서 쉽사리 실천할 수 있는 것이 아니라고 풀이합니다(김학주, 2012: 82~83). 그런 '서'를 좀 더 구체적으로 정의하는 『논어』의 구절로는 「공야장(公冶長)」 11장이 자주 소개됩니다.

> 자공이 말하였다. 남이 저를 업신여기는 걸 바라지 않듯, 저 또한 남을 업신여기지 않고자 합니다. 선생님 말씀하시다. 애야, 네가 미칠 바가 아니니라(배병삼, 2002a: 249).[13]

주자의 성리학 창시에 지대한 영향을 미친 남송(南宋)의 정자(程子)에 따르면 "자신에게 시행하여 원하지 않는 것을 나 역시 남에게 베풀지 않으려 하는 것"이 '서'입니다(성백효, 1999: 93). 같은 맥락에서 배병삼 역시, '서'란 '접어서 생각함'을 의미한다고 밝힙니다(배병삼, 2002a). 배병삼은 따라서 자공(子貢)이 외양적인 의미의 '서'를 접했다고 생각하고 스승에게 자신의 '서'에 대한 실천을 인정받기 원했지만 자공이 '서'라는 말 속에 내재된 자기반성으로서의 '충'

---

13   子貢曰 我不欲人之加諸我也 吾亦欲無加諸人 子曰 賜也 非爾所及也(자공왈 아불욕인지가제아야 오역욕무가제인 자왈 사야 비이소급야).

을 깨닫지 못했다고 본 스승이 제자의 실천을 인정하지 않은 대목으로 이해합니다.

엄밀히 말해, '서'를 중심으로 한 도덕규범은 칸트의 윤리학적인 시각에서 볼 때 도덕법칙을 구성하는 실천 원리에 해당합니다. 18세기의 서구 자연과학이 실증 가능한 방법론의 정립을 기반으로 학문적 발전을 이룬 것처럼 철학에서도 보편적이고 타당한 법칙을 정립함으로써 윤리학의 정초를 단단히 다지고자 했던 칸트는 어떤 경험적 조건에도 기초하지 않은 만고불변의 도덕법칙을 수립하고자 했습니다. 이에 칸트가 한평생 관심을 기울인 연구 대상은 개개의 윤리 세칙이나 도덕적 행위의 실례가 아니라, 윤리·도덕의 원칙이며 그는 그러한 윤리·도덕의 원칙들은 보편적이고 타당한 까닭에 시간과 장소에 구애받지 않고 언제 어디서든 모든 이에 의해 받아들여질 수 있다고 보았습니다. 따라서 자신에게 시행하기 원치 않는 것을 나 역시 남에게 베풀지 않으려는 '서'와 이를 지키기 위해 자기 자신에게 남김없이 성실하고자 하는 '충'은 칸트의 입장에서 볼 때, "무수한 개개의 경험 법칙이나 경험적 인식의 사례가 아니라, 그런 인식을 가능하게 하는 원칙"이었습니다(Kant, 1788/2015: 344).

* * *

자신이 한평생 매진했던 윤리학에서 칸트는 도덕법칙을 정립할 수 있는 이유로 인간이 이성적 존재자라는 사실을 꼽았습니다. 인간은 본능에 따라 행동하는 동물과 달리, 본능에 저항해 자신의 의지대로 칸트 스스로가 자유라 부르는 규범적인 삶을 영위할 수 있기 때문이었습니다. 칸트는 이를 다소 어려운 용어로 설명합니다. 인간이 자연 세계뿐 아니라 예지 세계 ─ 감성적으로 경험할 수 없으며 순수하게 사유할 수만 있는 이념적 존재의 세계 ─ 의 성원이기에 이성을 통해 의지를 자유롭게 세움으로써 원인성에 무조건적으로 따르는 자연

법칙에서 벗어날 수 있는 자유로운 존재라는 것이지요. 그리하여 선천적으로 이성을 지닌 인간은 경험을 통해 선의 개념을 이해하고 윤리 규범을 익히는 것이 아니라, 이성에 내재된 선험적인 도덕법칙에 따라 선의 개념을 얻게 된다는 것이 그의 주장이었습니다. 문제는 무엇이 선하고 또 무엇이 악한지를 인간 지식으로부터의 어떤 도움도 없이 어떻게 규정할 수 있는가 하는 것이었습니다. 이와 관련해 칸트는 결국 "이 세계에서 또는 도대체가 이 세계 밖에서까지라도 아무런 제한 없이 선하다고 생각될 수 있을 것은 오로지 선의지뿐"(칸트, 1785/2015: 21)이라는 판단을 내놓습니다. 선의 개념이 시대와 장소, 문화와 역사, 개인적 경험 등에 따라 얼마든지 바뀔 수 있는 반면, 각 시대 또는 여러 장소에서 제각각 지향해온 선에 대한 순수한 의지만은 "그 자체로 또는 내재적으로 무조건적인 가치를 갖는다"는 것이었습니다(칸트, 1785/2015: 20).

그렇게 선의지의 중요성을 강조한 칸트는 선의지를 함유한 도덕적 실천 규칙들이 객관적으로 타당한 것으로 인식되면 비로소 도덕적 실천 원리로 승화하게 된다며 이러한 도덕 실천 원리들이 궁극적으로는 도덕적 실천 법칙(들)을 구성한다고 보았습니다. 칸트는 또, 도덕적 실천 규칙이 자의적이고 주관적인 조건 아래에 놓인다면 이는 실천 원리가 아닌 준칙이라고 보았습니다(〈그림 10-5〉). 참고로 준칙이란 개인이 스스로의 행위 지침으로서 자신에게 설정하는 규칙을 가리킵니다. 칸트의 입장에서 볼 때, 이러한 준칙이 보편성과 타당성을 지니게 되면 준칙은 도덕적 법칙을 구성하는 실천 규칙으로 인정받게 됩니다.

예를 들어, 스스로 수립한 도덕적 실천 규칙으로서 '절대로 거짓말하지 않기'라는 준칙을 설정했다고 가정합시다. 선의지를 함유한 것으로 추정되는 이 규칙이 도덕적 실천 원리로 승화되려면 보편적이고 타당하며 객관적인 조건을 만족해야 합니다. 즉, 타인들도 이러한 준칙이 선의지를 함유하고 있음을 인정하고 이 준칙을 자신들의 준칙으로 기꺼이 받아들여야 합니다. 하지

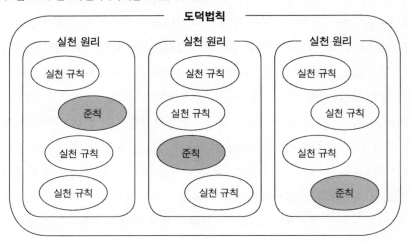

〈그림 10-5〉 칸트의 윤리학에 따른 도덕법칙 도해

만, '선의의 거짓말'이라는 관용어가 존재하는 것처럼 거짓말을 하지 않는다는 준칙이 선의지를 100% 함유했다고 단언할 수 없습니다. 거짓말을 하지 않음으로써 상대방에게 상처를 주거나 가족 또는 주변의 이웃과 불화를 일으킬 수도 있기 때문입니다. 반면, '사람을 수단으로 대하지 말고 목적으로 대하라'라는 준칙은 모든 이에게 널리 받아들여질 수 있습니다. 그리하여 실천 규칙으로서의 두 번째 준칙은 도덕법칙을 형성하는 실천 원리 가운데 하나가 될 수 있습니다.

"너의 의지의 준칙이 항상 동시에 보편적 법칙 수립의 원리로서 타당할 수 있도록, 그렇게 행위하라"(칸트, 1788/2015: 91)라고 결론지은 칸트의 명제는 곧 '충서'의 칸트적 해석으로 인식될 수 있습니다. 자신에게 남김없이 충실하라는 '충'에 해당하는 것이 칸트에게는 '자신의 의지의 준칙 ─ 예를 들면 항시 학문적 수양을 게을리하지 말라는 것 ─ 이 스스로에게 늘 타당할 수 있도록 행위를 하는 것'이며 자신이 원하지 않는 것을 남에게 강요하지 않는 '서'에 해당하는 것이 칸트에게는 (시간과 장소를 불문하고 누구에게나 통용되는) 보편적 법칙 수립의 원리'이기 때문입니다. 그렇게 볼 때, 칸트의 윤리학을 통해 바라본 '충서' 정신은 유가 사상의 최고선인 '인'을 향한 도덕적 실천 원리가 될 수 있습니다.

* * *

임마누엘 칸트는 공맹 사상을 거론하며 결코 빠뜨릴 수 없는 서양의 대표적인 철학자입니다. 공자와 맹자처럼 선을 행하는 것은 인간의 '도덕적인 의무'라고 보았던 이가 칸트였기 때문입니다. 칸트의 도덕 철학적 관점에서 볼 때, 사람을 어질게 대하는 '인'은 이성적 존재자가 보편적 당위성을 수반하는 '정언명령'에 따라 무조건적으로 수행해야만 하는 도덕적 의무에 해당합니다. 여기에서 '정언명령'이란 도덕적 실천 법칙을 향해 행위자가 스스로에게 내린 당위적인 의무 명령입니다.

근대의 서구 철학이 근대 시민 국가의 성립을 둘러싸고 국가와 지배 계층의 폭력적 권력으로부터 개개인의 자유와 권리를 쟁취하려는 사상에서 비롯된 데 반해, 칸트의 윤리학은 개개인이 자유와 권리를 마땅히 향유해야 할 존재이기에 앞서 이성을 지닌 존재자로서 선험적으로 인지하는 도덕법칙을 따라야만 하는 윤리적 존재라고 고찰하고 있습니다. 그런 까닭에 필자는 서구의 언론 철학 ─ 그 가운데에서도 특히 미국과 영국 ─ 의 강한 영향을 받은 경험적 조건들로부터 가급적 최대한 거리를 둔 채, 한국의 특수한 역사적 맥락 속에서 좀 더 설득적적인 동시에 더욱 실천적으로 거론될 수 있는 언론 철학을 제창하는 데 도덕이라는 주제에 한평생 천착해온 칸트의 윤리학이 매우 적절한 도움을 준다고 판단합니다.

덧붙이자면, 공자의 『논어』에는 무수히 많은 실천 규칙과 덕목이 등장합니다. 하지만 공자의 '인' 사상을 언론 철학에 접목시킴으로써 유가 언론학이라는 새로운 학문 분야를 주창하고자 하는 필자에게 '충'과 '서'는 '인'을 달성하기 위한 이항적 실천 원리로서 기능한다고 규정합니다. 좀 더 자세히 설명하자면 '충'은 '인'의 규범적 실천 원리로서 기능하며 하위 실천 규칙으로는 의

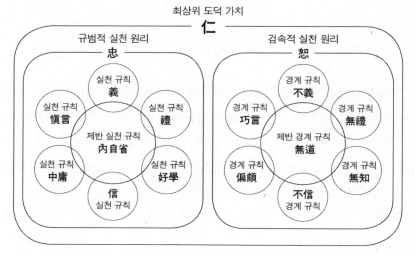

〈그림 10-6〉유가 저널리즘의 가치 구성도*

최상위 도덕 가치

仁

규범적 실천 원리

忠

실천 규칙
義

실천 규칙
愼言

실천 규칙
禮

제반 실천 규칙
內自省

실천 규칙
中庸

실천 규칙
好學

信
실천 규칙

검속적 실천 원리

恕

경계 규칙
不義

경계 규칙
巧言

경계 규칙
無禮

제반 경계 규칙
無道

경계 규칙
偏頗

경계 규칙
無知

不信
경계 규칙

* 칸트의 도덕법칙 도해가 정언명령을 기반으로 구축되어 있는 것과 달리, 유가 언론학의 가치 구성도는
『논어』에 등장하는 윤리적 관념을 중심으로 구성되어 있습니다.

(義), 예(禮), 호학(好學), 신(信), 중용(中庸), 신언(愼言)의 여섯 개 덕목과, 이들의
적절한 수행 여부를 총괄적으로 살피는 '제반 실천 규칙'으로서의 내자성(內自
省)을 지니고 있습니다. 또 검속적 실천 원리로서 기능하는 '서'는 '충'의 하위
실천 규칙에 대한 이항 대립적 하위 경계 규칙으로서의 불의(不義), 무례(無禮),
무지(無知), 불신(不信), 편파(偏頗), 교언(巧言)과 함께, 이들을 개괄적으로 아우
르는 '제반 경계 규칙'으로서의 무도(無道)를 지니고 있습니다(〈그림 10-6〉).

그럼, 다음 장에서는 '충'과 서(恕)의 실천·경계 규칙과 함께 이들을 주관적
으로 관장하는 제반 실천·제반 경계 규칙에 대해 좀 더 자세히 알아보도록 하
겠습니다.

참고문헌

김용옥 역주·보현 그림. (2013). 『도올 만화 논어』. 통나무.

과학기술정책 연구원. (2014). 「박사인력활동 조사: 해외 박사학위 취득국가(상위 5개국)」. http://kosis.kr/statHtml/statHtml.do?orgId=395&tblId=DT_39502N_004

김지운. (2011). 「비판, 비판 이론, 비판 커뮤니케이션」. 『글로벌 시대의 언론윤리』. 커뮤니케이션북스, 1~18쪽.

김학주. (2012). 『논어』. 서울대학교출판문화원.

남재일. (2004). 「한국 신문의 객관주의 아비투스: 형식적 사실주의의 전략적 의례를 중심으로」. 고려대학교 박사학위 논문.

니스벳, 리처드(Richard E. Nisbett). (2004). 『생각의 지도』. 최인철 옮김. 김영사.

동정민·윤완준. (2006.4.24). "광복 이후 해외 박사 3만 명… 어디서 땄나: 미 56%, 일 17%, 독 8%, 아이비리그는 2.9%". ≪동아일보≫, 1면.

머릴, 존(John C. Merrill). (2010). 『철학자들의 언론강의』. 김동률 옮김. 나남.

박경환. (2012). 『맹자』. 홍익.

방송통신심의위원회. (2008). 「방송의 공정성 심의를 위한 연구」. 방송통신심의위원회.

배병삼. (2002). 『한글 세대가 본 논어 1』. 문학동네.

이을호. (2014). 『한글 논어』. 올재클래식스.

정용준. (2013). 「존 리스의 공영방송 이념에 대한 비판적 검토」. ≪한국방송학보≫, 27권 2호, 305~332쪽.

진순신. (1993). 『공자왈 맹자왈』. 서석연 옮김. 고려원.

칸트, 임마누엘(Immanuel Kant). (1785/2015). 『윤리 형이상학 정초』. 백종현 옮김. 아카넷.

_____. (1788/2015). 『실천이성비판』. 백종현 옮김. 아카넷.

쿤, 토머스(Thomas S. Kuhn). (1962/1980). 『과학혁명의 구조』. 조형 옮김. 이화여자대학교 출판부.

하버마스, 위르겐(Jürgen Habermas). (1990/2013). 『공론장의 구조 변동』. 한승완 옮김. 나남.

新聞通信調査会. (2014). 第9回 メディアに関する全国世論調査.

Kohut, A., C. Doherty, M. Dimock and S. Keeter. (2012). "Further decline in credibility ratings for most news organizations." Retrieved August 16, 2012 from http://www.people-press.org/2012/08/16/further-decline-in-credibility-ratings-for-most-news-organizations/

Mindich, D. T. Z. (1998). *Just the facts: How "objectivity" came to define American Journalism.* New York, NY: New York University Press.

Newman, N., D. A. L Lavy and Nielsen R. K. (2015). *Reuters Institute digital news report 2015*.

Newman, N., R. Fletcher, D. A. L Lavy and Nielsen R. K. (2016). *Reuters Institute digital news report 2016*.

Newman, N., R. Fletcher, A. Kalogeropoulos, D. A. L. Lavy, and R. K. Nielsen. (2018). *Reuters Instisute digital news report 2018*.

Traber, M. (1997). Conclusion: An ethics of communication worthy of human begings, In C. Christians & M. Traber (Eds.). *Communication on ethics and universal values*. Thousand Oaks, CA: Sage Publications Inc., pp.327~343.

Reese, S. D. (1997). "The news paradigm and the ideology of objectivity: A sociologist at the Wall Street Journal." In D. Berkowitz (Ed.). *Social meanings of news*. Thousand Oaks, CA: Sage Publications, Inc., pp.420~440.

Reuters Institute for the study of journalism. "Trust in the news." (2016.11.13). accessed. http://reutersinstitute.politics.ox.ac.uk/publication/digital-news-report-2015

Reuters Institute for the study of journalism. (2016.11.18). accessed. http://reutersinstitute.politics.ox.ac.uk/publication/digital-news-report-2016

Tuchman, J. (1972). "Objectivity as strategic ritual: An examination of newsmen's notions of objectivity." *American Sociological Review 77*, pp.660~679.

Westerstahl, J. (1983). "Objective news reporting." *Communication Research, 10*, pp.403~424.

헤르메스의 자손들, 공자의 후손들(中)

/

충서(忠恕)의 도덕적 실천 규칙과 도덕적 경계 규칙

의(義)와 불의(不義)

이 장에서는 '충(忠)'과 '서(恕)' 내에서 각각 이항 대립적 개념을 형성하는 실천 및 경계 규칙을 쌍으로 묶어 설명하도록 하겠습니다. 먼저, 의(義)와 불의(不義)에 대한 소개입니다.

'의'가 유가 사상에서 차지하는 비중이 막대함에도 불구하고 정작 『논어』에는 '의'에 대한 구체적인 정의가 제시되어 있지 않습니다. 비단, '의'만 그런 것이 아닙니다. 유가 사상의 최고선인 '인(仁)'을 비롯해 '예(禮)', '지(智)', '신(信)' 같은 실천적 하위 규칙들도 마찬가지입니다. 이에 대해 『한글 논어』의 저자 이을호는 공자가 "어떠한 문제에 대해서도 그 문제의 논리적 정의 같은 것은 그다지 대견스럽게 여기지 않았던 것 같다. 오히려 대증투약(對症投藥)[1]적 임기 응답으로 더욱더 실질적인 효과를 기대했던 것이다. 모든 '인'에 대한

---

1   병의 증상에 대응해 약을 지어주거나 씀.

설명을 통해서 공자의 그러한 진면목을 엿볼 수 있을 것"이라고 기술하고 있습니다(이을호, 2014: 134).

그런 까닭에 공자가 인식하는 '의'를 좀 더 내밀하게 이해하기 위해서는 여러 책을 통해 그 뜻을 간접적으로 살펴보는 것이 좋을 듯합니다. 먼저, 주자는 『논어』「자한(子罕)」편의 1장, "공자께서 드물게 말씀하신 것은 이익과 하늘의 명과 어짊에 관해서이다"(김학주, 2012a: 143)라는 문장을 주해함에 있어 이익을 따지면 '의'를 해치기에 공자가 이(利)를 거론하지 않았다는 정자(程子)의 주석을 인용합니다(성백효, 1999: 164). 여기에서 '이'란 개개인의 이익, 즉 사익(私益)을 뜻하기에 '의'는 사익과 대척점에 있는 공익(公益)적 개념으로 이해할 수 있겠습니다.

맹자 역시, 사회 공동체의 이익을 옹호하고 진작하는 것이 의로운 일임을 적극 옹호합니다. '의'를 행하는 것이 곧 '인'을 행하는 것이라고 본 맹자는 궁극적으로 사회 구성원들의 복지를 도탑게 하는 것이 '의'라고 주장합니다(박경환, 2012). 한 걸음 더 나아가 맹자는 사회 구성원들의 복지를 도탑게 하는 데 가장 중요한 위치에 있는 이가 국가의 최고 지도자이기에, 무릇 한 나라의 왕은 '의'가 자신이 통치하는 국가의 구석구석까지 미치도록 애써야 한다고 강조합니다. 그런 까닭에 맹자는 저서인 『맹자(孟子)』 첫 장에서 자신에게 질문을 던진 양혜왕을 크게 꾸짖습니다. 양혜왕이 자신으로부터 백성에 대한 인의(仁義)를 구하기보다 개인적인 이익만 구하려 했기 때문입니다.

'의'에 대한 공자와 맹자의 이 같은 안식은 토머스 H. 마셜(Thomas Humprey Marscahll)이 언급한 세 가지 유형의 시민권 가운데 세 번째 권리와 관련이 깊습니다(Marscahll, 1973). 마셜은 현대 시민권의 성장을 세 가지 유형으로 구분하는데 첫 번째는 이주, 언론, 종교, 사유 재산권 등에 관한 법적 권리이고, 두 번째는 선거권과 피선거권에 관한 정치적 권리입니다. 마지막 권리는 모든 개인이 최소한의 경제적 복지를 누릴 수 있는 사회적 권리입니다. 사회적 권리에는 최저 임금제의 시행에 따른 수혜를 비롯해 의무교육, 공공의료 서비스, 국민연금, 실업급여 등을 받을 권리가 포함되어 있으며 이는 곧 복지 입법과 불가분의 관계를 지니고 있습니다(기든스, 1989/1992: 279~280).

사회적 권리의 확대 및 정착은 맹자가 꿈꾸던 왕도 정치의 기반을 이루는 것으로, 서구 사회에서는 제2차 세계대전 이후 정부가 실업자, 병자, 무능력자, 노인 등 사회적 약자이자 최소 수혜자들에게 복지 혜택을 베풀기 시작하면서 서서히 발현됩니다. 하지만 서방 선진국을 제외하면 지구촌 대다수 국가에서는 여전히 자국 국민에 대한 사회적 권리를 제대로 부여하고 있지 못하는 실정입니다. 우리나라 역시, 아직까지 기초생활 수급자와 차상위 계층 등 복지 취약 계층에 대한 사회적 권리를 적절하게 보장해주지 못하고 있습니다.

공자와 맹자의 '의'를 바탕으로 삼는 공익 보도는 존 롤스의 『정의론(Theory of Justice)』(1999/2015)과 동일한 목표 지점을 지향합니다. 참고로, 존 롤스는 칸트가 도덕법칙을 찾아 나선 것처럼 정의에 관한 이론 구축을 꾀했던 미국의 법철학자입니다. 롤스는 칸트의 도덕법칙을 로크의 사회계약설에 결부시킴으로써 원초적 입장이라 불리는 가상적 상황에서 공동체 구성원들이 정의로운 사회 구축을 위해 내놓는 합의 원칙들을 논리적이고 체계적으로 제시합니다. 롤스는 정의로운 사회는 시민 모두에게 자유와 평등에 관한 '공정한 기회 균등의 원칙'을 보장하는 가운데 '차등의 원칙'을 통해 사회적 약자들이 생산적 자산과 인간 자본(교육과 훈련)을 광범위하게 제공받을 수 있도록 보장해야 한다고 주장합니다.

롤스가 '차등의 원칙'을 부가한 이유는 복지에 관한 사회적 권리의 확보만으로 정의로운 사회를 구축하기가 충분하지 않기 때문입니다. 기존의 사회적 권리는 최소 수혜자들의 복지 보장에만 초점이 맞춰져 있어 대규모 부의 상속을 허용하고 있는데 이는 사회 구성원 사이에서 정치적 영향력의 격차를 필연적으로 불러오게 되고 결국, 정치적 영향력의 격차는 시민의 정치적 자유에 대한 공정한 가치를 훼손하게 됩니다. 롤스가 정의 사회 구현에서 가장 중요한 제반 근거로 생각했던 '공정한 기회균등의 원칙'이 무너지게 된다는 것이죠. '차등의 원칙'은 따라서 '공정한 기회균등의 원칙'이 손상되지 않도록, 롤스의 표현에 따르면 반드시 축차(逐次)[2]적으로 실행되어야 할 두 번째 제반 원칙입니다.

주목할 만한 사실은 '차등의 원칙'을 주창하며 시민들에게 생산적 자산의 소유 보장을 꾀하려는 롤스의 사고방식이 민생 보장을 통해 경제적 안정을 추구하고자 했던 맹자의 항산심(恒産心)과 놀라울 정도로 비슷하다는 것입니다.[3] 맹자는 백성이 고정된 생산 수입(恒産)을 지녀야만 비로소 고정된 마음(恒心)을 지닐 수 있다며 그런 연후에 교육을 통해 백성을 교화시킴으로써 마침내 태평성대를 이룩할 수 있다고 보았습니다. 맹자는 이를 위해 정전제(井田制)라는 토지 제도를 시행해 백성이 자기 소유의 경작지에서 곡식을 생산해 먹고살 수 있도록 보장해야 한다고 제안합니다. 이러한 맹자의 정전제는 롤스가 자신의 정의론을 일컫는 용어인 '재산 소유 민주주의적 사회주의'의 2,500년 전 원형에 다름 아닙니다.

여러분은 의로운 언론 보도를 추구하는 유가 저널리즘이 T. H. 마셜의 사회적 권리와 맹자, 롤스의 재산 소유 민주주의적 사회주의 가운데 어느 쪽을 지향해야 된다고 보십니까? 필자가 보기에 유가 사상의 근본이념은 국민 한 명 한 명을 귀하게 여기는 이민위존(以民爲尊)과 시민에게 널리 베풀어 많은 이

---

2 차례를 따라감. 차례차례로.
3 재산 소유적 사회주의를 주창했다는 측면에서 맹자와 롤스는 총론(總論)을 공유하고 있습니다. 하지만 각론(各論)에서 양자는 상당한 차이를 보입니다. 맹자가 '차등의 원칙'에 해당하는 사회적 복지 구현을 왕도 정치의 최우선적 해결 과제로 내세운 반면, 롤스는 '공정한 기회균등의 원칙'을 우선적으로 앞세우고 있기 때문입니다. 롤스는 정치의 자유, 사상의 자유, 양심의 자유, 결사의 자유가 도덕심을 배양한다고 인식하는 데 반해 맹자는 민생에 대한 보장이 있어야 비로소 교육을 통해 도덕심을 기를 수 있다고 간주합니다. 일례를 들자면 미국식 자본주의는 '공정한 기회균등의 원칙'에 방점을 둔 사회이며, 쿠바는 '차등의 원칙'에 무게를 실은 사회라 할 수 있겠습니다. 그렇다면 두 원칙을 모두 잘 아우르고 있는 곳이 흔히 복지 국가로 일컬어지는 나라들이 아닐까요?

를 어려움에서 구제하는 박시제중(博施濟衆)에 있기에 가까이는 먼저, 사회적 권리의 보편적인 확대를 꾀하는 가운데 멀리는 항산심을 낼 수 있는 재산 소유 민주주의적 사회주의를 지향해야 한다고 봅니다. 그렇게 볼 때 유가 저널리즘은 경제 복지를 둘러싼 시민들의 사회적 권리 강화에 1차적 목표를 둔 후, 1차 목표를 달성하면서 궁극적으로는 2차 목표를 겨냥해야 할 것입니다.

한편, '의'를 통해 바라본 '불의'는 사회 공동체의 이익을 해치는 사익 추구를 뜻한다고 볼 수 있습니다. 공익의 대척점에서 사회 구성원의 복지 향상을 외면한 채, 지엽적인 이해관계만을 위해 행동하는 것이지요. 예를 들어 정부의 대표적인 실정(失政)으로는 낙동강 등의 수질을 심각하게 오염시킨 4대강 사업을 들 수 있으며 기업 행위로는 승객 304명을 수장시킨 세모 그룹의 세월호 침몰 사고나 수백 여 명의 사상자를 낸 옥시 가습기 살균제 사건 등을 꼽아볼 수 있습니다. 모두 정부가 특정 업계에 이익을 몰아주거나 기업들이 자사(自社)의 이윤을 극대화하는 과정에서 벌어진 참사들이었습니다. 물론, 언론사와 언론인 역시 불의를 저지를 수 있는 주체에서 제외될 수는 없습니다. 이에 따라 유가 저널리즘은 언론사를 비롯해 정부나 행정기관, 기업과 교육기관 등이 공익에 해를 끼칠 수 있는 이기주의적 행태를 지양하고 경계하도록 요구합니다.

그렇다면 공익의 판단 기준은 어떻게 설정할 수 있을까요? 이에 관해서는 늘 백성을 아끼고 사랑하라고 강조한 공자와 민심(民心)은 곧 천심(天心)이라고 주창한 맹자의 민본 사상이 그 답을 제공하고 있다고 봅니다. 단 한 명이라도 물질적·정신적·신체적인 손해를 입었다면 이를 안타까워하고 애통해하는 것이 '의'를 숭상하고 '불의'를 멀리하는 유가 사상의 본질이라는 것입니다. 공익은 바로 나 이외의 존재인 타인을 존중하는 '서'에서 출발하기 때문입니다.

예(禮)와 무례(無禮)

도덕적 실천 규칙의 두 번째 항목에 속하는 '예(禮)'는 형식적 절차로서 '인(仁)'을 구현하는 방법이자 수단에 해당합니다. 합목적적인 의미에서 애민(愛民)·애인(愛人) 보도를 유가 저널리즘이 지향해야 할 절대선(絕對善)이라고 가정한다면, 절대선에 다다르기 위한 도구론적 수단에 해당하는 것이 '예'입니다.

『논어』에서 모두 41개의 장에 등장하는 '예'는 그 용례가 매우 폭넓게 인용되는 까닭에 한마디로 정의하기가 쉽지 않습니다. 경우에 따라 제도나 사회 규범, 통과 의례, 나아가 원리를 뜻할 때도 있습니다만 일반적으로 인식되는 '예'란 몸가짐의 규범, 상대방을 대하는 행동 규칙, 그리고 의례적인 부분에 관한 이해를 포함합니다(배병삼, 2002a: 413~415).

이을호(2014)에 따르면 '예'란 본시 가을의 풍요한 수확을 신에게 바치는 제천(祭天) 의식에서 비롯되었습니다. 그 후 '예'는 인간의 문화생활을 규제하는 방식으로 변모하면서 종교적 의식은 물론이거니와 사회적 관습과 국가의 정치 제도까지 아우르게 됩니다. 오늘날까지 우리 곁에 남아 있는 대표적인 '예'로는 관혼상제(冠婚喪祭)[4]가 있습니다.

공자는 일상생활 속의 '예'가 자신의 몸에 붙도록 『논어』를 통해 일관되게 강조합니다. 주지하다시피 유가에서 가장 이상적인 인격체로서 상정하고 있는 이는 군자이며 그런 군자는 언제 어디서나 '예'를 잃지 않는 존재입니다. 『논어』「술이(述而)」편 17장의 경우, "선생님이 평소에 하는 말씀은 시(詩)와 서(書), 그리고 '예'를 지키는 것이었다. 모두 늘 하는 말씀이었다"[5]라고 설명합니다. 마찬가지로 『논어』「안연」편 1장 2절에서도 "선생님 말씀하시다. '예'가 아니면 보지 말고, '예'가 아니면 듣지 말며, '예'가 아니면 말하질 말고,

---

4   성년례, 혼례, 장례, 그리고 제례.
5   子所雅言 詩 書 執禮 皆雅言也(자소아언 시 서 집례 개아언야).

'예'가 아니면 움직이질 말라"[6](배병삼, 2002b: 67)라고 강조합니다.

『논어』 전반에 걸쳐 수도 없이 '예'를 강조하는 공자이지만 정작 자신은 '예'가 무엇인지에 대해 구체적인 예시를 보태지 않습니다. 이에 반해, 맹자는 고자(告子) 상(上)편에서 "측은하게 여기는 마음은 '인'이고, 부끄럽게 여기는 마음은 '의'이고, 공경하는 마음은 '예'이고, 옳고 그름을 가리는 마음은 지(智)"[7](박경환, 2012: 309)라는 설명을 통해 '예'가 지닌 의미를 간단명료하게 전달합니다.

그렇다면, 유가 저널리즘에서 '예'는 어떠한 직업적 실천 규범으로 작용할 수 있을까요? 『논어』와 『맹자』에 등장하는 '예'를 살펴보면 그 적용 대상이 크게 두 가지로 나뉨을 알 수 있습니다. 먼저 첫 번째 적용 대상은 사자(死者)를 포함해 하늘 신, 땅 신 등의 초자연적 존재입니다. 그리고 두 번째 적용 대상이 현세에서 삶을 공유하고 있는 인간입니다. 물론, 유가에서는 가장 가까운 관계를 맺고 있는 이에 대한 '예'의 표출을 제일 중요시합니다. 그리하여 상호 간의 사적·공적인 관계에 따라 군신 간, 부자간, 부부간, 사제 간, 붕우 간의 예절을 구분 지으며 상대방에 대한 공경을 겉으로 드러내고 무례는 경계하도록 유도합니다. 그렇게 볼 때, 취재 활동에서 대부분 갑(甲)의 입장에 놓이는 언론은 공적 관계를 맺을 때 취재원과 독자, 그리고 시청자에 대해 존중의 '예'를 갖추는 것이 무엇보다 중요합니다.

언론사들은 취재원의 사생활을 침해하지 않는 가운데 취재원의 권리를 존중해야 한다는 저마다의 윤리 강령을 마련하고 있습니다. 그럼에도 불구하고 정작 강령의 준수는 그다지 엄정하게 실천하고 있지도 않으며, 스스로의 위반 사항에 대해서도 준엄하게 심판하지 않고 있는 형편입니다. 반면, 서구의

---

6   顏淵曰 請問其目 子曰 非禮勿視 非禮勿聽 非禮勿言 非禮勿動(안연왈 청문기목 자왈 비례물시 비례물청 비례물언 비례물동).

7   羞惡之心義也 羞惡之心義也 恭敬之心 禮也 是非之心 智也(측은지심인야 수오지심의야 공경지심 예야 시비지심지야).

선진 언론들은 취재 윤리 강령의 제정 및 준수, 그리고 위반 사항에 대한 엄격한 제재 등에서 도덕적으로 크게 앞서고 있는 것이 사실입니다. 바다 건너 언론 선진국에서 들려오는, 오보에 따른 편집국장의 사퇴나 인권 침해 보도에 대한 언론사 차원의 사죄 등은 결코 낯선 뉴스가 아닙니다. 하지만 한국에서 오보나 여타 불미스러운 일로 주필 또는 편집국장이 물러나고 회사가 공식적으로 사과하는 경우는 전무하다시피 한 것이 사실입니다.

뉴스 제작에서 '예'의 중요성에 주목하는 경우는 비단 필자만이 처음은 아닙니다. 예를 들어, 이준웅과 김경모(2008)는 여러 경험적 자료를 통해 비춰볼 때 한국 언론의 시민성 수준이 매우 우려스럽기에 언론인을 대상으로 한 시민성 교육과 훈련, 그리고 자기 성찰이 선행되어야 한다고 인식합니다. 이에 따라 진(眞)·선(善)·미(美) 개념에서 바람직한 뉴스의 구성 조건을 도출하고 있는 이준웅과 김경모(2008)는 공정 보도[眞], 검증 보도[善], 진정 보도[美]라는 세 가지 언론 수행 목표를 상정하며 이 가운데 세 번째 규범 가치인 미(美)가 품위 있는 뉴스를 의미한다고 규정합니다. 이들은 품위 있는 뉴스 제작을 위해 진정한 표현, 정상성과 중용을 포함해 시민적 예절이 중요하다고 주장합니다. 이 때문에 두 언론학자들은 독자나 시청자를 대하는 태도와 자세에서 품위를 지키기 위해 언론인들이 누구에 대해 어떻게 접근하느냐라는 '관계적 예의, 존중, 관용, 절제, 경청' 등과 같은 커뮤니케이션 품성을 확보해야 한다고 강조합니다.

'예'를 중시하는 역사적 배경이 중화 민족의 문명에 대한 자부심에서 비롯됐다고 보는 진순신(1992)은 '예'가 문명국과 비문명국을 가르는 기준으로 작용한다고 인식합니다. 대만 출신의 유학자로 일본에서 주로 활동한 진순신은 중국의 중원에는 고대부터 여러 민족이 자리하고 있었으며 이들이 지녔던 중화사상의 근거는 혈통보다 문명에 있었다고 소개합니다. 그리고 공자가 창안한 유가 사상은 예악과 학문을 더욱 소중히 하는 문명적 생활을 통해 중화 민족과 타민족을 구별하고자 했다고 언급합니다.

그렇게 볼 때 언론 문명국과 언론 비문명국을 가르는 기준은 저널리즘에서 시민적 예절에 기반한 취재 과정에서의 상대방 존중이 될 것이며 언론인들은 기사 취재 및 작성을 할 때 정보원과 독자, 시청자, 그리고 사회 공동체 구성원에 대한 '예'를 견지하고 실행하는 것이 필요합니다. 실제로 언론 윤리와 관련되어 학계에서 자주 언급되는 네 가지 PAPA(Privacy, Anonymity, Property, Access) 침해 사례 가운데 사생활 침해(privacy) 및 정보원 노출(anonymity), 그리고 판권·재산권 침해(property)의 세 분야는 '예'의 대칭 개념인 무례와 관련이 있습니다.

먼저 사생활 침해는 취재 행위 및 기사 작성에 따른 뉴스 보도가 개개인의 사적 영역을 언론인 또는 공중에게 노출시킴으로써 개인의 명예를 실추시키는 행위에 해당합니다. 이와 관련해서는 범죄나 사건, 사고 피해자들과 함께 아동과 여성, 장애인과 사회적 약자가 가장 쉽게 사생활 침해 피해를 당하게 됩니다. 그리하여 기사 취재 및 보도 과정에서 이들의 사생활에 대한 신중한 배려가 없을 경우, 이들은 개인 정보를 대중 앞에 고스란히 노출시키는 아픔을 겪게 됩니다. 따라서 언론인들은 남들이 나에게 시행하기를 원치 않는 '서'의 정신으로 인터뷰 대상자 및 기사 취재 대상자의 사생활이 침해되지 않도록 취재 및 기사 생산 과정, 그리고 보도에 이르기까지 신중에 신중을 기해야 할 것입니다. 이에 관해서는 앞서 4장 '제2의 성'을 통해 설명한 바가 있습니다.

정보원 노출과 판권·재산권의 침해 역시 마찬가지입니다. 뉴스 보도에 정보원을 노출시킬 경우, 기사 제공자가 불이익을 당할 수도 있는 상황에서는 비록 기사의 후폭풍으로 인해 취재 기자가 명예훼손, 국가 기밀 누설 등에 따른 고발로 법정에 서는 상황이 생기더라도 최선을 다해 정보원을 보호해야 합니다. 이와 함께, 언론인이 자주 휘말리는 판권·재산권 침해 사례의 대표적 예인 표절 행위도 반드시 근절되어야 할 것입니다. 고위 공직자 및 학자들의 표절 행위에 대해서는 상당히 엄격한 잣대를 들이대는 것이 21세기의 한국 언론이지만 정작 기자 자신들이 서로의 기사를 베껴 쓰거나 외부의 자료를 허락도 없이 인용·표절하는 행위에 대해서는 아직도 스스로에게 엄정한 심판의 잣대를 들이대지 못하고 있는 것이 사실입니다. 특히 통신사 뉴스를 마치 자신의 기사인 양 둔갑시키는 행위는 아직도 온라인과 오프라인 현장에서 공공연하게 행해지고 있는 실정입니다. 이와 관련해 대부분의 언론사는 표절 행위에 대한 윤리 강령 마련은 물론이거니와 표절 방지를 위한 사내 교육조차 제대로 마련하고 있지 않는 형편입니다. 그렇게 볼 때, 한국의 언론인들은 타인과 타 기관의 표절을 비판하고 계도하기에 앞서 언론인 상호 간의 예의 준수에도 주의를 기울임으로써 먼저 안에서 실천궁행(實踐躬行)하는 모범을 보여야 할 것입니다.

호학(好學)과 무지(無知)

다음으로는 인의예지신(仁義禮智信)의 오상(五常) 가운데 '지'에 해당하는 호학(好學)을 들 수 있습니다. 오상이란 유가의 다섯 가지 덕목을 의미하는 것으로 맹자가 강조했던 '인의예지'에 한(漢)나라의 동중서가 '신'을 보태 다섯 가지 윤리 강령으로 완성했습니다.

그렇다면 필자는 왜 '지'가 아닌 호학을 충서(忠恕)의 하위 실천 규칙으로 규정했을까요? 사실, 『논어』에서는 '지'라는 단어보다 학(學)과 호학이라는 단어가 더욱 자주 등장합니다. 『논어』의 첫머리인 「학이(學以)」편 1장 1절의 "學而時習之 不亦說乎(학이시습지 불역열호)"만 봐도 그렇습니다. 그런 공자의 호학을 한 글자의 덕목으로 표현한 것이 맹자의 '지'입니다. 지혜와 슬기를 뜻하는 '지'는 어느 날 갑자기 생기는 것이 아니라 끊임없이 공부하고 이를 현실에 실천적·비판적으로 대입함으로써 자연스럽게 축적되는 것이니까요. 이 때문에 "배우고 때맞춰 익히면 또한 기쁘지 아니하랴"(배병삼, 2002a: 21)라는 「학이」편 1장 1절에서 보듯, 지혜와 슬기는 비단 배우는 것만으로 솟아나지 않으며 이를 실생활에 접목시킴으로써 비로소 익힐 수 있게 되는 것입니다.

뒤에서 다시 설명하겠지만, 스스로에 대한 반성을 의미하는 내자성과 함께 호학이라는 덕목은 다른 어느 근현대 철학에서도 쉽게 접할 수 없는 독창적이고 혁신적인 실천 규칙입니다. 종교에서도 마찬가지입니다. 세계 3대 종교인 기독교와 이슬람교, 불교에서는 호학이라는 관념이 거의 언급되지 않습니다. 그런 까닭에 여타 종교와 달리 학문에 대한 사랑을 무척이나 강조하는 공자의 호학 사상은 유교라는 기표가 왜 '유학' 또는 '유가 사상'으로 환원되어야 하는지 잘 보여주고 있습니다. 호학과 지를 강조하는 공자와 맹자의 가치관은 지혜에 대한 사랑으로서의 철학(philosophy)을 이상 국가 건설에서 가장 중요한 지도자 육성 학문으로 상정했던 플라톤의 사상과도 매우 유사합니다.

호학의 중요성을 『논어』에서 살펴볼 수 있는 또 다른 구절로는 「위정」편 15장의 '學而不思則罔, 思而不學則殆(학이불사즉망 사이불학즉태)'를 꼽아볼 수 있습니다. 개괄적으로 풀이해 보자면, 배우기만 하고 두루 고려하지 않거나 고루 살피기는 하지만 제대로 공부하지 않으면 두 경우 모두 부정적인 결과를 도출할 수 있다는 이 구절은 학자들에 따라 망(罔)과 태(殆)가 무엇을 의미하는지를 놓고 상당한 해석 차이를 보입니다. 하지만 큰 테두리에서 보자면 무릇 공부하는 이는 학문을 맹목적으로 받아들이기보다 비판적인 사고를 통해 현명하게 수용해야 하며 비판적 사고 역시 철저한 논증 속에서 논리적으로 펼쳐져야 바람직하다는 것으로 풀이됩니다. 그렇다면 이는 사실 전달에서 한 걸음 더 나아가, 복잡다단한 사회현상을 좀 더 전문적이고 심층적으로 진단하고 해석하며 때로는 예측까지 해야 하는 언론이 항시 염두에 두어야 할 잠언(箴言)[8]으로 보입니다.

인도의 석학, 아파두라이가 지적한 대로 금융과 미디어, 사상과 민족, 그리

8　가르쳐서 훈계하는 말. 바늘 또는 경계할 잠(箴).

고 기술의 5대 전경(scope)이 국경을 초월해 활발하게 펼쳐지고 있는 21세기의 지구촌에서 지역과 국가, 국제사회를 둘러싼 정치적·경제적·사회적·문화적 환경은 끊임없이 변하고 있습니다. 이에 발맞춰 해외의 선진 언론들 역시, 자사 기자들을 각종 교육 및 연수 프로그램에 적극적으로 파견하고 있으며 기자들 스스로도 여러 학술 단체의 회원으로 가입해 각종 세미나 및 워크숍 등에 지속적으로 참여함으로써 전문 분야 및 관심 분야의 주요 이슈를 꼼꼼히 챙기고 있는 실정입니다.

이와 관련해 최근 들어 한국 사회에서 가장 큰 이슈로 떠오르고 있는 비정규직 노동을 예로 들어보겠습니다. 신자유주의와 신자본주의가 맹위를 떨치고 있는 21세기의 한국에서 기업의 비도덕적 이윤 추구에 맞서 근로자의 권리를 적절히 수호하기 위해서는 행정 부처의 관계 법령이 끊임없이 정비·개정·집행되어야 합니다. 파견, 도급, 용역, 사내하청 같은 노동 현상들이 불법 파견, 합법 해고, 위장 도급, 불법 하도급 등과 같은 경제적 일탈 행위로 연결되고 있기 때문입니다. 하지만 사회부를 출입하는 기자뿐만 아니라 정치, 경제, 문화, 과학, 스포츠 등을 담당하는 기자들이 비정규직 노동과 관련된 용어를 제대로 이해하지 못하거나 이에 대한 관심을 기울이지 않는다면, 출입처를 포함해 취재 현장에서 만나게 되는 비정규직 노동자와 공무원, 운동선수, 교직원, 과학자 등의 애환을 어떻게 제대로 인식할 수 있을까요? 더불어 같은 회사 내에서 고용 직위가 다른 비정규직 선후배나 동료들의 처지는 어떻게 '서'의 정신으로 이해할 수 있을까요?

특히 노동부를 출입하는 사회부 기자라면 국내 노동법은 물론, 이웃 나라 선진국인 일본의 노동법이나 미국, 유럽 등의 노동법에 대해 개괄적으로나마 파악하고 있어야 더욱 통찰적인 시각에서 한국의 노동문제를 바라볼 수 있을 겁입니다. 그런 의미에서 호학에 따른 무지(無知)의 배격은 자신의 전문 또는 관심 분야에서 마땅히 행해져야 할 규범적 의무에 속합니다. 더불어, 이에 대한 조직 차원의 배려와 지원 또한 언론계 전방에 걸쳐 이뤄져야 할 것입니다.

그리하여 배우지 않을 경우 닥치게 될 무지의 폐단이 무엇인지에 대해 공자는 「양화(陽貨)」편 8장을 통해 분야별로 자세히 거론하고 있습니다. 무인적 기질이 다분했던 자신의 제자 자로(子路)에게 육언(六言)과 육폐(六蔽)에 대해 아느냐고 묻고는, 육언과 육폐를 모른다는 그에게 자세히 설명해주는 구절이 그것입니다.

> 어짊을 좋아하되 공부하기를 좋아하지 않으면 그 폐단은 어리석어지는〔愚〕 것이다.
> 앎을 좋아하되 공부하기를 좋아하지 않으면, 그 폐단은 방탕해지는〔蕩〕 것이다.
> 신의를 좋아하되 공부하기를 좋아하지 않으면, 그 폐단은 남을 해치는〔賊〕 것이다.
> 정직을 좋아하되 공부하기를 좋아하지 않으면 그 폐단은 박절해지는〔絞〕 것이다.
> 용기를 좋아하되 공부하기를 좋아하지 않으면 그 폐단은 난폭해지는〔亂〕 것이다.
> 강한 것을 좋아하되 공부하기를 좋아하지 않으면 그 폐단은 과격해지는〔狂〕 것이다(김학주, 2012a: 305).[9]

공부를 게을리해 무지하게 되면 왜 '인'과 '지(知)', '신'과 '직(直)', '용(勇)'과 '강(强)'을 좋아해도 부정적인 효과를 초래하게 될까요? 학문이란 무릇 인간이 인간답고 사람 구실을 할 수 있도록 해주는 거름 역할을 합니다. 학문에의 끊임없는 정진을 통해 수많은 선각자는 후학(後學)들이 도덕적이고 합리적인 사고로 선입견과 편견, 아집과 독단에서 벗어나 좀 더 이성적이고 정의로운 세상을 만들 수 있도록 지속적으로 이끌어왔습니다. 성선설을 주창했던 맹자가 호학은 궁극적으로 "잃어버린 마음을 되찾는 것"이라고 본 이유가 여기에 있습니다. 호학에의 정진을 게을리하지 말아야 비로소 이해관계와 사심(私心)에

---

9 好仁不好學 其蔽也愚 好知不好學 其蔽也蕩 好信不好學 其蔽也賊 好直不好學 其蔽也絞 好勇不好學 其蔽也亂 好剛不好學 其蔽也狂(호인불호학 기폐야우 호지불호학 기폐야탕 호신불호학 기폐야적 호직불호학 기폐야교 호용불호학 기폐야난 호강불호학 기폐야광).

서 벗어난, 순수하고 도덕적인 마음을 계속 지닐 수 있기 때문입니다. 반대로 호학을 게을리할 경우, 자기 자신에 대한 계도와 반성은 점차 빛이 바랠 수밖에 없으며 이기적인 약육강식의 세태에 시나브로 무감각해지기 마련입니다.

그런 면에서 볼 때 『논어』, 『맹자』, 『중용』과 함께 유학의 사서(四書)를 이루는 『대학(大學)』은 호학의 중요성을 특별히 강조하는 경전입니다. 자사가 지은 것으로 알려진 『대학』은 『예기(禮記)』에 실려 있다가 송대에 주자가 『중용』과 함께 별도로 독립시킨 경전입니다.

『대학』에서는 학문의 이상을 '삼강령(三綱領)'과 '팔조목(八條目)'을 통해 간단하지만 심오하게 설파하고 있습니다. '삼강령'이란 자신의 올바르고 밝은 덕을 밝히고(明明德(명명덕)], 사람들을 올바로 이끌어 새롭게 하고(新民(신민)], 이런 노력이 지극히 훌륭한 경지에 놓이도록 처신하는(止於至善(지어지선)] 공부의 세 가지 기본 원리입니다. 더불어 '팔조목'은 사물에 대해 그 이치를 연구하고(格物(격물)], 자기의 앎을 지극히 발전시키며(致知(치지)], 자기 뜻을 정성스럽게 하고(誠意(성의)], 자기의 마음을 바르게 해(正心(정심)], 자기 자신을 닦는 동시에(修身(수신)], 자기 집안을 질서 있게 가지런히 함으로써(齊家(제가)], 나라를 올바로 다스리고(治國(치국)], 천하를 태평케 한다(平天下(평천하)]는 학문의 순서와 그 궁극적인 목표를 순차적으로 제시하고 있습니다(김학주, 2012: 5~11).

한편, 학문적 수양의 미비에 따른 무지로 도덕 가치들의 경중(輕重)과 그의 실행에 대한 가불가(可不可)를 상황과 경우에 따라 제대로 가리지 못할 경우, 유가 사상에서 제시하는 수많은 덕목은 보편성과 타당성을 잃어버린 채, 무도(無道)한 준칙으로 전락하게 됩니다. 예를 들어, 앞서 공자가 「양화」편 8장에서 언급했던 '어리석은 어짊'은 아랫사람의 잘못을 바로잡기보다 묵인하고 범죄자에게 형을 내리기보다 훈계함으로써 오히려 조직과 공동체의 혼란을 조장하는 것으로서 일벌백계(일벌백계)에 따른 법치주의 확립의 필요성을 제대로 인식하지 못한 무지의 소치에 해당합니다. 물론, 앎, 신의, 정직, 용기,

강함 역시 마찬가지입니다. 그런 까닭에 사고력과 통찰력, 판단력과 비판력을 배양하는 호학은 도덕적 규범들이 시중(時中)과 중용을 통해 적절히 발휘될 수도 있도록 매개합니다. 시중이란 때에 맞는 적합한 대처를 의미하는 유가 용어이며, 중용(中庸)은 양극단을 경계하고 중간의 도를 택하는 덕목입니다. 공자의 손자인 자사가 『중용』 1장에서 가르침(敎)을 가장 먼저 언급하는 것도 이 같은 연유에 기원합니다.

그럼, 언론인들의 호학을 북돋는 의미에서 공문십철(孔門十哲)[10]의 한 명으로 문학에 뛰어났던 자하(子夏)가 『논어』의 「자장(子張)」편에 남긴 말로 이 절을 마치도록 하겠습니다. 자하의 말을 이 절의 마지막에 배치한 이유는 언론인으로서 근무하는 것이 곧 벼슬을 하는 것과 마찬가지라고 간주하기 때문입니다. 언론인의 근무처가 주류 언론에 해당할 경우라면 그 벼슬은 더욱 높을 터이고요.

> 벼슬하면서도 남는 힘이 있으면 배우고 배우고도 남는 힘이 있으면 벼슬하는 것이다(배병삼, 2002b: 468).[11]

신(信)과 불신(不信)

유가 저널리즘에서 충을 실천하기 위한 네 번째 세목(細目)이 신(信)입니다. 사람 사이의 믿음을 의미하는 '신'은 공자가 『논어』에서 가장 심혈을 기울여 강조한 덕목 가운데 하나입니다. 일례로 『논어』의 첫 장인 「학이」편에서는

---

10 덕행과 언어, 정사와 문학이 가장 뛰어났기에 사과십철(四科十哲)로도 불렸던 공자의 제자 열 명. 덕행에 안회(顏回), 민자건(閔子騫), 염백우(冉伯牛), 중궁(仲弓), 언어에 재아(宰我)와 자공, 정사에 염유(冉有), 자로(子路), 문학에 자유(子有), 자하(子夏)가 그들입니다.
11 仕而優則學 學而優則仕(사이우즉학 학이우즉사).

'신'이 여섯 번이나 등장합니다. 이 가운데 공자의 말씀은 세 군데에 나오며 나머지는 증자(曾子)와 자하(子夏), 그리고 유자(有子)에 의해 거론됩니다. 세 명 모두 공문십철(孔門十哲)에 속하는 현인인데 이들이 「학이」편에서 공자와 함께 '신'을 언급하고 있는 것으로 미뤄 공자가 '신'을 얼마나 중요시 여겼는지 충분히 짐작할 수 있습니다.

유가 사상에서 '신'이 차지하는 비중을 잘 엿볼 수 있는 곳은 「학이」편 8장 2절과 「자한」편 24장입니다. 두 곳 모두에서 공자는 "'충'과 '신'을 주로 하며 자기만 못한 이를 벗 삼지 않는다. 허물이라면 고치기를 꺼리지 않는다"[12]고 강조합니다. 주목할 만한 사실은 '서'와 함께 '인'의 이원적 도덕 실천 원리로 작용하고 있는 '충'이 「학이」편과 「자한」편 두 곳에서 모두 '신'과 나란히 등장한다는 것입니다. '서'의 위치에서 '충'과 어깨를 나란히 하고 있는 덕목이 '신'이라는 것입니다. 그렇다면 '서'만큼 중요한 위상을 지니고 있는 '신'을 통해 '서'를 짐작해볼 경우, 상대방에 대한 불신(不信)이 곧 남으로부터 시행되기를 원치 않는 것이 '서'가 될 수 있으며 불신의 반대편에서 '충'의 정신으로 자기 자신에게 남김없이 성실하게 행하는 것이 상대방에게 믿음을 주는 '신'이 될 것입니다.

그래서일까요? 공자의 '신' 중시 사상에 대해 배병삼(2002a)은 공자가 추구하는 이상향이 "'신'의 나라'요, "'신'의 나라'에서는 공적 약속을 반드시 지킨다는 믿음이 두텁게 형성되어 있다며 공자의 이상향은 '믿음의 나라'로 불릴 수 있다고 언급합니다. 배병삼의 이 같은 주장은 『윤리 형이상학 정초』(1785/ 2015)에서 '목적의 나라'를 주창한 칸트를 떠올리게 합니다. 칸트는 모든 사회 공동체 구성원이 공적 타당성에 따라 서로를 목적 자체로 대할 경우, 모든 이의 목적이 공동의 법칙에 의해 체계적으로 연결되는 목적의 나라가 만들어진다고 보았습니다. 물론 칸트가 규정한 목적의 나라는 공자에게는 상대방을

---

12   主忠信 無友不如己者 過則勿憚改(주충신 무우불여기자 과즉물탄개).

아끼고 사랑함으로써 결국, 목적으로서 대한다는 '믿음'을 통해 형성될 수 있을 것입니다. 그렇다면 공자에게 '신'은 왜 그리 중요한 것일까요? 이와 관련해 공자는 「위정」편 22장을 통해 '신'이 인간 사회의 공동체를 형성하는 필수 조건이자 필요조건이라 소개합니다.

> 선생님 말씀하시다. 사람으로서 믿음이 없다면 그를 사람이라고 할 수 있을지 모르겠다. 큰 수레에 끌채고리〔輗〕가 없고, 작은 수레에 연결고리〔軏〕가 없다면 그 어찌 움직일 수 있으랴!(배병삼, 2002a: 112).[13]

주자에 따르면 짐이나 사람을 실어 나르는 것이 큰 수레이며 예(輗)라는 끌채고리는 말이나 소를 큰 수레와 연결하는 멍에입니다. 반면, 수렵용 마차나 전차같이 사람만 태우는 것이 작은 수레이며 월(軏)이란 연결고리는 이 수레를 말의 몸통에 연결하는 멍에입니다.

큰 수레든 작은 수레든 연결고리가 없다면 말이나 소가 수레를 앞으로 끌고 나갈 수 없을 것입니다. 공자는 믿음이란 백성을 이끌어 앞으로 나아갈 수 있는 연결고리로 간주했으며 믿음이 없으면 사람들은 자연히 모래알처럼 흩어져 사회 공동체가 붕괴된다고 보았습니다. 이을호 역시, 다산 정약용의『논어고금주(論語古今註)』를 토대로 수레와 말은 본래 따로 떨어져 있는 것인데 이를 이어주는 것이 멍에라며 사람의 경우에는 본래 따로 떨어져 있는 나와 남을 이어주는 것이 '신'과 '경(敬)'이라고 설명합니다(이을호, 2014: 36). 이을호는 사회 공동체 내에 믿음과 공경이 생긴 연후에 비로소 군주의 영(令)이 시행될 수 있다며 믿음과 존경을 국민 교화의 기본으로 삼아야 하는 이유가 여기에 있다고 강조합니다(이을호, 2014: 243).

---

13 子曰 人而無信 不知其可也 大車無輗 小車無軏 其何以行之哉?(자왈 인이무신 부지기가야 대차무예 소차무월 기하이행지재?)

공자가 '신'이라는 덕목을 얼마나 숭상했는지 가장 잘 보여주는 구절로는 「안연」편 7장을 꼽아볼 수 있습니다. 여기에서 공자의 제자 자공은 스승에게 바른 정치, 곧은 정치의 비결을 묻습니다. 이에 공자는 경제를 넉넉히 하고, 안보를 튼튼히 하며, 백성이 믿도록 하는 것이라고 대답합니다. 자공이 버려야 한다면 셋 가운데 무엇을 앞세우냐고 묻자 공자는 안보를 버려야 한다고 알려줍니다. 다시 자공은 나머지 둘 가운데 하나만 남겨놓을 경우, 무엇을 버려야 하냐고 질문합니다. 그러자 공자는 경제를 버려야 한다며 "예부터 누구에게나 죽음은 있었던 것이나, 백성의 믿음이 없다면 나라는 설 수가 없는 것"[14]이라고 이유를 들려줍니다(김학주, 2012a: 199).

배병삼에 따르면 신뢰는 공자에게 문명을 영속시키는 힘으로서 문명이 문명다울 수 있도록 추동(推動)하는 원천입니다. 반면, 경제와 군사는 "신뢰라는 문명의 노른자를 보존하기 위한 흰자위와 껍데기에 불과"합니다(배병삼, 2002b: 87~89). 이을호도 "백성이 상부의 법령을 믿지 못하게 되면… 비록 군비가 있더라도 외환을 막아내지 못하며 비록 먹을 것이 넉넉하더라도 즐거운 생활을 누릴 수가 없을 것이다. 그러므로 믿음이란 나라의 근본이 아닐 수 없다"(이을호, 2014: 186)고 부연합니다.

믿음을 둘러싼 공자의 이 같은 사상은 인본주의적인 시각에서 볼 땐 지극히 당연하지만 패권적·패도주의적 관점에 볼 땐 생경하고 허황되기 그지없습니다. 약육강식의 법칙이 대륙을 지배하던 춘추시대에 백성의 믿음이 가장 중요하다는 공자의 일성(一聲)은 현실을 몰라도 너무나 모르는 고담준론(高談峻論)[15]일 뿐이었으니까요. 위정자 입장에서 볼 때, 안보와 경제, 믿음의 셋 가

---

14   子貢問政 子曰 足食 足兵 民信之矣 子貢曰 必不得已而去 於斯三者 何先? 曰 去兵 子貢曰 必不得已而
      去 於斯二者何先? 曰 去食 自古皆有死 民無信不立(자공문정 자왈 족식 족병 민신지의 자공왈
      필불득이이거 어사삼자 하선? 왈 거병 자공왈 필불득이이거 어사이자하선? 왈 거식 자고개
      유사 민무신불립).

15   고상하고 준엄한 논의. 잘난 체하고 과장하여 떠벌리는 말의 비유적 표현으로 쓰이기도 합
      니다.

운데 버릴 것이 있다면 믿음을 먼저 버리고 뒤이어 경제를 버린 다음, 마지막으로 안보를 버릴 것입니다. 멀리 볼 것도 없이 그 좋은 예가 현대의 한국사에 있습니다. 북한과 60년 이상 휴전한 상태에서 안보는 그 무엇과도 바꿀 수 없는 국시(國是)였으며 대기업 중심의 수출 진작은 지난 수십 년간 한국 경제 정책의 가장 중요한 근간이었습니다.

그런 의미에서 공자의 통찰력과 선견지명은 안보와 경제가 없었지만 믿음 하나로 2000년 이상의 방랑 끝에 중동의 아랍 국가들 사이에서 건국에 성공한 이스라엘의 출현을 예견한 듯합니다. 반면 국토가 온통 전쟁터로 전락한 시리아의 경우는 지도자와 지도층에 대한 믿음이 사라진 땅에서 백성이 얼마나 커다란 고초를 겪고 있는지 잘 보여주고 있습니다. 이 때문에 제4부로 불리며 준정부적인 역할을 수행하는 언론이 국민의 신뢰를 잃을 경우, 국가적으로 얼마나 불행한 결과가 초래될 수 있을지는 충분히 짐작이 갑니다. 여기에서 언론에 대한 신뢰는 언론 전반에 대한 신뢰를 포함해 신문, 방송, 잡지, 인터넷 등 각 분야에서 가장 영향력이 강한 지도적 언론들에 대한 신뢰를 의미합니다.

안타까운 사실은 수십 년 동안 끊임없이 추락해온 한국 언론의 신뢰도에 발맞춰 한반도에서의 사회적 갈등 수위는 점차 높아지고 있다는 것입니다. 예를 들어, 서울 광화문이나 시청 앞에서 열리는 군중집회의 규모와 빈도를 헤아려봅시다. 혹자는 이것이 한국 민주주의의 역동성을 나타내는 표상이라고 인식할 수 있겠지만 잦은 대규모 군중 시위와 집회는 안정적이고 조화로운 공동체를 지향하는 도덕 국가에서 결코 바람직한 현상이 아닙니다. 그렇다면, 국내 언론이 사회적 갈등을 줄이고 국가 통합을 단단히 꾀하는 데 이바지하기 위해서는 어느덧 불신의 대상으로 전락한 자기 자신부터 바꿔야 할 것입니다. 더불어서, 언론의 신뢰를 회복하기 위한 실천적 방법으로는 앞서 거론된 '의', '예', '호학', '신'과 함께, 뒤에 등장하는 '중용', '신언', '내자성'을 둘러싼 '충'과 '서'의 실천이 필요하겠습니다.

중용(中庸)과 편파(偏頗)

영미 언론의 직업적 실천 규범인 객관성, 공정성과 가장 가까운 의미를 공유하는 유가 언론학적 관념이 중용일 것입니다. 하지만 중용은 철학적인 측면에서 볼 때 영미 언론에서 강조하는 객관성, 공정성과 결코 동일한 의미를 공유하지는 않습니다. 간단히 설명하자면 서구 언론과 한국 언론이 객관 보도, 공정 보도를 지향함과 동시에 이에 대한 실천을 수행하고 있다고 자평하는 것과 달리, 중용은 공자 스스로가 "사람들 중에서 오래 지킬 수 있는 이가 드물다"(김학주, 2013: 11)[16]며 "사람들은 모두 나는 지혜롭다고 말하나, 중용을 택하여 한 달 동안도 지켜내지 못한다"(김학주, 2013: 13)[17]고 일컬을 정도로 그 체행(體行)[18]이 어려운 대상입니다.

그렇다면 중용은 과연 어떤 의미를 지니고 있는 도덕 강령일까요? 또 유가 저널리즘에서는 어떻게 이를 뉴스 제작 현장에 실질적으로 적용할 수 있을까요? 성인인 공자조차 그 지속적인 실천을 버거워했던 중용이라면 말이죠.

중용은 저서로서의 『중용』과 개념으로의 중용이라는 두 가지 대상 언어가 존재합니다. 저서로서의 『중용』은 공자의 손자인 자사가 저술했으며 원래는 『예기』의 한 편으로 구성되어 있다가 송(宋)나라 때 단행본으로 독립되면서 이후, 『논어』, 『맹자』, 『대학』과 함께 유학의 사서로 격상됐습니다. 현재까지 우리에게 전승되고 있는 『중용』은 송나라 주자의 『중용장구(中庸章句)』가 전반적인 풀이를 제공하고 있습니다.

중용의 두 번째 기표는 개념으로서의 중용입니다. 사실, 『논어』에서는 중용이라는 단어가 한 번밖에 등장하지 않습니다. 직접 언급되지는 않았지만 중용에 관해 간접적으로 언급하는 구절까지 감안하면 겨우 두 차례에 걸쳐

16　中庸其至矣乎 民鮮能久矣(자왈 중용기지의호 민선능구의).

17　人皆曰予知 擇乎中庸而不能期月守也(인개왈여지 택호중용 이불능기월수야).

18　체득하여 실행함.

거론될 뿐이지요. 그럼에도 불구하고 자사가 공자의 말씀임을 언급하며 중용에 관한 글을 『예기』에 편집해 넣은 것으로 볼 때, 공자가 중용이라는 덕을 그의 일생에서 무척이나 중시했다는 사실을 짐작할 수 있습니다.

『논어』에서 중용이 직접 등장하는 곳은 「옹야(雍也)」편 27장입니다. "공자께서 말씀하셨다. '중용의 덕성은 지극한 것이다. 사람들 중에 이를 지닌 이가 드물게 된 지 오래되었다'"(김학주, 2012: 99)[19]라는 구절입니다. 이와 함께 중용의 경지가 간접적으로 언급되는 「자한」편 7장에서는 "내가 아는 게 있나? 아는 것은 없다. (다만) 무지렁이라도 내게 물을 적엔, (그 질문이) 텅 빈 것 같더라도 난 그 양 끝을 헤아려 힘껏 알려줄 뿐이다"(배병삼, 2002a: 467)[20]라는 구절이 등장합니다. 이 구절은 『예기』 속에 자사가 편찬해 넣은 중용에 다시 한 번 등장합니다. 후대에 편찬된 『중용』을 기준으로 볼 때는 2장 5절에 해당하지요. 부가적으로 덧붙이자면 이을호는 배병삼이 '양 끝'이라고 번역한 '양단(兩端)'을 '일의 본말(本末)'이라고 보고, "전후를 살펴 극진히 일러주지"(이을호, 2014: 138)로, 김학주는 "이쪽 끝에서부터 저쪽 끝까지 다 들추어내어, 아는 것을 다하여 일러줄 것이다"(김학주, 2012a: 145)라고 「자한」편 7장의 뒷부분을 풀이하고 있습니다.

그렇다면 중용은 과연 무엇을 뜻할까요? 중용에 대한 개념을 설명하기에 앞서 먼저 『중용』의 1장인 "하늘이 사람들에게 내려준 것을 본성(理)이라 하고, 본성에 따르는 것을 '도'라 하고, 도를 닦는 것을 가르침(敎)이라 한다"(김학주, 2013: 5)라는 구절부터 살펴보겠습니다.[21] 이유는 "하늘이 사람들에게 내려준 것을 본성이라고 한다"는 구절이 중용의 중(中)과 용(庸) 가운데 '중'에 대한 이해와 밀접하게 맞닿아 있기 때문입니다.

---

19 子曰 中庸之爲德也 其至矣乎! 民鮮久矣(자왈 중용지위덕야 기지의호! 민선구의).

20 子曰 吾有知乎哉? 無知也 有鄙夫問於我 空空如也 我叩其兩端而竭焉(자왈 오유지호재? 무지야 유비부문어아 공공여야 아고기양단이갈언).

21 天命之謂性 率性之謂道 修道之謂敎(천명지위성 솔성지위도 수도지위교).

김학주(2013)에 따르면 『논어』, 『맹자』, 『대학』, 『중용』의 사서 체계를 확립한 성리학자들은 '본성'이 곧 '이(理)'라고 인식하는데 여기에서 '이'란 이치나 원리 또는 이성을 뜻합니다. 하늘에서 내려준 본성은 곧 이성이며 이성을 따르는 것이 법칙에 해당하는 '도'가 된다는 것이지요. 이러한 사고방식은 『중용』이 사서로 확립된 지 약 600년 뒤에 등장한 칸트의 윤리학과 대단히 유사합니다. 앞서 간단히 소개한 바와 같이 칸트는 인간이 존귀한 이유가 자연적 원인성에 구애받지 않을 수 있는 이성적 능력의 소유자이기 때문이라고 보았습니다. 그리하여 『중용』 1장은 희로애락(喜怒哀樂)의 네 가지 감정이 드러나지 않은 이성적 상태가 곧 본성을 의미하는 중(中)이 되며, 네 가지 감정이 드러나더라도 모두 절도에 맞는 것이 화(和)라고 설명하고 있습니다. 여기에서 중화(中和)란 '중용의 상태'를 뜻하는 것으로 중화는 중용의 도를 따를 때 비로소 이뤄질 수 있습니다(김학주, 2013: 7). 덧붙이자면 중용은 "언제나 가장 알맞고 가장 바르고 가장 잘 조화되는 것"(김학주, 2013: 102)이며 유가 사상의 두드러진 관념 가운데 하나입니다.

한편 『중용』의 첫머리에 등장하는 희로애락의 네 가지 감정은 절도에 어긋나는 감정과 절도에 들어맞는 두 가지 감정으로 이뤄져 있습니다. 절도에 들어맞는 감정은 도덕적·당위적으로 마땅히 발현되어야 하는 감정 ─ 이를테면 상(喪)을 맞이한 슬픔이나 불인(不仁)를 향한 정의로운 분노 ─ 을 의미하며 절도에 들어맞지 않는 감정 ─ 이를테면, 시기, 질투, 욕심, 욕정 ─ 은 마땅히 자제되어야 하는 감정을 의미합니다. 이와 관련해서는 맹자가 성선설을 주장하며 내세운 사단(四端)이 인간의 본성에서 우러나와 절도에 들어맞는 감정을 명료하게 규정하고 있습니다. 『맹자』 「공손추(公孫丑)」 상(上)편에 나오는 사단(四端)은 '측은지심(惻隱之心)', '수오지심(羞惡之心)', '사양지심(辭讓之心)', '시비지심(是非之心)'의 네 가지 도덕 감정을 말합니다. 측은지심은 남을 불쌍히 여기는 마음을, 수오지심은 자신의 옳지 못함을 부끄러워하고 남의 옳지 못함을 미워하는 마음을, 사양지심은 겸손하여 남에게 양보하는 마음을, 시비지심은 잘잘못을 분별하여 가리는 마음을 의미합니다.

칸트가 자신의 윤리학을 통해 배격해야 할 대상으로 거론했던 자연적 원인성이나 정념적[22] 경향성은 맹자의 입장에서 볼 때 사단에 들어맞지 않는 감정에 속합니다. 나아가 칸트에 의거해 중용 상태인 중화를 설명해 보자면 자연적 원인성이나 정념적 경향성에 영향받지 않는 것이 중(中)이며, 선의지로 발현된 정언명령에 따라 타인으로부터 보편적 타당성을 획득할 수 있는 사단(四端)적 감정을 발산하는 것이 곧 화(和)가 됩니다. 그런 까닭에 중용에 기반을 둔 언론 취재 행위는 자연적 원인성과 정념적 경향성을 배제한 채, 선의지에 기반을 둔 정언명령을 바탕으로 행해져야만 합니다. 그렇게 될 경우, 4대강 사업과 세월호 참사는 물론, 옥시의 가습기 살균제 사건 등에서 경우에 따라 절도에 들어맞는 희로애락의 감정과 절도에 들어맞지 않는 희로애락의 감정을 본성인 이성과 조화롭게 아우르는 것이 중용 보도의 참모습일 것입니다.

한편, 양 끝 또는 전후(前後)를 헤아려 알려준다는 공자의 말에서 미뤄 짐작하듯, 사안의 이쪽 끝이나 저쪽 끝에서 극단을 취하며 전후를 헤아리지 않는 것이 중용의 반대 관념에 해당하는 '편파(偏頗)'일 것입니다. 『중용』 1장을 참고할 경우, 절도에 들어맞지 않는 감정을 밖으로 표현하거나 절도에 들어맞는 감정은 도리어 숨기는 것 역시, 편파에 해당할 것입니다. 정념에 사로잡힌 감정적인 취재나 연민이 실종된 무정한 뉴스, 편 가르기 식의 선동적인 보도나 언급 대상자의 비극을 보듬어주지 못하는 기사들은 모두 중용의 도를 잃은 편파적 언론 행위에 귀속될 뿐입니다.

부연하자면 중용의 '도'에서는 절대악이나 절대선이 결코 존재하지 않습니다. 선악의 기준은 상대적인 것이지 절대적인 것이 못되기 때문입니다. 이와 관련해 김학주(2013)는 악 속에도 선한 동기가 들어갈 수 있고 선 속에도 악의 씨가 있을 수 있기에 때와 장소에 알맞고 누구에게나 타당한 길이 중용이라

22　칸트가 감정적·감성적인 의미를 표하기 위해 사용했던 단어.

고 강조합니다.[23]

　바로 이 지점에서 현대 언론의 직업적 실천 규범인 객관·공정 보도와 유가 언론적 실천 규칙인 중용 보도 사이에 결코 적지 않은 차이가 발생합니다. 한국을 비롯한 서방 언론들이 뉴스 취재 및 제작의 절차적 정당성을 강조하며 이의 실천을 준수하는 보도 행위가 객관 저널리즘의 주된 실체라고 인식하는 데 반해, 유가 사상에 바탕을 둔 중용 보도에서는 도덕적인 감정과 선험적인 본성(이성) 사이의 적절한 조화 속에서 극단들 사이의 중간 지점을 택해 뉴스를 취재하고 제작하기를 권면(勸勉)[24]합니다. 하지만 그 중간 지점 역시, 단순히 산술적인 평균이 아니며 중용이 추구하는 대상의 분포곡선이 어떤 특성을 보이건, 해당 분포곡선의 평균과 중간 값,[25] 중앙값,[26] 그리고 최빈값[27] 등 대푯값의 대상이 될 수 있는 가능한 수치들을 모두 고려 대상으로 삼아 최선의 대푯값을 도출하고자 하는 노력을 기울입니다. 그리하여 비록 중용이 발휘되어야 하는 분포곡선의 특징이 비정규적·편향적인 경향을 보인다 하더라도 해당 분포곡선이 탄생하게 된 역사적 경험 지평과 공시적 맥락을 존중해 앞서 언급한 과정으로 대푯값을 이끌어내고자 의욕합니다. 그런 관점에서 볼 때, 중용 저널리즘에서 분포곡선 양극단 ─ 저널리즘으로 보자면 양극단적인 보도 ─ 의 위치와 값은 편파적인 비난의 대상이 될 수 없으며 가장 알맞고 조화로운 대푯값을 찾을 수 있도록 그 기준을 마련해준다는 점에서 오히려 필수 불가결한 보조 지표로 역할을 하게 됩니다.

　그렇다면, 이러한 중용 보도는 객관 보도나 공정 보도와 어떻게 다르게 인

23　김학주(2013)는 굶고 있는 처자를 위해 도둑질을 하거나 사회적 명성을 노린 자선사업과 같은 경우를 그 예로 들고 있습니다.

24　알아듣도록 권하고 격려하여 힘쓰게 함.

25　얻어진 n개의 값 중에서 가장 큰 값과 가장 작은 값의 평균값을 일컫는 말.

26　총수 n이 홀수일 때는 (n+1)/2번째 변량, n이 짝수일 때는 n/2번과 (n+2)/2번째 변량의 산술평균값.

27　자료 분포 중에서 가장 빈번히 관찰된 최다도수를 갖는 값.

식될 수 있을까요? 만일, 객관 보도가 정확한 사실을 중심으로, 또 공정 보도는 취재하는 절차적 과정을 중시하며 각각 중립적이고 균형적인 시각에서 취재 사안을 보도하는 것이라고 거칠게 정의할 경우, 중용 보도는 수많은 언론 기사가 스스로의 관점에서 규정한 객관 보도와 공정 보도를 포괄적으로 아우르며 좀 더 거시적이고 통합적인 시각에서 가장 원만하고 바람직한 보도 방향을 정해 이를 추구하는 것을 목표로 합니다. 이는 객관 보도, 공정 보도라는 주장을 내세움에도 불구하고 언론사마다 자사의 정치적인 입장에 따라 제각기 자기중심적인 보도를 견지하고 있는 현실 속에서 이들 언론사의 이념적 다양성을 모두 인정하는 가운데, 가장 보수적인 시각에서부터 가장 급진적인 관점까지 모두 수용하고 포용함으로써 해당 시점에서 가장 조화로운 자세를 취하는 것을 의미한다 하겠습니다.

이와 함께, 발생 사건이나 취급 기사의 전개 상황을 현재 시점에서 단선적으로 보도하는 직업 의례에서 탈피해, 의제의 본질을 중심으로 그 역사성까지 고려해 뉴스를 통시적으로 바라보고 재단하는 것 또한 중용 보도가 추구하고자 하는 목표가 됩니다. 그리하여, 극단적인 이념들도 진실의 일정 부분을 보여준다고 인식하고 이들을 수용하는 자세는 중용의 '양단'에 대해 '양 끝'과 '이쪽 끝에서부터 저쪽 끝까지'라고 풀이한 배병삼(2002a)과 김학주(2012a)의 시각을 반영하는 것이 되며, 사건의 본질을 탐구하고 그 역사적 배경을 깊이 있게 따져 맥락까지 찬찬히 살피는 보도는 중용의 '양단'을 일의 본말(本末)이라고 보며 전후를 살펴 극진히 일러주는 이을호(2014)의 입장을 수용하는 것이 됩니다. 이에 따라 이성과 효율성, 능률과 생산성으로 대표되는 서구적 합리주의와 공리주의는 중용을 추구하는 유가 언론학에서 결코 바람직스럽지도 않으며 이상적이지도 않은 가치로 치부될 뿐입니다.

여기에서 핵심적인 사실은 중용 보도가 동시대에 매우 광범위하게 분산된 다양한 종류의 시각들이 종국에는 모두 총체적인 진실을 형성하는 소중한 요소이자 구성물이라고 간주하며 이들을 종합적으로 아울러서 그 무게중심을 찾아 뉴스 제작의 중핵으로 위치시키고자 꾀한다는 것입니다. 이와 함께 의를 추구하는 의행(義行) 보도와 예를 실천하는 예행(禮行) 보도가 자신들의 역할에 지나치게 충실함으로써 자칫 한쪽으로 쏠리거나 넘칠 수 있는 행위를 미연에 방지하고 경계함으로써 언제나 일정한 정도 이상을 벗어나지 않도록 유도하고 계도하는 역할 또한 중용 보도의 몫이 됩니다. 일례로 의롭지 못한 행위나 사건을 두고 모든 언론이 공정성과 객관성을 구비한 비난을 쏟아낼 때에도 중용의 '도(道)'는 『논어』「위령공(衛靈公)」편 27장에서 공자가 말한 대로 "사람들이 다 싫다 해도 반드시 따져볼 것이요, 사람들이 다 좋다 해도 반드시 따져볼 일이다"(배병삼, 2002b: 291)라는 구절이 의미하는 것처럼 비판의 대열에 편승하거나 휩쓸리지 않고자 노력합니다. 그런 까닭에 중용 보도는 한 방향으로 치우치거나 기울어진 시각을 좀처럼 허용하지 않으며 시대적 상황까지 고려해서 아우르는 균형적 시각을 유지하고자 노력하게 됩니다.

각각의 언론이 모두 자기 고유의 공론장을 형성하며 또 해당 공론장의 시민들에게 영향력을 행사한다고 볼 때, 중용 보도를 채택하는 언론사가 궁극적으로 추구하는 바는 여러 정치적 입장을 다양하게 견지하는 '언론의 중심'으로서 '언론들의 언론사'로 기능하는 것이며 이를 위해 대립적인 시각들 간의 타협을 꾀하고 사회의 긴장과 갈등을 완화시켜 해당 사회가 지닌 잠재력을 최대한 발휘될 수 있도록 유도하는 것입니다.

중용 저널리즘이 다루는 사안은 비단 사건·사고를 둘러싼 경성(硬性) 뉴스에만 국한되지 않으며 언론이 생산하는 인터뷰, 르포, 해설, 피처(feature), 칼럼, 사설, 만화 등 모든 종류의 장르에 적용됩니다. 뉴스 주제 또한 마찬가지입니다. 언론이 즐겨 다루며 저널리즘의 진정한 존재 이유로까지 평가받는 권력 감시는 사안의 양 끝을 미뤄 조화로운 접점을 지향하는 중용 정신에 따라 다른 주제들과 적절히 배합되어 조화롭게 운용될 수 있습니다. 엄밀히 말해, 권력의 부정부패에 대한 고발과 폭로는 공자가 『논어』「헌문(憲問)」편 23장에서 밝힌 비판적 선비 정신과 맞닿아 있습니다. 임금 섬기는 법을 물어온 제자, 자로(子路)에게 공자가 "속이지 말고 면전에서 올바른 말을 하라"(김학주, 2012a: 247)[28]라고 알려주는 구절이지요. 하지만, 맹자가 언급했듯이 "속이지 말고 면전에서 올바른 말을 하라"는 말씀의 진정한 목적이 "백성이 귀하고, 사직은 다음이요, 임금은 가볍다"라는 대의(大義)로부터 출발하기에 권력 비판에 치중하다 자칫 중용의 도를 잃고 유가 저널리즘 본연의 최고선인 인행(仁行) 보도를 놓칠 수 있음을 항상 명심해야 합니다.[29]

그런 의미에서 21세기의 한국 언론은 사실 및 정보 전달을 비롯해 교육, 계몽, 사회적 약자 보호, 시민권 제고, 그리고 인류애 발현 등과 같이 다양한 주제 가운데 권력 감시와 권력 비판에만 너무 힘을 쏟고 있는 것은 아닌지 되돌아볼 필요가 있습니다. 여기에서 명심해야 할 사실은 중용에 따라 조화로움을 추구하는 유가 저널리즘이 궁극적으로는 세상을 다스리고 백성을 구하는 경세제민(經世濟民)에 사상적 기반을 두고 있다는 점입니다. 국가나 사회를 올바르고 윤택하게 경영하기 위한 전통적 유가 관념인 경세제민은 경제(經濟)란 용어의 모태입니다. 따라서 유가 저널리즘을 지향하는 언론인이라면 마땅히 『중용』 2장 8절의 다음과 같은 글귀를 항상 마음속에 되새기며 경세제민을 지향하는 중용의 상태를 유지하기 위해 최선을 다해야 할 것입니다.

천하의 국가도 고르게 다스릴 수 있고, 벼슬도 사양할 수 있고, 흰 칼날도 밟을 수 있다 하더라도 중용은 잘해내기 어려운 것이다"(김학주, 2013: 15).[30]

---

28   子路曰 事君 子曰 勿欺也 而犯之(자로왈 사군 자왈 물사야 이범지).
29   『맹자』 7-2장, 16절. 孟子曰 民爲貴 社稷次之 君爲輕(맹자왈 민위귀 사직차지 군위경).
30   子曰 天下國家可均也 爵祿可辭也 白刃可踏也 中庸不可能也(자왈 천하국가가균야, 작록가사야 백도가답야 중용불가능야).

신언(愼言)과 교언(巧言)

'충'의 마지막 실천 규칙을 형성하는 도덕 강령으로는 '신언(愼言)'을 꼽아볼 수 있습니다. '신언'은 말이라는 커뮤니케이션 수단을 둘러싸고 공자가 일관되게 강조했던 주제로서 신중한 발화와 함께 발화된 언어에 대한 언행일치(言行一致)의 책임까지 요구하는 덕목입니다. 이와 관련해 공용배(1991)는 서양의 경우, 이성이나 사유(思惟)로 번역될 수 있는 말(logos)을 통해 절대 진리를 찾아 나섰기에 조리 있는 논변(論辯)이 매우 중요하게 여겨졌던 반면, 동양에서는 ─ 특히 공자가 ─ 과거의 정치 역사와 문화적 전통으로부터 진리를 찾으려 한 가운데 말 자체가 진리 추구를 위한 행동이자 실천이라고 인식했기에 달변(達辯)을 경계하고 말을 지극히 아끼는 신언 사상이 탄생했다고 설명합니다.

신언은 앞서 언급했던 '충'의 다섯 가지 하위 실천 규칙들 가운데 '신'과 밀접한 관계를 맺고 있습니다. 배병삼(2002a)에 따르면 공자에게 말이란 곧 약속을 의미하며 약속은 반드시 실천으로 이어져야 합니다. 지키지 못할 말을 결코 입 밖으로 내놓아서는 안 되며 일단 말을 내놓은 이상, 그 말은 꼭 실행에 옮겨져야 합니다. 자연히 약속으로 등치(等値)되는 말과 그 말의 실천 사이에는 내적 긴장이 유지되어야 하는데 그 내적 긴장 관계가 이른바 신뢰입니다. 앞서 설명했듯이 신뢰는 인간 사회를 형성하고 유지하는 근간이기에 약속의 실천이 이행되지 않으면 내적 긴장은 사라지게 되고 이는 다시 인간 상호 간의 신뢰를 무너뜨리게 됩니다.

그렇다면 공자는 왜 말이 신중하게 행해지는 가운데 발화되는 순간, 이미 실행에 바탕을 두고 있어야 한다고 생각했을까요? 이와 관련해 배병삼은 "춘추시대라는 전대미문의 혼란기를 통해 언어로 이뤄진 인간 사회의 타락과 질서의 붕괴를 처절하게 경험했기 때문"(배병삼, 2002a: 32~33)에 공자가 교언(巧言)[31]보다는 눌언(訥言)[32]을 높이 평가하게 되었다고 분석합니다. 여기에서 우리는 박애주의자인 공자에게 신언의 대상이 되는 텍스트가 특히, 지배 및 지식인 계층의 불인(不仁)을 동반한 정치적 이념이나 주장 표명과 깊은 관련이 있음을 짐작하게 됩니다. '충'과 '서'의 정신을 결여한 채 실천궁행의 모범이 뒤따르지 않는 정치적 신조나 사상의 주창은 해당 공동체를 결속시키는 정치적 신뢰 형성에 하등의 도움이 되지 않기 때문입니다. 경계되고 제어되어야 마땅한 이념적 교언이 사회 지도층 인사들 및 지식인 계층을 중심으로 오히려 광범위하게 행해질 경우, 갈등이 심화되고 질서가 팽배하며 증오가 확산되는 무도(無道)한 사회가 펼쳐질 수밖에 없습니다.

신언 사상에 기반을 둔 발화의 자제는 먼저 자기 자신의 행동을 성찰적으로 살피도록 유도하는 가운데 발화를 수행할 경우에는 정제되고 절제된 언어를 신중하게 구사함으로써 상대방과의 신뢰를 구축하는 초석으로 작용하게 됩니다. 그리고 보면, 불교의 묵언 수행 역시, 언어가 야기할 수 있는 부정적인 효과를 저어해[33] 마음의 소리에 귀를 기울이며 언어의 부작용을 최소화할 수 있도록 꾀한다는 점에서 공자의 신언 사상과 매우 유사한 목표 지점을 지향하고 있습니다.

공자의 신언 사상은 굳이 언어학에 비유하자면 화자와 청자 간의 관계, 시간과 장소의 적절성, 효과적인 주제의 선택 등에 관한 용법과 규칙을 연구하는 화용론(話用論, pragmatics)적 시각에서 더욱 잘 이해될 수 있습니다. 참고로 학문을 가리키는 영어 접사에서 '-tics(學)'는 상위 학문을, '-oloy(論)'는 하위의 분과 갈래를 가리키는데 언어학(Linguistics)에서는 우리말로 각각 의미론과 화용론으로 번역되는 'semantics'와 'pragmatics'만 상위 학문을 지칭하는 접사를 지니고 있습니다. 이에 대해 영국의 비판 언어학자인 노먼 페어클로프(Norman Fairclough)는 의미론과 화용론이 "인간의 모든 정신 작용과 행위를 포

---

31   교묘하게 꾸민 말.
32   더듬거리는 말.
33   염려하고 두려워하다.

괄할 목적으로" 상위 학문의 접사를 지니게 되었다고 설명합니다(Fairclough, 2001/2011: 30). 그렇다면 신언을 앞세워 교언을 경계하고 눌언을 칭송했던 공자는 인간의 모든 정신 작용과 행위 — 그 가운데에서도 특히 정치적 행위 — 에 대한 규범적인 성찰을 요망(要望)했던 셈입니다.

신언 사상을 근간으로 한 언행일치의 당부는 『논어』 전편에 걸쳐 지속적으로 이뤄지고 있습니다. 먼저, 『논어』 초반부인 「위정」편 13장에서는 "자공이 군자에 관하여 여쭙자 공자께서 말씀하셨다. 말하기 전에 먼저 행하고, 그런 뒤에야 행동을 좇아 말한다"(김학주, 2012a: 27)³⁴라고 언급한 후, 다시 「이인(里仁)」편 22장에서 "옛사람들이 말을 함부로 하지 않은 것은 자신의 행동이 따르지 못할 경우를 부끄러워했기 때문"(김학주, 2012a: 61)³⁵이라고 강조합니다. 「이인」편 24장에서도 "공자께서 말씀하셨다. 군자는 말에는 더듬거리지만 행동은 민첩하려 든다(김학주, 2012a: 61)³⁶라는 구절이 눈에 띕니다.

이렇듯 말을 꺼내기에 앞서 먼저 실천을 행하라는 공자의 화용론(話用論)은 『논어』 중반부에 이르러 말을 아끼는 것이 곧 '인'을 행하는 것이라는 입장으로 발전합니다. 「자로(子路)」편 27장의 "굳세고, 꿋꿋하고, 질박하고, 입이 무거운 것은 어짊에 가깝다"(김학주, 2012a: 229)³⁷라는 진술이나 「안연」편 3장의 "어진 사람은 말을 하기 어려운 듯이 한다"³⁸(김학주, 2012a: 195)라는 언급이 그 예입니다. 이에 공자의 제자 사마우(司馬牛)가 "말을 하기 어려운 듯이 하기만 하면 바로 그가 어질다는 말씀입니까"³⁹라고 묻자, 공자는 "실천하기 어려운 일이라면, 그것을 말하는 데 하기 어려운 듯이 하지 않을 수가 있겠느냐?"(김학주, 2012a: 195)⁴⁰라고 반문합니다. 공자의 신언이 최종적으로 지향하는 대상

34　子貢問君子 子曰 先行其言 而後從之(자공문군자 자왈 선행기언 이후종지).
35　古者言之不出 恥躬之不逮也(고자언지불출 치궁지불체야).
36　君子欲訥於言 而敏於行(군자욕눌어언 이민어행).
37　剛毅木訥 近仁(강의목눌 근인).
38　仁者 其言也訒(인자 기언야인)
39　其言也訒 斯謂之仁矣乎?(기언야인 사위지인의호?)

텍스트는 결국, 그 실천이 매우 어려운 인행(仁行)이라는 것이죠.

그렇다면 공자의 신언 중심적인 사고방식은 유가 언론적인 관점에서 바라볼 때 어떻게 취재 현장에 적용될 수 있을까요? 인쇄 매체의 경우에는 글을 통해 기사를 전달하지만 방송 매체는 말을 통해 뉴스를 전달할 수밖에 없는데 말이죠. 행간을 통해 유추해낼 수 있는 공자의 신언 사상은 분초 단위로 엄청난 양의 기사를 쏟아내는 작금의 디지털 미디어 환경 속에서 속보(速報)와 특보(特報), 단독 기사와 독점 보도라는 허명(虛名)에 매달리기보다 정확하고 신중하며 사려 깊은 뉴스 제작에 매진하라는 권면으로 활용될 수 있습니다. 신언이 내포하는 언행일치에의 강조 또한, 21세기의 한국 언론이 자기 자신의 행위부터 돌아본 후, 사회의 부정부패와 부조리, 비효율성과 무관심 등에 대한 비판과 계도에 나서라는 교훈을 건네줍니다. 그렇게 볼 때, 권력과 자본의 갑질 횡포, 성차별적 발언과 처우, 비정규직 근로자의 권익 침해, 장애인의 고용 및 이동권 외면, 다문화인 배척 등에 대한 고발 기사를 취재하고 보도함에 있어 공자는 언론인과 언론사가 보도 주제 및 보도 내용에 대한 체행(體行)을 스스로는 물론, 시민사회와 국가에 대해서도 제대로 실시하고 있는지 돌아보게 합니다.

더불어 언론 보도가 정략적·이념적 텍스트 전달을 위한 도구로 활용되거나 비판을 위한 비판, 지적 유희를 위한 말잔치가 되는 것을 경계하듯, 공자는 『논어』「선진(先進)」편 20장에서 '논독(論篤)'이라는 표현을 사용하며 이와 같은 처신을 지극히 경계하고 있습니다. "말솜씨만 가지고 판단한다면 진실한 인물이라고 할까! 볼품만 좋은 사람이라고 할까!"(이을호, 2014: 175)[41]라는 구절이 그것입니다. 학자에 따라 "말하는 것이 성실"(김학주, 2012a: 185)하거나 "언론이 독실"(성백효, 1999: 217)한 것으로 풀이되기도 하는 '논독(論篤)'은

---

40   爲之難 言之得無訒乎?(위지난 언지득무인호?)
41   子曰 論篤是與 君子者乎 色莊者乎?(자왈 논독시여 군자자호 색장자호?)

배병삼의 경우 "논리가 짜여 틈이 없는 것"(배병삼, 2002b: 46)을 의미합니다. 그렇게 볼 경우, 논독에 대한 공자의 경계는 유가 저널리즘 중 언론에서 내놓는 글쓰기 가운데에서도 그 논리가 가장 정교한 사설과 칼럼의 말솜씨를 겨냥하고 있으며 그 정교한 말솜씨에 준하는 언행일치를 엄정하게 요구한다 하겠습니다.

하지만 신언이 비단, 언행일치라는 전제 속에서만 제한적으로 활용되어야 하는 덕목은 아닙니다. 그 예로 「위령공」편 25장을 보겠습니다 여기에서 공자는 "예전에는 사관〔史〕이 글을 빼놓고, 말 주인이 수레를 빌려주는 모습을 보았거니와, 이젠 그런 미덕조차 볼 수 없구나!"(배병삼, 2002b: 298)[42]라고 언급합니다. 사관을 오늘날의 신문기자에 비유하는 배병삼에 따르면 공자가 회상하는 과거는 "사실 보도를 원칙으로 하는 신문기자라도 그 속사정이 딱한 경우는 좋은 기삿감일지라도 기사화하지 않는 경우가 있었"을 정도로 인정 있는 사회였다고 합니다(배병삼, 2002b: 299). 이러한 사고방식은 앞서 언급한 바 있는 『논어』 「안연」편 1장 2절의 "예(禮)가 아니면 보지 말고, 예(禮)가 아니면 듣지 말며, 예(禮)가 아니면 말하질 말고, 예(禮)가 아니면 움직이질 말라"(배병삼, 2002b: 67)[43]라는 구절과 유기적으로 연결됩니다. 상대방을 곤란하게 만들 우려가 있는 정보는 중요한 뉴스 가치를 지니고 있지 않는 한, 신중에 신중을 거듭해 기사로 작성할 것인지를 고민하라는 것이지요.

한편, 신언의 대척점에서 공자가 말을 둘러싸고 경계했던 발화 행위는 교언이었습니다. 교묘하게 꾸며대는 말을 뜻하는 교언에 대해 공자는 불인(不仁)하다는 표현까지 동원하며 유가의 길을 걷는 이들이 가장 경계해야 할 발화로 『논어』 곳곳에서 꾸준히 지적하고 있습니다. 「학이」편 3장은 그런 공자

---

42 吾猶及史之闕文也 有馬者借人乘之 今亡矣夫!(오유급사지궐문야 유마자차인승지 금망의부!)
43 顔淵曰 請問其目 子曰 非禮勿視 非禮勿聽 非禮勿言 非禮勿動(안연왈 청문기목 자왈 비례물시 비례물청 비례물언 비례물동).

의 반교언적 가치관을 함축적으로 보여줍니다. "듣기 좋게 말이나 잘하고 보기 좋은 얼굴빛이나 꾸미는 자들 중에는 어진 이가 드물다"(김학주, 2012a: 5)[44]라는 구절이지요. 「공야장」 24장 역시, 마찬가지입니다. "공자께서 말씀하셨다. 듣기 좋게 말이나 잘하고 보기 좋은 얼굴빛을 꾸미고 지나치게 공손한 것을 좌구명이 부끄럽게 여겼다 하거니와, 나도 역시 부끄럽게 여긴다. 원한을 숨기고 그 사람과 벗하는 것을 좌구명이 부끄럽게 여겼다 하거니와, 나도 역시 부끄럽게 여긴다"(김학주, 2012a: 81)[45]라는 문장이지요. 좌구명(左丘明)은 노나라 학자로서 공자가 『논어』 곳곳에서 그 사람됨을 크게 칭송한 이입니다.

마지막으로 「술이」편 20장에서 공자는 유가 저널리즘을 지향하는 언론인이 무릇 멀리해야 할 뉴스를 구체적으로 알려줍니다. "선생님은 이상한 것, 억압적인 것, 상식을 뒤엎는 것, 상식을 넘어서는 것에 대해서는 말씀하지 않았다"[46]라는 구절입니다. 이들 네 가지의 범주에 속하는 뉴스로는 독자, 시청자의 눈길을 끌기 위한 선정적인 보도와 권위에 편승한 편견적·차별적 보도를 떠올릴 수 있습니다. 같은 맥락에서 증자 역시, 스승의 가르침을 받들어 『논어』 「태백(泰伯)」편 3장에서 군자가 정치의 길에서 귀히 여겨야 할 것 가운데 하나로 "말할 적엔 비루하고 이치에 어긋난 것을 멀리할 일"(배병삼, 2002a: 419)[47]을 꼽습니다. 여기에서 비루함이란 너절하고 더러운 것을 의미합니다. 그리하여 공자의 신언 사상을 기사의 취재와 작성, 편집과 보도에서 구현하고자 하는 유가 저널리즘은 말초신경을 자극하는 감각적인 연성(軟性) 뉴스와 이치 – 이성 – 에 어긋나는 주관적 경성 보도를 모두 멀리하고자 할 것입니다. 칸트의 입장에선 감정에 따라 일어나는, 억누르기 어려운 자연적 욕

---

44   巧言令色 鮮矣仁(교언영색 선의인).
45   巧言令色足恭 左丘明恥之 丘亦恥之 匿怨而友其人 左丘明恥之 丘亦恥之(교언영색족공 좌구명치지 구역치지 익원이우기인 좌구명치지 구역치지).
46   子不言怪力亂神(자불언괴력난신).
47   出辭氣 斯遠鄙倍矣(출사기 사원비배의).

망으로서의 정념적(情念的) 경향성을 멀리하는 것이지요.

그럼, 다음 장에서는 '의'와 '불의', '예'와 '무례', '호학'과 '무지', '신'과 '불신', '중용'과 '편파', '신언'과 '교언'에 대해 각각 제반적 실천·경계 규칙으로 작용하는 '내자성'과 '무도'에 대해 살펴봄으로써 이 책의 대단원을 마치도록 하겠습니다.

참고문헌

공용배. (1991). 「공자의 '愼言' 사상: 『논어』를 통해 본 공자의 언론 사상을 중심으로」. ≪언론 사회 문화≫, 1권, 37~73쪽.

기든스, 앤서니(Giddens, Anthony). (1989/1992). 『현대 사회학』. 김미숙·김용학·박길성·송호 근·신광영·유홍준·정성호 옮김. 을유문화사.

김학주. (2012a). 『논어』. 서울대학교출판문화원.

_____. (2012b). 『대학』. 서울대학교출판문화원.

_____. (2013). 『중용』. 서울대학교출판문화원.

롤스, 존(John Rawls). (1999/2015). 『정의론』. 황경식 옮김. 이학사.

박경환. (2012). 『맹자』. 홍익.

배병삼. (2002a). 『한글 세대가 본 논어 1』. 문학동네.

_____. (2002b). 『한글 세대가 본 논어 2』. 문학동네.

성백효. (1999). 『논어집주』. 서울: 전통문화연구회.

심훈. (2018). 「공정 보도는 과연 최고선을 지향하는가?: 칸트의 윤리 형이상학과 공맹(孔孟) 사 상을 통해 본 공정 보도의 문제점과 한계, 그리고 유가 언론학적 극복 방안」. ≪한국언론학 보≫, 62권 3호, 37~67쪽.

이을호. (2014). 『한글 논어』. 올재클래식스.

이준웅·김경모. (2008). 「'바람직한 뉴스'의 구성조건」. ≪방송통신연구≫, 67권, 9~44쪽.

진순신. (1993). 『공자왈 맹자왈』. 서석연 옮김. 고려원.

칸트, 임마누엘(Immanuel Kant). (1785/2015). 『윤리 형이상학 정초』. 백종현 옮김. 아카넷.

_____. (1788/2015). 『실천이성비판』. 백종현 옮김. 아카넷.

페어클로프, 노먼(Norman Fairclough). (2001/2010). 『담화분석방법: 사회 조사연구를 위한 텍 스트 분석』. 김지홍 옮김. 도서출판 경진.

Marschall, T. H. (1973). *Class, citizenship and social development*. Westport, CT: Greenwood.

12

헤르메스의 자손들, 공자의 후손들(下)

/

내자성(內自省)과 무도(無道)

내자성(內自省)

이제까지 유가 언론학의 최상위 도덕 가치인 '인'을 향한 규범적 실천 원리로서의 '충'의 여섯 가지 실천 규칙과 검속적 실천 원리로서의 '서'의 여섯 가지 경계 규칙에 대해 각각 살펴보았습니다. 마지막으로 '충'과 '서'의 영역에서 여섯 개의 실천 규칙과 여섯 개의 경계 규칙을 각각 포괄적으로 대표하는 제반 실천 규칙으로서의 내자성(內自省)과 제반 경계 규칙으로서의 '무도(無道)'에 대해 알아보겠습니다. 먼저 이번 장에서는 내자성을 거론한 뒤, 다음 장에서 '무도'에 관해 설명하겠습니다.

종교가 아닌 철학적 측면에서 볼 때, 내자성이라는 관념은 상당히 독특합니다. 굳이 서양 철학사에서 찾아보자면, 소크라테스의 '너 자신을 알라'라는 격언이 내자성에 등치될 수 있을 것입니다. 하지만 소크라테스의 격언은 인식론적 관점에서 자신이 지니고 있는 지식의 불완전성을 냉철하게 돌아보라고 권면하는 데 초점을 맞추고 있습니다. 반면, 공자의 내자성은 윤리적인 관점에서 자신의 말과 행실을 비판적으로 성찰하라는 것으로, 지금도 현대 서구 ― 특히 영국, 독일, 프랑스를 중심으로 한 유럽 ― 철학에서는 이 주제에 대해 그다지 큰 관심을 기울이고 있지 않습니다. 그 대신 서구 철학은 주체로서의 개인을 둘러싼 외부 세계에 대한 비판이 주를 이루는 가운데 비판 주제는 자본, 권력, 욕망, 언어 등에 대한 사변적 비판과, 사변적 비판에 대한 또 다른 비판인 메타 비판에 집중되고 있습니다. 이는 근대성을 추구하고 획득하는 과정에서 오랜 투쟁 끝에 자유와 권리를 기반으로 하는 개인의 사적 영역을 성공적으로 확보했고 또한 이에 대한 수호가 여전히 현대 시민의 가장 중요한 사명으로 인식되고 있기에 개인 영역에 대한 철학적 진입으로 인식될 수 있는 내자성과 같은 주제는 아직까지 학문적 고려 대상에서 제외되기 때문인 듯합니다. 그리하여 현대의 서구 철학은 국가와 기업, 권력과 제도의 비이성적이고 비합리적인 행태를 인식론적 입장에서 비판하고 지적함으로써 시민을 계몽·변화시키고자 노력하는 데 큰 힘을 쏟고 있습니다. 이와 달리 공맹 사상은 자기 자신을 먼저 도덕적으로 개화시키는 데서 출발해, 점진적으로 가정과 공동체, 나아가서는 국가를 변화시키고자 의도합니다. 10장 서두에서 소개한 바 있듯이 천하의 근본은 결국, 한 사람의 몸에서 나온다는 『맹자』「이루(離婁)」상(上)편의 구절이나 『대학』의 '수신제가 치국평천하(修身齊家 治國平天下)'는 따라서 유가 사상이 지향하는 대표적인 명제입니다.

그래서일까요? 배병삼(2002a)은 '효'를 위시해, '인', '예', '신', '서', '의' 등 『논어』에 나오는 수많은 실천 규범이 '낯설게 하기'라는 전달 방식을 통해 당위적으로 인식되어야 하는 윤리 덕목들이라고 언급하고 있지만, 필자는 서구 철학에 '낯설게 하기'의 인식 전환을 유도할 수 있는 제반적 실천 규칙이 내자성이라고 생각합니다. 덧붙이자면, '낯설게 하기'란 러시아의 문예학자 빅토르 슈클로프스키(Victor Shklovsky)가 고안한 낱말로, 시의 경우에는 언어의 리듬이나 비유, 역설 등을, 소설의 경우에는 플롯을 통해 사물을 낯설게 하는 방식을 의미합니다.

그럼, 자기 자신에 대한 반성을 언급할 때 『논어』에서는 어떤 자성(自省) 담론을 선보이고 있을까요? 먼저, 『논어』에서 자기반성은 유가가 지향하는 이상적인 인격체에 도달하기 위해 필수 불가결한 필요조건으로 기능합니다. '인'의 궁극적 발현 주체인 군자는 물론이거니와 군자에 이르기 위한 실천적 행동 주체로서의 선비에게 자기반성과 자아 성찰은 칸트적 시각에서 볼 때 그것 자체가 선(善)이기에 무조건적인 수행이 요구되는 정언명령에 다름 아닙니다. 실제로, 남을 탓하기 전에 자신부터 돌아보라는 공자의 유가 사상은 칸트의 자기비판 개념과도 일맥상통합니다. 칸트의 비판 개념은 주체들 사이의 상호 비판보다 주체 내의 비판, 즉 '자기비판'에 치중한다는 점에서 관념적으로 내자성과 매우 유사합니다. 비록 칸트의 비판 대상이 된 것은 인간의 이성이었지만, 칸트 역시 지각을 통해 수용되는 인식과 관념들을 끊임없이 의심하고 재단할 것을 주문했기에 공자와 마찬가지로 비판의 내면화, 다시 말해 비판의 대상을 외부가 아닌 내부로 돌리는 과정과 절차를 중요하게 인식했습니다(김지운, 2011).

자기 행동을 낯설게 봄은 물론, 자기반성이라는 도덕적 규범을 낯설게 느끼도록 공자가 『논어』 곳곳에서 기울이는 노력은 대단히 지극합니다. 앞서 설명했던 바와 같이 '인'의 실천적 도덕 원리인 '충'만 하더라도 자신에게 한 점 부끄럼 없기를 도모하는 윤리적 조건을 전제로 하기에 성찰과 함께 부끄러움이라는 통로가 동시에 존재합니다. 이에 따라, 내자성을 둘러싼 공자의 전언(傳言)은 『논어』 전반에 걸쳐 반복적으로 행해지고 있습니다.

먼저, 『논어』의 「이인」편 17장에서는 "현명한 사람을 보면 어깨를 겨루려 힘쓰고 현명치 못한 이를 보면, 안으로 스스로를 살필 일이다"(배병삼, 2002a: 212)[1]라는 구절과 함께 내자성이라는 관념이 처음으로 등장합니다. 또, 「자로」편 20장에서는 제자인 자공이 어찌해야 선비답다고 할 수 있는지를 묻자

---

1   見賢思齊焉 見不賢而內自省也(견현사제언 견불현이내자성).

공자는 "자기 행실을 부끄러워할 줄 알고, 외국에 사신으로 가서 임금의 명을 욕되게 하지 않으면 '선비답다'고 이를 만하리라"[2] 언급하고 있습니다(배병삼, 2002b: 158~159). 「위령공」 14장에서 "선생님 말씀하시다. 저 자신은 몹시 꾸짖고, 남 탓하기는 가볍게 한다면 원망을 멀리할 수 있으리라"(배병삼, 2002b: 286)[3]라는 구절도 자기 자신의 행실부터 돌아보아야 타인의 비난을 상쇄시킴은 물론, 사회적 신뢰를 회복할 수 있는 지름길임을 암시하고 있습니다. 그러고 보면 "군자는 자기에게서 잘못된 까닭을 찾고, 소인은 남에게서 잘못된 까닭을 찾는다"(김학주, 2012: 273)[4]는 「위령공」편 20장 역시 비판의 대상이 주체 외부가 아닌 주체 내부로 향해야 함을 함축적으로 제시하고 있습니다. 자기반성에 대한 공자의 강조는 「위령공」편 29장에서도 반복적으로 확인할 수 있습니다. 여기에서 공자는 "잘못인 줄 알면서도 고치지 않는 것, 이것이 (진짜) 잘못이다"(배병삼, 2002b: 303)[5]라고 거듭 확인합니다.

한편, 내자성은 「공야장」편 26장에서 내자송(內自訟)이라는, 조금 색다른 표현으로 다시 강조되고 있는데 "그만두어야지! 제 허물을 발견하고, 속으로 스스로를 심판하는 사람을 아직 보지 못하였나니"(배병삼, 2002a: 276)[6]라는 공자의 탄식이 그것입니다. 배병삼에 따르면 내자송이라는 개념은 「이인」편의 내자성보다 훨씬 강력한 의미를 내포하고 있으며 내자성이 스스로를 살피는 데 그친다면 내자송은 스스로를 심판하는 행위이기에 자기 자신을 "심판대에 올려놓고 좀 더 엄격하게 냉철하게 비판하는 뉘앙스"(배병삼, 2002a: 277)를 지니고 있습니다.

그렇다면 어떤 내용이 내자성과 내자송의 실천 대상으로 적용되어야 할까

---

2   子貢問曰 何如斯可謂之士矣 子曰 行己有恥 使於四方 不辱君命 可謂士矣(자공문왈 하여사가위지
     사의 자왈 행기유치 사어사방 불욕군명 가위사의).
3   子曰 躬自厚 而薄責於人 則遠怨矣(자왈 궁자후 이박책어인 즉원원의).
4   子曰 君子求諸己 小人求諸人(자왈 군자구제기 소인구제인).
5   過而不改 是謂過矣(자왈 과이불개 시위과의).
6   子曰 已矣乎 吾未見能見其過 而內自訟者也(자왈 이의호 오미견능견기과 이내자송자야).

요? 이와 관련한 공자의 답은 분명합니다. 자기반성의 대상은 특정 주제, 특정 분야가 아니라 언행일치를 이행하지 못하는 모든 행위라는 것입니다. 예를 들어 공자는 「헌문(憲問)」편 21장에서 "아무렇게나 이야기해버리면 실행할 때 곤란하지"(이을호, 2014: 226)[7]라고 언급합니다. 공자의 이 같은 생각은 「이인」편 22장과 「헌문」 29장 1절에서도 확인됩니다. "옛사람들이 말을 함부로 내뱉지 않았던 것은 몸이 따르지 못함을 부끄러이 여겼기 때문"(배병삼, 2002a: 218)이며 "군자는 말을 부끄러이 여기고 그 (말의) 실천은 재빠르고자 하는 법"(배병삼, 2002b: 232)[8]이라는 대목입니다.

자신이 미처 깨닫지 못하는 잘못을 남의 지적으로 깨닫게 된 경우 역시, 내자성의 대상입니다. 언론으로 유비(類比)하자면, 외부로부터 지적받는 비판에 대해서는 정략적 이해관계를 떠나 자기 수양 및 자아 성찰을 위한 발판으로 삼을 수 있도록 기꺼이 받아들여야 한다는 것입니다. 『논어』 「선진(先進)」편의 3장이 그 예를 잘 보여줍니다. 여기에서 공자는 자신의 수제자 안회에 대해 "회는 내게 도움이 되는 애가 아니야! 내 말이라면 그저 좋아만 하니"(이을호, 2014: 167)[9]라고 읊조립니다. 비록 주자가 "안회는 선생님의 말씀에 묵묵히 깨닫고, 마음으로 통하였으니 그래서 의문이 없었던 것이다. 선생님은 마치 유감인 듯 말씀하시고 있지만, 실은 깊이 흐뭇하여 말씀하신 것이다"(배병삼, 2002b: 16)라고 풀이하고 있지만, 이곳에서는 제자로부터의 질문이나 지적조차도 언제든 자신의 성장을 위한 거름으로 삼으려는 공자의 신실한 자세를 잘 엿볼 수 있습니다. 실제로 『논어』 「양화」편 4장에서도 제자 자유(子游)가 자신의 정치를 지적하는 공자의 부적절함을 반박하자 제자에게 바로 사과하는 공자의 모습이 여과 없이 나옵니다.[10]

---

7   其言之不怍 則爲之也難(기언지불작 즉위지야난).

8   古者言之不出 恥躬之不逮也(고자언지불출 치궁지불체야).

9   回也 非助我者也 於吾言 無所不說(회야 비조아자야 어오언 무소불열).

10   子之武城 聞弦歌之聲 夫子莞爾而笑 曰 割鷄焉用牛刀 子游對曰 昔者偃也聞諸夫子曰 君子學道則愛人

비록 신언에 기반한 가운데 자신의 모든 언행에 대한 성찰을 꾀하고자 하는 공자이지만, 독백을 통해 자기반성의 대상을 더욱 구체적으로 드러내는 경우도 있습니다. 「술이」편 2~3장에 등장하는 "(배운 것을) 묵묵히 마음에 새기고, 배우면서 싫증 내지 않으며, 남을 가르침에 게으르지 않음이여! 이 가운데 내게 능한 건 무엇일까?"(배병삼, 2002a: 350)[11]라는 구절과 "덕이 닦이지 않고, 배움이 몸에 익지 않고, 의를 들어도 실천에 옮기지 못하고, 불선(不善)을 고치지 못하는 것, 이것들이 다 내 근심이려니!"(배병삼, 2002a: 351)[12]라는 구절입니다. 눈에 띄는 사실은 공자가 두 군데 모두에서 배움에 대한 체행(體行)을 반성 대상으로 삼고 있다는 것입니다. 공자의 제자인 증자가 『논어』첫 장인 「학이」편 4장에서 "나는 날마다 세 가지 일을 반성한다. 남을 위하여 충실히 일했는가? 벗들에게 신의를 잃은 일은 없는가? 배운 대로 내 것을 만들었는가?"(이을호, 2014: 17)[13]라고 언급하는 대목 역시, 유가 사상의 내자성에서 가장 핵심적인 가치는 수학(修學)과 이의 실천이라는 사실을 확인하고 있습니다. 이렇듯 공자와 그의 제자가 내자성을 통해 호학을 공통적으로 강조하는 이유는 명백합니다. 앞서 호학을 통해 설명한 대로 배우고 행함으로써 비로소 '서'를 제대로 실천하고 그러한 '서'가 내자성을 통해 다시 흔들리지 않는 '충'으로 지속되어야만 인(仁)을 고정적으로 구현할 수 있기 때문이죠. 그런 의미에서 '서'를 실천하기 위한 토대로서의 호학은 내자성을 통해 재차 강화되고, 내자성을 통해 재차 강화된 호학은 다시 '서'의 정신을 충심(忠心)껏 실천하도록 끊

小人學道則易使也 子曰 二三子! 偃之言是也 前言戲之耳(자지무성 문현가지성 부자완이이소 왈할계언용우도 자유대왈 석자언야문제부자왈 군자학도즉애인 소인학도즉역사야 자왈 이삼자! 언지언시야 전언희지이).

11 黙而識之 學而不厭 誨人不倦 何有於我哉(묵이식지 학이불염 회인불권 하유어아재).

12 德之不修 學之不講 聞義不能徙 不善不能改 是吾憂也(덕지불수 학지불강 문의불능사 불선불능개 시오우야).

13 吾日三省吾身 爲人謀而不忠乎 與朋友交而不信乎 傳不習乎(오일삼성오신 위인모이불충호 여붕우교이불신호 전불습호).

임없이 스스로의 계몽을 유도하는 유기적 순환 구조를 완성합니다.

그렇다면 내자성은 유가 저널리즘에서 어떻게 실천적으로 활용될 수 있을까요? 이에 대한 답은 '서'의 여섯 가지 도덕적 경계 규칙들이 핵심적으로 잘 보여주고 있습니다. 불의와 무례, 무지와 불신, 편파와 교언에 대한 반성이 그것입니다. 자신에 대한 반성에서 출발해 종국에는 자신에 대한 심판으로까지 발전하는 내자성은 뉴스 제작을 둘러싸고 벌어지는 일련의 과정에서 불의를 행하거나 무례를 범하지는 않았는지, 또 불신이나 무지에 기반한 뉴스를 편파적으로 생산하지는 않았는지, 마지막으로 달콤한 말, 아첨하는 글, 언행 일치가 따르지 않는 교조적인 논리를 내놓지는 않았는지 경계하고 반성하며 스스로를 꾸짖게 합니다.

하지만 언론인과 언론사의 내자성을 실천하고 실시함에 있어 유가 저널리즘은 매체 상호 간의 비평을 권장하기보다 비판과 비평의 칼끝이 행위 주체로서의 자기 자신에게 향할 것을 강하게 주문합니다. 이는 타 언론인이나 타사, 타 매체에 대한 비판이 자기 자신에 대한 비판과는 홀연히 다른 비판 영역에 자리하고 있기 때문입니다. 이에 대해 공자는 외부 세계에 대한 비판은 유가 사상에서 추구하는 선과 동떨어져 있음을 명확히 합니다. 예를 들어, 규범 행위의 이상적 사표(師表)로 『논어』에서 자주 거론되는 군자조차도 미워하는 것이 있는지를 「양화」편 24장에서 물어본 제자 자공의 질문에 공자는 "미워하는 게 있지, 남의 잘못을 까발리는 짓, 낮은 데 있으면서 윗사람을 헐뜯는 짓, 용맹하기만 하고 무례한 짓 그리고 과감하기만 하고 꽉 막힌 것을 미워하느니"[14]라고 답합니다(배병삼, 2002b: 414). 마찬가지로 제자 자공이 사람들을 품평하자 "너, 참 똑똑한가 보구나. 나는 그럴 틈조차 없는데"[15]라고(배

---

14 子貢曰 君子亦有惡乎? 子曰 有惡 惡稱人之惡者 惡居下流而訕上者 惡勇而無禮者 惡果敢而窒者
    (자공왈 군자역유오호? 자왈 유오 오칭인지악자 오거하류이산상자 오용이무례자 오과감
    이질자).
15 子貢方人 子曰 賜也賢乎哉! 夫我則不暇(자공방인 자왈 사야현호재 부아즉불가).

병삼, 2002b: 234) 「헌문」 31장에서 응수하는 공자의 대구도 유가 언론학적 시각에서 볼 때, 매체 간의 상호 비평 행위를 마뜩찮게 인식하는 근거를 제시합니다.

그런 의미에서 언론 매체들이 서로를 질책하는 행위는 언론계 내에서 벌어지는 일임에도 불구하고 궁극적으로는 타 언론인, 타사, 타 매체의 잘못을 꾸짖고 있기에 유가 언론학적인 입장에서 볼 때 결코 권장할 만한 성찰적 행위에 속하지 않습니다. 그 대표적인 예가 2000년대 초반, 진보 정권하에서 전성기를 이뤘던 미디어 상호 비평입니다.[16] 당시, 공영방송을 중심으로 촉발된 매체 상호 간의 비평은 결국, 모든 언론사가 미디어 비평을 자사의 선전 도구로 활용하도록 유도하면서 오히려 사회적 갈등을 심화시키고 언론에 대한 국민적 신뢰를 더욱 저하시켰습니다. 안타까운 사실은 이후, 보수 정권이 들어서면서 진보적 색깔이 강한 공영 매체를 견제하기 위해 보수적인 종편 채널 네 개를 승인함으로써 방송 시장 내에서 과당 경쟁과 이에 따른 시장 교란 행위들 — 이를테면, 오보, 추측, 선정, 편파 보도 등 — 이 난무하기 시작했다는 것입니다. 만일, 서로의 잘못을 꼬집고 비평하기보다 공자의 유가 사상에 바탕을 둔 내자성으로 자기 자신의 허물부터 살펴보고 바꾸려고 노력했더라면 오늘날의 언론 지형이 어떻게 바뀌었을지 모를 일이지요. 하지만 공자가 「태백(太伯)」편 10장에서 "사람이 사람답지 않다 하여 미워하기를 심히 하면 큰일을 낸다"[17]라고(배병삼, 2002a: 429) 예견한 바대로 한국 언론은 21세기로 접어드는 길목에서 서로를 심히 미워하다가 종국에는 현재와 같이 세계 어느 곳에서도 그 유래를 찾아보기 힘든 과당 경쟁, 과밀 경쟁 속에 국민들의 신뢰를 잃고

---

16 온라인 매체로는 ≪미디어비평≫이 지난 20여 년간 미디어 비평에서 독보적인 위치를 차지하며 미디어의 잘잘못을 냉철하게 지적하고 있습니다. 하지만, 자기 자신에 대한 반성을 국한되는 협소적 의미의 내자성에 있어서는 ≪미디어비평≫ 역시, 앞으로 노력해야 할 방향을 분명히 제시받고 있습니다.

17 人而不仁 疾之已甚 亂也(인이불인 질지이심 난야).

말았습니다.

그리하여 유가 사상에서 내세우는 내자성은 자기 스스로를 향해서만 엄정하고 준엄하게 시행되고 집행할 것을 요구합니다. 이와 관련해 필자는 한국 방송 저널리즘의 내자성이 어떠한지 그 현주소와 실태를 파악하기 위해 매체 비평 프로그램인 KBS의 〈미디어 인사이드〉가 8년간 내보낸 방영물들을 2016년에 분석한 적이 있습니다(심훈, 2016). 조사 결과, KBS 〈미디어 인사이드〉는 전체 방영 내용의 0.3%만 자신에 대한 내자성을 담고 있었으며 방송보다는 인쇄 매체에 대한 비판에 무게중심을 두고 있는 것으로 나타났습니다. 말하자면, 공영방송으로서 내보인 내자성은 그 규모도 대단히 미약한 가운데 동종업계보다는 이종업계에 대한 비판에 초점이 맞춰져 있었다는 것입니다.

엄밀히 말해, 내자성은 그 궁행(躬行)이 매우 어려운 도덕적 제반 실천 규칙입니다. 그럼에도 불구하고 스스로에 대한 반성은 언론인이 반드시 실천해야만 하는 정언명령에 기반한 당위적 실천 규칙입니다. 시민의 기본권과 자유를 수호함과 동시에 사회적 약자는 항시 챙기는 가운데 권력에 대한 감시를 게을리하지 않음으로써 사회 공동체와 국가를 바른길을 인도해야 하는 것이 공적 기관으로서의 역할 수행을 자임하는 언론의 진정한 사회적 책임이자 역할이기 때문입니다. 물론, 학자 ─ 그중에서도 특히 언론학자 ─ 도 내자성을 수행하는 도덕적 실천의 주체에서 예외가 될 수는 없습니다. 오늘날 한국 언론이 국민의 신뢰를 제대로 받지 못한 가운데, 정략적 이해관계 속에서 이전투구의 양상을 보이게 된 데에 대해 언론학계 역시, 언론계 못지않게 큰 책임을 지고 있습니다.

돌이켜 보면, 국내 언론학계에서는 미디어 윤리나 언론 철학에 관한 교육 프로그램을 상아탑 안팎에서 지속적으로 개설하거나 광범위하게 운영한 적이 많지 않으며 언론 철학의 자양분이 될 수 있는 토양을 언론계와 언론학계 모두에 제대로 제공해 본 경험도 거의 없습니다. 이와 관련해 "언론학계 내의 주류 연구 경향이 '자기성찰적 담론' 생산에 있어… 매우 게으르다"(이상길,

2004: 89)는 이상길의 주장은 언론학자의 한 사람으로서 유가 언론학과 함께 유가 저널리즘의 토대를 마련하고자 하는 필자에게 통렬한 아픔으로 다가옵니다.

사실, 공맹 사상을 언론학에 접목시킴으로써 유가 언론학이라는 새로운 학문 분야를 제창하며 이에 기반한 유가 저널리즘이라는 윤리적 언론 행위의 실천을 이 책 말미에 개진하게 된 것은 내자성을 필자 스스로에게 적용시킨 담론적 시도의 결과에 기반합니다. 그리하여 이 책은 유가 저널리즘의 도덕적 제반 실천 규칙에 바탕을 두고 언론인 스스로가 자신의 잘못을 고치고 발전해 나아갈 수 있는 내자성의 길로 들어섬으로써, 전통적 직업 규범에 따라 정보의 신속하고 정확한 전달에 주력하는 '헤르메스의 자손'으로서가 아니라 인행(仁行) 보도, 애인(愛人) 보도에의 충서(忠恕)를 실행하는 '공자의 후손'으로 살아갈 수 있기를 염원하는 바입니다. 이에 필자는 언론인이 도덕적 사명감과 사회적 책임감을 중하게 지닌 채, 한국 언론의 근본이 언론인 한 사람의 몸에서 나오는 '수신제가 치국평천하(修身齊家 治國平天下)'의 유가 명제를 자신에게 권면해 실천궁행할 수 있기를 희망합니다. 무릇, 이상적 언론인이란 공맹 사상에서 '수신제가 치국평천하'의 이상적 유학자로 상정하는 군자로부터 결코 동떨어져 있지 않다고 보는 까닭에서입니다. 이 시점에서 내자성에 관한 이야기는 『논어』「자장」편 21장을 통해 마치도록 하겠습니다.

자공이 말하였다. 군자의 허물은 마치 일식이나 월식과 같을진저, 허물을 저지르면 사람들이 다 쳐다보고, (허물을) 고치면 또 사람들이 우러러보나니(배병삼, 2002b: 478).[18]

---

18   子貢曰 君子之過也 如日月之食焉 過也人皆見之 更也人皆仰之(자공왈 군자지과야 여일월지식언 과야인개견지 경야인개앙지).

무도(無道)

드디어 유가 저널리즘의 대단원으로서 서(恕)의 영역에서 여섯 개의 경계 규칙을 포괄적으로 주관하는 제반 경계 규칙으로서의 '무도(無道)'에 대해 알아보겠습니다.

불의, 무례, 무지, 불신, 편파, 교언의 여섯 가지 경계 규칙의 모집합으로 작용하는 '무도'는 '도'의 대척점에 있는 비도덕적 가치이며 칸트적 관점에서는 보편성과 타당성을 지니지 못한 채 주관적 경향성과 경험적 동기에 의해 지배되는 윤리 악(惡)입니다. 그런 윤리 악으로서의 '무도'를 제대로 이해하기 위해서는 먼저 도에 대한 이해가 선행되어야 합니다.

인, 예, 신, 호학, 내자성과 함께 '도'는 『논어』에 가장 많이 등장하는 형이 상학적 윤리 관념입니다. 하지만 『논어』에서 '도'는 사용 맥락에 따라 그 개념 폭이 대단히 넓고 모호하기에 한마디로 정의하기가 무척 어렵습니다. 앞서 공자가 해당 문제의 논리적 정의 같은 것은 그다지 대견스럽게 여기지 않았으며 대중투약[19]적인 임기 응답으로 더욱 극적인 효과를 기대했다는 이을호(2014)의 견해를 소개한 바 있습니다. 그런 공자의 대중투약적 임기응변에 가장 부합하는 관념이 '도'입니다.

필자가 『논어』에서 쓰임새에 따라 나눠본 '도'는 크게 세 가지 개념으로 분류될 수 있습니다. 첫 번째는 동사로 사용되어 무엇을 '이끌고 인도한다'는 의미로 사용되는 '도'입니다. 이와 관련해 가장 대표적으로 소개될 수 있는 문구는 「위정」편 3장입니다. "정법으로 이끌고〔道〕 형벌로 가지런히 하려 들면 백성은 면하려고만 하지 부끄러움을 느끼지는 않는다. (반면) 덕으로 인도하고〔道〕 예로써 가지런히 하면 (백성은) 부끄러워할 뿐 아니라 또 (스스로) 바로잡는다"[20]라는 구절입니다(배병삼, 2002a: 72). 같은 용례는 「학이」편 5장의 "천승(千

---

19 병의 증상에 대응해 약을 지어주거나 씀.

乘)의 나라를 다스림에는〔道〕일을 어렵게 여기고 미쁘게 하다"[21]라는 곳에도 등장합니다(배병삼, 2002a: 35). 승(乘)이란 말 네 필이 끄는 전차를 의미하며 천 승(千乘)이라 함은 이러한 마차를 1,000개 정도 가지고 있는 국가를 의미합니다. 다양한 크기의 국가들이 무수히 분포해 있던 춘추시대의 중국 대륙에서도 상당한 크기의 영토를 지닌 제후국을 뜻하는 것이지요.

「안연」편 23장에서 벗의 정의를 묻는 자공에게 공자가 "곡직하게 깨우쳐 주고 잘 이끌어주는〔道〕"[22] 존재라고(배병삼, 2002b: 118) 답해주는 장면에서도 같은 용례로 사용된 '도'가 등장합니다. 이 밖에도 「자장」편 25장에서 자공의 재주가 공자를 웃돈다고 언급하는 진자금(陳子禽)에게 자공이 "우리 선생님이 나라를 얻으셨다면, 세우려 하니 스스로 서고 이끌려 하니 스스로 행하고, 편안케 하니 스스로 몰려들며, 움직이게 하니 스스로 조화를 이룬다"[23]라며(배병삼, 2002b: 484) 같은 문법적 의미의 '도'를 사용하고 있습니다.

두 번째는 형이상학적 관념 대상인 절대적 진리로서의 '도'입니다. 여기에서 '도'는 자기 수양을 통해 체득되는 깨달음의 대상입니다. 도가(道家)에서 정의하는 우주나 만물의 기본 원리로서 만물의 생성과 성장, 쇠퇴와 소멸을 주도하는 절대 법칙이라고나 할까요?[24] 불교의 입장에서 점진적인 수행 단계에 따라 문득 깨달음의 경지에 이를 수 있음을 의미하는 돈오점수(頓悟漸修)가 유가 사상의 이 '도'와 맞닿아 있지요. 더불어 절대적 진리로서의 '도'는 플라톤이 주창했던 감각 세계 너머에 있는 항구적이며 초월적인 실재로서의 이데아

---

20   道之以政 齊之以刑 民免而無恥 道之以德 齊之以禮 有恥且格(도지이정 제지이형 민면이무치 도
      지이덕 제지이형 유치차격).

21   道千乘之國, 敬事而信(도천승지국 경사이신).

22   子貢問友 子曰 忠告而善道之(자공문우 자왈 충고이선도지).

23   夫子之得邦家者 所謂立之斯立 道之斯行 綏之斯來 動之斯和(부자지득방가자 소위립지사립 도지
      사행 수지사래 동지사화).

24   『노자』 첫머리에서는 "도라 하더라도 사람이 알 수 있는 도는 참된 도가 아니다"라고 언급
      하고 있습니다. 이에 대해 김학주는 "유가의 '도'는 언제나 사람이 능히 지킬 수 있고, 또 지
      켜야만 할 '도'인 것이다"라고 설명합니다(김학주, 2013: 6).

와 관념적으로 매우 유사합니다. 이러한 '도'의 정체성을 가장 잘 보여주는 예가 「이인」편 8장입니다. "아침에 도를 들으면, 저녁에 죽어도 여한이 없다"[25]라는 유명한 구절이지요.

마지막은 인간을 위한 수단이자 도구이며 인간이 마땅히 걸어야 하는 길로서의 '도'입니다. 이른바 '선한 원리로서의 도'이지요.[26] '선한 원리로서의 도'는 휴머니즘을 향한 '도'로서 인간이 당위적으로 행해야 할 '도리'를 의미합니다. 주자 이후의 성리학에서는 '도'가 사람의 본성인 이치, 원리 또는 이성을 따르는 것이라고 파악합니다. 성리학이라는 학문 명칭도 본성(本性)은 곧 이(理)라는 명제에 기반하고 있습니다. 이에 따라 본성인 성(性)이 곧 이(理)인 학문이 성리학(性理學)인 셈입니다(김학주, 2013: 6) . 물론, 여기에서 사람의 본성인 이치는 칸트적 관점에서 볼 때, 선의지를 내포하는 정언명령에 따른 실천 이성입니다. 더불어 선한 원리로서의 '도(道)'는 칸트가 『실천이성비판(Kritik der praktischen Vernunft)』(1788/2015)에서 만고불변의 도덕법칙을 수립하기 위해 내린 결론 — "너의 의지의 준칙이 항상 동시에 보편적 법칙 수립의 원리로서 타당할 수 있도록, 그렇게 행위하라"(칸트, 1788/2015: 91) — 과 윤리 형이상학적인 측면에서 동일한 목표 지점을 지향합니다. 그리하여 실천 이성에 기반을 두고 인간이 마땅히 걸어 나가야만 하는 도덕법칙의 길이 곧 '도(道)'요, 이 길을 따라 걷는 행위가 곧 '도(道)'를 행하는 것이 됩니다.

'선한 원리로서의 도'가 가장 빨리 선보이는 동시에 이에 대한 개괄적인 정의가 나오는 곳은 「학이」편 2장에 등장하는 "군자란 근본에 힘을 써야 하느니. 근본이 서야 도가 생기는 법, 효와 공손은 인의 근본이라고 할 터!"[27]라는 구절입니다(배병삼, 2002a: 29). 유학자들에 따르면, 여기에서의 '도'는 '사람의 길', '사람다움의 길'입니다. 더불어, 사람다움의 길은 유가 사상의 효도와 공

---

25   朝聞道 夕死可矣(조문도 석사가의).
26   필자는 이러한 명칭을 사용하는 데 김학주(2013)의 풀이를 참조했습니다.
27   君子務本 本立而道生, 孝弟也者 其爲仁之本與!(군자무본, 본립이도생 효제야제 기위인지본여!)

손을 마음에 새기고 몸으로 실천하는 길입니다.

그렇다면 「학이」편 2장에서 '도'가 형성되기 위한 필요조건으로 효도와 공손을 거론한 이유는 과연 무엇일까요? 효도와 공손의 공통점은 두 도덕 가치가 모두 타인에 대한 공경을 의미한다는 것입니다. 하지만 자신에게 생명을 주었고 또 자신을 이제껏 키워준 부모는 무조건적으로 공경을 행해야 할 대상이기에 제3자에 대한 공경을 의미하는 용어, '제(弟)'와는 다른 용어인 '효'로 표현됩니다. 반면, 부모 이외의 타인에 대해 '서'의 정신으로 공경하는 마음을 지니고 이를 '예'로서 표현하는 것이 곧 '제'입니다. 말하자면 '효'는 윤리적인 차원에서 — 이러한 행위에 대해 칸트는 이성을 통해 의지를 자유롭게 세움으로써 원인성에 무조건적으로 따르는 자연법칙에서 벗어나는 것이라고 표현합니다 — 선험적인 동시에 당위적으로 행해져야만 하며 '제'는 사회적 차원에서 공동체의 조화로운 발전을 위해 — 이러한 행위에 대해 롤스는 상호 호혜성의 원칙에 따르는 것이라고 표현합니다 — 실행되어야 곧 사람다운 길이라는 것입니다. 그렇게 볼 때, 유가 사상에서 '도'의 근간을 이루는 원리는 결국 자신을 낳아주고 길러준 부모에 대한 당위적인 효도[28]와 함께 공동체 구성원에 대한 공경입니다.

이 같은 도덕 행위가 유가 사상의 중추이자 핵심이라는 것을 공자는 「옹야」편 16장에서 "누군들 방문을 통하지 않고 나갈 수 있으랴만, 어째서 '이 길'을 통하지는 않는 것인지!"[29]라며 안타까운 목소리로 확인시켜줍니다(배병삼, 2002a: 320). 그리하여 이 '도'가 제대로 행해질 경우에는 질서 잡힌 세상(배

---

28 유가 사상이 서양 철학은 물론, 여타 동양 철학과 가장 큰 차이를 보이는 지점이 여기에 있습니다. 유가 사상을 제외한 대부분의 동서양 철학에서는 '효'라는 도덕 가치에 대한 관심을 거의 보이지 않습니다. 배병삼에 따르면, 공자를 비롯해 유자와 맹자가 '효'를 강조한 까닭은 "춘추전국시대를 통해 야만 상태로 퇴보한 인류 문명의 재건을 위한 방법론을 '해체된 가족공동체의 재건'에서 찾았기 때문"입니다(배병삼, 2002a: 32). 하지만 이 책에서는 유가 언론학 및 유가 저널리즘의 제창과 구축에 초점을 맞추고 있기에 '효'의 특질에 대한 고찰이 적절하지 않다고 보아 이에 대한 논의를 제외합니다.

29 誰能出不由戶? 何莫由斯道也?(수능출불유호? 하막유사도야?)

병삼, 2002a: 12~19)이 도래하며 이 '도'가 제대로 행해지지 않을 경우, 인간 세계는 무질서한 '무도'의 세상으로 전락하고 맙니다.

한편 '선한 원리로서의 도가 사용된『논어』속의 용례를 살펴보면, 인간이 걸어야 할 길로서의 '도'는 모름지기 군자를 지향하는 이라면 반드시 뜻을 두는 대상(「술이」편 6장)[30]이어야 하고 또 실천적으로 행해져야만 하는 대상(「공야장」편 6장)[31]이며 배우는 대상(「양화」편 4장[32])으로서 생겼다가(「학이」편 2장[33]) 이뤄지거나 없어지는 것(「공야장」편 1장,[34]「태백」편 13장,[35]「헌문」편 38장,[36]「위령공」편 6장[37])입니다. 공자는 "천하에 이 '도'가 나타나면 벼슬을 하고 이 '도'가 사라지면 자신을 거두어 사회에서 모습을 감춘다"(「선진」편 23장,[38]「위령공」편 6장)고 말합니다.

그렇다면 '선한 원리로서의 도'는 구체적으로 어떤 도덕적 가치들과 연계되어 있을까요? 이에 대해서는 「술이」편 6장의 "도에 뜻을 두고, 덕에 의거하며, 인에 기대며, 예에 노닐리라"[39]라는(배병삼, 2002a: 355) 구절을 들여다보면 그 답을 어느 정도 얻을 수 있습니다. 인간의 길, 인간다운 길, 인간으로서 마땅히 걸어야 할 길을 걷고자 한다면 덕의 요체인 겸양과 배려, 사양의 정신으로 주변과 세계에 어짊을 베푸는 가운데 공경심을 절차에 맞게 정중하게 표

---

30 志於道 據於德 依於仁 游於藝(지어도 거어덕 의어인 유어예).
31 道不行 乘桴浮於海 從我者其由與(도불행 승부부어해 종아자기유여).
32 君子學道則愛人 小人學道則易使也(군자학도즉애인 소인학도즉역사야).
33 君子務本 本立而道生 孝弟也者 其爲仁之本與!(군자무본 본립이도생 효제야자 기위인지본여!)
34 子謂南容 邦有道 不廢 邦無道 免於刑戮 以其兄之子妻之(자위남용 방유도 불폐 방무도 면어형륙 이기형지자처지).
35 篤信好學 守死善道 危邦不入 亂邦不居 天下有道則見 無道則 隱邦有道 貧且賤焉恥也 邦無道 富且貴焉恥也(독신호학 수사선도 위방불입 난방불거 천하유도즉현 무도즉은 방유도 빈차천언치야 방무도 부차귀언치야).
36 道之將行也與 命也 道之將廢也與 命也(도지장행야여 명야 도지장폐야여 명야).
37 子曰 直哉史魚! 邦有道 如矢 邦無道 如矢 君子哉蘧伯玉! 邦有道則仕 邦無道則可卷而懷之(자왈 직재사어! 방유도 여시 방무도 여시 군자재거백옥! 방유도즉사 방무도즉가권이회지).
38 所謂大臣者 以道事君 不可則止(소위대신자 이도사군 불가즉지).
39 志於道 據於德 依於仁 游於藝(지어도 거어덕 의어인 유어예).

한다는 것입니다.

더욱 구체적으로 '도'의 개념을 명료하게 제시한 구절도 있습니다. 「공야
장」편 15장의 "선생님, 자산을 두고 이르시다. 군자의 도를 넷이나 갖추었네
그이, 처신할 적엔 삼갔으며, 윗사람을 섬길 적엔 공경하였고, 백성을 구휼할
적엔 은혜로웠으며, 백성을 부릴 적에는 의로웠더니"[40]라는 문구입니다(배병
삼, 2002a: 256). 신언에 바탕을 둔 언행일치를 행하는 까닭에 행동은 극히 신중
할 수밖에 없으며 상대방에 대한 공경을 윗사람이나 아랫사람 모두에게 고르
게 보이는 가운데 특히, 아랫사람인 백성에게는 인에 기반한 의를 구현하는
것이 '도'입니다. 결국, '선한 원리로서의 도'는 유가 사상의 핵심적 도덕 가치
들을 통합적으로 포괄하는 것으로 '인'을 구현하는 수단이자 동시에 목적으로
기능합니다. '도'를 둘러싼 결합어가 수단으로서의 '도'를 수행한다는 표현과
함께 목적으로서의 '도'를 이룬다는 표현이 공존하고 있기 때문입니다. 반면,
'도'의 대척점에 위치해 있으며 '도'의 반대어로 작용하는 '무도'는 사람다운
도리가 없는 불인(不仁)한 상태이기에 '서'의 도덕적 경계 규칙인 불의, 무례,
무지, 불신, 편파, 교언을 두루 아우르며 비도덕 사회의 특징을 집약적으로
표상합니다. 그런 까닭에 사람의 길, 사람다움의 길이 무너지는 '무도'한 사회
는 공자가 가장 경계해 마지않는 비윤리적 사회입니다.

'무도'한 나라에서의 처신을 두고 공자는 「헌문」 4장에서 "나라에 도가 있
으면 바른말과 바른 행동을 할 것이나, 나라에 도가 없으면 행동은 바로 하되
말은 공손히 할 것이니라"[41]라고 언급합니다(배병삼, 2002b: 188). 「공야장」 1장
에서도 유사한 인식이 엿보입니다. "선생님, 남용을 두고 이르시다. 나라에
도가 있으면 버려져 있지 않을 것이요, 나라에 도가 없을지라도 죽음은 면할

---

40   子謂子産 有君子之道四焉 其行己也恭 其事上也敬 其養民也惠 其使民也義(자위자산 유군자지도사
          언 기행기야공 기사상야경 기양민야혜 기사민야의).

41   子曰 邦有道 危言危行 邦無道 危行言孫(자왈 방유도 위언위행 방무도 위행언손).

터이다. 형님의 딸로서 아내 삼게 하시다"⁴²라는(배병삼, 2002a: 227) 구절이지요. 여기에서 공자가 남용(南容)이라는 이를 두고 나라에 '도(無)'가 없어도 죽음은 면할 것이라고 말한 까닭은 '무도(無道)'한 군주가 바른말, 바른 행동을 보이는 신하를 벌하는 사회에서도 목숨을 부지할 수 있는 남용의 신언과 처신을 높이 샀기 때문입니다.

사람이 수행해야 할 '선한 원리로서의 도'가 비단, 공자만의 독창적인 개념이 아니라 이미 춘추시대에 널리 통용되던 관념이라는 것을 확인시켜주는 구절도 『논어』 속에서 눈에 띕니다. 「팔일」편 24장입니다. "의(儀) 땅의 봉인(封人)이 공자 뵙길 청하면서 말했다. 여길 다녀간 군자치고 내가 일찍이 만나보지 않은 사람이 없소이다. 종자(從者)가 만남을 주선하였다. 그가 나와서 말하였다. 여러분! 선생님이 은퇴하신 걸, 뭘 그리 걱정들 하시오. 천하에 도가 무너진 지 오래되었소. 하늘이 장차 선생님을 목탁으로 삼으려 하심이라오"⁴³라는 구절입니다. 여기에서 '의(儀)'는 위(魏)나라의 한 읍이며 '봉인'은 그 경계를 지키는 관리를 의미합니다. 한 고을의 경계를 지키는 관리가 공자의 제자들에게 건네는 이 구절을 통해 당시의 중국에서는 이상적인 인간 사회의 운용 원리가 '도'이며, 춘추시대에는 그 원리가 무너졌다는 것이 널리 인식되고 있었다는 사실을 간접적으로 유추할 수 있습니다.

한편, 「태백」편 13장에는 '무도'한 나라에 대처하는 처신술도 나와 있습니다. "위태로운 나라에는 들어가지 말고 어지러운 나라에는 살지 않으며, 천하에 '도'가 있으면 나타나고 '도'가 없으면 숨는 것"⁴⁴(배병삼, 2002a: 452)이라는

---

42 子謂南容 邦有道 不廢 邦無道 免於刑戮 以其兄之子妻之(자위남용 방유도 불폐 방무도 면어형륙 이기형지자처지).

43 儀封人請見曰 君子之至於斯也 吾未嘗不得見也 從者見之 出曰 二三子何患於喪乎? 天下之無道也久矣 天將以夫子爲木鐸(의봉인청견왈 군자지지어사야 오미상부득견야 종자견지 출왈 이삼자하 환어상호? 천하지무도야구의 천장이부자위목탁).

44 危邦不入 亂邦不居 天下有道 則見 無道則隱 邦有道 貧且賤焉 恥也 邦無道 且貴焉 恥也(자왈 독신 호학 수사선도 위방불입 난방불거 천하유도즉현 무도즉은 방유도 빈차천언 치야 방무도

구절이지요. 여기에서 '도'가 없으면 숨는다는 표현에 대해 배병삼은 공자가 노장 사상을 받들어 세상을 피하여 숨는 은일(隱逸)을 장려하는 것이 아니라 '무도'한 사회에서 살아남기 위한 지혜요, 처신이라고 설명합니다(배병삼, 2002a: 434).

그렇다면 '무도'한 사회를 '유도(有道)'한 사회로 바꾸기 위해서는 어떻게 해야 할까요? 이에 대한 공자의 인식은 「안연」편 19장에 잘 나와 있습니다. 여기에서 노(魯)나라의 실권자인 대부, 계강자(季康子)가 먼저 공자에게 묻습니다.

> 만일 '무도한 놈들'을 죽여 '질서 잡힌 세상'을 만들 수 있다면 어떻겠소? 공자가 대하여 말했다. 그대는 정치를 하겠다면서 어찌 죽이는 방법을 쓴단 말이오! 그대가 선하고자 하면 백성도 선하게 되리다. 군자의 속성은 바람이요, 소인의 속성은 풀인 것을. 풀 위로 바람이 불면 (풀은) 반드시 눕게 되어 있나니(배병삼, 2002b: 105).[45]

공자의 유가 사상을 소개할 때, 자주 인용되는 「안연」편 19장은 그의 인본 주의적 애민 사상을 함축적으로 보여줍니다. '무도'한 이들을 벌하기에 앞서 '무도'한 이들이 어떻게 나타나게 되었는지를 위정자에게 엄하게 묻고 있기 때문입니다. 공자는 이 구절을 통해 '무도'한 사회를 초래한 당사자는 바로 군주와 위정자, 그리고 사회 지도층 인사들이며 '무도'한 백성을 벌하기에 앞서, '무도'한 백성이 왜 나오게 되었는지를 위정자 자신에게서 찾아보라고 꾸짖고 있습니다. 「안연」편 19장을 통해 공자가 전달하는 일성(一聲)은 위정자들이

부차귀언 치야).

45 季康子問政於孔子曰 如殺無道以就有道 何如? 孔子對曰 子爲政 焉用殺? 子欲善而民善矣 君子之德風 小人之德草 草上之風 必偃(계강자문정어공자왈 여살무도이취유도 하여? 공자대왈 자위정 언 용살? 자욕선 이민선의 군자지덕풍 소인지덕초 초상지풍 필언).

'의'와 '예', '호학'과 '신', '중용'과 '신언'으로 도덕적 모범을 보여야만 비로소 '충서'로 가득 차 '인'이 실질적으로 구현되는 '유도'한 공동체가 탄생할 수 있다는 것입니다.

춘추시대의 목탁으로 비유된 공자의 경우와 마찬가지로 21세기의 한국 언론은 '무도'한 사회를 '유도'한 사회를 이끄는 목탁으로 기능하며 검속적 실천 원리인 '서'를 향한 제반 경계 규칙으로서의 '불의'와 '무례', '무지'와 '불신', '편파'와 '교언'을 멀리하는 자세를 마땅히 견지해야 할 것입니다. 그리하여 '무도'한 언론을 저어하고 '유도'한 언론을 지향하며 이 과정에서의 잘잘못을 끊임없이 반성하고 자성하며 자신을 바로잡는 이가 곧 '충'과 '서'의 정신을 체행하는 유가 언론인이 될 것입니다.

에필로그

기(起)

저널리즘에 대한 신뢰 하락이 세계적인 추세라고는 하지만 이를 운명적으로 받아들이지 않은 나라가 있었습니다. 수정 헌법 1조를 통해 국익에 명백한 해를 가하지 않는 한 언론의 자유를 무제한에 가까울 정도로 보장해온 미국이었습니다. 베테랑 언론인이자 교육자인 빌 코바치(Bill Kovach)와 톰 로젠스틸(Tom Rosenstiel)은 하버드 대학교 산하 니만(Nieman) 재단의 후원을 통해 각종 위기에 봉착한 미국 언론의 처방전 마련에 나섭니다. 코바치와 로젠스틸은 3년에 걸쳐 약 100여 명의 언론인을 인터뷰하고 수십 차례의 세미나와 공청회 등을 토대로 2001년, 한 권의 책을 내놓습니다. 미국 언론학계는 물론, 한국 언론학계에서도 많은 주목을 받은 『저널리즘의 기본 원칙(Elements of journalism)』(2001/2014)입니다.

코바치와 로젠스틸이 오랜 기간에 걸쳐 취재 현장의 다양한 이야기에 귀를 기울이며 미 언론의 중흥에 대한 조언을 제공하기 위해 집필한 이 책에서 가장 눈에 띄는 사실은 이들이 객관 보도에 대한 자신들의 전통적인 믿음을 철회했다는 것입니다. 한 세기 이상 미 언론인들의 전문성을 상징적으로 대변해온 뉴스 제작 실천 규범은 그 실효성에 대한 언론인 자신의 의문으로부터 결코 자유롭지 못했습니다. 그 대신 코바치와 로젠스틸은 '진실에 대한 의무', '검증의 원리', 그리고 '공론장의 확대를 통한 시민적 숙의 활성화'라는 가치를 미국 저널리즘의 기본 요소로 새롭게 부각시켰습니다.

언론 철학적인 측면에서 볼 때, 미국 언론이 객관 보도를 저널리즘의 기본 요소에서 제외했다는 것은 의미하는 바가 큽니다. 언론이 뉴스의 중립적인 전달자로서 균형된 시각을 매개할 수 있다는 20세기의 확고한 신념에서 한발 뒤로 물러섰기 때문입니다. 그럼에도 불구하고 '진실에 대한 의무'가 미국 저널리즘의 기본 요소에서 선두에 놓여 있다는 점은 시민의 기본권 수호를 위한 서구 저널리즘의 계몽주의 역할론이 여전히 유효함을 잘 보여줍니다. 반면, 민주 사회의 이상적인 저널리즘으로 동일시되고 있는 객관 보도에 대한 국내 언론계와 언론학계의 믿음은 아직도 굳건합니다. 물론, 주류 매체들이 자신들의 냉전 이데올로기를 지면과 화면에서 공공연히 노정하며 자의적이고 주관적이며 때론 편파적이기까지 한 뉴스 보도를 수행하는 현실을 고려하면 이는 충분히 수긍할 만합니다.

한국 언론이 뉴스 제작에서의 객관성과 공정성을 높이는 데 극적으로 성공할 경우, 한국 언론에 대한 시민사회의 신뢰는 다시 과거의 최고 수준으로, 아니 과거의 최고 수준 이상으로까지 올라갈 수 있을까요? 만일 한국 언론학계에서 느슨하지만 광범위하게 공유하고 있는 객관 보도와 공정 보도에 대한 믿음 ― 주류 언론에 의해 이 같은 보도가 실천적으로 행해지면 언론이 수용자들의 신뢰를 회복할 수 있을 것이라는 예상과 함께 언론을 둘러싼 제반 문제, 이를테면 갈등 조장, 선정 보도, 사생활 침해, 오보 등과 같은 여러 부정적인 현상도 유기적으로 개선될 수 있을 것이라는 믿음 ― 이 진실에 무척 가깝다고 가정한다면 객관성과 공정성에서 우리보다 훨씬 높은 수준의 뉴스 제작 행위를 수행하고 있는 선진 언론들의 지속적인 신뢰 하락은 어떻게 이해해야 할까요?

승(承)

하루하루가 전쟁을 치르듯 정신없이 바빴던 30대와 달리, 조금 숨 돌릴 틈이 생긴 40대에 접어들면서 인생에 대한 고민이 깊어지기 시작했습니다. 가정과 일터 모두에서 삶에 대한 불만은 갈수록 커졌습니다. 그런 가운데 오랜 세월 동안 독서의 목마른 대상으로 여겨져 왔던 『논어』를 드디어 손 위에 올려놓을 수 있게 되었습니다.

서구의 사고방식에 익숙해진 까닭에 합리성과 효율성을 가장 먼저 내세우던 필자에게 2,500여 년 전의 공자는 인간이라면 마땅히 지향해야 할 도덕적인 삶을 실천할 것을 강하게 주문했습니다. 이상적인 인격체로서 세상에 '인(仁)'을 몸소 실천하는 군자와 그를 향해 치열하게 노력하는 선비라는 '상(像)'을 통해서였습니다. 현대 한국 사회가 요구하는 인간상과는 멀어도 너무 먼, 역설의 극치였습니다. 하지만 갈수록 팍팍해지는 삶 속에서 결국 인간이 마땅히 챙겨야 의무가 무엇인지, 그리고 마땅히 챙겨야 할 의무를 인간이 어떻게 행해야 하는지 가슴으로 일깨워준 이가 공자였습니다.

『논어』에서 받은 감동은 자연스럽게 『맹자』로 이어졌습니다. 이번에는 흉년이 들면 제대로 먹지도 못한 채 굶어 죽거나 군주들의 영토 욕심 탓에 숱한 전쟁에 내몰리며 목숨을 잃은 춘추시대의 수많은 백성이 눈에 들어왔습니다. 그리고 하늘이 믿고 맡겼다는 백성을 군주가 제대로 챙기지 못했다며 왕과 제후에게 호통치는 맹자의 노한 음성이 귀에 들어왔습니다. 서구의 객관 보도 중심주의에 회의를 품고 있던 필자에게 그렇게 『논어』와 『맹자』는 전혀 다른 종류의 언론 보도를 꿈꾸도록 인도했습니다.

하지만 2,500여 년 전의 유가 사상만으로 한국 언론학계에서 새로운 언론 윤리학을 제시하기는 쉽지 않았습니다. 그리하여 공자와 맹자의 사상이 서구 철학적인 관점에서 볼 때, 어떻게 해석되고 활용될 수 있는지 탐색하는 과정에서 임마누엘 칸트와 존 롤스라는 두 거장을 운명적으로 조우(遭遇)하게 되었습니다. 이들과의 만남을 운명적이라고 표현한 이유는 칸트와 롤스에게서 공맹 사상과 유기적으로 연결된 철학적 상동성(上同性)을 접했기 때문입니다. 마치 더글라스 호프스태터(Douglas Hofstadter)가 쿠르트 괴델(Kurt Gödel)과, 모리츠 코르넬리스 에셔(Maurits Cornelis Escher), 그리고 요한 세바스찬 바흐(Johann Sebastian Bach)에서 느꼈던 상동성과 같은 감정이었다고나 할까요? 참고로, 호프스태터는 수학자인 괴델과 판화가인 에셔, 그리고 작곡가인 바흐가 비록 다른 시대, 다른 지역에 살았음에도 불구하고 이들의 작업에서 묘한 동질성을 느껴『괴델, 에셔, 바흐(Gödel, Escher, Bach)』(1999)라는 책을 펴낸 바 있습니다. 바흐는 자신이 '영원한 황금 노끈'이라고 부르는 뫼비우스의 띠로 이들 세 명의 수학자와 판화가, 그리고 작곡가가 유기적으로 연결되어 있다고 보았지요.

필자 역시, 공자, 맹자와 칸트, 롤스가 각각 다른 대륙에서 대단히 폭넓은 시기에 걸쳐 제각기 다른 시대에 살았음에도 불구하고 사상적으로 무척 유사한 가치관을 공유하고 있다고 인식했기에 이들의 사유를 접목하고 융합함으로써 공맹 사상이 단지 고대의 중국에만 머무르지 않고 현대적으로 언론에서 재활용될 수 있도록 시도해 보았습니다. 굳이『논어』에 기대어 표현한다면 '옛것을 미루어 새것을 안다'는 뜻의 '온고이지신(溫故而知新)'[46]이라고나 할까요?

전(轉)

공자의 『논어』는 도덕 가치와 규범들을 모아놓은 경전입니다. 자연히, 의견을 체계적으로 논증하며 이론을 정밀하게 구축하는 학문과는 거리가 멀 수

---

[46] 「위정」편 11장.

밖에 없었습니다. 『맹자』 역시, 마찬가지입니다. 『논어』보다는 훨씬 진일보한 정치 철학을 개진했지만 결국, 유가의 사서에 해당하는 경전이 『맹자』가 지닌 위치였습니다.

칸트의 윤리 형이상학은 공자의 유가 사상이 지니는 도덕적 합목적성을 정밀하고 체계적으로 논증하는 데 탁월한 이론적 바탕을 제공하고 있습니다. 칸트의 연장선상에 놓여 있는 롤스도 같은 역할을 수행합니다. 맹자가 꿈꾸던 의로운 사회는 롤스의 『정의론』을 통해 21세기의 신자본주의 사회 아래에서 더욱 현실감 있게 학문적으로 제시될 수 있었습니다.

물론, 칸트의 윤리학과 롤스의 정치 철학 역시, 공자와 맹자에 의해 잘 보완됩니다. 예를 들어, 칸트의 윤리학이 지닌 최대 약점은 최상위 도덕법칙으로서의 최고선이 무엇인지, 더불어 최고선을 지향하는 하위 실천 규칙과 윤리 세칙으로는 어떤 구성물이 존재하거나 존재해야 하는지에 대한 언급이 빠져 있다는 것입니다. 비록 그의 저서에서는 경우에 따라 수많은 예가 제시되고 있지만 이는 어디까지나 독자들의 이해를 돕기 위한 것일 뿐, 『윤리 형이상학 정초』(1785/2015)와 『실천이성 비판』(1788/2015) 안에는 실천적 도덕법칙으로 삼을 만한 구체적인 윤리 규정이 제시되고 있지 않습니다. 사실, 칸트가 우리에게 바랐던 바는 자신의 도덕법칙에 따라 인류가 타당성을 지닌 동시에 보편적으로 통용될 수 있는 최고선과 그 하위 강령을 찾아 나서라는 것이었습니다.

이는 롤스에게도 똑같이 적용됩니다. 비록, 800여 페이지에 가까운 두꺼운 저서에 감탄을 절로 자아내는 방대한 양의 참고문헌을 제시하며 숱한 정치 철학적 개념들을 새롭게 선보이지만 롤스의 『정의론』에서는 고통받는 인간의 목소리와 모습이 잘 보이지도, 들리지도 않습니다. 말하자면 신중하고 정교하게 구축된 법전에 다름 아닌 도서가 『정의론』입니다. 그런 도서에 인간의 숨결을 불어넣어준 경전이 『맹자』였습니다.

칸트와 롤스의 윤리 및 정치 철학에 순응해 최고선과 그 하위 가치들을 직관주의적으로 제시한 공자와 맹자는 칸트와 롤스의 약점을 완벽하게 메워줍니다. 현대 예술이 철학을 끌어들여 비대중성에서 오는 서로의 약점을 보완함으로써 상생을 꾀하는 상호보족성이 공자와 맹자, 칸트와 롤스를 통해 언론학이라는 장르에서 새롭게 구축된 것입니다. 솔직히 말하자면, 칸트와 롤스가 자신들의 크나큰 학문적 성과를 이룩하는 과정의 어느 시점에서 공자와 맹자의 사상을 접하지 않았을까 하는 생각이 들 정도로 이들 서양 철학자들의 사고와 관념은 공맹학과 놀라울 정도로 중첩된 영역을 공유하고 있습니다.[47] 그런 의미에서 볼 때, 앞서 소개한 바 있는 『논어』 「이인」편 15장의 "'증삼'아! 내 '도(道)'는 하나로 꿰느니라"[48]라는(배병삼, 2002a: 208) 표현은 이들 네 명이 추구한 '도(道)'가 네 명 모두를 하나로 꿰뚫고 있다 하겠습니다. 물론, 네 명의 성인과 대학자들이 천하에 보편적으로 적용되는 달도(達道)로서 한평생 추구하고 내세운 바는 인간에 대한 사랑과 배려였습니다.

한편, 공맹 사상 — 그 가운데에서도 특히 공자의 충서(忠恕) 사상 — 을 전개하는

---

[47] 특히, 맹자와 롤스는 공자와 칸트 이상의 상동성을 자랑합니다. 맹자는 백성이 '항심(恒心)'을 지닐 수 있는 사회가 유가에서 말하는 무릉도원이자 인류의 이상향이라고 보았습니다. 하지만 '항심(恒心)'은 '항산(恒産)'이 없으면 도저히 유지될 수 없기에 백성의 '항심'을 유지시키기 위해서는 군주가 백성의 '항산'을 보장해야 한다고 보았습니다. 여기에서 '항산'이란 생활을 유지할 수 있는 일정한 재산과 생업을 뜻합니다. 그리하여 맹자는 백성이 '항산'을 지닐 수 있게 된 연후에 백성에게 도덕적인 교육을 시키면 비로소 백성이 '항심'을 지니는 도덕 사회가 구현된다고 보았습니다.
롤스는 자신의 정치 철학을 개진함에 있어 정의로운 사회를 만들기 위해서는 교육과 훈련 등을 통해 사회 공동체 — 롤스의 표현대로 말하자면 사회협동체제 — 의 구성원인 시민들의 도덕적 능력을 키우는 것이 대단히 중요하다고 보았습니다. 롤스에 따르면 도덕적 능력은 선에 대한 가치관 형성 능력과 정의감 형성 능력으로 나뉘는데 이러한 도덕적 능력은 시민들의 기본권인 자유와 평등이 보장되는 가운데 사회적 약자인 최소 수혜자의 재산권을 차별적으로 보장해야만 비로소 시민 사이에서 두텁고 뿌리 깊게 형성될 수 있다고 보았습니다. 비록 기본권이 먼저냐, 사회적 복지가 먼저냐에 있어서의 우선순위는 다르지만 맹자와 롤스 모두, '항심(恒心)'과 '도덕적인 능력'이 궁극적으로는 '항산(恒山)'에서 나온다고 보았습니다.

[48] 子曰 參乎! 吾道一以貫之 曾子曰 唯! 子出 門人問曰 何謂也? 曾子曰 夫子之道 忠恕而已矣(자왈 삼호! 오도일이관지 증자왈 유! 자출 문인문왈 하위야? 증자왈 부자지도 충서이이의).

과정에서 필자는 『대학』과 『중용』도 간략하게나마 언급하며 언론 철학적인 요소들을 추출해 보려고 시도함으로써 결국, 유가의 저널리즘을 제창함에 있어 유가의 사서(四書)를 모두 인용하는 필연의 길을 자연스레 걷게 되었습니다.

결(結)

공자와 맹자, 칸트와 롤스의 입장에서 보면 언론이 마땅히 행해야 할 올바른 보도 활동은 형식적인 절차를 매우 강조하는 21세기의 '무도'한 사회에서 자주 유실(流失)되어 왔습니다. 그동안 한국 언론이 유가에서 중말경본(重末經本)이라 일컫는 우(愚)를 범해온 것이지요. 중말경본(重末經本)이란 근본을 도외시하고 지엽적인 것에 매달리는 것을 뜻합니다. 후대의 유학자들이 '예(禮)'의 정신보다 '예'의 형식에 천착(穿着)[49]하며 허례허식(虛禮虛飾)에 치우친 것처럼 말이죠.

유가 저널리즘에서는 정론(正論)의 올바른 길을 걷는 언론이라면 마땅히 복지 국가를 향한 초석이자 주춧돌로 작용해야 한다는 의미에서 중본경말(重本經末)의 인본주의, 애민주의를 주창합니다. "대중의 이름으로 스스로를 정당화하지만 대중이 독자나 시청자 이외에는 아무런 역할을 하지 않는 저널리즘"을 발전시켜왔다고 비평하는 미국의 커뮤니케이션 석학 제임스 케리(James Carry)의 비평을 빌려, 필자는 적어도 한국에서의 저널리즘이 언론 수용자들을 독자나 시청자가 아닌 인간으로서 대하며 도덕적 선의지를 지닌 채 의무감으로 사회 구성원을 보살펴야 할 것으로 주창합니다(Kobach and Resenstiel, 2001/2003: 42에서 재인용).

끝으로 필자는 두 가지 희망 사항을 품고 『헤르메스의 자손들, 공자의 후손들: 한국 언론의 현재와 미래』의 에필로그를 마치고자 합니다. 첫 번째는

---

49   원인이나 내용 따위를 따지고 파고들어 알려고 하거나 연구함.

이 책에서 지향하는 유가 저널리즘이 유가 사상을 둘러싼 여러 오해를 조금이라도 불식시켰으면 하는 바람입니다. 칸트의 『윤리 형이상학 정초』(1785/2015)를 우리말로 옮겼던 번역자는 책의 서문에서 유교의 전통적인 윤리가 '보은' 사상이라며 이러한 전통 윤리가 근친주의, 위계주의, 연고주의를 부추겨왔다고 간주합니다. 그는 따라서 칸트의 자율적인 '의무의 윤리'가 한국 사회에서 윤리의 근간을 세우는 데 가장 좋은 방안 중 하나가 될 수 있다는 논리를 개진합니다(칸트, 1785/2015: 6). 하지만 앞서 설명한 대로 유가 사상의 최상위 도덕 가치는 인간에 대한 사랑을 의미하는 '인(仁)'이며 그 아래에 위치한 실천 법칙으로서의 '충서(忠恕)' 및 그 하위 실천 규칙들이 합목적적으로 '인(仁)'을 향한다는 사실을 감안하면 윤리 형이상학이라는 학문을 다루는 번역자조차도 서구 중심적인 고정관념에서 쉽게 벗어나지 못하고 있다는 사실을 직시할 수 있습니다. 이 책이 10~12장을 통해 개진하고 있는 유가 저널리즘은 이러한 편견과 오해를 조금이라도 바로잡는 데 일조하고자 합니다. 그리하여 유가 저널리즘이 언론인에 의해 실천적으로 광범위하게 수행될 경우, 1장부터 9장에 이르기까지 부문별로 소개했던 언론 – 특히 한국 언론 – 의 여러 문제점은 시나브로 해결될 수 있을 것이라 믿어 의심치 않습니다.

두 번째 희망 사항은 유가 저널리즘의 제창이 언론학 – 그중에서도 특히 언론 철학 – 에서 유관 담론을 더욱 풍성하고 윤택하게 전개할 수 있기를 기대한다는 것입니다. 신자본주의와 신자유주의가 1990년대 이후부터 세계의 패권 이데올로기로 등장한 이후, 언론 철학은 언론학의 외곽에 머무를 수밖에 없었습니다. 이는 비단, 언론학의 경우에만 국한된 것이 아니라 모든 학문에서 마찬가지였을 것입니다. 실용성과 효율성, 데이터와 가설 채택을 내세운 여러 장르의 학문이 각 분야에서 순수·기초 학문을 억누르며 교육과 연구를 선도해나갔을 테니까요.

그런 의미에서 유가 저널리즘은 언론학의 뒷마당에 머물러 있던 철학을 전경(前景)에 내세움으로써 올바른 시민 민주주의 사회의 달성과 유지, 그리고 번영을 위한 촉매로서의 언론이 21세기의 한국 사회에서 궁극적으로 지향해야 할 최고선에 대한 도덕적 논의를 점화시키고자 합니다. 비록 내용과 방법, 그리고 논지 전개 방식에서 아직 거칠고 미숙하기 그지없지만 『헤르메스의 자손들, 공자의 후손들: 한국 언론의 현재와 미래』가 언론과 언론인, 그리고 언론학자로 하여금 현시대를 경험하는 언론의 사명 및 역할에 대해 좀 더 진지하게 고찰하고 논쟁하게 하는 계기를 마련하기를 희망하는 바입니다.

혼탁한 세상을 바로잡을 수 있는 것은 어떠한 이론이나 철학보다 높은 수준의 도덕의식인 '서'를 변치 않는 '충'의 정신으로 실천궁행하는 시민 개개인입니다. 물론, 공자는 왕과 제후를 모시는 선비가 이러한 정신을 지녀야 한다고 보았지만 그의 사숙문인(私淑門人)[50]이었던 맹자는 위정자인 왕과 제후가 '충서(忠恕)'의 정신을 모범적으로 행해야 한다고 보았지요. 필자는 공자와 맹자의 가르침을 따르는 데 있어 먼저 공자의 군자학과 선비학에 유가 저널리즘의 방점을 두고자 합니다. 언론사와 방송사로 보자면 이사장과 사장, 주필과 편집국장을 겨냥하기보다 언론 구성원 한 명 한 명이 선비 정신으로 취재 현장에 나설 것을 주문하는 것이지요. 비록, 잘못된 철학과 비뚤어진 사고방식으로 운영되는 언론사에 근무할지언정, 자신의 중심을 잃지 않은 채 사람을 위한, 사람에 의한, 사람의 언론을 수행해나가는 것이 진정한 유가 언론인의 길이라 믿기 때문입니다. 결국, 남의 잘못을 지적하고 남의 오류를 탓하기보다 자기 자신만의 사람다운 길을 묵묵히 걸어 나가는 것이 공자가 바랐던 군자의 참모습일 터이니까요. 그렇게 사람다운 길을 함께 걸어 나가는 도반(道伴)[51]들이 하나둘 늘어 종국에는 인도(仁道)를 구름처럼 채우게 되면 우리 모두가 바라는 언론은 자연스레 탄생할 것입니다. 이른바, 수신제가 치국평천

---

50 어떤 사람에게 직접 배우지는 않았지만 마음속으로 그 사람을 존경하여 스승으로 생각하면서 그의 학문을 익힌 경우를 일컫는 말입니다.
51 함께 도를 닦는 벗. 공자가 「학이」편 1장에서 거론했던 '멀리서 벗이 찾아오면 이 또한 기쁘지 아니한가[有朋自遠方來 不亦樂乎(유붕자원방래 불역낙호)]'의 벗이 이에 해당합니다.

하(修身齊家 治國平天下)의 목적지에 도달하는 셈이지요. 이와 관련해 이 책의 10장 첫머리에 선보였던 맹자의 말에 대한 마중구로서 칸트의『윤리 형이상학 정초』에 나오는 글귀와 함께『헤르메스의 자손들, 공자의 후손들: 한국 언론의 현재와 미래』를 마무리할까 합니다.

> 인간은 항상 도덕법칙을 따르는 존재자는 아니지만, 스스로를 도덕법칙 아래에 세움으로써 인간이 되고 인격적 존재자가 된다(칸트, 1785/2015: 28).

참고문헌

김학주. (2012). 『논어』. 서울대학교출판문화원.

_____. (2013). 『중용』. 서울대학교출판문화원.

롤스, 존(John Rawls). (1999/2015). 『정의론』. 황경식 옮김. 이학사.

박경환. (2012). 『맹자』. 서울: 홍익.

배병삼. (2002a). 『한글 세대가 본 논어 1』. 문학동네.

_____. (2002b). 「한글 세대가 본 논어 2」. 문학동네.

심훈. (2016.4.14). 「유가 언론윤리학 및 윤리 형이상학을 중심으로 바라본 성찰 저널리즘의 현
    주소: KBS의 〈미디어 인사이드〉를 중심으로」. 방송학회 방송 저널리즘 연구회 주최 한국
    방송 저널리즘의 위기와 매체비평 프로그램의 현주소 세미나(경희대학교).

이상길. (2004). 「문화연구의 아포리아: '위기담론'에 대한 반성을 중심으로」. ≪한국언론학
    보≫, 48권 5호, 79~109쪽.

이을호. (2014). 『한글 논어』. 올재클래식스.

칸트, 임마누엘(Immanuel Kant). (1785/2015). 『윤리 형이상학 정초』. 백종현 옮김. 아카넷.

_____. (1788/2015). 『실천이성비판』. 백종현 옮김. 아카넷.

코바치(Bill Kovach)·로젠스틸(Tom Rosenstiel). (2001/2014). 『저널리즘의 기본 원칙』. 이재경
    옮김. 한국 언론진흥재단.

호프스태터, 더글라스(Douglas Hofstadter). (1999). 『괴델, 에셔, 바흐: 영원한 황금 노끈』. 박
    여성 옮김. 까치.

지 은 이
심 훈

언론사에서 자칭 '5,000만' 한국인들을 대상으로 한 글쓰기를 업으로 삼다, 공부에 뜻을 두고 도미했다. 이후, 소수의 독자들을 대상으로 한 학술용 논문에 매달리게 되면서 극과 극을 오가는 글쓰기를 경험했다. 대학에 돌아와 학생들의 글쓰기 교육을 담당하게 되면서, 언론사의 '쉬운 글'에 학자들의 '조리 있는 문장'을 접목시키고자 노력하고 있다. 연세대학교 신문방송학과를 나와 ≪세계일보≫에서 근무하다 텍사스 주립대학교에서 언론 전공으로 박사학위를 받았다. 현재 한림대학교 미디어스쿨에 재직 중이며 2009년과 2016년에 일본 도쿄의 게이오대학교와 릿쿄대학교에서 1년씩 객원 교수로 지냈다. 저서로는 『한국인의 글쓰기』, 『일본을 보면 한국이 보인다: 심훈 교수의 신일본견문록』, 『공자, 플라톤을 만나다』 등이 있다.

헤르메스의 자손들, 공자의 후손들
한국 언론의 현재와 미래

ⓒ 심훈, 2019

지은이 ㅣ 심훈
펴낸이 ㅣ 김종수
펴낸곳 ㅣ 한울엠플러스(주)
편 집 ㅣ 조인순

초판 1쇄 인쇄 ㅣ 2019년 7월 10일
초판 1쇄 발행 ㅣ 2019년 7월 15일

주소 ㅣ 10881 경기도 파주시 광인사길 153 한울시소빌딩 3층
전화 ㅣ 031-955-0655
팩스 ㅣ 031-955-0656
홈페이지 ㅣ www.hanulmplus.kr
등록번호 ㅣ 제406-2015-000143호

Printed in Korea.
ISBN 978-89-460-6679-3 03070 (양장)
       978-89-460-6680-9 03070 (무선)

※ 책값은 겉표지에 표시되어 있습니다.
※ 이 책은 강의를 위한 학생용 교재를 따로 준비했습니다.
   강의 교재로 사용하실 때에는 본사로 연락해주시기 바랍니다.